The Customs Law

관세법 개론

강우진 · 추선애

탑북스

머리말

지역주의의 확산과 세계화는 오늘날 국제경제를 특징짓는 뚜렷한 조류가 되고 있으며, 이로 인한 국제무역환경도 급속하게 변화하고 있다. 우리나라는 WTO출범 이후 15건(54개 국)의 FTA의 발효와 더불어 FTA체결이 계속하여 확대되고 있다. 특히 한·중·일의 FTA 체결이 이루어진다면 우리의 무역시장은 큰 변화가 초래될 것이다. FTA체결의 확대에 따라 우리나라의 경제영토가 넓어졌으며, 대외여건이 불리함에도 불구하고 2017년 12월 14일자로 교역규모는 1조 달러 재 진입에 성공하는 등 2014년 이후 3년 만에 다시 1조 달러라는 기록을 달성했다.

국내법으로서 무역관련 3대 법규인 대외무역법이나 외국환거래법은 그 내용면에서 관련 조항이 폐기, 신설, 수정, 보완되며 빠르게 변화하고 있으나, 관세법은 세금이라는 직접적인 국민과의 이해관계가 충돌하고 또한 국회의 입법과정 등 절차적인 복잡성으로 인하여 상대적으로 이러한 변화에 부응하기 힘들다. 그러나 무역관련 환경 및 체제의 급속한 변화에 따라 관세법 또한 그의 개정에 있어 자유화와 개방화에 따른 절차의 간소화가 요구되어지고 있어, 통관절차의 전면적인 개편을 단행하여 오늘날에 이르고 있다. 최근에는 타법 개정과 현행제도의 일부 미비점을 개선·보완하기 위해 수차례의 계정이 있었으며, 2017년 12월 29일 자로도 일부개정이 단행되어 2018년 1월 1일부로 시행이 된다.

2018년 1월 1일부로 시행되는 개정의 주요 내용으로는 관세 등의 연대납부 의무 부과, 납세자권리헌장의 교부 대상 확대, 정기선정에 의한 조사 외의 관세조사 대상 확대, 납세자의 장부 등 보관 금지, 고액·상습체납자의 명단 공개 대상 확대, 과세전적부심사 청구 또는 심사청구에 대한 재조사, 이의신청에 대한 세관장의 의견서의 송부 의무, 세관공무원의 무기 휴대, 금품 수수에 대한 징계부가금 및 금품 공여에 대한 과태료 부과 등이다.

관세법은 우리나라의 관세영역을 넘나드는 수출입물품에 대한 규제에 대한 법률로서 조세법적·절차법적·형사법적 성격의 국내법과 국제법적인 요소를 두루 갖춘 법이다. 일반적으로 국제간의 무역은 재화의 이동에 따라 수출국의 세관에서부터 시작하여 수입국의 세관의 통관절차를 거쳐야 만이 종결된다. 무역은 이러한 특수성을 갖고 있기 때문에 무역업에 종사하고자 한다면 관세와 통관에 관하여는 기본적인 지식이 필요하고 오늘날과 같이 FTA체결의 가속화가 진행된다면 이에 따른 절세효과 등을 위해서도 무역인은 개정 관세법에 대한 이해가 필요하다고 본다. 이에 본서에서는 관세법이 가진 구조 및 최신법령(시행 2018년 1월 1일, 법률 제15218호, 2017년 12월 19일, 일부개정)을 반영하여 이러한 변화에 부응할 수 있도록 책의 내용을 크게 3부, 14개의 장과 부록으로 구성하였다.

내용에 있어서는 법제처의 관세법, 관세법 시행령 및 관세법 시행규칙 등과 국세기본법, 대외무역법과 관세와 관련한 내국세 등의 관련내용을 반영하였다. 관세법의 실무 활용도를 높이기 위하여 관세법의 주무관청인 관세청 홈페이지, 부산세관 발행 '무엇이든 물어보세요', '한 권으로 해결하는 관세행정', '2015년도 관세행정상담사례집'과 기획재정부 발행 'FTA활용 실무매뉴얼', 관세청 고시, 관련 법규 등의 실무적이고 현실적인 내용을 인용하여 책의 내용을 보완하였다. 이 책을 중심으로 법제처의 법령정보센터와 관련부처의 고시사항을 적절하게 활용한다면 복잡한 관세 및 통관에 관한 이해 및 실무적 활용도를 높일 수 있으리라 본다.

또한 관세사, 국제무역사, 무역영어 및 물류관리사 등의 자격증 시험에 응시하고자 하는 이들을 위하여 자격시험의 기출문제를 교재의 각 해당내용 안에 배치함으로써 법의 내용을 학습과 동시에 기출문제를 풀면서 확인하고, 실무에서의 적용방법 등을 이해하고 익히도록 하였다. 이를 통하여 관세행정에 대한 이해를 높이고, 절세방법을 학습하며 더불어 관세사에 관심 있는 독자 및 무역인들에게 관세와 관련된 내용을 학습하는데 이론적이고 실무적으로 도움이 되었으면 하는 바람으로 집필하였다. 본서를 최근 개정 법률로 정리하는 가운데 부족한 점이 많이 있을 것이다. 부족한 부분에 대해서는 독자들의 넓은 아량으로 이해를 바라며 앞으로 계속 보완해 가도록 하겠다.

본서의 출간을 계속하여 독려하여 주신 탑북스 김광식 사장님과 편집에 수고하여 주신 이신정 주간님과 관계자에게 감사의 말씀을 드린다.

2018년 3월

강우진 · 추선애

차 례

제1부 관세법의 이해

제1장 관세법의 이해

제2부 관세의 부과 · 징수

제2장 관세의 과세요건

제3장 탄력관세제도

제4장 관세의 부과 · 징수

제5장 납세의무의 완화제도

제6장 납세자의 권리제도

제3부 통관 절차

제7장 운송수단

제8장 보세제도

제10장 통 관

제11장 세관공무원의 자료 제출요청 등

제12장 벌 칙

제13장 조사와 처분

제14장 보 칙

제1부 관세법의 이해

관세법은 크게 관세의 부과・징수 절차와 수출입통관과 반송통관 절차와 관련된 두 부분으로 나눌 수 있다.

본 교재에서는 부과・징수와 통관절차에 들어가기에 앞서 제1부 관세법의 이해에서는 무역과 관련된 국내법규인 대외무역법과 외국환거래법, 관세법의 목적과 관리체계를 살펴보고 특히 최근 잦은 개정・시행에 따른 관세법 개정의 주요 내용을 본 과정에 들어가기에 앞서 살펴본다.

관세에 대한 이해를 돕기 위하여 관세의 의의, 성격 및 과세기회, 과세방법 및 과세목적에 따른 관세의 분류와 관세의 경제적 효과를 살펴본다.

관세법의 개요로서 관세법의 목적과 성격, 법을 공부하는 데 있어서 필연적으로 이해하고 넘어가야 할 부분인 관세법상 "용어의 정의" 내용을 다룬다.

관세법 적용의 원칙으로 법 해석의 기준과 소급과세의 금지의 원칙, 세관공무원 재량의 한계에 대하여 살펴본다,

관세법의 적용에 있어 기간과 기한의 계산 편에서 수입신고 또는 부과고지 등의 관세의 납부기한과 납세고지서의 송달 및 각종 서류의 보관기관과 보관방법 등의 내용을 다룬다.

제1장 관세법의 이해

제1절 관세법과 무역관련 국내법규

1. 무역관련 3대 법규

무역과 관련하여서는 WTO의 이념 및 규정에 따라 국가별로 형태에 따른 차이는 있지만 보이지 않는 규제와 더불어 지원을 하고 있다. 우리나라 또한 무역에 대한 각종 법률에 따라 수출입관리 및 지원을 하고 있으며, 이에 관한 3대 법규로서는 대외무역법, 관세법, 외국환거래법을 두고 있다.

1) 대외무역법

대외무역법은 무역에 관한 일반법이며 기본법규로서 국제성을 인정하여 국제성 및 무역에 관한 규제를 최소화하고 있다. 또한, 무역 및 통상에 관한 진흥법이며 무역에 관한 통합법이며 위임법적 성격을 가지고 있다.

「대외무역법」 제1조에 따르면 대외무역을 진흥하고 공정한 거래질서를 확립하여 국제수지의 균형과 통상의 확대를 도모함으로써 국민경제를 발전시키는 데 이바지함을 그 목적으로 한다고 규정하고 있다.

(1) 대외무역법령의 관리체계

「대외무역법」은 국회의 입법제정에 의하며 대외무역법에서 위임된 사항과 그 시행에 필요한 사항을 대통령령에 따른 「대외무역법시행령」을 두고 있으며, 대외무역법과 대외무역법 시행령에서 위임한 사항과 그 시행에 필요 사항을 정할 목적으로 산업통상자원부장관령으로 「대외무역관리규정」을 두고 있다.

(2) 대외무역법의 관리대상

대외무역법에서는 수출입 주체인 인적관리, 수출입 객체인 물적관리, 수출입 행위에 대한 관리 및 수출입 행정관리 등의 관리를 하고 있다. 인적관리로서 무역업에 대한 관리, 물적관리로써 수출입공고 등과 수출입승인, 원산지표시 등의 관리를 들 수 있다. 또한 수출입행위에 대한 관리로써 특정거래의 인정, 외화획득용 원료의 수입 등의 관리를 들 수 있으며, 수출입 행정관리로는 수출입 질서유지와 각종 벌칙 등을 두고 있다.

2) 외국환거래법

외국환거래법은 "외국환거래에 관한 기본법규"로써 외국환거래와 그 밖의 대외거래의 자유를 보장하고 시장기능의 활성화를 통한 대외거래의 원활화 및 국제수지의 균형과 통화가치 안정을 도모함으로써 국민경제의 건전한 발전에 이바지함을 그 목적으로 하고 있다(외국환거래법 제1조, 목적).

외국환거래의 특징으로는 Negative System 방식을 채택함으로써 대외거래에 수반한 지급 및 영수를 원칙적으로 자유화하였다. 위임법적 성격을 가지며 속인주의를 채택하고 있으며 국제성을 가진다.

이의 적용대상은 외국환거래 및 이와 관련된 행위와 지급 및 영수 등으로 되어 있으며, 외국환거래법은 수출·입시 필연적으로 발생하는 외환거래에 따라 무역과 밀접한 관계를 맺고 있다.

(1) 외국환거래법의 관리체계

외국환거래법의 관리체계는 국회의 입법으로 제정되는「외국환거래법」, 외국환거래법에서 위임된 사항과 시행에 관하여 필요한 사항은 대통령령에 의한「외국환거래법시행령」이 있다. 또한「외국환거래법」과「외국환거래법시행령」에 위임된 사항과 그 시행에 관하여는 기획재정부령에 의하여「외국환거래규정」이 있다. 한국은행에 의한「외국환거래업무취급세칙 및 취급절차」와 외국환은행에 의한「외국환거래업무취급지침」이 있다.

(2) 외국환거래법의 관리대상

「외국환거래법」의 관리사항으로는 크게 인적관리, 행위 및 대상에 관리와 외국환 관련 행정관리가 있다. 인적관리대상은 거주자와 비거주자이여, 행위 및 대상의 관리로서는 외국환 등과 대외거래이며, 외국환 관련 행정관리로는 외국환 수급계획, 외국환평형기금, 행정벌(行政罰) 등이 있다.

3) 관세법

관세법은 일국의 관세영역 안으로 들어오는 수입물품의 관세부과와 수출입물품의 통관관리를 규제하는 관세에 대한 기본법규이다.

관세법의 체계는 국회의 입법에 의한 「관세법」과 대통령령에 의한 「관세법시행령」, 기획재정부령에 의한 「관세법시행규칙」 및 관세청장에 의한 「관세법 예규」와 「고시」로 구성되어 있다.

관세법은 관세법의 의의와 목적에 나타난 바와 같이 수출입물품에 대한 통관절차와 수입물품에 대한 과세절차를 규정하고 있는 법규이다. 즉, 관세의 부과징수와 수출입물품의 통관을 적정하게 하고 관세수입을 확보함으로써 국민경제의 발전을 도모하는 것을 목적으로 하고 있다. 또한, 관세선을 기준으로 물품의 이동에 관하여 직접적이며 실질적으로 관리하는 통관법적인 성격과 관세부과 및 징수를 총괄하는 조세법적인 성격, 벌칙과 조사 및 처분에 관한 규정을 둠으로써 형사법적인 성격도 아울러 가지고 있다.

(1) 관세법의 관리제도

관세법의 관리제도는 인적관리, 행위 및 대상의 관리와 수출입정책의 관리가 있다. 인적관리대상으로서는 납세의무자와 수출입신고자 등이 있다. 행위 및 대상의 관리로는 관세의 부과 및 징수와 보세제도의 일환인 보세구역과 보세운송 그리고 최종 실물을 확인하는 절차인 수출입통관을 들 수 있다. 또한 아울러 수출입 정책적 측면에서의 관리사항으로는 심사와 심판, 관세법 위법사항에 대한 각종 벌칙 등이 있다.

(2) 관세와 관련한 국내법규

관세와 관련하여 관세에 관한 직접적인 국내 법률로서는 「관세사법」, 「수출용원재료에 대한 관세 등 환급에 관한 특례법」, 「내국세법」, 「SOFA의 임시 특례에 관한 법률」 및 최근 FTA의 확대에 따른 「자유무역협정의 이행을 위한 관세법의 특례에 관한 법률」 등이 있으며, 국제조약 및 협정으로는 WTO 협정 양허세율, ESCAP 협정 양허세율 등이 있다.

「관세법」에 따라 준용되는 법률로서는 「국세기본법」, 「국세징수법」, 「민법」, 「형법」, 「형사소송법」, 「사법경찰관리 및 직무집행법」 등이 있다.

그림 1-1. 관세법의 체계

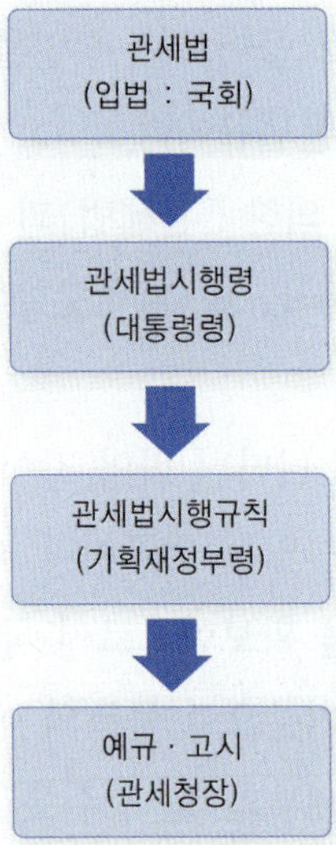

(3) 관세법의 구성

우리나라 관세법의 구성은 제1장 총칙부터 제13장 보칙에 이르기까지 총 13장 329조와 11조의 부칙으로 되어 있으며 별표로 '관세율표'로 구성되어 있다.

주요 내용은 〈표 1-1〉과 같이 제1장 총칙, 제2장 과세가격과 관세의 부과 · 징수 등, 제3장 세율 및 품목분류, 제4장 감면 · 환급 및 분할납부 등, 제5장 납세자의 권리 및 불복절차, 제6장 운송수단, 제7장 보세구역, 제8장 운송, 제9장 통관, 제10장 세관공무원의 자료제출요청 등, 제11장 벌칙, 제12장 조사와 처분, 제13장 보칙 및 별표 관세율표로 구성되어 있다.

표 1-1 관세법의 구성

구분	내용	법조항	비고
제1장	총칙	제1조~13조	제13조 삭제〈2008.12.26.〉
제2장	과세가격과 관세의 부과징수 등	제14조~47조	과세절차
제3장	세율 및 품목분류	제49조~87조	
제4장	감면 · 환급 및 분할납부 등	제88조~109조	납세의무의 완화, 제104조 삭제〈2011.12.31.〉
제5장	납세자의 권리 및 불복절차	제110조~132	납세자의 권리보호
제6장	운송수단	제133조~153조	개항 및 입출항절차, 제153조 삭제〈2006.12.30.〉
제7장	보세구역	제154조~212조	보세제도, 제171조 삭제〈2003.12.30.〉 제181조 삭제〈2010.1.1.〉 제255조 삭제〈2014.12.23.〉 제255조의3 삭제〈2014.12.23.〉
제8장	운송	제213조~225조	
제9장	통관	제226조~261조	통관절차
제10장	세관공무원의 자료제출 등	제262조~268조	행정법적 절차
제11장	벌칙	제268조의2~282조의9	형사법적 성격, 제280조와 제281 삭제〈2008.12.26.〉
제12장	조사와 처분	제283조~319조	
제13장	보칙	제320조~330조	
별표	관세율표		제1부~21부(제1류~97류, 77류 유보)

(4) 관세법의 주요개정 내용

우리나라의 관세법은 1967년 11월 29일 법률 제1976호로 제정된 후 세계 무역환경의 급속한 변화에 따른 대외무역 및 관련 법령의 개정으로 인하여 수차의 개정을 거쳐 현재 [시행 2017.7.26.] [법률 제14839호, 2017.7.26. 타법개정]에 이어 2018. 1. 1시행, 법률 제15218호, 2017.12.29. 일부 개정에 이르고 있다. 법률 제14379호의 개정이유는 첫째, 특수관계에 있는 자가 수입하는 물품의 과세가격 결정방법을 보완하고, 둘째, 덤핑방지관세 및 상계관세 부과 시 고려사항을 추가하며, 셋째, 관세조사의 사전통지 기한을 연장하는 등 현행 제도의 운영상 나타난 일부 미비점을 개선 · 보완하려는 것이다.

표 1-2 관세법 개정(법률 제14379호, 2017.1.1. 시행) 주요내용

	주요내용
특수관계에 있는 자가 수입하는 물품의 과세가격 결정방법의 보완(제37조의4)	세관장은 특수관계에 있는 자로부터 제출받은 과세가격의 결정에 관계되는 자료에서 구매자가 부담하는 수수료와 중개료 등이 이에 해당하지 아니하는 금액과 합산되어 있는지 불분명한 경우에는 이를 구분하여 계산할 수 있는 객관적인 증명자료의 제출을 요구할 수 있도록 하고, 이를 제출기한까지 제출하지 아니하는 경우에는 제출된 과세가격의 결정에 관계되는 자료에 따른 금액을 거래가격으로 하여 과세가격을 결정할 수 있도록 함
덤핑방지관세 및 상계관세 부과 시 고려사항 추가(제52조제2항 및 제58조제2항)	기획재정부장관은 덤핑방지관세 또는 상계관세를 부과하는 경우 수입 물품의 공급 감소에 따라 국내 시장의 독과점이 심화될 가능성이 있는지 여부 등 국내의 시장구조에 관한 사항을 조사하여 반영할 수 있도록 함
관세조사의 사전통지 기한 연장(제114조제1항)	세관공무원은 관세포탈에 대한 범칙사건 등을 조사하기 위하여 해당 장부, 서류 등을 조사하는 경우에는 조사를 받게 될 납세자 등에게 조사대상, 조사사유 등을 조사 시작 7일 전에 통지하도록 하고 있었으나, 앞으로는 이를 10일 전에 통지하도록 하여 조사를 받게 될 납세자 등의 예측가능성을 높임
소액의 불복청구에 대한 대리인 범위 확대(제126조제2항 신설)	이의신청, 심사청구 또는 심판청구의 대상이 일정 금액 미만인 경우에는 신청인이나 청구인의 배우자, 4촌 이내의 혈족 또는 그 배우자의 4촌 이내의 혈족을 대리인으로 선임할 수 있도록 하여 대리인 선임에 따른 납세자의 비용부담을 경감함
보세구역에서 채취한 견본품에 대한 비과세 확대(제161조제3항)	다른 법률에 따라 세관 공무원 외의 공무원이 실시하는 검사 · 검역 등을 위하여 견본품으로 채취된 물품으로서 세관장의 확인을 받은 물품이 사용 · 소비된 경우에는 수입신고를 하여 관세를 납부하고 수리된 것으로 봄
특허보세구역의 특허 취소 요건 완화(제178조제2항제4호)	물품의 반입실적이 없어 특허보세구역의 특허를 취소하는 경우 반입실적이 없는 기간을 1년에서 2년으로 연장하여 수출입 여건의 악화 등에 따라 특허가 취소되는 경우를 줄임으로써 특허보세구역의 운영에 대한 부담을 완화함
보세공장에 반입하는 외국물품에 대한 증명의무 완화(제186조제2항)	보세공장에 반입된 외국물품의 경우 법령에서 정하는 바에 따라 허가 · 승인 등을 받아야 하는 물품은 이를 증명하도록 하고 있었으나, 앞으로는 그러한 물품 중 관세청장이 정하여 고시하는 물품인 경우에만 세관장에게 허가 · 승인 등을 받은 것임을 증명하도록 하여 보세공장 운영자의 부담을 완화함
국제기준에 따른 품목분류 변경(별표)	「통일상품명 및 부호체계에 관한 국제협약」에 따라 변경된 품목분류기준 등을 관세율표에 반영함
반도체 제조용 장비를 제조 또는 수리하기 위하여 사용하는 부분품과 원재료에 대한 관세 감면의 감축유예(법률 제11602호 관세법 일부개정법률 부칙 제14조제2항)	중소기업 이외의 기업에 대한 반도체 제조용 장비를 제조 또는 수리하기 위하여 사용하는 부분품과 원재료에 대한 관세 감면 기간을 2018년 12월 31일까지에서 2019년 12월 31일까지로 연장하고, 관세 감면율을 2017년에 수입신고하는 분에 대해서는 100분의 60, 2018년 분은 100분의 40, 2019년 분은 100분의 20으로 각각 정하여 반도체 제조용 장비 산업의 경쟁력이 강화될 수 있도록 지원함

자료: [시행 2017.1.1.] [법률 제14379호, 2016.12.20. 일부개정], 법제처

또한, 법률 제15218호의 개정이유는 관세포탈 등의 범죄를 범한 수입신고인 등에게 관세의 연대납부 의무를 부과하고, 납세자의 권익 보호를 위하여 납세자권리헌장의 교부대상을 확대하며, 납세자의 장부 및 서류를 임의로 보관할 수 없도록 하는 등 납세자의 권익 보호를 강화하는 한편, 고액 · 상습체납자의 명단 공개 대상을 확대하고, 과세전적

부심사 청구 또는 심사청구에 대한 결정의 종류에 재조사 결정을 추가하는 등 현행 제도의 운영상 나타난 일부 미비점을 개선 · 보완하려는 것이다.

표 1-3 관세법 개정(법률 제15328호, 2018.1.1. 시행) 주요내용

주요내용	
가. 관세 등의 연대납부 의무(제19조제5항제1호 나목 신설)	수입신고인이 수입신고를 하면서 그 물품을 수입한 화주가 아닌 자를 납세의무자로 신고하여 수입신고인 또는 납세의무자로 신고된 자가 관세포탈 또는 부정감면의 범죄를 범하여 유죄의 확정판결을 받은 경우 그 수입신고인 및 납세의무자로 신고된 자는 납세의무자인 화주와 연대하여 관세 등을 납부할 의무를 지도록 함.
나. 납세자권리헌장의 교부 대상 확대(제110조제2항제1호)	세관공무원이 납세자에게 납세자권리헌장의 내용이 수록된 문서를 교부하여야 하는 사유를 관세포탈, 부정감면 또는 부정환급에 대한 범칙사건을 조사하는 경우뿐만 아니라 이 법 또는 이 법에 따른 명령을 위반하는 행위로서 형사처벌되거나 통고처분되는 행위를 조사하는 경우로 확대함.
다. 정기선정에 의한 조사 외의 관세조사 대상 확대(제110조의3제2항제4호 신설)	납세자가 세관공무원에게 직무와 관련하여 금품을 제공하거나 금품제공을 알선한 경우에는 세관장은 정기선정에 의한 조사 외에 관세조사를 할 수 있도록 함.
라. 납세자의 장부 등 보관금지(제114조의2 신설)	세관공무원은 관세조사의 목적으로 납세자의 장부 · 서류 등을 세관관서에 임의로 보관할 수 없도록 하되, 납세자 등 정당한 권한이 있는 자가 임의로 제출한 장부 등에 대해서만 납세자의 동의를 얻어 세관관서에 일시 보관할 수 있도록 하고, 일시 보관한 장부 등은 원칙적으로 납세자가 요청한 날부터 14일 이내에는 반환하도록 함.
마. 고액 · 상습체납자의 명단 공개 대상 확대(제116조의2제1항 본문)	관세청장이 체납자의 인적사항 및 체납액 등을 공개할 수 있는 고액 · 상습체납자의 범위를 체납발생일부터 1년이 지난 관세 및 내국세 등이 3억원 이상인 체납자에서 2억원 이상인 체납자로 확대함.
바. 과세전적부심사 청구 또는 심사청구에 대한 재조사 결정(제118조제4항제2호 후단 및 제128조제1항제3호 후단)	과세전적부심사 청구 또는 심사청구에 대한 결정의 종류에 과세전적부심사 청구에 대하여 청구의 구체적인 채택의 범위를 정하거나 심사청구에 대하여 청구의 대상이 된 처분의 취소 · 경정 또는 필요한 처분을 하기 위하여 사실관계 확인 등 추가적으로 조사가 필요한 경우에는 세관장 또는 처분청으로 하여금 이를 재조사하도록 하는 재조사 결정을 추가함.
사. 이의신청에 대한 세관장의 의견서의 송부 의무(제132조제4항 단서, 제132조제5항 및 제6항 신설)	이의신청을 받은 세관장은 이의신청을 받은 날부터 7일 이내에 이의신청의 대상이 된 처분에 대한 의견서를 이의신청인에게 송부하도록 하고, 의견서를 송부받은 이의신청인은 의견서에 대하여 반대되는 증거서류 또는 증거물을 제출할 수 있도록 하며, 이의신청인이 증거서류 또는 증거물을 제출한 경우에는 이의신청에 대한 결정은 60일 이내에 하도록 함.
아. 세관공무원의 무기 휴대(제267조)	종전에는 관세청장이나 세관장이 직무를 집행하기 위하여 필요하다고 인정하는 경우 소속 공무원에게 휴대하게 할 수 있는 무기의 종류를 총기에 한정하던 것을 「총포 · 도검 · 화약류 등의 안전관리에 관한 법률」에 따른 권총 또는 소총, 도검, 분사기 또는 전자충격기로 확대함.
자. 금품 수수에 대한 징계부가금 및 금품 공여에 대한 과태료 부과(제277조의2 신설)	세관공무원이 그 직무와 관련하여 금품을 수수하였을 때에는 금품 수수액의 5배 내의 징계부가금 부과의결을 징계위원회에 요구하도록 하고, 세관공무원에게 금품을 공여한 자에 대해서는 그 금품 상당액의 2배 이상 5배 내의 과태료 등을 부과할 수 있도록 함.

자료: [시행 2018.1.1.] [법률 제15218호, 2017.12.19., 일부개정], 법제처

제2절 관세에 대한 이해

1. 관세의 의의

관세(customs, customs duties, tariffs)는 시대별 발전단계에 따라서 그 형태나 기능이 다르게 적용되고 있다. 오늘날의 관세란 관세선(customs line) 또는 관세영역(customs territory)을 통과하는 물품에 대하여 부과하는 조세로서 기본적으로 국가가 재정수입을 얻기 위하여 법률이나 조약에 따라 징수하는 금전적 급부이다. 관세징수의 주체는 국가이므로 국세의 성격을 가지게 되며 재정수입을 목적으로 함에 따라 재정관세, 법률 또는 조약에 의하여 부과 · 징수됨에 따라 국정관세로 크게 나눌 수 있다. 따라서 관세를 부과할 수 있는 관세선 또는 영역을 어떻게 정의하느냐에 따라 관세의 종류나 성격이 달라진다.

2. 관세의 성격

관세는 관세법상 가장 기본적 성격인 관세부과 및 징수를 총괄하는 조세법적 성격과 더불어 행정절차에 관련된 행정법의 일종으로서 다음과 같은 성격을 지니고 있다.

1) 조세적 성격

관세는 국회에서 제정된 법률에 따라 정해진 조세법적인 성격을 가진다. 이에 대하여 자세히 살펴보면 다음과 같다.

첫째, 관세는 법률 또는 조약에 의하여 부과하며 징수한다(헌법에서는 조세의 종목과 세율은 법률로써 정한다고 규정함으로써 조세법률주의 채택하고 있으며, 탄력관세제도는 조세법률주의에 대한 예외이다). 관세법과 조약에서는 조약이 우선시 된다.

둘째, 관세는 국가가 재정수입을 목적으로 부과하여 징수한다.

셋째, 관세는 국세[1]로써 관세징수권의 주체는 국가이다.

---

1) 국세기본법상 국세: 직접세로는 소비세, 법인세, 상속세, 증여세 등이 있으며 간접세로는 부가가치세, 개별소비세, 주세, 인지세, 증권거래세와 관세가 있다.

넷째, 관세는 법률에 따라 강제적으로 징수하며 관세의 부과에 대하여는 반대급부의 성질을 가지지 않는다. 즉, 관세의 납부에 대한 대가로써 서비스나 보상이 이루어지지 않는다.

다섯째, 관세는 금전급부이다.

2) 소비세적 성격

관세는 관세선 영역을 넘어 들어오는 외국물품의 국내사용 및 소비에 대하여 부과하는 과세로서 이에 대하여 자세히 살펴보면 다음과 같다.

첫째, 관세는 '소비지국 과세원칙'에 따라 궁극적인 과세대상은 소비로써 국내의 소비에 대하여 부과하는 조세인 소비세이다.

둘째, 관세의 부과는 일반적으로 생활필수품 등에는 저율의 세금을 부과하고 사치품에 대하여 고율의 세금을 부과한다.

셋째, 관세의 부과는 원 · 부재료 등에 대하여 저율의 세금을 부과하고 완제품에 대하여는 고율의 세금을 부과한다.

넷째, 관세는 관세의 납부를 최종소비자에게 전가하는 간접세의 일종이다.

간접세는 실제 세금을 납부하는 자와 부담하는 자가 다른 세금을 말한다. 즉 일차적으로 납세의무자인 수입신고인이 세금을 부담하고 납부한 관세는 판매 시에 판매 원가에 가산함으로써 최종적으로 사용자인 소비자가 세금을 전가 받는 간접세의 일종이다.

3) 국제적 성격

관세는 국회에서 제정된 법률에 따라 부과되는 국세이면서 또한 관세법에 규정된 관세의 과세가격평가, 품목분류, 원산지규정, 국제협력관세 등은 WCO, WTO 협정 등 각종 조약의 내용을 충실히 수용하고 있다. 우리나라와 체결 · 공포된 조약과 승인된 국제법규는 국내법과 같은 효력이 헌법상 보장되어 있으므로 관세부과의 근거가 된다.

4) 특수성격

관세는 위의 조세적 성격, 소비세적 성격 및 국제적 성격과 아울러 특수성격을 가진다.

첫째, 관세는 무역장벽이 된다. 경제정책으로서의 관세는 금전적인 관세장벽과 비금전적인 비관세장벽과 더불어 무역장벽이 된다.

둘째, 관세는 대물세이다. 관세는 관세영역을 전제로 수입물품에 대해서만 부과하는 대물세이다. 대물세는 납세자의 담세능력과는 관계없이 물건에 대해서만 부과하는 세금으로서 납세자의 담세능력을 고려하는 대인세와는 달리 세금의 부과 · 징수에 있어 공평성이 없다는 결점이 있다.

셋째, 관세는 수시세의 성격을 가진다. 관세의 부과 · 징수는 수입화물의 입항 및 장치시기와 관계없이 수입업자가 원하는 시기에 원하는 물건에 대하여 수입신고 할 때마다 부과하는 수시세의 성격을 가진다.

3. 관세의 종류

관세의 종류는 크게 과세기회, 과세방법 및 과세목적에 따라 분류할 수 있다.

1) 과세기회에 따른 분류

과세기회에 따른 관세의 분류로는 수입세, 수출세, 통과세 등으로 분류할 수 있다.

수입세는 관세선을 기준으로 관세영역 안으로 들어오는 수입화물에 대하여 부과하는 세금이며, 수출세는 수출화물에 대하여 부과하는 세금으로서 대부분 국가에서는 징수하지 않으나, 쿠바의 담배, 브라질의 커피, 필리핀의 원목 등과 같은 원재료에 대하여 부과하는 국가도 있다. 현재 우리나라에서는 수출화물에 대하여는 관세를 부과하지 않는다. 통과세는 국경을 통과하는 화물에 대하여 부과하는 세금으로 현재 GATT 협정으로 부과하는 국가는 없다.

2) 과세방법에 따른 분류

과세방법에 따른 관세의 분류로서는 종가세, 종량세, 혼합세 등이 있다.

첫째, 종가세는 수입물품의 가격에 대하여 부과하는 관세로서 우리나라에서는 수입화물에는 CIF 가격, 수출화물에는 FOB 가격을 기준으로 하고 있다. 수입물품의 가격이 높으면 세금이 중과되는 공정성 있는 세금이 부과되고 가격급락에 관계없이 과세균형의 유지가 가능하다는 장점이 있다. 그러나 과세가격산출의 어려움 및 저가품에 대한 보호효과가 작다는 단점이 있다.

둘째, 종량세는 수입물품의 수량에 대하여 부과하는 관세로서 우리나라의 종량세 대상물품은 영화용 필름과 일부 농산물 등이 있다. 이의 장점으로서는 수량(또는 중량)에 대하여 일정비율을 곱하여 계산함으로써 과세방법이 간단하고 행정상 편리하며, 저가품에 대한 보호효과가 크지만 단점으로는 가격과는 무관한 일률적인 관세부과로 세금부담이 불공평하며 물가상승 시에는 재정수입 확보의 어려움 등을 둘 수 있다.

셋째, 혼합세는 종가세와 종량세를 혼합한 것으로 선택세와 복합세로 나눌 수 있다. 선택세는 한 품목에 대하여 종가세율과 종량세율을 동시에 정하여 놓고 그중에 높거나 낮게 산출되는 세액 중 하나를 선택하여 과세하는 제도로서 현재 우리나라에서 시행하고 있다. 복합세는 한 품목에 대하여 종가세율과 종량세율을 동시에 정하여 놓고 두 가지 방법으로 산출된 세액을 합하여 부과하는 관세로서 현행 우리나라에서는 채택하지 않고 있다.

1. 관세율표상 대통령령 또는 기획재정부령이 정하는 세율을 적용함에 있어 별표 관세율표 중 종량세에 해당하는 품목은?

① 밀가루 ② 노광하여 현상화한 영화용 필름 ③ 견직물
④ 여성용 면직 의류 ⑤ 포도주와 포도즙

2. 종량세와 비교할 때 종가세의 특징과 거리가 먼 것은?

① 과세방법이 복잡하다.
② 우리나라 관세율표에는 종가세 품목이 더 많다.
③ 과세방법이 비교적 간단하다.
④ 인플레이션 하에서 적합한 과세방법이다.
⑤ 관세의 부담이 수입물품의 가격에 비례하므로 공평한 편이다.

1-② 2-③

3) 과세목적에 의한 분류

관세의 과세목적에 의한 분류로서는 재정관세와 보호관세로 나눌 수 있다. 재정관세는 국고수입을 목적으로 부과되며, 보호관세는 국내산업보호를 목적으로 부과된다. 과거에는 관세부과의 목적이 국고수입 증대를 위한 재정관세 쪽에 무게를 많이 두었다면 현행 관세는 각국의 재정수입 목적보다는 국내산업을 보호하는 보호관세 쪽에 중점을 두고 있다.

4. 관세의 경제적 효과

관세의 경제적 효과로는 크게 정부수입을 증대시키는 수입 효과와 자국의 산업보호를 위한 보호 효과를 가지고 있다. 이는 관세의 부과목적이기도 한 재정수입의 확보 효과,

국내산업의 보호 효과와 더불어 생산과 소비 효과, 소득증대 효과와 고용증대 효과, 국제수지 개선 효과, 교역조건 효과 등이 있다.

첫째, 국내산업 보호 효과이다. 수입물품에 대한 관세의 부과는 외국상품의 수입가격을 상승시켜 수입을 억제하고 자국의 해당상품을 국내시장에서 가격경쟁력을 강화해 생산을 증대시키므로 결과적으로 국내산업을 보호하게 된다. 만약 관세에 의한 보호가 어렵다면 값싼 외국상품의 수입으로 특히 국내 유치산업(幼稚産業)의 경우에는 경쟁력을 상실하게 된다.

둘째, 재정수입 효과이다. 수입물품에 대하여 관세를 부과함으로써 재정수입이 증대되는 것으로 초기에 관세는 재정수입의 확보를 위하여 부과되어 오다가 오늘날에 이르러 국내산업 보호를 위한 무역정책의 수단으로 이용되고 있다. 그러나 아직도 개발도상국에서는 관세가 총재정수입에서 차지하는 비중이 작지 않다. 이러한 재정수입을 얻기 위하여 관세를 부과하더라도 그 금액만큼의 산업보호가 이루어진다고 볼 수 있다.

셋째, 생산 효과와 소비 효과이다. 생산 효과는 관세의 부과로 수입이 억제됨에 따라 국내생산물의 생산량이 증가하는 효과이며, 소비 효과는 반대로 관세의 부과로 수입물품의 가격이 상승하여 국내소비가 감소하는 효과를 말한다. 이러한 생산 효과와 소비 효과는 관세부과의 긍정적인 효과로서 국제수지효과로 이어진다.

넷째, 소득증대 효과와 고용증대 효과이다. 소득 효과는 관세의 부과로 인한 수입물품의 가격인상으로 국내 대체상품의 소비가 증가함에 따라 대체생산에 따른 국내고용의 실질소득이 증가하는 효과이다. 고용증대 효과는 관세의 부과로 인한 국내 상품의 소비가 증가하여 국내고용이 증가하는 효과를 말한다. 이 또한 관세의 긍정적 효과이다.

다섯째, 소득재분배 효과이다. 관세부과로 수입물품의 가격이 인상되어 국내의 수입경쟁상품의 가격도 인상됨에 따라 소비자잉여 일부분이 생산자잉여로 전환되어 소득이 재분배되는 효과가 있다. 또한, 관세의 철폐 또는 인하는 소비자잉여를 증가시킨다. 이는 긍정적인 효과와 부정적인 효과를 동시에 가지고 있다.

여섯째, 국제수지개선 효과이다. 관세의 부과로 수입이 억제되어 총지출이 줄어들어 국제수지가 개선되는 효과이다.

일곱째, 교역조건 효과이다. 관세의 부과로 인하여 그 상품의 상대가격을 낮추게 되어 다른 조건의 변화가 없다면 관세부과국의 교역조건이 개선되는 효과이다.

이렇듯 관세의 부과에 따른 경제적 효과는 긍정적인 면과 부정적인 면의 양면성을 가지고 있으며 최종적으로는 소비자잉여의 감소로 나타난다. 즉, 관세의 부과로 인하여 소비자는 관세가 부과되기 전의 저렴한 가격으로 좋은 상품을 살 기회를 상실하게 되어 관세부과만큼의 잉여가 국가, 생산자, 수입업자, 수출업자에게 재분배되어 최종적으로는 소비자는 관세가 부과되기 전보다 높은 가격으로 상품을 구매하게 됨으로써 소비자 잉여는 감소하게 된다.

제3절 관세법의 개요

1. 관세법의 목적과 성격

1) 관세법의 목적(법 제1조)

이 법 제1조에 따르면 "관세의 부과 · 징수 및 수출입물품의 통관을 적정하게 하고 관세수입을 확보함으로써 국민경제의 발전에 이바지함을 그 목적으로 하고 있다." 관세법은 우리나라 관세행정의 제 일선인 세관을 통하여 관세선을 기준으로 국내와 국외를 이동하는 물품에 대하여 통관절차에 따라 최종적으로 규제 및 수입물품에 대한 과세절차를 정하고 있다.

그림 1-2. 관세법의 목적

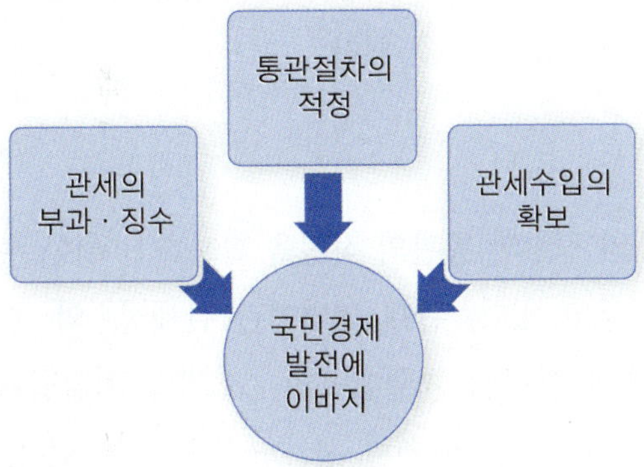

2) 관세법의 성격

관세법은 수출과 수입을 통한 일국의 관세영역을 넘나드는 재화에 부과되는 것으로 국회의 법률로 제정되며 국가 사이의 무역에 따른 국제성을 가진다. 그에 따른 성격으로는 조세법적, 통관법적, 형사법적, 소송법적, 국제법적 성격을 띤다고 볼 수 있다.

(1) 조세법적 성격

관세의 납세의무 등 과세요건과 감면요건을 국회에서 제정된 법률로 규정하고 있다는 측면에서 볼 때 조세법적 성격을 띠고 있다. 관세법은 일국의 관세영역 안으로 들어오는 수입화물에 대한 관세의 부과와 징수 그리고 감면에 관한 규정을 두고 있다. 또한 관세 징수의 확보를 위하여 보세제도, 운송기관에 대한 규제 및 처벌 등을 규정하고 있다. 이러한 관세법은 조세법 및 수출입 통관에 대한 실체법인 동시에 통관절차에 관련된 절차법이란 양면성을 가지고 있다.

(2) 통관법적 성격

관세법상 통관이란 수출, 수입, 반송의 통관을 말하는 것으로 통관 및 기타 통관과 관련한 각종 절차를 자세하게 규정하고 있다.

관세는 관세영역을 출입하는 물품에 대하여만 부과한다. 일반적으로 관세영역과 통치영역은 반드시 같은 것은 아니며, '경제자유지역' 등과 같이 하나의 통치영역 안에 여러 개의 관세영역이 존재할 수 있는 곳도 있으며, 여러 개의 통치영역이 합쳐서 하나의 관세영역을 이루는 '관세동맹'도 있다.

관세법 제6장 운송수단부터 제7장~제8장 보세제도 및 제9장 통관 등은 직 · 간접적으로 통관에 관련되는 규정이라고 할 수 있다.

(3) 형사법적 성격

관세법은 부과된 관세의 징수와 통관의 적정을 확보하기 위한 수단으로서 벌칙과 조사 및 처분에 관한 규정을 두고 있다. 관세 형법이란 관세징수와 통관의 적정을 확보하기 위한 수단으로서의 내국세 분야의 처벌법규인 「조세법 처벌법」이나 일반 형사법규인 「형법」 및 「형사소송법」과는 별도의 처벌 관계규정을 두고 있다.

(4) 소송법적 성격

관세 행정상의 잘못된 처분이나 부당한 행위로 자신의 권익을 침해받으면 행정소송제도로서 과세가 부과되기 전에는 '과세전적부심사' 제도 등을 이용하고 이에 불응할 때는 '관세행정심판제도' 및 '행정소송'을 할 수 있어 관세법은 소송법적 성격을 가진다.

(5) 국제법적 성격

관세의 부과는 국회에서 법률로 제정되지만 그 업무는 국가 간의 교역에 따른 것으로 WTO, FTA, WCO와 같은 국제기구 및 국제규범 등과 관련되어 있다.

2. 관세법상 용어의 정의(법 제2조)

1) 수입

관세법 제2조의 수입에 대한 정의로는 "수입이란 외국물품을 우리나라[2]에 반입(보세구역을 경유하는 것은 보세구역으로부터 반입하는 것을 말한다)하거나 우리나라에서 소비 또는 사용하는 것(우리나라의 운송수단 안에서의 소비 또는 사용을 포함하며, 선용품 · 기용품 또는 차량용품을 운송수단 안에서 그 용도에 따라 소비 또는 사용을 제외한다)을 말한다."라고 되어 있다. 이를 풀어보면 관세법상 수입이란 다음과 같이 정의할 수 있다.

(1) 관세법상 수입

① 외국물품을 우리나라에 반입하는 것
② 외국물품 중 보세구역을 경유하는 것은 보세구역으로부터 반입하는 것
③ 우리나라에서 소비 또는 사용하는 것
④ 우리나라의 운송수단 안에서의 소비 또는 사용 하는 것

그러나 외국물품을 우리나라에 반입하거나 사용 · 소비하는 것 중에서도 수입으로 보지 않는 경우도 있다.

(2) 수입으로 보지 아니하는 소비 또는 사용(법 제239조)

① 선용품 · 기용품 또는 차량용품을 운송수단 안에서 그 용도에 따라 소비하거나 사

2) 우리나라의 영토 이외에 영해 3해리까지를 포함한다.

용하는 경우

② 선용품 · 기용품 또는 차량용품을 관세청장이 정하는 지정보세구역에서 「출입국관리법」에 따라 출국심사를 마치거나 우리나라에 입국하지 아니하고 우리나라를 경유하여 제3국으로 출발하려는 자에게 제공하여 그 용도에 따라 소비하거나 사용하는 경우

③ 여행자가 휴대품을 운송수단 또는 관세통로에서 소비하거나 사용하는 경우

④ 이 법에서 인정하는 바에 따라 소비하거나 사용하는 경우

위의 사항에 해당할 때는 이를 수입으로 보지 아니한다. 즉 수입화물에만 관세를 부과하기 때문에 수입으로 보지 아니한다는 것은 관세를 부과하지 않는다는 것을 의미한다.

2) 수출

"수출"이란 내국물품을 외국으로 반출하는 것을 말한다.

3) 반송

"반송"이란 국내에 도착한 외국물품이 수입통관절차를 거치지 아니하고 다시 외국으로 반출되는 것을 말한다.

4) 외국물품

"외국물품"이란 다음 각 목의 어느 하나에 해당하는 물품을 말한다.

① 외국으로부터 우리나라에 도착된 물품[외국의 선박 등에 의하여 공해(公海, 외국의 영해가 아닌 경제수역을 포함)에서 채집 또는 포획된 수산물 등을 포함]으로서 제241조제1항[3)] 에 따른 수입의 신고(수입신고)가 수리되기 전의 것

② 제241조제1항에 따른 수출의 신고(수출신고)가 수리된 물품

5) 내국물품

"내국물품"이란 다음 중 하나에 해당 되는 물품을 말한다.

① 우리나라에 있는 물품으로서 외국물품이 아닌 것

3) 물품을 수출 · 수입 또는 반송하고자 하는 때에는 해당물품의 품명 · 규격 · 수량 및 가격 기타 대통령령이 정하는 사항을 세관장에게 신고하여야 한다.

② 우리나라의 선박 등이 공해에서 채집하거나 포획한 수산물 등
③ 제244조제1항에 따른 입항전수입신고가 수리된 물품
④ 제252조에 따른 수입신고수리전 반출승인을 받아 반출된 물품
⑤ 제253조제1항에 따른 수입신고전 즉시반출신고를 하고 반출된 물품

6) 외국무역선 및 외국무역기

(1) 외국무역선

"외국무역선"이란 무역을 위하여 우리나라와 외국 간을 운항하는 선박을 말한다.

(2) 외국무역기

"외국무역기"란 무역을 위하여 우리나라와 외국 간을 운항하는 항공기를 말한다.

7) 내항선 및 내항기

(1) 내항선

"내항선"이란 국내에서만 운항하는 선박을 말한다.

(2) 내항기

"내항기"란 국내에서만 운항하는 항공기를 말한다.

8) 선용품 · 기용품 · 차량용품

(1) 선용품

"선용품"이란 음료, 식품, 연료, 소모품, 밧줄, 수리용 예비부분품 및 부속품, 집기 이밖에 이와 유사한 물품으로서 해당 선박에서만 사용되는 것을 말한다.

(2) 기용품

"기용품"이란 선용품에 준하는 물품으로서 해당 항공기에서만 사용되는 것을 말한다.

(3) 차량용품

"차량용품"이란 선용품에 준하는 물품으로서 해당 차량에서만 사용되는 것을 말한다.

9) 통관

"통관"이란 이 법에 따른 절차를 이행하여 물품을 수출 · 수입 또는 반송하는 것을 말한다.

10) 환적 및 복합환적

(1) 환적

"환적"이란 동일한 세관의 관할구역에서 입국 또는 입항하는 운송수단에서 출국 또는 출항하는 운송수단으로 물품을 옮겨 싣는 것을 말한다.

(2) 복합환적

"복합환적"이란 입국 또는 입항하는 운송수단의 물품을 다른 세관의 관할구역으로 운송하여 출국 또는 출항하는 운송수단으로 옮겨 싣는 것을 말한다.

11) 운영인

"운영인"은 특허보세구역의 설치 · 운영에 관한 특허를 받은 자 또는 종합보세사업장의 설치 · 운영에 관한 신고를 한 자를 말하는 것으로 관세법 제2조(정의) 제16항에서 "운영인"을 아래와 같이 정의하고 있다.

① 제174조제1항에 따라 특허보세구역의 설치 · 운영에 관한 특허를 받은 자

② 제198조제1항에 따라 종합보세사업장의 설치 · 운영에 관한 신고를 한 자

1. 다음 중 관세법상 용어의 정의와 사례에 대한 설명으로 잘못된 것은?

(2017년 제40회 국제무역사 기출)

① 중국에서 수입된 과실주스에 대해 인천세관 내 보세구역에서 샘플링하여 식품검사를 진행하였다. 그 결과 식중독균 다량 검출로 인해 부적합 통보를 받게 되었다. 수입자는 반송통관을 통해 중국으로 전량을 되돌려 보냈다.

② 울산항 보세구역 내에 있는 물품을 경기도 광주의 보세창고로 보세운송하였다. 내륙지인 경기도 광주의 보세창고에 있는 물품은 내국물품이 아닌 외국물품이다.

③ 부산세관 관할구역 내에 입항하는 운송수단으로부터 부산세관 관할구역에서 출항하는 운송수단으로 물품을 옮겨싣는 것을 복합환적이라고 한다.

④ 서울 삼성동에 있는 수출신고 수리된 물품은 외국물품으로 본다.

2. **관세법상 용어의 정의에 관한 설명으로 옳지 않은 것은?** (2016년 관세사 1차 기출)

① 내항선(內航船)이란 국내에서만 운항하는 선박을 말한다.

② 기용품(機用品)이란 선용품에 준하는 물품으로서 해당 항공기에서만 사용되는 것을 말한다.

③ 환적(換積)이란 입국 또는 입항하는 운송수단의 물품을 다른 세관의 관할구역으로 운송하여 출국 또는 출항하는 운송수단으로 물품을 옮겨 싣는 것을 말한다.

④ 외국무역선이란 무역을 위하여 우리나라와 외국 간을 운항하는 선박을 말한다.

⑤ 반송이란 국내에 도착한 외국물품이 수입통관절차를 거치지 아니하고 다시 외국으로 반출되는 것을 말한다.

1-③ 2-③

제4절 법 적용의 원칙

관세법의 적용에 있어 영리활동에 수반되는 수입화물에 대하여 관세를 부과함으로써 개인의 재산을 침해할 수 있는 과세권을 행사하면서 '과세형평의 원칙', '합목적성의 원칙' 등 '관세법 해석기준과 소급과세금지', '신의성실의 원칙' 및 '세관공무원의 재량'에 관한 규정을 두고 있다.

그림 1-3. 관세법의 적용원칙

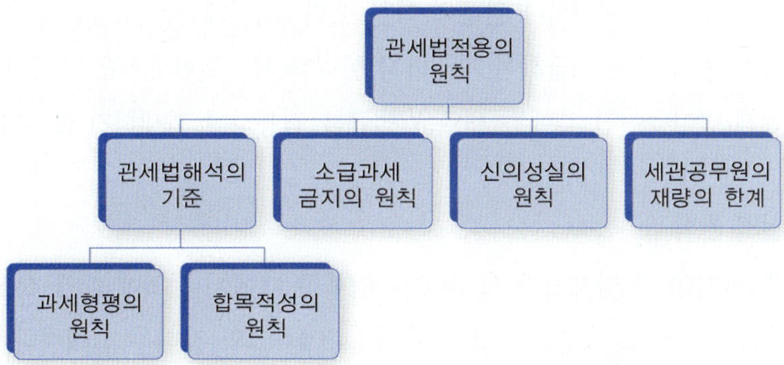

1. 법 해석의 기준과 소급과세의 금지(법 제5조)

1) 관세법 해석의 기준[4)]

이 법을 해석하고 적용할 때에는 과세의 형평과 해당 조항의 합목적성에 비추어 납세자의 재산권을 부당하게 침해하지 아니하도록 하여야 한다.

(1) 과세형평의 원칙

"과세형평의 원칙"이란 관세법의 해석 및 적용에 있어서 납세자의 재산권이 부당하게 침해되지 않도록 과세자(관청)와 납세자 간(수입업자 등) 또는 다른 납세자 간에 공평해야 한다는 원칙이다.

(2) 합목적성의 원칙

"합목적성의 원칙"은 수출입에 대한 관세법규의 해석에 있어 그 법의 형식이나 그 문구해석에만 집착하지 말고 그 법규 전체가 내포하고 있는 입법 취지 등의 기본이념을 기초로 하여 법규 조항의 목적 등을 종합적으로 고려하여 해석하여야 한다는 원칙이다. 즉, 법규를 적용하면서 법의 목적에 합치한다면 당사자에게 유리한 방면으로 적용을 해야 한다는 원칙이다.

2) 소급과세의 금지

"소급과세금지의 원칙"이란 관세법의 해석이나 관세행정의 관행이 일반적으로 납세자에게 받아들여진 후에는 그 해석이나 관행에 따른 행위 또는 계산은 정당한 것으로 보아 새로운 해석이나 관행에 따라 소급하여 과세하지 아니한다는 것이다. 즉, 기존 법규에 따라 이미 납세자에게 받아들여진 후에는 새로운 법규를 적용하여 과세하지 않는다는 것이다.

3) 신의성실의 원칙(법 제6조)

"신의성실의 원칙"이란 납세자가 그 의무를 이행할 때에는 신의에 따라 성실하게 하여야 하며, 세관공무원이 그 직무를 수행할 때에도 또한 그와 같다는 원칙이다. 이 원칙은

---

4) 관세법의 해석에 관한 사항은 「국세기본법」 제18조의2에 따른 국세예규심사위원회에서 심의할 수 있다.〈신설 2011.12.31.〉 관세법의 해석에 관한 질의회신의 처리 절차 및 방법 등에 관하여 필요한 사항은 대통령령으로 정한다.〈신설 2011.12.31.〉

앞서 살펴본 원칙과는 달리 관세행정청과 수출입을 이행하는 수출입업자 모두에게 적용되는 조항이다.

4) 세관공무원 재량의 한계(법 제7조)

"세관공무원 재량의 한계"란 세관공무원은 그 재량으로 직무를 수행할 때에는 과세의 형평과 이 법의 목적에 비추어 일반적으로 타당하다고 인정되는 한계를 엄수하여야 한다는 조항이다. 즉, 공무원의 직위를 이용하여 월권을 하거나 부당한 행위를 하지 말라는 것이다.

1. 관세법상 법 적용원칙 등에 관한 내용으로 옳지 않은 것은? (2016년 관세사 1차 기출)

① 관세법을 해석하고 적용할 때에는 과세의 형평(衡平)과 해당 조항의 합목적성에 비추어 납세자의 재산권이 부당하게 침해되지 아니하도록 하여야 한다.

② 관세법의 해석이나 관세행정의 관행이 일반적으로 납세자에게 받아들여진 후에는 그 해석 또는 관행에 의한 행위 또는 계산은 정당한 것으로 보며, 새로운 해석 또는 관행에 의하여 소급하여 과세되지 아니한다.

③ 납세자가 그 의무를 이행할 때에는 신의를 따라 성실하게 하여야 한다. 세관공무원이 그 직무를 수행할 때에도 또한 같다.

④ 관세법의 해석에 관한 질의회신의 처리 절차 및 방법 등에 관하여 필요한 사항은 기획재정부령으로 한다.

⑤ 세관공무원은 그 재량으로 직무를 수행할 때에는 과세의 형평과 관세법의 목적에 비추어 일반적으로 타당하다고 인정되는 한계를 엄수하여야 한다.

2 관세법의 내용에 관한 설명으로 옳은 것은? (2017년 관세사 1차 기출)

① "외국무역선"이란 무역을 위하여 외국에서만 운항하는 선박을 말한다.

② "반송"이란 국내에 도착한 외국물품이 수입통관절차를 거쳐 다시 외국으로 반출되는 것을 말한다.

③ 세관공무원은 재량으로 직무를 수행하여서는 아니 된다.

④ 관세를 납부하여야 하는 물품에 대하여는 다른 조세, 그 밖의 공과금 및 채권에 우선하여 그 관세를 징수한다.

⑤ 신의성실의무는 세관공무원의 의무로, 납세자에게는 적용되지 아니한다.

1-④ 2-④

제5절 기간과 기한의 계산(관세법 제8조)

세법에서 “기간”이란 어느 시점에서 어느 시점까지의 계속된 시간을 말하며, “기한”이란 장래에 그 발생이 확실한 사실에 법률행위의 효력을 의존케 하는 것을 말한다.

1. 기간의 계산

관세법에 따른 기간의 계산은 다음의 두 가지의 경우로 한다(법 제8조제1항~2항).

① 제252조(수입신고수리전 반출)에 따른 수입신고수리전 반출승인을 받은 경우에는 그 승인일을 수입신고의 수리일로 본다.

② 이 법에 따른 기간의 계산은 이 법에 특별한 규정이 있는 것을 제외하고는 「민법」에 따른다.

2. 기한의 계산

① 이 법에 따른 기한이 「근로자의 날 제정에 관한 법률」에 따른 근로자의 날과 토요일을 포함한 공휴일 또는 한국은행 국고대리점 및 국고수납대리점인 금융기관 또는 체신관서의 휴무, 그 밖에 부득이한 사유로 인하여 정상적인 관세의 납부가 곤란하다고 관세청장이 정하는 날 등〈개정 2007.4.5, 2011.4.1, 2012.2.2.〉에 해당하는 경우에는 그 다음 날을 기한으로 한다.

② 제327조에 따른 국가관세종합정보망 또는 전산설비가 정전, 프로그램의 오류, 한국은행(그 대리점을 포함) 또는 체신관서의 정보처리장치의 비정상적인 가동 기타 관세청장이 정하는 사유로 인하여 법 제327조에 따른 국가관세종합정보망 또는 전산처리설비의 가동이 정지되어 법의 규정에 의한 신고 · 신청 · 승인 · 허가 · 수리 · 교부 · 통지 · 통고 · 납부 등을 기한내에 할 수 없게 된 때에는 법 제8조제4항에 따라 해당 국가관세종합정보망 또는 전산처리설비의 장애가 복구된 날의 다음 날을 기한으로 한다(법 시행령 제1조의4).

1) 관세의 납부기한 등(법 제9조)

(1) 일반적인 납부

일반적으로 관세는 신고납부 또는 부과고지에 따라 수입신고 수리일 또는 부과고지를 받은 날로부터 일정 기한(15일 이내) 안에 관세를 납부하지 않으면 가산금 등을 추징당하게 된다.

관세의 납부기한은 이 법에서 달리 규정하는 경우를 제외하고는 다음 각 호의 구분에 따른다(법 제9조제1항).

① 제38조제1항에 따른 납세신고를 한 경우: 납세신고 수리일부터 15일 이내

② 제39조제3항에 따른 납세고지를 한 경우: 납세고지를 받은 날부터 15일 이내

③ 제253조제1항에 따른 수입신고전 즉시반출신고를 한 경우: 수입신고일부터 15일 이내

(2) 수입신고수리전 납부

납세의무자는 제1항에도 불구하고 수입신고가 수리되기 전에 해당 세액을 납부할 수 있다(법 제9조제2항).

(3) 월별납부

"월별납부"란 수입 시 납부할 관세 등 제세를 월별납부 한도액 내에서 수입건별로 납부하지 않고, 납부기한(통상 수입신고 수리일로부터 15일)이 같은 달에 속하는 수입 건 들을 일괄하여 그 달의 말일까지 납부하는 사후납부제도이다.

세관장은 납세실적 등을 고려하여 관세청장이 정하는 요건을 갖춘 성실납세자가 대통령령으로 정하는 바에 따라 신청을 할 때에는 제1항제1호 및 제3호에도 불구하고 납부기한이 동일한 달에 속하는 세액에 대하여는 그 기한이 속하는 달의 말일까지 한꺼번에 납부하게 할 수 있다. 이 경우 세관장은 필요하다고 인정하는 경우에는 납부할 관세에 상당하는 담보를 제공하게 할 수 있다(법 제9조제3항).〈개정 2016.12.20.〉[전문개정 2010.12.30.]

(가) 월별납부업체의 승인(월별납부제도 운영에 관한 고시 제3조)

① 월별납부업체 승인은 각 사업자(사업자등록번호)별로 하여야 한다.

② 「관세법」 제9조제3항에 따라 월별납부를 하려는 사업자는 다음 각 호의 요건을 갖추어야 한다.

1. 최근 2년간 법 위반으로 형사처벌 받은 사실이 없는 수출입자.
2. 최근 2년간 관세 등의 체납이 없는 자. 다만, 가산금을 제외한 총 체납세액이

300만원 미만인 경우는 제외하되, 신청일 기준 위 체납된 세액을 납부완료한 경우에 한한다.

3. 최근 3년간 수입실적과 납세실적이 있는 자(「중소기업기본법」 제2조에 따른 중소기업은 최근 2년) 또는 담보제공 생략대상자

③ 제2항에도 불구하고 관할지 세관장은 담보제공 생략대상자가 시설확장 등으로 사업장을 신설하는 경우에는 해당 사업장에 대해서도 담보제공 생략대상자 자격에 따라 월별납부업체의 승인을 할 수 있다. 다만, 제2항 각 호에서 규정한 기간이 경과 후에는 제2항에 따라 승인요건을 심사한다.

표 1-4 월별납부의 예시

<table>
<tr><th></th><th>징수형태</th><th>수리일</th><th>납부기한</th><th>건별세액</th><th>월별납부</th></tr>
<tr><td>1</td><td rowspan="2">“43”</td><td>2017.5.17</td><td>2017. 6.30</td><td>1억</td><td rowspan="2">2017.6.16. 2억원 고지
(납부기한 6.30, 6월분)</td></tr>
<tr><td>2</td><td>2017.6.01</td><td>2017. 6.30</td><td>1억</td></tr>
</table>

자료: 관세청

표 1-5 관세의 납부기한

<table>
<tr><th>구분</th><th colspan="2">납부제도</th><th>주요목적</th><th>납부방법 및 법조항</th><th>납부기한</th></tr>
<tr><td rowspan="3">원칙</td><td colspan="2" rowspan="3">일반적인 납세</td><td rowspan="3"></td><td>신고납부제도
(법 제38조제1항)</td><td>납세신고 수리일부터 15일 이내</td></tr>
<tr><td>부과고지제도
(법 제39조제3항)</td><td>납세고지를 받은 날부터 15일 이내</td></tr>
<tr><td>즉 시반출제도
(법 제253조제1항)</td><td>수입신고일부터 15일 이내</td></tr>
<tr><td rowspan="7">예외</td><td rowspan="2">납세
정정제도</td><td>보정신청</td><td rowspan="2">부족세액 납부</td><td colspan="2">보정신청을 한 날의 다음 날</td></tr>
<tr><td>수정신고</td><td colspan="2">수정신고를 한 날의 다음 날</td></tr>
<tr><td colspan="2">월별납부제도</td><td>납세편의</td><td colspan="2">일반적인 납세의 납기가 속한 달의 말일</td></tr>
<tr><td colspan="2">납기연장</td><td rowspan="2">재난 등으로 인한 어려움 완화</td><td colspan="2" rowspan="2">1년의 범위 내에서 세관장이 정하는 날</td></tr>
<tr><td rowspan="2">분할납부제도</td><td>천재지변 등</td></tr>
<tr><td>특정물품 등</td><td>중소기업지원 등</td><td colspan="2">분할납부 승인일로부터 5년 내에서 세관장이 정하는 날</td></tr>
<tr><td>일괄납부제도</td><td>수출지원</td><td>수출지원</td><td colspan="2">일괄납부기간(6개월 범위 내)종료일의 다음달 15일</td></tr>
</table>

자료 : 관세청 자료 일부 수정

2) 천재지변 등으로 인한 기한의 연장(법 제10조)

세관장은 천재지변이나 그 밖에 대통령령으로 정하는 사유로 이 법에 따른 신고, 신청, 청구, 그 밖의 서류의 제출, 통지, 납부 또는 징수를 정하여진 기한까지 할 수 없다고 인정되는 경우에는 1년을 넘지 아니하는 기간을 정하여 대통령령으로 정하는 바에 따라 그 기한을 연장할 수 있다. 이 경우 세관장은 필요하다고 인정하는 경우에는 납부할 관세에 상당하는 담보를 제공하게 할 수 있다.〈개정 2016.12.20.〉[전문개정 2010.12.30.]

표 1-6 기한연장의 사유

천재지변 등으로 인한 기한연장의 사유
- 전쟁 · 화재 등 재해나 도난으로 인하여 재산에 심한 손실을 입은 경우 - 사업에 현저한 손실을 입은 경우 - 사업이 중대한 위기에 처한 경우 - 그 밖에 상기의 규정에 준하는 사유가 있다고 세관장이 인정하는 경우

관세법 시행령 제2조제1항(천재지변 등으로 인한 기한의 연장)

1. 수입물품에 부과되는 관세의 납부기한에 대한 설명으로 가장 옳은 것은?

(2015년 제37회 국제무역사)

① 세관장은 납세실적 등을 고려하여 관세청장이 정하는 요건을 갖춘 성실납세자가 신청을 할 때에 납부기한이 동일한 달에 속하는 세액에 대하여는 그 기한이 속하는 달의 다음달 일까지 한꺼번에 납부하게 할 수 있다

② 부과고지 규정에 따라 세관장이 납세고지를 한 경우 수입신고가 수리된 날부터 15일 이내에 관세를 납부하여야 한다

③ 납세의무자가 신고납부 한 세액이 부족한 것을 발견한 경우에는 보정기간이 지난 후 수정신고를 할 수 있다 이 경우 수정신고 한 날부터 15일이내에 관세를 납부하여야 한다

④ 납세의무자는 관세법에 규정된 납부기한 규정에도 불구하고 수입신고가수리되기 전에 해당 세액을 납부할 수 있다

2. 관세법상 기간과 기한에 관한 설명으로 옳지 않은 것은? (2016년 관세사 기출문제)

① 세관장이 납세고지를 한 경우에 관세의 납부기한은 납세고지를 받은 날부터 15일이 내이다.

② 세관장은 천재지변이나 그 밖에 기획재정부령으로 정하는 사유로 관세법에 따른 신고, 신청, 청구, 그 밖의 서류의 제출, 통지, 납부 또는 징수를 정하여진 기한까지

할 수 없다고 인정되는 경우에는 2년을 넘지 아니하는 기간을 정하여 기획재정부령으로 정하는 바에 따라 그 기한을 연장할 수 있다.

③ 수입신고전 즉시반출신고를 한 경우에 관세의 납부기한은 수입신고일부터 15일 이내이다.

④ 납세의무자가 납세신고를 한 경우에 관세의 납부기한은 납세신고 수리일부터 15일 이내이다.

⑤ 관세법에 따른 기간을 계산할 때 수입신고수리전 반출승인을 받은 경우에는 그 승인일을 수입신고의 수리일로 본다.

1-④ 2-⑤

제6절 서류의 송달

1. 납세고지서의 송달(법 제11조)

관세 납세고지서의 송달은 납세의무자에게 직접 발급하는 경우를 제외하고는 인편(人便), 우편 또는 제327조에 따른 전자송달의 방법으로 한다. 〈개정 2015.12.15.〉 세관장은 관세의 납세의무자의 주소, 거소(居所), 영업소 또는 사무소가 모두 분명하지 아니하여 관세의 납세고지서를 송달할 수 없을 때에는 해당 세관의 게시판이나 그 밖의 적당한 장소에 납세고지사항을 공시(公示)할 수 있다. 납세고지사항을 공시하였을 때에는 공시일부터 14일이 지나면 관세의 납세의무자에게 납세고지서가 송달된 것으로 본다.

표 1-7 납세고지서의 송달 방법

송달방법	구 분	내 용
직접 교부 및 인편·우편에 송달	방법	- 납세의무자에게 직접 교부 - 직접 교부외 인편 또는 우편 송달
	효력발생 시기	납세고지서가 송달받아야 할 자에게 도달 한 때
공시송달	방법	납세의무자의 주소·거소·영업소 또는 사무소의 불명으로 인한 납세고지서를 송달할 수 없는 때에는 해당 세관의 게시판, 기타 적당한 장소에 공시
	효력발생 시기	공시일로부터 14일이 지난 때부터 송달된 것으로 봄

송달방법	구 분	내 용
전자송달	방법	- 전자송달은 대통령령으로 정하는 바에 따라 송달을 받아야 할 자가 신청하는 경우에만 한다. - 국가관세종합정보망의 전산처리설비의 장애로 전자송달이 불가능한 경우, 그 밖에 대통령령으로 정하는 사유가 있는 경우에는 교부 · 인편 또는 우편의 방법으로 송달할 수 있다.
	효력발생 시기	- 전자송달은 송달받을 자가 지정한 컴퓨터에 입력된 때 - 관세청장이 정하는 전산처리설비에 저장하는 경우에는 저장된 때

1. 관세법상 서류의 송달 등에 관한 설명으로 옳지 않은 것은? (2015년 관세사 1차 기출)

① 세관장은 관세의 납세의무자의 주소, 거소(居所), 영업소 또는 사무소가 모두 분명하지 아니하여 관세의 납세고지서를 송달할 수 없을 때에는 해당 세관의 게시판이나 그 밖의 적당한 장소에 납세고지사항을 공시(公示)할 수 있다.

② 관세의 납세고지서는 납세의무자에게 직접 발급하는 경우를 제외하고는 인편(人便)이나 우편으로 송달한다.

③ 가격신고, 납세신고, 수출입신고, 반송신고, 보세화물 반출입신고, 보세운송신고를 한 자는 해당 신고자료를 신고 또는 제출한 날부터 5년의 범위에서 대통령령으로 정하는 기간 동안 보관하여야 한다.

④ 적하목록을 제출한 자는 해당 제출자료를 신고 또는 제출한 날부터 5년의 범위에서 대통령령으로 정하는 기간 동안 보관하여야 한다.

⑤ 납세고지사항을 공시하였을 때에는 공시일부터 7일이 지나면 관세의 납세의무자에게 납세고지서가 송달된 것으로 본다.

1-⑤

2. 신고서류의 보관기간(법 제12조)

1) 보관기간

이 법에 따라 가격신고, 납세신고, 수출입신고, 반송신고, 보세화물반출입신고, 보세운송신고를 하거나 적하목록을 제출한 자는 신고 또는 제출한 자료(신고필증을 포함)를 신고 또는 제출한 날부터 5년의 범위에서 대통령령으로 정하는 기간 동안 보관하여야 한다.

표 1-8 신고서류의 보관기간 등

- 법 시행령 제3조제1항

보관기간		보관대상 신고서류
해당신고에 대한 수리일로부터	5년간	① 수입신고필증 ② 수입거래관련 계약서 또는 이에 갈음하는 서류 ③ 제237조에 따른 지적재산권 거래관련 계약서 또는 이에 갈음하는 서류 ④ 수입물품 가격결정에 관한 자료
	3년간	① 수출신고필증 ② 반송신고필증 ③ 수출물품·반송물품 가격결정에 관한 자료 ④ 수출물품·반송물품 관련 계약서 또는 이에 갈음하는 서류
	2년간	① 보세화물반출입에 관한 자료 ② 적하목록에 관한 자료 ③ 보세운송에 관한 자료

2) 보관방법

제1항 각 호의 자료는 관세청장이 정하는 바에 따라 마이크로필름·광디스크 등 자료전달 및 보관매체에 의하여 보관할 수 있다.〈개정 2015.5.26.〉(법 시행령 제3조2항)

1. 관세법상 신고서류의 보관기간에 대한 설명으로 옳은 것은? (2014년 관세사 1차 기출)
   ① 수입신고필증 및 수출신고필증: 해당 신고에 대한 수리일부터 3년
   ② 수입거래관련 계약서 및 수출거래 관련 계약서: 해당 신고에 대한 수리일부터 5년
   ③ 지식재산권의 거래에 관련된 계약서: 해당 신고수리일부터 5년
   ④ 반송신고필증: 해당 신고에 대한 수리일부터 2년
   ⑤ 보세운송에 관한 자료: 당해 신고에 대한 수리일부터 3년

2 관세법상 신고서류 중 보관하여야 하는 기간이 가장 짧은 것은? (2017년 관세사 1차 기출)
   ① 수입거래관련 계약서
   ② 수출신고필증
   ③ 반송물품 가격결정에 관한 자료
   ④ 수입신고필증
   ⑤ 보세운송에 관한 자료

3. 관세법상 신고서류의 보관기간으로 연결이 바르지 않은 것은? (2016년 관세사 1차기출)
   ① 수입신고필증 - 해당 신고에 대한 수리일부터 5년
   ② 적하목록에 관한 자료 - 당해 신고에 대한 수리일로부터 5년

③ 반송신고필증 - 해당 신고에 대한 수리일부터 3년
④ 수입물품 가격결정에 관한 자료 - 해당 신고에 대한 수리일부터 5년
⑤ 보세화물반출입에 관한 자료 –해당 신고에 대한 수리일부터 3년

4. 관세법령에 따라 수출입통관과 관련된 신고서류는 일정기간 동안 반드시 보관하여야 한다. 다음 중 신고 서류의 보관 기간이 틀린 것은? (2017년 제39회 국제무역사 기출)

① 수입거래관련 계약서: 신고 수리일부터 5년
② 반송신고필증: 신고 수리일부터 3년
③ 지식재산권의 거래에 관련된 계약서: 신고 수리일부터 3년
④ 보세운송에 관한 자료: 신고 수리일부터 2년

1–③ 2–⑤ 3–⑤ 4–③

제2부 관세의 부과 · 징수

본 2부에서는 국회 입법에 따라 강제되는 관세의 부과와 징수 절차로부터 관세행정청의 잘못된 처분에 대한 시정방법인 권리구제까지의 내용을 다루고 있다. 이를 통하여 수입에 필연적으로 따르는 관세의 납부에 관하여 화물의 용도와 특성에 따른 감면제도와 관세환급의 활용을 통하여 절세의 방법과 더불어 혹시 발생하게 될지도 모르는 행정청의 잘못된 처분에 관하여 구제를 받을 수 있는 방법을 추후 실무에서도 활용할 수 있을 것이다.

제2장 관세의 과세요건부터 제6장 납세자의 권리 제도까지 수입물품에 부과하는 관세의 부과·징수절차에 대한 내용을 다루고 있다.

관세를 부과하기 위해서는 과세물품, 납세자, 과세표준, 세율이라는 4가지의 요건을 갖춰야 한다. 제2장에서는 이러한 과세요건에 관한 내용으로 구성되어 있다.

제3장은 국회의 입법에 따라 제정된 관세를 국내외의 환경변화에 신속히 대응하기 위하여 각 행정부에 위임된 탄력관세제도에 관한 내용을 다루고 있다.

제4장은 실질적인 관세의 부과와 징수 편으로 수입물품에 대한 세액의 확정방법과 결손처분 및 관세채권의 확보방법 등에 대한 내용으로 구성되어 있다.

제5장은 납세의무의 완화 편으로 납세신고 또는 부과고지를 받은 날부터 15일 안에 관세를 납부하여야 하는 이러한 세액의 조정과 납부기한을 조정해 주는 내용으로 구성되어진다. 관세의 감면대상 물품과 관세환급, 분할납부와 납부연기에 관한 내용을 다루고 있다.

제6장은 납세자의 권리보호를 위한 내용이다. 관세는 개인의 수입이라는 활동에 대하여 국가가 개입하여 세금을 징수하므로 이로 인하여 과세자 등이 입을 수 있는 손해에 대한 권리 보호를 위한 것으로 납세자 권리헌장의 제정 및 교부와 관세행정 관청의 잘못된 처분에 대한 시정방법의 내용인 관세행정의 구제제도인 과세전적부심사, 이의신청, 심사청구, 심판청구 등에 대하여 학습한다.

제2장 관세의 과세요건

"과세요건"이란 국가가 세금을 부과하는 데 있어 갖추어야 할 몇 가지 조건으로서, 일반적으로 과세물건, 납세의무자, 과세표준, 세율을 말한다. 국가는 이러한 조건을 갖추었을 때2만 비로소 세금을 받을 수 있는 조세채권이 발생하게 되고, 그 상대방인 납세의무자는 세금을 내야 할 조세채무가 발생한다.

관세는 국회에서 입법 · 제정된 조세의 일종인 국세로서 관세를 부과함에서도 일정의 과세요건을 갖추어야 한다.

관세법상 관세의 과세요건은 과세물건(수입화물), 납세의무자(통상적으로 수입화주), 과세표준(과세물건의 가격 또는 수량), 관세율(과세표준에 대한 비율)을 말한다.

그림 2-1 관세의 과세요건

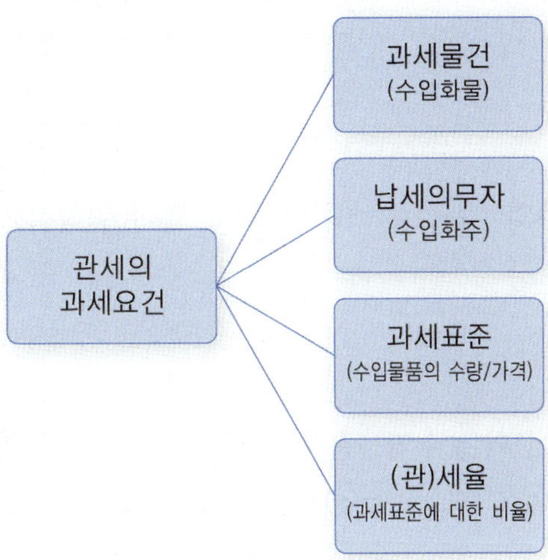

① 과세물건: 관세의 과세물건이란 과세의 대상이 되는 객체로서 관세법 제14조의 '수입물품에 관세를 부과한다'라는 규정에 따라 수입물품을 말한다.

② 납세의무자: 관세법상 납세의무자는 과세의 주체로서 관세를 납부할 법률상의 의무를 부담하는 자로서 원칙적으로 수입화주를 말하며, 연대납세의무자, 특별납세의무자, 제2차 납세의무자로 구분될 수 있다.

③ 과세표준: 관세법상 과세표준이란 과세물건인 수입물품의 가격 또는 수량을 말한다.

④ 관세율: 세율이란 세액을 결정할 때 과세표준에 적용되는 비율을 말한다. 관세율은 과세표준인 수입물품의 가격(종가세: CIF 가격 × 일정한 비율) 또는 수량(종량세: 수량 × 금액)에 대한 관세액의 비율을 말한다.

제1절 과세요건(관세법 제14조~제19조)

1. 과세물건(법 제14조)

과세물건은 과세의 대상이 되는 목적물(과세객체)로서 관세법 제14조에 "수입물품에는 관세를 부과한다."라고 규정하고 있어 관세의 과세물건은 수입물품이다. 즉, 우리나라 관세법에서는 외국물품인 수입물품을 과세대상으로 하고 있어서 수출물품에 대하여는 관세를 부과하지 않는다.

1) 수입물품의 범위

우리나라는 관세의무주의[1)](관세포괄주의)를 취하고 있어 원칙적으로 모든 수입물품은 과세물건이 된다.

(1) 유체물

관세법상 과세의 대상이 되는 수입물품은 원칙적으로 형태가 있는 유체물이다. 그러나 유체물이라 하더라도 시체와 같은 무가치물은 수입물품에 포함되지 않아 관세법상 과세

1) 관세면제주의: 관세율표에 세율이 적용되는 유세품만 기록하고 세율이 없는 무세품을 게재하지 않는 제도
관세의무주의: 관세율표에 유세품 및 무세품을 모두 게재하는 제도

의 대상에서 제외된다.

(2) 무체물

원칙적으로 온라인으로 거래되는 '디지털화 상품', '다운로드 받은 소프트웨어', '서비스의 수입' 등과 같은 무체물은 수입물품의 범위에 포함하지 않는다. 그러나 CD-ROM 등에 수록되어 반입된 소프트웨어, 필름 형태로 반입된 영화 등의 영상물은 수입물품에 포함되어 과세의 대상이 된다.

2) 과세물건 확정의 시기(법 제16조)

"과세물건의 확정시기"란 과세대상인 '수입화물의 성질과 수량을 결정하는 때'를 말하는 것으로 어느 시점에서 과세할 것인가를 말하는 것이다. 즉, 수입화물이 도착은 하였으나 실제 계약대로 선적되지 않았거나, 운송과정에서 도난 · 변질 · 손상 등 변화가 일어날 수도 있으므로 어느 시점의 물품수량 또는 성질을 기준으로 하여 과세물건을 확정할 것인가 하는 것은 과세물건 확정시기에 관한 중요한 문제이다. 하나의 수입물품에 대하여 적하목록의 신고일, 보세구역에 장치일, 수입신고일 등 서로 다른 날짜가 존재하여 과세물건의 확정시기는 관세액에 직접적인 영향을 미치게 되기 때문이다.

과세물건의 확정시기는 '수입신고를 하는 때(신고일자)'가 된다. 원칙적으로 관세의 납부는 신고납부의 방식에 의하게 되므로 그 신고하는 때(신고 일자)가 바로 과세물건의 확정시기가 된다. 부과고지를 받는 경우 부과고지 일자가 확정시기가 된다.

(1) 원칙적 확정시기

관세는 수입신고와 입항전수입신고를 하는 때의 물품의 성질과 그 수량에 따라 부과한다. 즉, 수입자의 선택에 의한 수입 의사를 구체화하는 수입신고를 하는 때가 과세물건 확정의 시기가 된다. 다만, 다음 각 호의 어느 하나에 해당하는 물품에 대하여는 각 해당 호에 규정된 때의 물품의 성질과 그 수량에 따라 부과한다.

(2) 예외적 확정시기

"예외적 확정시기"란 정상적인 통관절차에 의하지 않고 수입하는 물품의 성질과 수량이 확정된 때를 말하는 것으로 세관의 부과고지에 의한다.

① 외국물품인 선(기)용품과 외국무역선(기) 안에서 판매할 물품이 하역허가의 내용대로

운송수단에 적재되지 아니하여 해당 허가를 받은 자로부터 즉시 관세를 징수하는 물품(제143조제4항), 차량용품과 국경출입차량 안에서 판매할 물품이 허가된 내용대로 운송수단에 적재되지 아니하여 관세를 징수하는 물품(제151조제2항): 하역을 허가받은 때

② 보세구역 밖에서 보수작업을 하기로 승인을 얻은 물품이 승인기간을 경과하여 관세를 징수하는 물품(제158조제5항): 보세구역 밖에서 하는 보수작업을 승인받은 때

③ 보세구역에 장치된 외국물품이 멸실되거나 폐기되어 관세를 징수하는 물품: 해당 물품이 멸실되거나 폐기된 때

④ 보세공장 외 · 보세건설장 외 · 종합보세구역 외 작업허가를 받은 물품이 지정된 기간 내에 보세구역에 다시 반입되지 않아 관세를 징수하는 물품: 보세공장 외 작업, 보세건설장 외 작업 또는 종합보세구역 외 작업을 허가받거나 신고한 때

⑤ 보세운송신고 또는 승인을 받아 보세운송하는 외국물품이 지정된 기간 내에 목적지에 도착하지 아니함에 따라 관세를 징수하는 물품: 보세운송을 신고하거나 승인받은 때

⑥ 수입신고가 수리되기 전에 소비하거나 사용하는 물품(제239조에 따라 소비 또는 사용을 수입으로 보지 아니하는 물품은 제외): 해당 물품을 소비하거나 사용한 때

⑦ 수입신고 전 즉시반출신고를 하고 반출한 물품: 수입신고 전 즉시반출신고를 한 때

⑧ 우편으로 수입되는 물품(정상적인 수입신고에 해당하는 우편물은 제외) : 통관우체국에 도착한 때

⑨ 도난물품 또는 분실물품: 해당 물품이 도난되거나 분실된 때

⑩ 이 법에 따라 매각되는 물품: 해당 물품이 매각된 때

⑪ 수입신고를 하지 아니하고 수입된 물품(위 제①~⑩까지에 규정된 것은 제외): 수입된 때[2)]

(3) 수입의 의제

대부분의 수입물품은 수입신고로 수입되지만, 일부의 물품에 대하여는 수입신고 전에 보세구역 등에서 도난 · 분실되거나 수입신고가 수리되기 전에 사용 · 소비되는 때도 있다. 이러한 물품에 대하여 관세를 징수하는 경우 수입신고에 의하지 않고 수입이 되는데

2) 매각 물품의 압수 물품이 몰수되지 아니하면 그 물품은 소유자에게 환부되며 관세납부 물품인 경우에는 그 관세를 납부하여야 하는데 소유자 또는 점유자로부터 징수한다. 이 경우 물품의 확정시기는 수입된 때의 성질과 수량에 의한다.

이를 “수입의 의제”라고 한다.

1. 관세법상 과세표준 및 과세물건 확정의 시기에 관한 설명으로 옳지 않은 것은?

(2014년 관세사 1차 기출)

① 관세의 과세표준은 수입물품의 가격 또는 수량으로 한다.

② 보세운송기간이 경과하여 그 관세를 즉시 징수하는 물품은 보세운송을 신고하거나 승인받은 때가 과세물건 확정의 시기이다.

③ 수입으로 보지 아니하는 외국물품의 소비 또는 사용을 제외하고, 수입신고가 수리되기 전에 소비하거나 사용하는 물품은 해당 물품을 소비하거나 사용한 때가 과세물건 확정의 시기이다.

④ 관세법에 따라 매각되는 물품은 해당 물품이 매각된 때가 과세물건 확정의 시기이다.

⑤ 도난물품 또는 분실물품은 해당물품이 도난되거나 분실된 것을 신고한 때가 과세물건 확정의 시기이다.

2. 수입물품에 대한 화주가 불분명하고, 대행수입이 아닌 경우 상업서류에 적힌 수하인이 관세의 납세의무자가 될 수 있다. 이러한 상업서류에 해당할 수 있는 것을 모두 고른 것은?

(2014년 관세사 1차 기출)

ㄱ. 송품장	ㄴ. 항공화물운송장	ㄷ. 포장명세서
ㄹ. 선하증권	ㅁ. 창고증권	

① ㄱ, ㄴ, ㄹ　② ㄱ, ㄷ, ㅁ　③ ㄴ, ㄷ, ㄹ
④ ㄴ, ㄹ, ㅁ　⑤ ㄷ, ㄹ, ㅁ

1-⑤ 2-①

3) 적용법령의 확정시기

(1) 원칙

“관세는 수입신고 당시의 법령에 따라 부과한다.”(법 제17조) 즉, 수입물품의 관세법적용의 확정시기는 과세물건의 확정시기와 같이 수입물품의 입항과 장치의 때와 관계없이 수입화주의 수입의사가 구체화하는 수입신고하는 날(시점)의 관련 법령이 적용된다.

(2) 예외

원칙적으로 관세법의 적용은 수입신고 당시의 법령에 따라 부과되지만 다음 각 호의 어느 하나에 해당하는 물품에 대하여는 각 해당 호에 규정된 날에 시행되는 법령에 따라 부과한다.

① 제16조 각 호(①~⑪의 과세물건의 확정시기의 예외에 해당되는 물품)의 어느 하나에 해당되는 물품: 그 사실이 발생한 날

② 제192조(사용전 수입신고)[3]에 따라 보세건설장에 반입된 외국물품: 사용 전 수입신고가 수리된 날

2. 납세의무자(법 제19조)

관세법상 "납세의무자"란 법률에 의하여 관세를 납부하여야 할 의무가 있는 자로서 납세의무자는 원칙적 납세의무자, 연대납세의무자, 특별납세의무자 및 제2차 납세의무자 등으로 구별할 수 있다.

① 다음 각 호의 어느 하나에 해당하는 자는 관세의 납세의무자가 된다.〈개정 2013. 1.1., 2017.12.19.〉

1) 원칙적 납세의무자

수입신고를 한 물품인 경우에는 그 물품을 수입하는 때의 화주가 된다. 다만, 화주가 불분명할 때에는 다음의 ①~③ 중의 어느 하나에 해당하는 자가 원칙적 납세의무자가 된다.

① 수입을 위탁받아 수입업체가 대행수입한 물품인 경우: 그 물품의 수입을 위탁한 자

② 수입을 위탁받아 수입업체가 대행수입한 물품이 아닌 경우: 대통령령으로 정하는 상업서류인 B/L 또는 AWB 등과 상업송장(Commercial Invoice)에 적힌 수하인(受荷人)

③ 수입물품을 수입신고 전에 양도한 경우: 그 양수인

2) 특별납세의무자

특별납세의무자는 수입화주의 의사와는 상관없이 예외적 확정시기에 해당하는 아래 물품의 이용, 허가, 승인, 보관 등을 이행한 자들이 관세납부의 의무를 부담하는 것을 말한다.

3) 사용 전 수입신고의 경우 사용 전에 수입신고를 하고 세관공무원의 검사를 받아야 한다.

① 외국물품인 선(기)용품과 외국무역선(기) 안에서 판매할 물품이 하역허가의 내용대로 운송수단에 적재되지 아니하여 해당 허가를 받은 자로부터 즉시 관세를 징수하는 물품(제143조제4항), 차량용품과 국경출입차량 안에서 판매할 물품이 허가된 내용대로 운송수단에 적재되지 아니하여 관세를 징수하는 물품: 하역 허가를 받은 자

② 보세구역 밖에서 보수작업 승인기간을 경과하여 관세를 징수하는 물품: 보세구역 밖에서 하는 보수작업을 승인받은 자

③ 보세구역에 장치된 외국물품이 멸실되거나 폐기되어 관세를 징수하는 경우: 운영인 또는 보관인

④ 보세공장외·보세건설장외·종합보세구역외 작업허가를 받은 물품이 지정된 기간 내에 보세구역에 다시 반입되지 않아 관세를 징수하는 물품: 보세공장외 작업, 보세건설장외 작업 또는 종합보세구역외 작업을 허가받거나 신고한 자

⑤ 보세운송신고 또는 승인을 받아 보세운송 하는 외국물품이 지정된 기간 내에 목적지에 도착하지 아니함에 따라 관세를 징수하는 물품: 보세운송을 신고하거나 승인을 받은 자

⑥ 수입신고가 수리되기 전에 소비하거나 사용하는 물품(제239조에 따라 소비 또는 사용을 수입으로 보지 아니하는 물품은 제외): 그 소비자 또는 사용 자

⑦ 수입신고 전 즉시반출신고를 하고 반출한 물품: 해당물품을 즉시 반출한 자

⑧ 우편으로 수입되는 물품: 그 수취인

⑨ 도난물품 또는 분실물품

- 보세구역의 장치물품: 그 운영인 또는 화물관리인
- 보세운송물품: 보세운송을 신고하거나 승인을 받은 자
- 그 밖의 물품: 그 보관인 또는 취급인

⑩ 이 법 또는 다른 법률에 따라 따로 납세의무자로 규정된 자

⑪ 제1호부터 제11호까지 외의 물품인 경우: 그 소유자 또는 점유자

과세물건의 예외적 확정시기에 해당하는 물품과 그에 따른 특별납세의무자를 정리해 보면 〈표 2-1〉과 같다.

표 2-1 과세물건의 예외적 확정시기와 특별납세의무자

<table>
<tr><th>해당물품</th><th>예외적 확정시기</th><th colspan="2">특별납세의무자</th></tr>
<tr><td>① 선(기)용품의 운송수단에 미 적재 및 차량용품과 국경출입차량 안에서 판매하는 물품 등이 허가된 내용대로 미 적재</td><td>하역을 허가 받은 때</td><td colspan="2">하역을 허가 받은 자</td></tr>
<tr><td>② 보세구역 밖 보수작업의 승인기간 경과된 물품</td><td>보세구역 밖에서 보수작업을 승인 받은 때</td><td colspan="2">보세구역 밖에서 하는 보수작업을 승인받은 자</td></tr>
<tr><td>③ 보세구역에 장치된 외국물품의 멸실 · 폐기</td><td>해당 물품이 멸실되거나 폐기된 때</td><td colspan="2">그 운영인이나 보관인</td></tr>
<tr><td>④ 보세구역외 작업허가를 받은 물품 의 지정된 기간 내 보세구역에 미반입</td><td>보세구역외 작업을 허가받거나 신고한 때</td><td colspan="2">보세구역외 작업을 허가받거나 신고한 자</td></tr>
<tr><td>⑤ 보세운송 화물의 지정된 기간 내에 목적지에 미착된 물품</td><td>보세운송의 신고 또는 승인받은 때</td><td colspan="2">보세운송을 신고하거나 승인받은 자</td></tr>
<tr><td>⑥ 수입신고 수리전 사용 · 소비된 물품</td><td>해당물품을 사용 · 소비한 때</td><td colspan="2">해당 물품을 사용 · 소비한 자</td></tr>
<tr><td>⑦ 수입신고전 즉시반출신고를 하고 반출한 물품</td><td>수입신고전 즉시반출신고를 한 때</td><td colspan="2">해당물품을 즉시 반출한 자</td></tr>
<tr><td>⑧ 우편으로 수입되는 물품</td><td>통관우체국에 도착한 때</td><td colspan="2">우편물의 수취인</td></tr>
<tr><td rowspan="3">⑨ 도난 또는 분실물품</td><td rowspan="3">해당 물품이 도난 · 분실된 때</td><td>보세구역 장치물품</td><td>보세구역 운영인 및 화물관리인</td></tr>
<tr><td>보세운송 물품</td><td>보세운송의 신고 · 승인 을 얻은 자</td></tr>
<tr><td>기타물품</td><td>보관인 또는 취급인</td></tr>
<tr><td>⑩ 관세법에 따라 매각되는 물품</td><td>해당 물품이 매각된 때</td><td colspan="2">관세법 또는 다른 법률의 규정에 의하여 별도의 납세의무자로 규정된 자</td></tr>
<tr><td>⑪ 수입신고를 하지 않고 수입된 물품
(상기 ①~⑩에 규정된 것은 제외)</td><td>수입된 때</td><td colspan="2">그 소유자 또는 점유자</td></tr>
</table>

3) 원칙적 납세의무자와 특별납세의무자의 경합(법 제19조제2항)

하나의 수입물품에 대하여 원칙적 납세의무자와 특별납세의무자가 경합하는 경우에는 특별납세의무자를 납세의무자로 한다. 즉, 하나의 수입화물에 대하여 원칙적 납세의무자인 수입화주와 예외적 확정시기에 해당하는 특별납세의무자가 동시에 발생하는 경우 관세의 납세의무자는 수입화주가 아닌 특별납세의무자에 해당하는 자가 된다.

4) 납부보증자(법 제19조제3항)

이 법 또는 다른 법령, 조약, 협약 등에 따라 관세의 납부를 보증한 자는 보증액의 범위 내에서 납세의무를 진다.

5) 납세의무의 승계(법 제19조제4항)

법인이 합병하거나 상속이 개시된 경우에는 「국세기본법」 제23조 및 제24조를 준용하여 관세·가산금·가산세 및 체납처분비의 납세의무를 승계한다. 이 경우 같은 법 제24조제2항 및 제4항의 '세무서장'은 '세관장'으로 본다.〈신설 2014.1.1.〉

(1) 법인의 합병으로 인한 납세의무의 승계

법인이 합병한 경우 합병 후 존속하는 법인 또는 합병으로 설립된 법인은 합병으로 소멸된 법인에 부과되거나 그 법인이 납부할 국세·가산금과 체납처분비를 납부할 의무를 진다(국세기본법 제23조).

(2) 상속으로 인한 납세의무의 승계

상속이 개시된 때에 그 상속인 [「민법」 제1000조, 제1001조, 제1003조 및 제1004조에 따른 상속인을 말하고, 「상속세 및 증여세법」 제2조제5호에 따른 수유자(受遺者)를 포함] 또는 「민법」 제1053조에 규정된 상속재산관리인은 피상속인에게 부과되거나 그 피상속인이 납부할 국세·가산금과 체납처분비를 상속으로 받은 재산의 한도에서 납부할 의무를 진다.〈개정 2014.12.23., 2015.12.15.〉(국세기본법 제24조제1항)

6) 납세의무자의 확장

"납세의무자의 확장"이란 원칙적 납세의무자인 수입화주가 부과된 관세를 납부하지 않거나, 수입신고 수리 또는 수입신고수리전 즉시반출승인을 받아 반출된 물품이 추후 관세의 부족액 등이 발생하였으나 해당물품을 수입한 화주의 주소 및 거소가 불분명하여 수입화주로부터 그 부족액을 징수할 수 없는 경우에는 화주와 연대하여 해당 부족 관세를 납부하여야 할 부담을 지는 수입신고인 또는 연대납세의무자, 납세보증자, 제2차 납세의무자에게로 까지 그 수입된 해당 물품의 납세의무가 확장되어 부과되는 것을 말한다.

(1) 연대납세의무자

(가) 수입신고가 수리된 물품 또는 수입신고수리 전 반출승인을 얻어 반출된 물품에 대하여 납부하였거나 납부하여야 할 관세액에 미치지 못하는 경우, 해당 물품을 수입한 화주의 주소 및 거소가 불명하거나 수입신고인이 화주를 명백히 하지 못하는 경우에는

그 신고인은 해당 물품을 수입한 화주와 연대하여 해당 관세를 납부하여야 한다(법 제19조제1항제1호).

(나) 제1항 각 호에 따른 물품에 관계되는 관세 · 가산금 · 가산세 및 체납처분비에 대해서는 다음 각 호에 규정된 자가 연대하여 납부할 의무를 진다(법 제19조제5항1호).〈신설 2014.1.1., 2017.12.19.〉

1. 제1항제1호에 따른 수입신고물품의 경우 다음 각 목에 규정된 자
   가. 수입물품이 공유물이거나 공동사업에 속하는 물품인 경우: 그 공유자 또는 공동사업자인 납세의무자
   나. 수입신고인이 수입신고를 하면서 수입신고하는 때의 화주가 아닌 자를 납세 의무자로 신고한 경우: 수입신고인 또는 납세의무자로 신고된 자가 제270조제1항 또는 제4항에 따른 관세포탈 또는 부정감면의 범죄를 범하거나 제271조제1항(제270조제1항 또는 제4항에 따른 행위를 교사하거나 방조한 경우에 한정)에 따른 범죄를 범하여 유죄의 확정판결을 받은 경우 그 수입신고인 및 납세의무자로 신고된 자와 해당 물품을 수입신고하는 때의 화주. 다만, 관세포탈 또는 부정감면으로 얻은 이득이 없는 수입신고인 또는 납세의무자로 신고된 자는 제외한다.

특별납세의무자의 규정에 따른 물품에 대한 납세의무자가 2인 이상인 경우 그 2인 이상의 납세의무자(법 제19조제5항2호)

다음 각 호의 어느 하나의 경우 「국세기본법」 제25조제2항부터 제4항까지의 규정을 준용하여 분할되는 법인이나 분할 또는 분할합병으로 설립되는 법인, 존속하는 분할합병의 상대방 법인 및 신회사가 관세 · 가산금 · 가산세 및 체납처분비를 연대하여 납부할 의무를 진다(법 제19조제6항).〈신설 2014.1.1.〉

1. 법인이 분할되거나 분할합병되는 경우
2. 법인이 분할 또는 분할합병으로 해산하는 경우
3. 법인이 「채무자 회생 및 파산에 관한 법률」 제215조에 따라 신회사를 설립하는 경우

이 법에 따라 관세 · 가산금 · 가산세 및 체납처분비를 연대하여 납부할 의무에 관하여는 「민법」 제413조부터 제416조까지, 제419조, 제421조, 제423조 및 제425조부터 제427조까지의 규정을 준용한다. 관세의 징수에 관하여는 「국세기본법」 제38조부터 제41조까지의 규정을 준용한다(법 제19조제7항~8항).〈개정 2014.1.1.〉

(2) 제2차 납세의무자

제8항에 따라 준용되는 「국세기본법」 제38조부터 제41조까지의 규정에 따른 제2차 납세의무자는 관세의 담보로 제공된 것이 없고 납세의무자와 관세의 납부를 보증한 자가 납세의무를 이행하지 아니하는 경우에 납세의무를 진다(법 제19조9항). 〈개정 2014.1.1.〉

표 2-2 제2차 납세의무자

제2차 납세의무자	내 용
① 청산인 등의 제2차 납세의무 (국세기본법 제38조)	법인이 해산한 경우에 그 법인에 부과되거나 그 법인이 납부할 국세·가산금 또는 체납처분비를 납부하지 아니하고 청산 후 남은 재산을 분배하거나 인도하였을 때에 그 법인에 대하여 체납처분을 집행하여도 징수할 금액에 미치지 못하는 경우에는 청산인 또는 청산 후 남은 재산을 분배받거나 인도받은 자는 그 부족한 금액에 대하여 제2차 납세의무를 진다. 또한 상기에 따른 제2차 납세의무는 청산인의 경우 분배하거나 인도한 재산의 가액을 한도로 하고, 그 분배 또는 인도를 받은 자의 경우에는 각자가 받은 재산의 가액을 한도로 한다.[전문개정 2010.1.1.]
② 출자자의 제2차 납세의무 (국세기본법 제39조)	법인의 재산으로 그 법인에 부과되거나 그 법인이 납부할 국세·가산금과 체납처분비에 충당하여도 부족한 경우에는 그 국세의 납세의무 성립일 현재 다음 각 호의 어느 하나에 해당하는 자는 그 부족한 금액에 대하여 제2차 납세의무를 진다. 다만, 제2호에 따른 과점주주의 경우에는 그 부족한 금액을 그 법인의 발행주식 총수(의결권이 없는 주식은 제외) 또는 출자총액으로 나눈 금액에 해당 과점주주가 실질적으로 권리를 행사하는 주식 수(의결권이 없는 주식은 제외) 또는 출자액을 곱하여 산출한 금액을 한도로 한다. 〈개정 2013.5.28., 2014.12.23.〉 ⓐ 무한책임사원 ⓑ 주주 또는 유한책임사원 1명과 그의 특수관계인 중 대통령령으로 정하는 자로서 그들의 소유주식 합계 또는 출자액 합계가 해당 법인의 발행주식 총수 또는 출자총액의 100분의 50을 초과하면서 그에 관한 권리를 실질적으로 행사하는 자들("과점주주")[전문개정 2011.12.31.]
③ 법인의 제2차 납세의무 (국세기본법 제40조)	① 국세(둘 이상의 국세의 경우에는 납부기한이 뒤에 오는 국세)의 납부기간 만료일 현재 법인의 무한책임사원 또는 과점주주("출자자")의 재산(그 법인의 발행주식 또는 출자지분은 제외)으로 그 출자자가 납부할 국세·가산금과 체납처분비에 충당하여도 부족한 경우에는 그 법인은 다음 각 호의 어느 하나에 해당하는 경우에만 그 부족한 금액에 대하여 제2차 납세의무를 진다.〈개정 2014.12.23.〉 1. 정부가 출자자의 소유주식 또는 출자지분을 재공매(再公賣)하거나 수의계약으로 매각하려 하여도 매수희망자가 없는 경우 2. 법률 또는 그 법인의 정관에 의하여 출자자의 소유주식 또는 출자지분의 양도가 제한된 경우(「국세징수법」 제61조제4항에 따라 공매할 수 없는 경우는 제외) ② 제1항에 따른 법인의 제2차 납세의무는 그 법인의 자산총액에서 부채총액을 뺀 가액을 그 법인의 발행주식 총액 또는 출자총액으로 나눈 가액에 그 출자자의 소유주식 금액 또는 출자액을 곱하여 산출한 금액을 한도로 한다.[전문개정 2010.1.1.]

제2차 납세의무자	내 용
사업양수인의 제2차 납세의무 (국세기본법 제41조)	① 사업이 양도·양수된 경우에 양도일 이전에 양도인의 납세의무가 확정된 그 사업에 관한 국세·가산금과 체납처분비를 양도인의 재산으로 충당하여도 부족할 때에는 대통령령으로 정하는 사업의 양수인은 그 부족한 금액에 대하여 양수한 재산의 가액을 한도로 제2차납세의무를 진다. ② 제1항에 규정된 양수한 재산의 가액은 대통령령으로 정한다. [전문개정 2010.1.1.]

1. 관세의 납세의무자로 연결이 바르지 않은 것은? (2015년 관세사 1차 기출)

① 수입을 위탁받아 수입업체가 대행수입한 물품인 경우: 그 물품의 수입을 위탁한 자
② 수입을 위탁받아 수입업체가 대행수입한 물품이 아닌 경우: 대통령령으로 정한 수입계약서에 기재된 수하인
③ 수입물품을 수입신고전에 양도한 경우: 그 양수인
④ 관세법 제143조(선용품 및 기용품의 하역 등) 제4항에 따라 관세를 징수하는 물품인 경우: 하역허가를 받은 자
⑤ 관세법 제158조(보수작업) 제5항에 따라 관세를 징수하는 물품인 경우: 보세구역 밖에서 하는 보수작업을 승인받은 자

2. 신용장으로 거래되던 물품이 우리나라로 반입되어 부산항 인근의 영업용 보세창고에 보관하고 있던 중 수입신고를 하기 전에 도난당했다. 이 경우 해당 수입물품의 납세의무자는? (2016년 제37회 국제무역사 기출)

① 해당 물품을 구매한 자(화주)
② 보세창고에 물품을 반입한 자
③ 신용장개설은행
④ 보세창고 운영인

1-② 2-④

7) 양도담보재산으로부터의 체납액 징수

납세자(관세의 납부를 보증한 자와 제2차 납세의무자를 포함)가 관세·가산금·가산세 및 체납처분비를 체납한 경우 그 납세의무자에게 「국세기본법」 제42조제2항에 따른 양도담보재산이 있을 때는 그 납세의무자의 다른 재산에 대하여 체납처분을 집행하여도 징수하여야 하는 금액에 미치지 못한 경우에만 「국세징수법」 제13조를 준용하여 그 양도담보재산으로써 납세의무자의 관세·가산금·가산세 및 체납처분비를 징수할 수 있다. 다만, 그 관세의 납세신고일(부과고지는 그 납세고지서의 발송일) 전에 담보의 목적이

된 양도담보재산[4]에 대하여는 그러하지 아니하다(법 제19조제10항).(개정2014.1.1.)[전문개정 2010.12.30.]

3. 과세표준(법 제15조)

"과세표준"이란 세액 결정의 표준이 되는 과세물건의 가격 또는 수량을 말하는 것으로 관세법 제15조에 "과세표준은 수입물품의 가격 또는 수량으로 한다."라고 규정하고 있다.

관세액은 과세표준에 일정비율의 세율로 결정되기 때문에 과세표준은 '제2의 관세율'로 불리며, 관세율과 함께 세액 결정의 요인이 된다.

수입물품의 과세표준은 대부분 과세가격을 기준으로 하는 종가세와 수입물품의 수량을 과세표준으로 하는 종량세가 있다. 종량세는 일부 농산물과 촬영된 영화용 필름 등이 그 대상이다.

과세가격의 결정에는 원칙적으로 'WTO 관세평가협정'에 따라 수입물품의 거래가격을 과세가격으로 하는 관세법 제30조(제1 방법), 동종/동질물품의 거래가격(제2 방법), 유사물품의 거래가격(제3 방법), 국내판매가격(제4 방법), 산정가격(제5 방법)을 기초로 한 과세가격 결정방법 및 합리적인 기준에 따른 과세가격 결정방법(제6 방법)을 이 법 제31조부터 제35조까지에 규정하여 차례로 적용하도록 하고 있다. 이의 적용순서는 [그림 2-2]와 같다.

---

4) "양도담보재산"이란 당사자 간의 계약에 의하여 납세자가 그 재산을 양도하였을 때에 실질적으로 양도인에 대한 채권담보의 목적이 된 재산을 말한다.(물적납세의무)

그림 2-2. 과세가격의 결정 흐름도

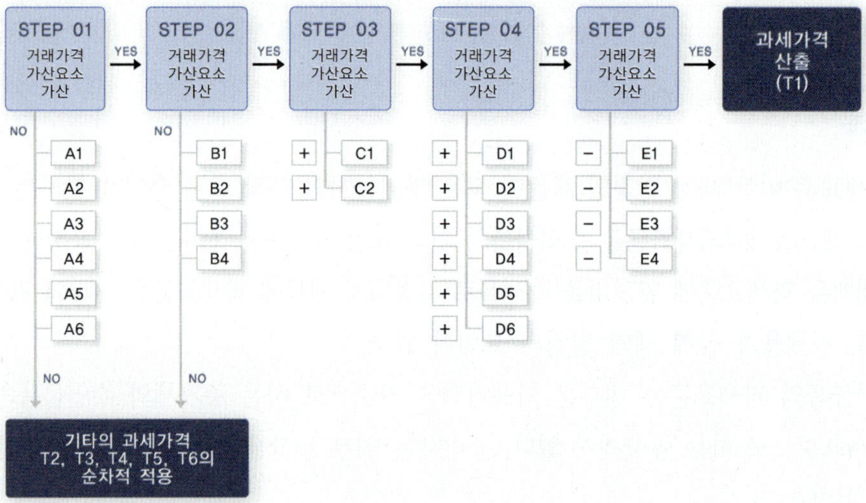

자료: 관세청

1) 과세가격의 결정원칙(관세법 제30조)

수입물품의 과세가격은 원칙적으로 수입물품의 거래가격이 된다. "수입물품의 과세가격은 실제가격(actual value)에 기초해야 한다"는 GATT 제7조에 따라 WTO 관세평가협정은 "관세 과세가격은 최대한 수입물품의 거래가격에 기초하여야 한다"는 것이 관세평가의 기본원칙이다. 이는 무역 당사자 간의 상관행을 최대한 존중한다는 의미가 있다. WTO 체제의 출범에 따라 가입국은 의무적으로 "WTO 관세평가협정"에 가입하게 되고, 동 협정에 따라 수입물품의 과세가격을 결정하게 된다.

우리나라의 과세가격 결정방법은 관세법 제30조(과세가격결정의 원칙)에서 제35조(합리적 기준에 의한 과세가격의 결정)까지 규정하고 있다. 이는 임의성을 배제하고 공정성을 유지하기 위함으로 WTO 관세평가협정을 수용하여 국제적인 관세평가원칙과 같다. 여기서 '관세평가'라 함은 관세를 부과하기 위한 평가를 말하는 것으로 정해진 원칙에 따라 수입물품에 대한 과세표준인 과세가격을 결정하는 과정을 말한다.

표 2-3 과세가격 결정방법

평가방법	관세법 조항	과세가격 결정방법	비 고
제 1평가방법 (원칙)	관세법 제30조	해당 물품의 거래가격을 기초로 한 과세가격 결정방법	- 적용방법: 제1평가방법부터 차례로 적용 - 납세의무자의 요청이 있을 경우: 제5방법을 제4방법에 우선하여 적용할 수 있다.
제 2평가방법	관세법 제31조	동종·동질물품의 거래가격을 기초로 한 과세가격 결정방법	
제 3평가방법	관세법 제32조	유사물품의 거래가격을 기초로 한 과세가격 결정방법	
제 4평가방법	관세법 제33조	국내 판매가격을 기초로 한 과세가격 결정방법	
제 5평가방법	관세법 제34조	산정가격을 기초로 한 과세가격 결정방법	
제 6평가방법	관세법 제35조	합리적 기준에 따른 과세가격 결정방법	

(1) 해당 물품의 거래가격을 기초로 한 과세가격 결정(제 1평가방법, 제30조)

이 법 제30조제1항에서는 "수입물품의 과세가격은 우리나라에 수출하기 위하여 판매되는 물품에 대하여 구매자가 실제로 지급하였거나 지급하여야 할 가격에 다음 각 호의 금액을 더하여 조정한 거래가격으로 한다. 다만, 다음 각 호의 금액을 더할 때에는 객관적이고 수량화할 수 있는 자료에 근거하여야 하며, 이러한 자료가 없는 경우에는 이 조에 규정된 방법으로 과세가격을 결정하지 아니하고 제31조부터 제35조까지에 규정된 방법으로 과세가격을 결정한다."라고 규정하고 있다(법 제30조제1항).〈개정 2013.1.1.〉

1. 구매자가 부담하는 수수료와 중개료. 다만, 구매수수료[5]는 제외한다.
2. 해당 수입물품과 동일체로 취급되는 용기의 비용과 해당 수입물품의 포장에 드는 노무비와 자재비로서 구매자가 부담하는 비용
3. 구매자가 해당 수입물품의 생산 및 수출거래를 위하여 대통령령으로 정하는 물품 및 용역을 무료 또는 인하된 가격으로 직접 또는 간접으로 공급한 경우에는 그 물품 및 용역의 가격 또는 인하차액을 해당 수입물품의 총생산량 등 대통령령으로 정하는 요소를 고려하여 적절히 배분한 금액
4. 특허권, 실용신안권, 디자인권, 상표권 및 이와 유사한 권리를 사용하는 대가로 지급하는 것으로서 대통령령으로 정하는 바에 따라 산출된 금액

---

5) 법 시행령 제17조의2(구매수수료의 범위 등) ① 구매수수료는 해당 수입물품의 구매와 관련하여 외국에서 구매자를 대리하여 행하는 용역의 대가로서 구매자가 구매대리인에게 지급하는 비용으로 한다.
② 구매자가 구매대리인에게 지급한 비용에 구매수수료 외의 비용이 포함된 경우에는 그 지급한 비용 중 구매수수료에 해당하는 금액이 따로 구분하여 산정될 수 있는 경우에만 해당 금액을 구매수수료로 한다.
③ 세관장은 필요하다고 인정하는 경우 구매수수료에 관한 자료의 제출을 구매자에게 요청할 수 있다. [본조신설 2011.4.1.]

5. 해당 수입물품을 수입한 후 전매 · 처분 또는 사용하여 생긴 수익금액 중 판매자에게 직접 또는 간접으로 귀속되는 금액
6. 수입항(輸入港)까지의 운임 · 보험료와 그 밖에 운송과 관련되는 비용으로서 대통령령으로 정하는 바에 따라 결정된 금액. 다만, 기획재정부령으로 정하는 수입물품의 경우에는 이의 전부 또는 일부를 제외할 수 있다. 여기서 수입항이란 외국무역선(기)로부터 양륙이 이루어지는 항구 또는 공항을 말하는 것으로 '수입항까지' 또는 '수입항도착'이란 해당 수입물품이 수입항에 도착하여 '본선하역준비가 완료된 시점과 장소'를 말하다.

(가) 구매자가 실제로 지급하였거나 지급하여야 할 가격

구매자가 실제로 지급하였거나 지급하여야 할 가격이란 해당 수입물품의 대가로서 구매자가 지급하였거나 지급하여야 할 총금액을 말하며, 구매자가 해당 수입물품의 대가와 판매자의 채무를 상계하는 금액, 구매자가 판매자의 채무를 변제하는 금액, 그 밖의 간접적인 금액을 포함한다. 다만, 구매자가 지급하였거나 지급하여야 할 총금액에서 다음 각 호의 어느 하나에 해당하는 금액을 명백히 구분할 수 있을 때에는 그 금액을 뺀 금액을 말한다(제30조2항).

1. 수입 후에 하는 해당 수입물품의 건설, 설치, 조립, 정비, 유지 또는 해당 수입물품에 관한 기술지원에 필요한 비용
2. 수입항에 도착한 후 해당 수입물품을 운송하는 데에 필요한 운임 · 보험료와 그 밖에 운송과 관련되는 비용
3. 우리나라에서 해당 수입물품에 부과된 관세 등의 세금과 그 밖의 공과금
4. 연불조건(延拂條件)의 수입인 경우에는 해당 수입물품에 대한 연불이자

제1방법인 제30조의 적용요건을 정리하여 보면 다음과 같다.

첫째, 우리나라에 수출 · 판매되는 물품이어야 한다.[6)]

둘째, 법정가산금액 자료, 신고가격 및 가격결정 과정에 하자가 없어야 한다.

---

6) 우리나라에 수출하기 위하여 판매되는 물품이 아닌 것은 ① 무상으로 수입하는 물품 ② 수입 후 경매 등을 통하여 판매가격이 결정되는 위탁판매수입물품 ③ 수출자의 책임으로 국내에서 판매하기 위하여 수입하는 물품 ④ 별개의 독립된 사업체가 아닌 지점 등에서 수입하는 물품 ⑤ 임대차계약에 따라 수입하는 물품 ⑥ 무상으로 임차하는 물품 ⑦ 산업쓰레기 등 수출자의 부담으로 국내에서 폐기하기 위하여 수입하는 물품

(나) 제1 평가방법의 배제

다음 각 호의 어느 하나에 해당하는 경우에는 제1항에 따른 거래가격을 해당 물품의 과세가격으로 하지 아니하고 제31조부터 제35조까지에 규정된 방법으로 과세가격을 결정한다. 이 경우 세관장은 다음 각 호의 어느 하나에 해당하는 것으로 판단하는 근거를 납세의무자에게 미리 서면으로 통보하여 의견을 제시할 기회를 주어야 한다(법 제30조3항). 〈개정 2011.12.31., 2014.12.23.〉

1. 해당 물품의 처분 또는 사용에 제한이 있는 경우[7] 다만, 세관장이 제1항에 따른 거래가격에 실질적으로 영향을 미치지 아니한다고 인정하는 제한이 있는 경우 등 대통령령으로 정하는 경우는 제외한다.
2. 해당 물품에 대한 거래의 성립 또는 가격의 결정이 금액으로 계산할 수 없는 조건 또는 사정에 의하여 영향을 받을 경우
3. 해당 물품의 수입후의 전매·처분 또는 사용에 따른 수익의 일부가 직접 또는 간접으로 판매자에게 귀속되는 경우 다만, 제1항의 규정에 의하여 적절히 조정할 수 있는 때에는 그러하지 아니한다.
4. 구매자와 판매자 간에 대통령령이 정하는 특수관계[8]가 있어 그 관계가 해당 물품

---

7) 관세법 시행령 제22조(거래가격에 영향을 미치지 아니하는 제한 등) ① 법 제30조제3항제1호 단서에서 "대통령령으로 정하는 경우"란 다음에 해당하는 제한이 있는 경우를 말한다.〈개정 2011.4.1.〉
   1. 우리나라의 법령이나 법령에 의한 처분에 의하여 부과되거나 요구되는 제한
   2. 수입물품이 판매될 수 있는 지역의 제한
   3. 그 밖에 수입가격에 실질적으로 영향을 미치지 아니한다고 세관장이 인정하는 제한

8) 법 시행령 제23조(특수관계의 범위 등)
   ① 법 제30조제3항제4호에서 "대통령령으로 정하는 특수관계"란 다음 각 호의 어느 하나에 해당하는 경우를 말한다.〈개정 2006.5.22., 2011.4.1., 2013.2.15.〉
   1. 구매자와 판매자가 상호 사업상의 임원 또는 관리자인 경우
   2. 구매자와 판매자가 상호 법률상의 동업자인 경우
   3. 구매자와 판매자가 고용관계에 있는 경우
   4. 특정인이 구매자 및 판매자의 의결권 있는 주식을 직접 또는 간접으로 5퍼센트 이상 소유하거나 관리하는 경우
   5. 구매자 및 판매자중 일방이 상대방에 대하여 법적으로 또는 사실상으로 지시나 통제를 할 수 있는 위치에 있는 등 일방이 상대방을 직접 또는 간접으로 지배하는 경우
   6. 구매자 및 판매자가 동일한 제3자에 의하여 직접 또는 간접으로 지배를 받는 경우
   7. 구매자 및 판매자가 동일한 제3자를 직접 또는 간접으로 공동지배하는 경우
   8. 구매자와 판매자가 「국세기본법 시행령」 제1조의2제1항 각 호의 어느 하나에 해당하는 친족관계에 있는 경우

   ② 법 제30조제3항제4호 단서에서 "해당 산업부문의 정상적인 가격결정 관행에 부합하는 방법으로 결정된 경우 등 대통령령으로 정하는 경우"란 다음 각 호의 어느 하나에 해당하는 경우를 말한다.〈개정 2008.2.29., 2015.2.6.〉
   1. 특수관계가 없는 구매자와 판매자간에 통상적으로 이루어지는 가격결정방법으로 결정된 경우
   2. 당해 산업부문의 정상적인 가격결정 관행에 부합하는 방법으로 결정된 경우

의 가격에 영향을 미친 경우. 다만, 해당 산업부문의 정상적인 가격결정 관행에 부합하는 방법으로 결정된 경우 등 대통령령으로 정하는 경우는 제외한다.

(다) 거래가격에 대한 증명자료의 제출

세관장은 납세의무자가 제1항에 따른 거래가격으로 가격신고를 한 경우 해당 신고가격이 동종·동질물품 또는 유사물품의 거래가격과 현저한 차이가 있는 등 이를 과세가격으로 인정하기 곤란한 경우로서 대통령령이 정하는 경우에는 대통령령이 정하는 바에 의하여 납세의무자에게 신고가격이 사실과 같음을 증명할 수 있는 자료의 제출을 요구할 수 있다(법 제30조제4항).

세관장은 납세의무자가 요구받은 자료를 제출하지 아니한 경우나 제출한 자료가 일반적으로 인정된 회계원칙에 부합하지 아니하게 작성된 경우, 그 밖에 대통령령[9]으로 정하는 사유의 어느 하나에 해당하여 신고가격을 과세가격으로 인정하기 곤란한 경우에는 제1항과 제2항에 규정된 방법으로 과세가격을 결정하지 아니하고 제31조부터 제35호까지에 규정된 방법으로 과세가격을 결정한다. 이 경우 세관장은 빠른 시일 내에 과세가격 결정을 하기 위하여 납세의무자와 정보교환 등 적절한 협조가 이루어지도록 노력하여야 하고, 신고가격을 과세가격으로 인정하기 곤란한 사유와 과세가격 결정 내용을 해당 납세의무자에게 통보하여야 한다(법 제30조5항).〈개정 2013.1.1.〉

1. 제4항에 따라 요구받은 자료를 제출하지 아니한 경우
2. 제4항의 요구에 따라 제출한 자료가 일반적으로 인정된 회계원칙에 부합하지 아니하게 작성된 경우
3. 그 밖에 대통령령으로 정하는 사유에 해당하여 신고가격을 과세가격으로 인정하기 곤란한 경우[전문개정 2010.12.30.]

---

3. 해당 물품의 가격이 다음 각 목의 어느 하나의 가격에 근접하는 가격으로서 기획재정부령으로 정하는 가격에 해당함을 구매자가 입증한 경우
   가. 특수관계가 없는 우리나라의 구매자에게 수출되는 동종·동질물품 또는 유사물품의 거래가격
   나. 법 제33조 및 법 제34조의 규정에 의하여 결정되는 동종·동질물품 또는 유사물품의 과세가격

③ 당해 물품의 가격과 제2항제3호의 가격을 비교함에 있어서는 당해 물품의 거래단계 및 거래수량, 법 제30조제1항에 규정된 사항의 차이 등을 참작하여야 한다.

④ 제2항의 규정을 적용받고자 하는 자는 관세청장이 정하는 바에 따라 가격신고를 하는 때에 그 증명에 필요한 자료를 제출하여야 한다.

9) 1. 납세의무자가 제출한 자료가 수입물품의 거래관계를 구체적으로 나타내지 못하는 경우
   2. 그 밖에 납세의무자가 제출한 자료에 대한 사실관계를 확인할 수 없는 등 신고가격의 정확성이나 진실성을 의심할만한 합리적인 사유가 있는 경우(법 시행령 제23조제3항)

(라) 과세가격 불인정의 범위 등(법 시행령 제24조)

① 법 제30조제4항에서 "대통령령으로 정하는 경우"란 다음 각 호의 어느 하나에 해당하는 경우를 말한다.〈개정 2008.2.29., 2011.4.1., 2013.2.15., 2016.2.5.〉

1. 납세의무자가 신고한 가격이 동종·동질물품 또는 유사물품의 가격과 현저한 차이가 있는 경우
2. 납세의무자가 동일한 공급자로부터 계속하여 수입하고 있음에도 불구하고 신고한 가격에 현저한 변동이 있는 경우
3. 신고한 물품이 원유·광석·곡물 등 국제거래시세가 공표되는 물품인 경우 신고한 가격이 그 국제거래시세와 현저한 차이가 있는 경우

3의2. 신고한 물품이 원유·광석·곡물 등으로서 국제거래시세가 공표되지 않는 물품인 경우 관세청장 또는 관세청장이 지정하는 자가 조사한 수입물품의 산지 조사가격이 있는 때에는 신고한 가격이 그 조사가격과 현저한 차이가 있는 경우

4. 납세의무자가 거래선을 변경한 경우로서 신고한 가격이 종전의 가격과 현저한 차이가 있는 경우
5. 제1호부터 4호까지의 사유에 준하는 사유로서 기획재정부령으로 정하는 경우

② 세관장은 법 제30조제4항의 규정에 의하여 자료제출을 요구하는 때에는 그 사유와 자료제출에 필요한 기간을 기재한 서면으로 하여야 한다.

③ 법 제30조제5항제3호에서 "대통령령으로 정하는 사유에 해당하여 신고가격을 과세가격으로 인정하기 곤란한 경우"란 다음 각 호의 어느 하나에 해당하는 경우를 말한다.〈신설 2007.4.5., 2011.4.1.〉

1. 납세의무자가 제출한 자료가 수입물품의 거래관계를 구체적으로 나타내지 못하는 경우
2. 그 밖에 납세의무자가 제출한 자료에 대한 사실관계를 확인할 수 없는 등 신고가격의 정확성이나 진실성을 의심할만한 합리적인 사유가 있는 경우

(2) 동종·동질물품의 거래가격을 기초로 한 과세가격의 결정(법 제31조)

제30조에 따른 방법으로 과세가격 결정할 수 없는 경우에는 과세가격으로 인정된 사실이 있는 동종·동질물품의 거래가격으로서 다음의 요건을 갖춘 가격을 기초로 하여 과세가격을 결정한다(법 제31조제1항).

1. 과세가격을 결정하려는 해당 물품의 생산국에서 생산된 것으로서 해당 물품의 선적일에 선적되거나 해당물품의 선적일을 전후하여 가격에 영향을 미치는 시장조건이나 상관행에 변동이 없는 기간 중에 선적되어 우리나라에 수입된 것일 것
2. 거래 단계, 거래 수량, 운송 거리, 운송 형태 등이 해당 물품과 같아야 하며, 두 물품 간에 차이가 있는 경우에는 그에 따른 가격차이를 조정한 가격일 것

제1항에 따라 과세가격으로 인정된 사실이 있는 동종·동질물품의 거래가격이라 하더라도 그 가격의 정확성과 진실성을 의심할만한 합리적인 사유가 있는 경우 그 가격은 과세가격 결정의 기초자료에서 제외한다(법 제31조제2항).〈신설 2013.1.1.〉

제1항을 적용할 때 동종·동질물품의 거래가격이 둘 이상 있는 경우에는 생산자, 거래 시기, 거래 단계, 거래 수량 등("거래내용 등")이 해당 물품과 가장 유사한 것에 해당하는 물품의 가격을 기초로 하고, 거래내용 등이 같은 물품이 둘 이상이 있고 그 가격도 둘 이상이 있는 경우에는 가장 낮은 가격을 기초로 하여 과세가격을 결정한다(법 제31조제3항).〈개정 2013.1.1.〉

(3) 유사물품의 거래가격을 기초로 한 과세가격의 결정(법 제32조)

제30조와 제31조에 따른 방법으로 과세가격을 결정할 수 없는 때에는 과세가격으로 인정된 사실이 있는 유사물품의 거래가격으로서 제31조제1항 각 호의 요건을 갖춘 가격을 기초로 하여 과세가격을 결정한다(법 제32조제1항).

제1항에 따라 과세가격으로 인정된 사실이 있는 유사물품의 거래가격이라 하더라도 그 가격의 정확성과 진실성을 의심할만한 합리적인 사유가 있는 경우 그 가격은 과세가격 결정의 기초자료에서 제외한다.〈신설 2013.1.1.〉

제1항을 적용할 때 유사물품의 거래가격이 둘 이상이 있는 경우에는 거래내용 등이 해당 물품과 가장 유사한 것에 해당하는 물품의 가격을 기초로 하고, 거래내용 등이 같은 물품이 둘 이상이 있고 그 가격도 둘 이상이 있는 경우에는 가장 낮은 가격을 기초로 하여 과세가격을 결정한다.〈개정 2013.1.1.〉

표 2-4 제2방법과 제3방법에 의한 과세가격 결정의 비교

<table>
<tr><th></th><th>동종·동질물품 및
유사물품의 정의</th><th>동종·동질물품 및 유사물품의
거래가격의 요건</th><th>거래가격이 둘
이상 있는 경우</th></tr>
<tr><td>제2방법
(동종·동질물품의 범위)</td><td>① 당해 수입물품의 생산국에서 생산된 것
② 물리적 특성, 품질 및 소비자 등의 평판을 포함한 모든 면에서 동일한 물품(외양에 경미한 차이가 있을 뿐 그 밖의 모든 면에서 동일한 물품)</td><td rowspan="2">① 과세가격으로 인정된 사실이 있어야 함(단, 가격의 정확성과 진실성을 의심할만한 합리적인 사유가 있는 경우에는 제외)
② 동일 생산국에서 생산
③ 근접 선적일에 수입
④ 거래 단계, 거래 수량, 운송 거리, 운송 형태 등이 해당물품과 같아야 하며 두 물품 간 차이가 있는 경우에는 그에 따른 가격 차이를 조정한 가격</td><td rowspan="2">① '거래 내용' 등이 해당물품과 가장 유사한 물품의 가격

② '거래 내용' 등이 같은 물품이 둘 이상이 있고, 그 가격이 둘 이상인 경우: 가장 낮은 가격</td></tr>
<tr><td>제3방법
(유사물품의 범위)</td><td>① 당해 수입물품의 생산국에서 생산된 것
② 모든 면에서 동일하지는 아니하지만 동일한 기능을 수행하고 대체사용이 가능할 수 있을 만큼 비슷한 특성과 비슷한 구성요소를 가지고 있는 물품</td></tr>
</table>

자료: 법시행령 제25조(동종·동질물품의 범위), 법시행령 제26조(유사 물품의 범위)

(4) 국내 판매가격을 기초로 한 과세가격의 결정(법 제33조)

제30조부터 제32조까지에 규정된 방법으로 과세가격을 결정할 수 없을 때에는 제1호의 금액에서 제2호부터 제4호까지의 금액을 뺀 가격을 과세가격으로 한다. 다만, 납세의무자가 요청하면 제34조에 따라 과세가격을 결정하되 제34조에 따라 결정할 수 없는 경우에는 제33조, 제35조의 순서에 따라 과세가격을 결정한다(법 제33조제1항). <개정 2011.12.31.>

1. 해당 물품, 동종·동질물품 또는 유사물품이 수입된 것과 동일한 상태로 해당 물품의 수입신고일 또는 수입신고일과 거의 동시에 특수관계가 없는 자에게 가장 많은 수량으로 국내에서 판매되는 단위가격을 기초로 하여 산출한 금액
2. 국내판매와 관련하여 통상적으로 지급하였거나 지급하여야 할 것으로 합의된 수수료 또는 동종·동류의 수입물품이 국내에서 판매되는 때에 통상적으로 부가되는 이윤 및 일반경비에 해당하는 금액
3. 수입항에 도착한 후 국내에서 발생한 통상의 운임·보험료와 그 밖의 관련 비용
4. 해당 물품의 수입 및 국내판매와 관련하여 납부하였거나 납부하여야 하는 조세와 그 밖의 공과금

제1항제1호에 따른 국내에서 판매되는 단위가격이라 하더라도 그 가격의 정확성과 진실성을 의심할만한 합리적인 사유가 있는 경우에는 제1항을 적용하지 아니할 수 있다(법 제33조제2항). <신설 2014.12.23.>

해당 물품, 동종·동질물품 또는 유사물품이 수입된 것과 동일한 상태로 국내에서 판매되는 사례가 없는 경우 납세의무자가 요청할 때에는 해당 물품이 국내에서 가공된 후

특수관계가 없는 자에게 가장 많은 수량으로 판매되는 단위가격을 기초로 하여 산출된 금액에서 다음의 금액을 뺀 가격을 과세가격으로 한다(법 제33조제3항). <개정 2014.12.23.>

1. 제1항제2호부터 제4호까지의 금액
2. 국내 가공에 따른 부가가치

(5) 산정가격을 기초로 한 과세가격의 결정(법 제34조)

산정가격을 기초로 한 과세가격이란 해당 수입물품을 수출국에서 생산하는데 소요된 비용을 산정하여 산출한 가격에 의거 과세가격을 결정하는 방법이다. 이 경우 외국 제조자의 원가계산서를 검토하여 과세가격을 경정하여야 하므로 수출국의 제조자가 수입국 세관에 원가계산서를 제출해야 한다(법 제34조제1항).

제30조부터 제33조까지에 규정된 방법으로 과세가격을 결정할 수 없을 때에는 다음의 금액을 합한 가격을 기초로 하여 과세가격을 결정한다. <개정 2013.1.1.>

1. 해당 물품의 생산에 사용된 원자재비용 및 조립이나 그 밖의 가공에 드는 비용 또는 그 가격
2. 수출국 내에서 해당 물품과 동종·동류의 물품의 생산자가 우리나라에 수출하기 위하여 판매할 때 통상적으로 반영하는 이윤 및 일반 경비에 해당하는 금액
3. 해당 물품의 수입항까지의 운임·보험료와 그 밖에 운송과 관련된 비용으로서 제30조제1항제6호에 따라 결정된 금액

납세의무자가 제1항 각호의 금액을 확인하는데 필요한 자료를 제출하지 않은 경우에는 제1항을 적용하지 않을 수 있다(법 제34조제2항). <신설 2013.1.1.>

(6) 합리적 기준에 의한 과세가격의 결정(법 제35조)

이 방법은 제1부터 5방법까지의 방법으로 과세가격을 결정할 수 없을 때 1~5방법까지의 원칙과 부합되는 합리적인 기준으로 과세가격을 결정하는 방법이다.

제30조부터 제34조까지에 규정된 방법으로 과세가격을 결정할 수 없을 때에는 대통령령으로 정하는 바에 따라 제30조부터 제34조까지에 규정된 원칙과 부합되는 합리적인 기준에 따라 과세가격을 결정한다. 이에 따른 방법으로 과세가격을 결정할 수 없을 때에는 국제거래시세·산지조사가격을 조정한 가격을 적용하는 방법 등 거래의 실질 및 관행에 비추어 합리적으로 인정되는 방법에 따라 과세가격을 결정한다(법 제35조제1항~2항).
[전문개정 2013.8.13.]

(가) 해석 및 적용방법(법 시행령 제29조; 합리적 기준에 의한 과세가격의 결정)

제35조의 규정에 의하여 과세가격을 결정함에 있어서는 다음의 방법에 의한다. 〈개정 2013.2.15.〉

① 법 제31조 또는 법 제32조의 규정을 적용함에 있어서 법 제31조제1항제1호의 요건을 신축적으로 해석 · 적용하는 방법

② 법 제33조의 규정을 적용함에 있어서 수입된 것과 동일한 상태로 판매되어야 한다는 요건을 신축적으로 해석 · 적용하는 방법

③ 법 제33조 또는 법 제34조의 규정에 의하여 과세가격으로 인정된 바 있는 동종 · 동질물품 또는 유사물품의 과세가격을 기초로 과세가격을 결정하는 방법

④ 제27조제2항 단서의 규정을 적용하지 아니하는 방법

⑤ 그 밖에 거래의 실질 및 관행에 비추어 합리적이라고 인정되는 방법

(나) 합리적 기준에 의한 과세가격결정의 배제(법 시행령 제29조제2호)

법 제35조의 규정에 의하여 과세가격을 결정함에 있어서는 다음 각호의 1에 해당하는 가격을 기준으로 하여서는 아니 된다.

① 우리나라에서 생산된 물품의 국내 판매가격

② 선택가능한 가격 중 반드시 높은 가격을 과세가격으로 하여야 한다는 기준에 따라 결정하는 가격

③ 수출국의 국내판매가격

④ 동종 · 동질물품 또는 유사물품에 대하여 법 제34조의 규정에 의한 방법외의 방법으로 생산비용을 기초로 하여 결정된 가격

⑤ 우리나라외의 국가에 수출하는 물품의 가격

⑥ 특정수입물품에 대하여 미리 설정하여 둔 최저과세 기준가격

⑦ 자의적 또는 가공적인 가격

(다) 관세청장은 다음 각 호의 1에 해당하는 물품에 대한 과세가격결정에 필요한 기초자료, 금액의 계산방법 등 과세가격결정에 필요한 세부사항을 정할 수 있다(법 시행령 제29호제3항).

① 수입신고 전에 변질 · 손상된 물품

② 여행자 또는 승무원의 휴대품 · 우편물 · 탁송품 및 별송품

③ 임차수입물품

④ 중고물품

⑤ 법 제188조(제품과세) 단서의 규정에 의하여 외국물품으로 보는 물품

⑥ 범칙물품

⑦ 기타 관세청장이 과세가격 결정에 혼란이 발생할 우려가 있다고 인정하는 물품

2) 과세가격 결정방법 등의 통보(법 제36조)

세관장은 납세의무자가 서면으로 요청하면 과세가격을 결정하는 데에 사용한 방법과 과세가격 및 그 산출근거를 그 납세의무자에게 서면으로 통보하여야 한다.

3) 과세가격 결정방법의 사전심사(법 제37조)

(1) 과세가격의 사전심사 신청

법 제37조제1항에는 "제38조제1항에 따라 납세신고를 하여야 하는 자는 과세가격 결정과 관련하여 다음 각 호의 사항에 관하여 의문이 있을 때에는 가격신고를 하기 전에 대통령령으로 정하는 바에 따라 관세청장에게 미리 심사하여 줄 것을 신청할 수 있다." 라고 규정하고 있는데 이를 '과세가격의 사전심사'라 한다.

① 제30조(과세가격 결정원칙)제1항 각 호에 규정된 금액 또는 같은 조제2항에 따라 해당 수입물품의 대가로서 구매자가 실제로 지급하였거나 지급하여야 할 가격을 산정할 때 더하거나 빼야 할 금액

② 제30조제3항 각호에 해당하는지 여부

③ 특수관계가 있는 자들 간에 거래되는 물품의 과세가격 결정방법

(2) 결과의 통지

사전심사의 신청을 받은 관세청장은 대통령령으로 정하는 기간 이내에 과세가격의 결정방법을 심사한 후 그 결과를 신청인에게 통보하여야 한다.

표 2-5 과세가격 결정 결과의 통보기간

법 제37조(과세가격 결정방법의 사전심사)의 경우	기간
법 제37조제1항제1호 및 제2호(해당 수입물품의 대가로서 구매자가 실제로 지급하였거나 지급하여야 할 가격을 산정할 때 더하거나 빼야 할 금액)에 해당하는 경우	1개월
법 제제37조제1항제3항 각 호에 해당하는지 여부	1년
이 경우 관세청장이 제2항에 따라 제출된 신청서 및 서류의 보완을 요구한 경우에는 그 기간은 산입하지 아니한다. 〈개정 2008.2.22., 2011.4.1.〉	

자료: 법 시행령 제31조제2항

(3) 재심사의 청구

제1항제1호 또는 제2호에 관하여 의문이 있어 사전심사를 신청하여 제2항에 따라 결과를 통보받은 자가 그 결과에 이의가 있는 경우에는 그 결과를 통보받은 날부터 30일 이내에 대통령령으로 정하는 바에 따라 관세청장에게 재심사를 신청할 수 있다. 이 경우 재심사의 기간 및 결과의 통보에 관하여는 제2항을 준용한다. 〈신설 2014.12.23.〉

사전심사의 결과에 대하여 재심사를 신청하려는 자는 재심사 신청의 요지와 내용이 기재된 신청서에 다음 각 호의 서류 및 자료를 첨부하여 관세청장에게 제출하여야 한다(법 시행령 제31조제4항). 〈신설 2015.2.6.〉

1. 법 제37조제2항에 따른 과세가격 결정방법 사전심사서 사본
2. 재심사 신청의 요지와 내용을 입증할 수 있는 자료

(4) 과세가격의 결정

세관장은 관세의 납세의무자가 제2항 또는 제3항에 따라 통보된 과세가격의 결정방법에 따라 납세신고를 한 경우 대통령령으로 정하는 요건을 갖추었을 때에는 그 결정방법에 따라 과세가격을 결정하여야 한다(법 제37조제4항). 〈개정 2014.12.23.〉 [전문개정 2010.12.30.]

(가) "대통령령으로 정하는 요건"(법 시행령 제31조5항)〈개정 2008.2.22., 2011.4.1., 2015.2.6.〉

① 법 제37조제1항에 따른 신청인과 납세의무자가 동일할 것
② 제1항에 따라 제출된 내용에 거짓이 없고 그 내용이 가격신고된 내용과 같을 것
③ 사전심사의 기초가 되는 법령이나 거래관계 등이 달라지지 아니하였을 것
④ 법 제37조제2항에 따른 결과의 통보일로부터 3년 이내에 신고될 것

4) 관세의 과세가격 결정방법과 국세의 정상가격 산출방법의 사전조정(법 제37조의2)

제37조제1항제3호에 관하여 의문이 있어 같은 항에 따른 사전심사를 신청하는 자는 「국제조세조정에 관한 법률」 제6조제1항에 따른 정상가격 산출방법의 사전승인(같은 조제2항 단서에 따른 일방적 사전승인의 대상인 경우에 한정)을 관세청장에게 동시에 신청할 수 있다. 이 경우 관세청장은 국세청장과 협의하여 관세의 과세가격과 국세의 정상가격을 사전에 조정("사전조정")하여야 한다.

사전조정의 대상은 관세의 과세가격 결정방법과 국세의 정상가격 산출방법이 유사한 경우로서 대통령령으로 정하는 경우로 한정한다.

제1항에 따라 사전조정을 하는 관세청장은 국세청장에게 정상가격 산출방법의 사전승인 신청서류를 첨부하여 신청을 받은 사실을 통보하고, 국세청장과 과세가격 결정방법, 정상가격 산출방법 및 사전조정 가격의 범위에 대하여 협의하여 결정하여야 한다.

관세청장은 제3항에 따른 사전조정의 결과를 제1항에 따른 사전조정을 신청한 자와 기획재정부장관에게 통보하여야 한다.

제1항부터 제4항까지의 규정에 따른 사전조정 신청 방법 및 절차 등에 관하여 필요한 사항은 대통령령으로 정한다(법 제37조의2제1항~5항).[본조신설 2014.12.23.] [종전 제37조의2는 제37조의3으로 이동 〈2014.12.23..〉]

제37조의2(관세의 과세가격 결정방법과 국세의 정상가격 산출방법의 사전조정)

① 제37조제1항제3호에 관하여 의문이 있어 같은 항에 따른 사전심사를 신청하는 자는 관세의 과세가격과 국세의 정상가격을 사전에 조정("사전조정")받기 위하여 「국제조세조정에 관한 법률」 제6조제1항에 따른 정상가격 산출방법의 사전승인(같은 조제2항 단서에 따른 일방적 사전승인의 대상인 경우에 한정)을 관세청장에게 동시에 신청할 수 있다.<개정 2017.12.19.>

② 관세청장은 제1항에 따른 신청을 받은 경우에는 국세청장에게 정상가격 산출방법의 사전승인 신청서류를 첨부하여 신청을 받은 사실을 통보하고, 국세청장과 과세가격 결정방법, 정상가격 산출방법 및 사전조정 가격의 범위에 대하여 대통령령으로 정하는 바에 따라 협의하여야 한다.<개정 2017.12.19.>

③ 관세청장은 제2항에 따른 협의가 이루어진 경우에는 사전조정을 하여야 한다.<개정 2017.12.19.>

④ 관세청장은 제1항에 따른 신청의 처리결과를 사전조정을 신청한 자와 기획재정부장관에게 통보하여야 한다.<개정 2017.12.19.>

⑤ 제1항부터 제4항까지의 규정에 따른 사전조정 신청 방법 및 절차 등에 관하여 필요한 사항은 대통령령으로 정한다.[본조신설 2014.12.23.]

[종전 제37조의2는 제37조의3으로 이동<2014.12.23.>]

[시행일 : 2018.7.1.] 제37조의2제1항, 제37조의2제2항, 제37조의2제3항, 제37조의2제4항

5) 관세의 부과 등을 위한 정보제공(법 제37조의3)

관세청장 또는 세관장은 과세가격의 결정·조정 및 관세의 부과·징수를 위하여 필요한 경우에는 국세청장, 지방국세청장 또는 관할 세무서장에게 대통령령으로 정하는 정보 또는 자료를 요청할 수 있다. 이 경우 요청을 받은 기관은 정당한 사유가 없으면 요청에 따라야 한다. [본조신설 2011.12.31.][제37조의2에서 이동, 종전 제37조의3은 제37조의4로 이동 〈2014.12.23.〉]

(1) 관세부과 등을 위한 정보제공 범위(법 시행령 제31조의2)

① 「국제조세조정에 관한 법률」 제4조에 따른 과세표준 및 세액의 결정·경정과 관련된 정보 또는 자료

② 그 밖에 과세가격의 결정·조정에 필요한 자료[본조신설 2012.2.2.]

6) 특수관계자 수입물품 과세가격결정자료 제출(법 제37조의4)

세관장은 제38조제2항(신고수리전 세액심사)에 따른 세액심사시 특수관계에 있는 자가 수입하는 물품의 과세가격의 적정성을 심사하기 위하여 해당 특수관계자에게 과세가격결정자료를 제출할 것을 요구할 수 있다. 이 경우 자료의 제출범위, 제출방법 등은 대통령령으로 정한다.〈개정 2013.8.13.〉

세관장은 제1항에 따라 제출받은 과세가격결정자료에서 제30조제1항 각 호의 어느 하나에 해당하는 금액이 이에 해당하지 아니하는 금액과 합산되어 있는지 불분명한 경우에는 이를 구분하여 계산할 수 있는 객관적인 증명자료의 제출을 요구할 수 있다.〈신설 2016.12.20.〉

제1항 또는 제2항에 따라 자료제출을 요구받은 자는 자료제출을 요구받은 날 부터 60일 이내에 해당 자료를 제출하여야 한다. 다만, 대통령령으로 정하는 부득이한 사유로 제출기한의 연장을 신청하는 경우에는 세관장은 한 차례만 60일까지 연장할 수 있다.〈개정 2016.12.20.〉

세관장은 특수관계에 있는 자가 제2항에 따른 증명자료를 제3항에 따른 기한까지 제출하지 아니하는 경우에는 해당 과세가격결정자료에 따른 금액을 제30조제1항 각 호 외의 부분 본문에 따른 거래가격으로 하여 과세가격을 결정할 수 있다. 다만, 특수관계에 있는 자의 요청이 있는 경우에는 제31조부터 제35조까지에 규정된 방법으로 과세가격을

결정하여야 한다.〈신설 2016.12.20.〉(법 제37조의4의 1항~4항)[본조신설 2013.1.1.][제37조의3에서 이동〈2014.12.23.〉]

1. **관세법상 구매자가 실제로 지급하였거나 지급하여야 할 가격에 가산하여야 하는 권리사용료가 당해 물품과 관련되는 것으로 볼 수 없는 것은?** (2014년 관세사 1차 기출)
   ① 권리사용료가 특허권에 대하여 지급되는 때에는 수입물품의 방법에 관한 특허에 의하여 생산된 물품인 경우
   ② 권리사용료가 특허권에 대하여 지급되는 때에는 수입물품이 특허발명품인 경우
   ③ 권리사용료가 특허권에 대하여 지급되는 때에는 수입물품이 방법에 관한 특허를 실시하기에 적합하게 고안된 설비·기계 및 장치인 경우
   ④ 권리사용료가 상표권에 대하여 지급되는 때에는 수입물품에 희석·혼합·분류·단순조립·재포장 등의 경미한 가공을 초과하여 제작한 후에 상표가 부착되는 경우
   ⑤ 권리사용료가 저작권에 대하여 지급되는 때에는 수입물품에 가사·선율·영상·컴퓨터소프트웨어 등이 수록되어 있는 경우

2. **다음 중 관세법상 수입물품에 대한 종가세로 부과하는 관세의 과세표준 즉, 과세가격의 결정과 관련한 설명으로 올바른 것은?** (2017년 제40회 국제무역사 기출문제)
   ① 송품장에 기재된 FOB USD10,000의 과세가격은 USD10,000이다.
   ② 부산세관 보세창고에서 수입신고 이전에 행해지는 원산지표시 보수작업 관련 비용은 구매자가 이를 부담한 것이지만 수출자가 이행했어야 하는 비용이므로 과세가격 결정시 실제로 지급하였거나 지급할 금액에 포함한다.
   ③ 구매자가 수입물품인 레이저포인터의 생산을 위해 중국 공장에 무료로 공급한 플라스틱 케이스에 대해서는 그 플라스틱 케이스의 가격을 가산하여 수입물품인 레이저포인터의 과세가격을 산출한다.
   ④ 미국으로부터 유명 신발을 수입함에 있어 매년 3%의 상표권 사용료를 지급해야 하지만 이는 수입물품과 별도로 지급하는 것이므로 과세가격에 가산하지 않는다.

3. **관세법상 과세가격의 신고 및 결정에 관한 설명으로 옳은 것은?** (2017년 관세사 1차 기출)
   ① 동종·동질물품의 거래가격을 기초로 과세가격을 결정하는 것은 허용되나, 유사물품의 거래가격을 기초로 과세가격을 결정하는 것은 허용되지 않는다.
   ② 세관장은 납세의무자의 요청이 없더라도 과세가격을 결정하는 데에 사용한 방법과 과세가격 및 그 산출근거를 납세의무자에게 서면으로 통보하여야 한다.
   ③ 거래관행상 거래가 성립된 때부터 일정기간이 지난 후에 가격이 정하여지는 물품으로서 수입신고일 현재 그 가격이 정하여지지 아니한 경우에는 가격신고를 생략할 수 있다.

④ 통관의 능률을 높이기 위하여 필요하다고 인정되는 경우에는 대통령령으로 정하는 바에 따라 물품의 수입신고를 하기 전에 가격신고를 할 수 있다.
⑤ 수입물품의 과세가격은 우리나라에 수출하기 위하여 판매되는 물품에 대하여 구매자가 실제로 지급하였거나 지급하여야 할 가격에서 일정한 금액을 빼서 조정한 거래가격으로 한다.

4. 관세법상 국내판매가격을 기초로 한 과세가격의 결정에서 공제할 금액에 관한 내용으로 옳지 않은 것은? (2016년 관세사 1차 기출)
① 국내판매와 관련하여 통상적으로 지급하였거나 지급하여야 할 것으로 합의된 수수료
② 해당 물품의 수입 및 국내판매와 관련하여 납부하였거나 납부하여야 하는 조세와 그 밖의 공과금
③ 동종·동류의 수입물품이 국내에서 판매되는 때에 통상적으로 부가되는 이윤 및 일반경비에 해당하는 금액
④ 수입항까지의 운임·보험료와 그 밖에 운송과 관련되는 비용
⑤ 수입항에 도착한 후 국내에서 발생한 통상의 운임·보험료와 그 밖의 관련 비용

5. 구매자가 실제로 지급하였거나 지급하여야 할 가격을 기초로 수입물품의 과세가격을 결정하는 관세법 제30조(과세가격 결정의 원칙)에 의한 과세가격결정방법(제1방법)을 배제할 수 있는 사유가 아닌 것은? (2015년 관세사 1차 기출)
① 매매당사자가 체결한 계약에 당해 물품을 교육용으로만 사용하도록 하는 제한이 있는 경우
② 매매당사자가 체결한 계약에 당해 물품을 특정인에게만 판매하도록 하는 제한이 있는 경우
③ 매매당사자가 체결한 계약에 당해 수입물품을 특정 지역에서만 판매하도록 하는 제한이 있는 경우
④ 해당 물품을 수입한 후에 사용하여 생긴 수익의 일부가 판매자에게 직접 또는 간접으로 귀속되는 경우(실제 지급하였거나 지급하여야 할 가격을 적절히 조정할 수 없는 경우)
⑤ 구매자가 판매자에게 판매하는 다른 물품의 가격에 따라 당해 물품의 가격이 결정되는 경우

6. 관세법 제30조(과세가격 결정의 원칙)의 수입물품의 과세가격은 우리나라에 수출하기 위하여 판매되는 물품에 대하여 "구매자가 실제로 지급하였거나 지급하여야 할 가격"에서 더하거나 뺀 금액을 말한다. 이 때 빼야할 금액은? (2015년 관세사 1차 기출)
① 실용신안권 사용 대가로 지급한 금액
② 해당 수입물품을 수입한 후 처분하여 생긴 수익금액 중 판매자에게 직접 또는 간접

적으로 귀속되는 금액

③ 구매자가 부담하는 중개료 금액

④ 총금액에서 명백히 구분할 수 있는 경우로, 수입 후에 하는 해당 수입물품의 조립·정비 금액

⑤ 수입항까지의 운송 관련 비용 금액

7. 국내판매가격을 기초로 과세가격을 결정할 때 관세법 제33조제1항제1호에서 규정하고 있는 국내 판매가격에서 빼는 가격에 해당하지 않는 것은? (2015년 관세사 1차 기출)

① 국내판매와 관련하여 통상적으로 지급하였거나 지급하여야 할 것으로 합의된 수수료

② 동종·동류의 수입물품이 국내에서 판매되는 때에 통상적으로 부가되는 이윤 및 일반경비에 해당하는 금액

③ 수입항에 도착한 후 국내에서 발생한 통상의 운임·보험료와 그 밖의 관련 비용

④ 해당 물품의 수입 및 국내판매와 관련하여 납부하였거나 납부하여야 하는 조세와 그 밖의 공과금

⑤ 기획재정부령으로 정하는 수입물품이 아닌 경우로서 운임·보험료와 그 밖에 관련 비용

1-④ 2-③ 3-④ 4-④ 5-③ 6-② 7-⑤

7) 과세환율(법 제18조)

과세가격을 결정하는 경우 외국통화로 표시된 가격을 내국통화로 환산하여야 하는데 이때 적용되는 환율을 "과세환율"이라고 한다. 과세환율은 외국환거래은행에서 고시되는 환율이 아닌 수입물품의 과세가격을 결정할 때 적용되는 환율로 수입신고하는 당일이 속한 전주(前週, 5일간)의 전신환매도율을 평균하여 적용한다.

법 제18조에서는 "과세가격을 결정하는 경우 외국통화로 표시된 가격을 내국통화로 환산할 때에는 제17조에 따른 날(보세건설장에 반입된 물품의 경우에는 수입신고를 한 날)이 속하는 주의 전주(前週)의 외국환매도율을 평균하여 관세청장이 그 율을 정한다."라고 규정하고 있다. 관세평가분류원장은 주요 외국환은행이 전주 월요일부터 금요일까지 매일 최초 고시하는 대고객 전신환매도율을 평균하여 과세환율을 결정하며, 대고객 전신환매도율이 제공되지 않는 경우에는 대고객 현찰매도율을 평균하여 과세환율을 결정한다(수입물품과세가격 결정에 관한 고시 제3조제1항).

1. (주)한국무역이 인도네시아 수하트로 상사로부터 가죽원단을 수입하면서 지급한 금액은 미화 150,000달러이다. (주)한국무역은 무역계약과 함께 선물환거래를 통해 대금지급 시 적용할 환율을 확정해 두었다. 이 경우 가죽원단을 수입통관할 때 외화로 표시된 미화 150,000달러를 원화로 환산함에 있어 적용되는 환율은? (2013년 제30회 국제무역사 기출)

① (주)한국무역이 선물환 거래로 확정해 둔 환율
② 수입신고한 날에 적용되는 관세청장이 고시한 과세환율
③ 수입신고 당일 주요 외국환은행의 대고객전신환매도환율
④ (주)한국무역이 대금을 결제한 날에 적용되는 외국환은행의 대고객전신환매도환율

2. (주)한국무역이 물품을 수입하는 무역과정에서 각각의 해당 일자에 적용되도록 관세청장이 정해둔 미화 1달러당 과세환율은 아래와 같다. 이 경우 (주)한국무역이 수입한 물품 과세에 실제로 적용되는 과세환율은 얼마인가? (2011년 제28회 국제무역사 기출)

① 1,150원 ② 1,130원 ③ 1,120원 ④ 1,180원

- 무역계약 체결: 2011.5.10(과세환율 1,150원)
- 계약물품의 선적 및 선하증권 발급: 2011.7.20(과세환율 1,130원)
- 수입업자의 대금결제: 2011.8.25(과세환율 1,120원)
- 수입신고: 2011.9.10(과세환율 1,180원)

1-② 2-④

4. 관세율

"관세율"이란 수입물품에 대하여 적용되는 세율을 말하는 것으로 수입물품에 대한 관세는 "과세표준 × 관세율 = 관세액"에 의하여 계산된다. 종가세인 경우 과세표준인 물품의 과세가격에 대하여 백분율(%)을 적용하고, 종량세일 때는 물품의 과세수량에 대하여 1단위 수량당 금액, 즉 해당 품목당 단가를 곱하여 계산한다.

우리나라의 관세율은 조세법률주의에 따라 국회에서 법률로 정해진다.

1) 세율의 종류(법 제49조)

제14조에 따라 수입물품에 부과되는 관세의 세율은 다음 각 호와 같다.

1. 기본세율

2. 잠정세율

3. 제51조부터 제67조까지, 제67조의2 및 제68조부터 제77조까지의 규정에 따라 대통령령 또는 기획재정부령으로 정하는 세율[전문개정 2010.12.30.]

관세율은 국회에서 입법에 따른 국정관세와 특정국가 등과의 조약이나 협약에 의한 협정관세로 나눌 수 있다. 국정관세로는 기본세율, 잠정세율 및 대통령령 또는 기획재정부령에 따라 행정부에 위임된 탄력관세율과 일반특혜관세로 나눌 수 있다. 협정세율은 특정국가 또는 국제기구와의 조약이나 협정으로 정해진 세율을 말하며 국제협력관세 및 양허관세 등이 있다.

(1) 국정관세율

(가) 기본세율

"기본세율"이란 국회에서 입법 제정된 세율로서 별표 관세율표상에 기본세율로 정해진 관세율을 말한다. 이는 수입물품에 원칙적으로 적용되는 세율이며, 잠정세율의 인상 또는 인하와 탄력세율산정의 기준이 된다.

(나) 잠정세율

"잠정세율"이란 관세율표상에 기본세율과 함께 규정되어 있는 세율로서 특정 물품에 대하여 기본세율과는 다른 세율을 잠정적으로 적용하기 위하여 마련된 세율이다.

(다) 탄력관세율

"탄력관세율"이란 국내외 여건 변경 등에 따른 변동에 신속하게 대처할 수 있도록 법률에서 위임된 범위 안에서 행정부에 관세율을 탄력적으로 조정 · 위임하여 운용되는 관세율을 말한다.

(라) 일반특혜관세율

"일반특혜관세율"이란 개발도상국의 수출증대 및 공업화의 촉진을 위해 개발도상국으로부터 수입하는 농수산물, 공산품의 제품과 반제품에 대하여 보상 없이 일방적으로 무관세를 적용하거나 저율의 관세를 부과하는 것을 말한다.

(2) 협정 관세율(기양허관세율)

"협정관세율"이란 우리나라 통상과 대외무역증진을 위하여 특정국가 또는 국제기구와 조약, 행정협약 등에 의하여 결정되는 관세율이다.

협정 주체별로 보면 '양국 간 협정에 의한 세율'과 '다국간 협정에 의한 세율'이 있다. 협정 종류별로 보면 'WTO 협정 일반 양허관세율', 'WTO 협정 개도국 간의 양허관세율', '방콕협정 양허관세율', '개발도상국 간 무역특혜제도(GSTP) 양허관세율'과 '특정국가와의 관세 협상에 따른 국제협력관세율' 등이 있다.

2) 세율 적용의 우선순위(법 제50조)

관세율의 종류에서 살펴본 바와 같이 하나의 수입물품에 대하여 두 가지 이상의 관세율이 경합하는 경우에는 관세법 제50조의 우선순위를 판단하여 결정해야 한다. 기본세율과 잠정세율은 별표 관세율표에 따라 적용하되 잠정세율은 기본세율에 우선하여 적용한다(법 제50조제1항). 즉, 기본세율은 관세율이 경합할 경우 모든 종류의 세율 중 맨 마지막에 적용된다. 특히 1순위에 해당하는 관세는 실행관세 등에 해당 관세를 추가하여 부과하므로 세액이 그만큼 많아지게 된다.

제49조제3호의 세율은 다음 각 호의 순서에 따라 별표 관세율표의 세율에 우선하여 적용한다(법 제50조제2항).

1. 제51조, 제57조, 제63조, 제65조, 제67조의2 및 제68조에 따른 세율
2. 제73조 및 제74조에 따른 세율
3. 제69조, 제71조 및 제72조에 따른 세율
4. 제76조에 따른 세율

제2항에도 불구하고 제2항제2호의 세율은 기본세율, 잠정세율, 제2항제3호 및 제4호의 세율보다 낮은 경우에만 우선하여 적용하고, 제2항제3호의 세율 중 제71조에 따른 세율은 제2항제4호의 세율보다 낮은 경우에만 우선하여 적용한다. 다만, 제73조에 따라 국제기구와의 관세에 관한 협상에서 국내외의 가격차에 상당하는 율로 양허(讓許)하거나 국내시장 개방과 함께 기본세율보다 높은 세율로 양허한 농림축산물 중 대통령령으로 정하는 물품에 대하여 양허한 세율(시장접근물량에 대한 양허세율을 포함한다)은 기본세율 및 잠정세율에 우선하여 적용한다(법 제50조제3항).

별표 관세율표 중 잠정세율을 적용받는 물품에 대하여는 대통령령으로 정하는 바에 따라 그 물품의 전부 또는 일부에 대하여 잠정세율의 적용을 정지하거나 기본세율과의 세율차를 좁히도록 잠정세율을 올리거나 내릴 수 있다(법 제50조제4항).

제49조제3호에 따른 세율을 적용할 때 별표 관세율표 중 종량세인 경우에는 해당 세율에 상당하는 금액을 적용한다(법 제50조제5항).

관세법 제50조의 관세율의 적용순서는 다음의 〈표 2-6〉과 같으며, 국내 관세율의 상세 세율적용우선순위는 〈표 2-7〉과 같다.

관세율표상의 적용 기준은 다음과 같다.

① 신품·중고품 구분 없이 동일하게 적용

② 모든 국가에 동일하게 적용

③ 같은 순위에서 경합 시 낮은 세율을 적용

관세율의 적용에 있어 이의 판단에 오류가 발생할 때는 납부해야 하는 세액에 직접적인 오류가 발생하므로 신중을 기해야 한다.

표 2-6 관세율 적용의 우선순위(법 제50조)

적용순위	종류 및 근거	비 고
1순위	덤핑방지관세(관세법 제51조) 상계관세(관세법 제57조) 보복관세(관세법 제63조) 긴급관세(관세법 제65조) 특정국물품긴급관세(67조의 2) 농림축산물에 대한 특별긴급관세(관세법 제68조)	–관세율의 높낮이에 관계없이 최우선 적용 –실행관세 등에 해당관세를 추과하여 부과 –별표 관세율표 중 종량세인 경우에는 해당 세율에 상당하는 금액을 적용한다.
2순위	국제협력관세(관세법 제73조) 편익관세(관세법 제74조)	–단, 3·4·5·6순위 세율보다 낮은 경우에만 적용 –국제협력관세(관세법 제73조)에 따라 국제기구와의 관세에 관한 협상에서 국내외의 가격차에 상당하는 율로 양허(讓許)하거나 국내시장 개방과 함께 기본세율보다 높은 세율로 양허한 농림축산물 중 대통령령으로 정하는 물품에 대하여 양허한 세율(시장접근물량에 대한 양허세율을 포함)은 기본세율 및 잠정세율에 우선하여 적용
3순위	조정관세(관세법 제69조) 할당과세(관세법 제71조) 계절관세 (관세법 제72조)	단, 할당관세율은 일반 특혜관세보다 낮은 경우에만 우선 적용
4순위	일반특혜관세(관세법 제76조) 최혜빈국 특혜관세(제77조)	
5순위	잠정관세(관세법 제50조)	
6순위	기본관세(관세법 제50조)	

표 2-7 국내 관세율 상세-세율적용우선순위

<table>
<tr><td>1</td><td colspan="2">덤핑방지관세(법 제51조)*
상계관세(법 제57조)
보복관세(법 제63조)
긴급관세(법 제65조)
특정물품 긴급관세(법 제67조의2)*
농림축산물에 대한 특별긴급관세(법 제68조)</td><td>가장 우선하여 적용
단, *표시 관세는 실행관세 등에 해당 관세를 추가하여 부과
(세율 상세정보 참조)</td></tr>
<tr><td>2</td><td colspan="2">칠레(FCL1)
아세안(FAS1)
싱가포르(FSG1)
EFTA(FEF1)
인도(FIN1)
EU(FEU1)
페루(FPE1)
미국(FUS1)
터키(FTR1)
호주(FAU1)
캐나다(FCA1)
콜롬비아(FCO1)
중국(FCN1)
베트남(FVN1)
뉴질랜드(FNZ1)</td><td>3~7 보다 낮은 경우 우선 적용</td></tr>
<tr><td rowspan="11">3</td><td rowspan="2">WTO일반양허관세</td><td>WTO양허규정(별표1가)</td><td rowspan="9">4~7보다 낮은 경우
우선 적용</td></tr>
<tr><td>WTO양허규정(별표1다)</td></tr>
<tr><td colspan="2">WTO개도국간의 양허관세</td></tr>
<tr><td rowspan="3">아태협정양허관세</td><td>일반양허관세</td></tr>
<tr><td>방글라데시에 대한 양허 관세</td></tr>
<tr><td>라오스에 대한 양허 관세</td></tr>
<tr><td colspan="2">유엔무역개발회의 개발도상국간 협정관세</td></tr>
<tr><td colspan="2">특정국가와의 관세협상에 따른 국제협력관세</td></tr>
<tr><td colspan="2">편익관세</td></tr>
<tr><td>WTO일반양허관세</td><td>WTO양허규정(별표1나)</td><td rowspan="2">6, 7보다 우선하여 적용
4, 5보다 낮은 경우 우선 적용</td></tr>
<tr><td>아태협정양허관세</td><td>일반양허관세(별표3다)</td></tr>
<tr><td rowspan="2">4</td><td colspan="2">조정관세</td><td>5, 6, 7 보다 우선적용</td></tr>
<tr><td colspan="2">할당관세</td><td>5 보다 낮은 경우 우선적용
6,7 보다 우선 적용</td></tr>
<tr><td>5</td><td colspan="2">최빈개발도상국에대한 특혜관세</td><td>6,7 보다 우선적용</td></tr>
<tr><td>6</td><td colspan="2">잠정관세</td><td>7 보다 우선하여 적용</td></tr>
<tr><td>7</td><td colspan="2">기본관세</td><td></td></tr>
<tr><td colspan="4">동일물품에 둘 이상의 세율이 경합하는 경우 위의 순서에 따라 하나의 세율을 적용함</td></tr>
</table>

출처: 관세정보법령포털, 국내관세율 상세-세율적용우선순위

1. **기본관세율이 5%, 긴급관세율이 10%, 잠정관세율이 3%인 물품이 수입되었다. 실제로 적용되는 관세율은?** (2014.2.15. 제33회 국제무역사 기출)
① 13%　② 10%　③ 5%　④ 3%

2. **관세법상 세율 적용의 우선순위에 관한 설명으로 옳은 것은?** (2016년 관세사 1차 기출)
① 기본세율과 잠정세율은 별표 관세율표에 따르되, 기본세율을 점점세율에 우선하여 적용한다.
② 조정관세는 덤핑방지관세에 우선하여 적용한다.
③ 긴급관세는 상계관세에 우선하여 적용한다.
④ 편익관세는 국제협력관세에 우선하여 적용한다.
⑤ 보복관세는 할당관세에 우선하여 적용한다.

3. **기획재정부령으로 결정되는 관세율을 모두 고른 것은?** (2015년 관세사 1차 기출)

ㄱ. 조정관세	ㄴ. 덤핑방지관세	ㄷ. 할당관세	ㄹ. 긴급관세
ㅁ. 계절관세	ㅂ. 편익관세	ㅅ. 일반특혜관세	ㅇ. 상계관세

① ㄱ, ㄴ, ㄷ, ㅂ　② ㄱ, ㄴ, ㄹ, ㅇ　③ ㄴ, ㄹ, ㅁ, ㅇ
④ ㄷ, ㄹ, ㅁ, ㅅ　⑤ ㄷ, ㅁ, ㅂ, ㅅ

1-①　2-⑤　3-③

제2절 세율의 적용

1. 간이세율의 적용(관세법 제81조)

수입물품에는 부과되는 관세 외에도 기본적으로 부가가치세가 부과되고 물품의 종류나 특성에 따라 개별소비세, 주세, 교육세 및 환경・에너지・교통유발세 등 내국세가 부과되는 물품이 많다. 수입물품에 대한 각각의 세금부과에는 많은 시간과 노력이 요구된다.

"간이세율"이란 승무원이나 해외여행자의 휴대품이나 우편물 등과 같이 빈번하게 소액으로 수입되는 통관의 신속한 처리를 필요로 하는 물품에 대하여 관세와 내국소비세 등을 통합하여 단일의 세율을 적용하는 것을 말한다.

1) 간이세율의 적용대상

다음 각 호의 어느 하나에 해당하는 물품 중 대통령령으로 정하는 물품에 대하여는 다른 법령에도 불구하고 간이세율을 적용할 수 있다.

① 여행자 또는 외국을 오가는 운송수단의 승무원이 휴대하여 수입하는 물품

② 우편물 다만, 수입신고를 하여야 하는 것은 제외한다.

③ 외국에서 선박 또는 항공기의 일부를 수리하거나 개체(改替)하기 위하여 사용된 물품

④ 탁송품 또는 별송품

간이세율 적용물품 중 외국에서 선박 또는 항공기의 일부를 수리하거나 개체(改替)하기 위하여 사용된 물품의 과세가격은 수리 또는 개체를 위하여 지급하는 외화가격으로 한다.

간이세율은 수입물품(제1항제3의 경우에는 해당 선박 또는 해당 항공기를 말한다)에 대한 관세, 임시수입부가세 및 내국세의 세율을 기초로 하여 간이세율을 적용하는 물품과 그 세율은 〈표 2-8〉과 같이 대통령령으로 정한다.

표 2-8 간이세율

품　명	세율(%)
1. 다음 각 목의 어느 하나에 해당하는 물품 중 개별소비세가 과세되는 물품	
가. 투전기, 오락용 사행기구 그 밖의 오락용품, 수렵용 총포류	55
나. 보석·진주·별갑·산호·호박 및 상아와 이를 사용한 제품, 귀금속 제품	92만 6000원+463만원을 초과하는 금액의 50
다. 고급 시계, 고급 가방	37만 4백원+185만 2천원을 초과하는 금액의 50
라. 삭제(2017.3.27.)	
2. 수리선박(관세가 무세인 것을 제외한다)	2.5
3. 다음 각 목의 어느 하나에 해당하는 물품 중 기본관세율이 10퍼센트 이상인 것으로서 개별소비세가 과세되지 아니하는 물품	
가. 모피의류, 모피의류의 부속품 그 밖의 모피제품	30
나. 가죽제 또는 콤포지션레더제의 의류와 그 부속품, 방직용 섬유와 방직용 섬유의 제품, 신발류	25
다. 녹용	32
4. 다음 각 목의 어느 하나에 해당하는 물품. 다만, 고급모피와 그 제품, 고급융단, 고급가구, 승용자동차, 주류 및 담배를 제외한다.	
가. 제1호 내지 제3호에 해당하지 아니하는 물품	20
나. 제1호 및 제3호에 불구하고 여행자가 휴대수입하는 물품으로 1인 당 과세대상 물품가격의 합산총액이 미화 1천불 이하인 물품	20

자료 : 법 시행령 제96조〈개정2017. 3. 27.〉

2) 간이세율 적용의 배제

간이세율이 적용되는 물건에도 불구하고 아래의 경우에는 간이세율이 적용되지 않는다(법 시행령 제96조제2항).

① 관세율이 무세인 물품과 관세가 감면되는 물품

② 수출용원재료

③ 법 제11장의 범칙행위에 관련된 물품

④ 종량세가 적용되는 물품

⑤ 다음에 해당하는 물품으로서 관세청장이 정하는 물품

ⓐ 상업용으로 인정되는 수량의 물품

ⓑ 고가품

ⓒ 당해 물품의 수입이 국내산업을 저해할 우려가 있는 물품

ⓓ 법 제81조제4항의 규정에 의한 단일한 간이세율의 적용이 과세형평을 현저히 저해할 우려가 있는 물품

⑥ 화주가 수입신고를 할 때에 과세대상물품의 전부에 대하여 간이세율의 적용을 받지 아니할 것을 요청한 경우의 당해 물품

3) 단일한 세율의 적용

여행자 또는 외국을 오가는 운송수단의 승무원이 휴대하여 수입하는 물품으로서 그 총액이 대통령령으로 정하는 금액 이하인 물품에 대하여는 일반적으로 휴대하여 수입하는 물품의 관세, 임시수입부가세 및 내국세의 세율을 고려하여 제3항(간이세율)에 따른 세율을 단일한 세율로 할 수 있다(법 제81조제4항).

2. 합의세율(법 제82조)

1) 합의에 따른 세율 적용

일괄하여 수입신고가 된 물품으로서 물품별 세율이 다른 물품에 대하여는 신고인의 신청에 따라 그 세율 중 가장 높은 세율을 적용할 수 있는데 이를 합의세율이라 한다. 이 경우 사전에 납세자와 합의하여 과세한 것이므로 제119조부터 제132조까지(심사와 심판)는 적용하지 아니하므로 행정쟁송을 제기할 수 없다.

3. 용도세율(법 제83조)

1) 용도세율의 의의

"용도세율"이란 수입물품의 용도에 따라 세율이 다르게 정해져 있는 경우 그 중에서 낮은 세율을 적용받는 것을 말한다.

용도세율의 대상으로는 별표 '관세율표'나 제50조제4항(잠정세율), 제65조(긴급관세), 제67조의2(특정국물품 긴급관세), 제68조(농림축산물에 대한 특별 긴급관세), 제70조(조정관세)부터 제73조(국제협력관세)까지 및 제76조(일반특혜관세)에 따른 대통령령 또는 기획재정부령으로 용도에 따라 세율을 다르게 정하는 물품을 세율이 낮은 용도에 사용하려는 자는 대통령령으로 정하는 바에 따라 세관장의 승인을 받아야 한다. 다만, 물품의 성질과 형태가 그 용도 외의 다른 용도에 사용할 수 없는 경우에는 그러하지 아니하다.

① 대통령령으로 정하는 바에 따라 미리 세관장의 승인을 받은 경우

② 제1항 단서에 해당하는 경우

(1) 감면물품의 용도외 사용 등의 금지기간(법 시행령 제110조)

관세청장은 법 제83조제2항・법 제88조제2항 또는 법 제102조제1항의 규정에 의하여 관세감면물품의 용도외 사용의 금지기간 및 양수・양도의 금지기간(사후관리기간)을 정하고자 하는 때에는 다음 〈표 2-9〉의 기준에 의하되, 각 호의 기준을 적용한 결과 동일물품에 대한 사후관리기간이 다르게 되는 때에는 그 중 짧은 기간으로 할 수 있다.〈개정 2001.12.31, 2006.5.22, 2007.4.5.〉

표 2-9 관세감면물품의 용도외 사용 등의 금지기간

기 준	대 상	사후관리 기간
물품의 내용연수 ("법인세법 시행령" 제28조에 따른 기준내용연수)	내용연수가 5년 이상인 물품	3년. 다만, 법 제90조(학술연구용품의 감면세)의 규정에 의하여 관세의 감면을 받는 물품의 경우는 2년
	내용연수가 4년인 물품	2년
	내용연수가 3년 이하인 물품	1년이내
관세감면물품이 다른 용도로 사용될 가능성이 적은 경우의 사후관리기간	1년 이내. 다만, -장애인등 특정인만이 사용하거나 금형과 같이 성격상 다른 용도로 사용될 수 없는 물품의 경우: 수입신고수리일까지	

기 준	대 상	사후관리 기간
	-박람회·전시회 등 특정행사에 사용되는 물품의 경우: 당해 용도 또는 행사가 소멸 또는 종료되는 때까지	
관세감면물품이 원재료·부분품 또는 견품인 경우의 사후관리기간	1년 이내. 다만, -원재료·부분품 또는 견품 등이 특정용도에 사용된 후 사실상 소모되는 물품인 경우: 감면용도에 사용하기 위하여 사용 장소에 반입된 사실이 확인된 날까지 -감면받은 용도에 사용되지 아니하고 1년 이상 보관하는 경우: 당해 물품이 최초로 사용되는 날까지	
관세감면물품에 대한 법 제50조의 규정에 의한 세율에 감면율을 곱한 율을 기준으로 하는 사후관리기간	3퍼센트 이하인 경우	1년 이내
	3퍼센트 초과 7퍼센트 이하인 경우	2년 이내

(2) 관세의 징수

제1항의 물품을 제2항에 따른 기간에 해당 용도 외의 다른 용도에 사용하거나 그 용도 외의 다른 용도에 사용하려는 자에게 양도한 경우에는 해당 물품을 특정용도 외에 사용한 자 또는 그 양도인으로부터 해당 물품을 특정용도에 사용할 것을 요건으로 하지 아니하는 세율에 따라 계산한 관세액과 해당 용도세율에 따라 계산한 관세액의 차액에 상당하는 관세를 즉시 징수한다. 이때 양도인으로부터 해당 관세를 징수할 수 없을 때에는 그 양수인으로부터 즉시 징수한다. 다만, 재해나 그 밖의 부득이한 사유로 멸실되었거나 미리 세관장의 승인을 받아 폐기한 경우에는 그러하지 아니하다.

1. 다음 중 간이세율 비적용 물품이 아닌 하나는?
   ① 관세율이 무세인 물품과 관세가 감면되는 물품
   ② 수출용 원재료
   ③ 종량세가 적용되는 물품
   ④ 관세법 제 11장의 범칙행위에 관련된 물품
   ⑤ 여행자 또는 외국에 왕래하는 운송수단의 승무원이 휴대하여 수입하는 물품

2. 관세법상 간이세율에 관한 설명으로 옳지 않은 것은? (2017년 관세사 1차 기출)
   ① 간이세율은 수입물품에 대한 관세, 임시수입부가세 및 내국세의 세율을 기초로 하여 대통령령으로 정한다.
   ② 탁송품, 수입신고를 하여야 하는 우편물, 관세가 감면되는 물품에 대하여는 간이

세율을 적용하지 아니 한다.

③ 여행자 또는 외국을 오가는 운송수단의 승무원이 휴대하여 수입하는 물품으로서 그 총액이 대통령령으로 정하는 금액이하인 물품에 대하여는 일반적으로 휴대하여 수입하는 물품의 관세, 임시수입부가세 및 내국세의 세율을 고려하여 단일한 세율로 할 수 있다.

④ 수출용원재료와 종량세가 적용되는 물품에 대하여는 간이세율을 적용하지 아니 한다.

⑤ 외국에서 선박 또는 항공기의 일부를 수리하거나 개체(改替)하기 위하여 사용된 물품의 과세가격은 수리 또는 개체를 위하여 지급하는 외화가격으로 한다.

3. 관세법상 세율의 적용에 관한 설명으로 옳은 것은? (2016년 관세사 1차 기출)

① 종량세가 적용되는 물품은 간이세율을 적용할 수 없다.

② 일괄하여 수입신고가 된 물품으로서 물품별 세율이 다른 물품에 대하여는 신고인의 신청에 따라 그 세율 중 가장 낮은 세율을 적용할 수 있다.

③ 여행자 또는 외국을 오가는 승무원이 휴대하여 수입하는 물품 중 대통령령으로 정하는 물품에 대하여는 다른 법령에도 불구하고 간이세율을 적용할 수 있다.

④ 용도세율이 적용된 물품은 그 수입신고일로부터 5년의 범위에서 해당 용도 외의 다른 용도의 사용이나 양도를 할 수 없다.

⑤ 외국에서 선박 또는 항공기의 일부를 수리하거나 개체하기 위하여 사용된 물품의 과세가격은 수리 또는 개체를 위하여 지급하는 원화가격으로 한다.

1-⑤ 2-② 3-③

제3절 품목분류 (관세법 제84조~제87조)

1. 품목분류의 의의

"품목분류"란 전 세계에서 거래되는 각종 물품을 세계관세기구(WCO)가 정한 국제통일상품분류체계(HS)에 의거 하나의 품목번호(Heading)에 분류하는 것을 말한다. 「국제통상상품분류체계에 관한 국제협약」에 의해 체약국은 HS 체계에서 정한 원칙에 따라 품목분류업무를 수행한다.

2. HS(Harmonized Commodity Description and Coding System, 통일상품명 및 부호체계)

1) HS(Harmonized Commodity Description and Coding System, 통일상품명 및 부호체계) 개요

수출입물품의 관세부과 및 통계관리 등을 위하여 품목분류표를 제정하여 사용하고 있다.

① 1987년 까지 CCCN(Customs Cooperation Council Nomenclature)을 도입하여 사용하였다.

② 1988년 1월 1일부터 WCO(World Customs Origanization)에서 새롭게 재정한 HS체제를 도입하여 HS부속협약 부속서로 작성된 품목분류표를 사용하고 있다. HS부속서인 품목분류표는 6단위로 작성되어 WCO회원국(174개국)이 공통으로 사용하고 있다.

2) HS의 중요성

국제통일상품분류체계(HS)는 1988년 발효된 상품분류에 관한국제협약으로서 정식명칭은 「통일상품명 및 부호체계에 관한 국제협약」(The International Convention on the Harmonized Commodity Description and Coding System)이다. 이는 용어에 나타난 바로도 알 수 있듯이 관세 · 무역통계 · 운송 · 보험 등과 같은 다양한 목적에 사용될 수 있도록 만든 다목적 상품분류제도이다.

3) HS의 제정목적

HS 제정의 목적은 상품분류 체계의 통일을 기하여 국제무역을 원활하게 하고 무역환경 변화에 적응하며, 상품분류체계의 통일된 관세율 적용의 일관성을 유지하기 위한 것으로 통계의 필요로 고안한 상품분류표였던 HS를 현재에는 무역 분야에서 널리 사용되고 있다. 우리나라는 2009년 1월 1일부터 개정된 HSK(관세 · 통계통합품목분류표)를 적용하고 있다.

3. 용어의 정의

1) 통일상품명 및 부호체계(HS)

"통일상품명 및 부호체계(Harmonized System)"는 이 협약의 부속서에 규정된 호(heading)와 소호(sub-heading) 및 이들에 관련된 코드번호, 부(section) · 류(chapter) 및 소호의 주(note)와 HS해석에 관한 통칙(GIRS: general rules for interpretation of harmonized system)을 포함하는 품목분류표를 의미한다.

2) 관세품목분류표

"관세품목분류표(Customs Tariff Nomenclature)"란 수입물품에 대한 관세의 부과를 목적으로 체약국의 법규에 의거 제정된 품목분류표를 말한다.

3) 통계품목분류

"통계품목분류(Statistical Nomenclature)"라 함은 수출입통계자료의 수집을 목적으로 체약국이 제정한 품목분류표를 말한다.

4) 관세 · 통계통합품목분류표

"관세 · 통계통합품목분류표(Combined Tariff Statistical Nomenclautre)"라 함은 수출입품목의 통관을 위하여 체약국이 법적으로 요구하는 관세품목분류표와 통계품목분류표를 통합한 품목분류표를 말한다.

4. 관세와 품목분류의 관계

수입물품에 대한 관세는 해당 품목번호(HS Code)마다 적용되는 관세율이 미리 정해져 있으므로, 납부할 관세액의 결정에서는 정확한 품목분류가 선행되어야 한다.

특히, 품목번호는 기능은 유사하지만, 형태가 다르거나, 형태는 유사하나 기능이 다른 경우 또는 범용성 부분품인지 아니면 전용부분품인지에 따라 달라지므로 정확한 관세를 납부하기 위해서는 수입신고 시 올바른 품목분류가 중요하다.

1) 품목분류표 기본구조

품목분류표를 적용함에 있어서 기본구조는 [그림 2-3]과 같다.

그림 2-3. HS 통칙

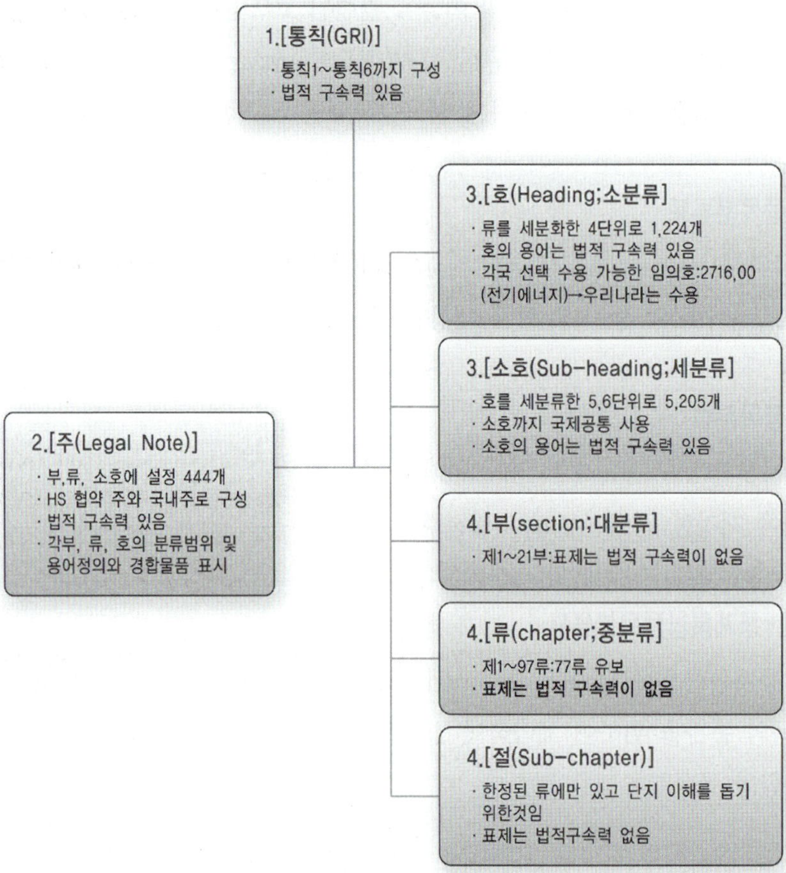

자료: 관세청

2) HS code 분류체계

HS code 분류체계 및 품목분류체계는 〈표 2-10〉과 〈표 2-11〉과 같으며 HS 품목구조는 〈표 2-12〉와 같다.

표 2-10 품목분류체계

부	류	품 목
제1부	제1류~제5류	산 동물 및 동물성 생산품
제2부	제6류~제14류	식물성 생산품
제3부	제15류	동식물성의 유지 및 이들의 분해생산물 · 조제식용지와 동물성의 납
제4부	제16류~제24류	조제식료품과 음료 · 알콜 · 식초 및 담배와 제조한 담배 대용물
제5부	제25류~제27류	광물성 생산품
제6부	제28류~제38류	화학공업 또는 연광공업의 생산품
제7부	제39류~제40류	플라스틱과 그 제품 및 고무와 그 제품
제8부	제41류~제43류	원피 · 가죽 · 모피 및 이들의 제품, 마구, 여행용구 · 핸드백 및 이와 유사한 용기와 동물 거트(누에의 거트를 제외한다)의 제품
제9부	제44류~제46류	조물 재표의 제품, 농 세공물 및 지조 세공물
제10부	제47류~제49류	목재펄프 또는 기타 섬유질 셀룰로스 재료의 펄프 및 지 또는 판지, 웨이스트와 스크랩, 지와 판지 및 이들의 제품
제11부	제50류~제63류	방직용 섬유와 방직용 섬유의 제품
제12부	제64류~제67류	신발류 · 모자류 · 산류 · 지팡이 · 시트스틱 · 채찍 및 이들의 부분품, 제우모와 그 제품, 조화, 인조제품
제13부	제68류~제70류	석 · 플라스틱 · 시멘트 · 석면 · 운모 또는 이와 유사한 재료의 제품, 도자제품, 유리와 유리제품
제14부	제71류	천연 또는 양식진주 · 귀석 또는 반귀석 · 귀금속 · 귀금속을 입힌 금속 및 이들의 제품, 모조신, 변장식용품과 주화
제15부	제72류~제83류	비금속과 그 제품, (제77류 유보)
제16부	제84류~제85류	기계류와 전기기기 및 이들의 부분품, 녹음기와 음성 재생기 · 텔레비젼의 영상 및 음향의 기록기와 재생기 및 이들의 부분품 부속품
제17부	제86류~제89류	차량 · 항공기 · 선박과 수송기기 관련품
제18부	제90류~제92류	광학기기 · 사진용 기기 · 영화용 기기 · 측정기기 · 검사기기 · 정밀기기와 의료용 기기 및 이들의 부분품과 부속품
제19부	제93류	무기 · 총포탄 및 이들의 부분품과 부속품
제20부	제94류~제96류	잡품
제21부	제97류	예술품 · 수집품과 골동품
	제98~제99류	유보

표 2-11 HS code 분류체계

류(2단위)	호(4단위)	소호(6단위)	세세단위(10단위)
01	02	10	1000
산동물	소	번식용의 것	젖소
WCO HS협약		기획재정부고시	
살아있는 번식용의 젖소(0102-10-1000)			

자료: FTA활용 실무메뉴얼, 기획재정부, p.16.

표 2-12 HS code 분류구조

구분	분류단위	명칭	분류의 기준
대분류	-	부(section)	산업별, 기술제품으로 수평배열
중분류	2자리	류(chapter)	상품의 군별 구분
소분류	4자리	호(heading)	동일류 내의 품목의 종류별, 가공도별
세분류	6자리	소호(sub-heading)	동일호내 품목의 용도, 기능
세세분류	10자리	-	소호품목을 통계, 관세부과 목적상 필요

3) HS 분류통칙

HS 분류체계가 보다 완전을 기하기 위해서는 하나의 상품은 하나의 코드번호로 분류되고, 일견 분류될 수 있는 것으로 보이는 다른 코드번호는 명확하게 제외되도록 하여야 한다. 이를 위하여 HS 해석에 관한 통칙(General Rules for the Interpretation of the HS)을 두어 HS가 지향하고 있는 기본원칙의 표시 및 정확한 해석을 할 수 있도록 하고 있다. 이의 주요 내용은 〈표 2-13〉과 같으며 상품이 분류되는 각호나, 부, 류의 주가 특별히 규정하고 있지 않은 한 모든 상품의 분류에 적용될 수 있는 분류상의 일반원칙이라고 할 수 있다.

표 2-13 HS분류통칙의 주요 내용

<table>
<tr><th colspan="3">통 칙</th><th colspan="2">분류 원칙</th><th></th></tr>
<tr><td rowspan="7">순차적적용</td><td>1호</td><td></td><td colspan="2">부·류 표제의 효력, 품목분류 기본원칙</td><td>기본 원칙</td></tr>
<tr><td rowspan="2">2호</td><td>(가)</td><td colspan="2">불완전(미완성), 미조립(분해)물품의 분류기준</td><td rowspan="6">종속적 원칙</td></tr>
<tr><td>(나)</td><td colspan="2">이종재료/혼합물/물품의 분류기준</td></tr>
<tr><td rowspan="3">3호</td><td>(가)</td><td>가장 구체적 표현 우선원칙</td><td rowspan="3">순차적 적용</td></tr>
<tr><td>(나)</td><td>본질적 특성에 따른 분류원칙</td></tr>
<tr><td>(다)</td><td>마지막 호(최종 호)분류원칙</td></tr>
<tr><td>4호</td><td></td><td colspan="2">유사물품 분류원칙</td></tr>
<tr><td colspan="2" rowspan="2">5호</td><td>(가)</td><td colspan="2">포장 케이스 등의 분류기준</td><td rowspan="3">보충적 원칙</td></tr>
<tr><td>(나)</td><td colspan="2">포장용 재료 및 용기의 분류기준</td></tr>
<tr><td colspan="3">6호</td><td colspan="2">소호(sub-heading)의 분류기준</td></tr>
<tr><td colspan="3">7호</td><td colspan="2">통일상품명 및 부호체계에 따른 국제협약에 따른다.</td><td>한국 규정</td></tr>
</table>

자료: 김재식, 최신무역상품학, 제3판, 무역경영사, 2014, p.35.

5. 품목분류체계의 수정(법 제84조)

기획재정부장관은 「통일상품명 및 부호체계에 관한 국제협약」에 따른 관세협력이사회의 권고 또는 결정이나 새로운 상품의 개발 등으로 별표 관세율표 또는 관세법 제73조(국제협력관세) 및 관세법 제76조(일반특혜관세의 적용기준)에 따라 대통령령으로 정한 품목분류를 변경할 필요가 있는 경우 그 세율이 변경되지 아니하는 경우에는 대통령령으로 정하는 바에 따라 새로 품목분류를 하거나 다시 품목분류를 할 수 있다.[전문개정 2010.12.30.]

6. 품목분류의 적용기준 등(법 제85조)

1) 품목분류 적용의 기준

기획재정부장관은 대통령령으로 정하는 바에 따라 품목분류를 적용하는 데에 필요한 기준을 정할 수 있다.〈개정 2010.12.30., 2014.12.23.〉

2) 관세품목분류위원회

다음 각 호의 사항을 심의하기 위하여 관세청에 관세품목분류위원회("분류위원회")를 둔다.〈개정 2010.12.30., 2014.12.23.〉

① 제1항에 따른 품목분류 적용기준의 신설 또는 변경과 관련하여 관세청장이 기획재정부장관에게 요청할 사항

② 제86조에 따른 특정물품에 적용될 품목분류의 사전심사 및 재심사

③ 제87조에 따른 특정물품에 적용될 품목분류의 변경 및 재심사

④ 그 밖에 품목분류에 관하여 관세청장이 분류위원회에 부치는 사항

분류위원회의 구성, 기능, 운영 등에 필요한 사항은 대통령령으로 정한다.

7. 특정물품에 적용될 품목분류의 사전심사(법 제86조)

① 물품을 수출입하려는 자, 수출할 물품의 제조자와 「관세사법」에 따른 관세사·관세법인 또는 통관취급법인("관세사 등")은 제241조제1항에 따른 수출입신고를 하기 전에 대통령령으로 정하는 서류를 갖추어 관세청장에게 해당 물품에 적용될 별표

관세율표상의 품목분류를 미리 심사하여 줄 것을 신청할 수 있다. 〈개정 2013.1.1.〉

② 제1항에 따른 심사("사전심사")의 신청을 받은 관세청장은 해당 물품에 적용될 품목분류를 심사하여 대통령령으로 정하는 기간 이내에 이를 신청인에게 통지하여야 한다. 다만, 제출자료의 미비 등으로 품목분류를 심사하기 곤란한 경우에는 그 뜻을 통지하여야 한다. 〈개정 2014.12.23., 2015.12.15.〉

③ 제2항에 따라 통지를 받은 자는 통지받은 날부터 30일 이내에 대통령령으로 정하는 서류를 갖추어 관세청장에게 재심사를 신청할 수 있다. 이 경우 재심사의 기간 및 결과의 통지에 관하여는 제2항을 준용한다. 〈신설 2014.12.23.〉

④ 관세청장은 제2항 본문에 따라 품목분류를 심사한 물품 및 제3항에 따른 재심사 결과 적용할 품목분류가 변경된 물품에 대하여는 해당 물품에 적용될 품목분류와 품명, 용도, 규격, 그 밖에 필요한 사항을 고시 또는 공표하여야 한다. 다만, 신청인의 영업 비밀을 포함하는 등 해당 물품에 적용될 품목분류를 고시 또는 공표하는 것이 적당하지 아니하다고 인정되는 물품에 대하여는 고시 또는 공표하지 아니할 수 있다. 〈개정 2013.1.1., 2014.12.23., 2015.12.15.〉

⑤ 세관장은 제241조제1항에 따른 수출입신고가 된 물품이 제2항 본문 및 제3항에 따라 통지한 물품과 같을 때에는 그 통지 내용에 따라 품목분류를 적용하여야 한다. 이 경우 제3항에 따른 재심사 결과 적용할 품목분류가 변경되었을 때에는 신청인이 변경 내용을 통지받은 날과 제4항에 따른 고시 또는 공표일 중 빠른 날("변경일")부터 변경된 품목분류를 적용하되, 다음 각 호의 기준에 따라 달리 적용할 수 있다. 〈개정 2014.12.23., 2015.12.15.〉

1. 변경일부터 30일이 지나기 전에 우리나라에 수출하기 위하여 선적된 물품에 대하여 변경 전의 품목분류를 적용하는 것이 수입신고인에게 유리한 경우: 변경 전의 품목분류 적용
2. 다음 각 목의 어느 하나에 해당하는 경우: 변경일 전에 수출입신고가 수리된 물품에 대해서도 소급하여 변경된 품목분류 적용
   가. 거짓자료 제출 등 신청인에게 책임 있는 사유로 품목분류가 변경된 경우
   나. 다음의 어느 하나에 해당하는 경우로서 수출입신고인에게 유리한 경우
      1) 제1항 및 제3항에 따른 신청인에게 자료제출 미비 등의 책임 있는 사유가 없는 경우

2) 제1항 및 제3항에 따른 신청인이 아닌 자가 관세청장이 결정하여 고시하거나 공표한 품목분류에 따라 수출입신고를 한 경우

⑥ 관세청장은 제2항 본문 및 제3항에 따라 품목분류를 심사 또는 재심사하기 위하여 해당 물품에 대한 구성재료의 물리적·화학적 분석이 필요한 경우에는 해당 품목분류를 심사 또는 재심사하여 줄 것을 신청한 자에게 기획재정부령으로 정하는 수수료를 납부하게 할 수 있다.〈개정 2014.12.23.〉

⑦ 제2항 본문에 따라 통지받은 사전심사 결과의 유효기간은 해당 통지를 받은 날부터 3년으로 한다. 다만, 제3항에 따른 재심사 결과 품목분류가 변경된 경우에는 해당 통지를 받은 날부터 유효기간을 다시 기산한다.〈개정 2015.12.15.〉

⑧ 품목분류 사전심사 및 재심사의 절차, 방법과 그 밖에 필요한 사항은 대통령령으로 정한다.〈신설 2014.12.23.〉[전문개정 2010.12.30.]

8. 특정물품에 적용되는 품목분류의 변경 및 적용(법 제87조)

① 관세청장은 법 제86조에 따라 사전심사 또는 재심사한 품목분류를 변경하여야 할 필요가 있거나 그 밖에 관세청장이 직권으로 한 품목분류를 변경하여야 할 부득이한 사유가 생겼을 때에는 해당 물품에 적용할 품목분류를 변경할 수 있다.〈개정 2014.12.23., 2015.12.15.〉

② 관세청장은 제1항에 따라 품목분류를 변경하였을 때에는 그 내용을 고시하고, 제86조제2항 및 제3항에 따라 통지한 신청인에게는 그 내용을 통지하여야 한다. 다만, 신청인의 영업 비밀을 포함하는 등 해당 물품에 적용될 품목분류를 고시하는 것이 적당하지 아니하다고 인정되는 물품에 대해서는 고시하지 아니할 수 있다.〈개정 2014.12.23., 2015.12.15.〉

③ 제2항에 따라 통지를 받은 자는 통지받은 날부터 30일 이내에 대통령령으로 정하는 서류를 갖추어 관세청장에게 재심사를 신청할 수 있다. 이 경우 재심사의 기간, 재심사 결과의 통지 및 고시·공표, 수수료 및 재심사의 절차·방법 등에 관하여는 제86조제3항, 제4항, 제6항 및 제8항을 준용한다.〈신설 2014.12.23., 2015.12.15.〉

④ 제1항 및 제3항에 따라 품목분류가 변경된 경우 품목분류의 적용에 관하여는 제86조제5항을 준용한다. 다만, 관계법령의 개정이나 제84조에 따라 품목분류를 변경

한 경우에는 제86조제5항제2호 나목을 준용하지 아니한다.〈개정 2015.12.15.〉

⑤ 제86조에 따라 사전심사 또는 재심사한 품목분류가 제1항에 따라 변경되거나 제3항에 따른 재심사 결과 품목분류가 변경된 경우 품목분류의 유효기간은 해당 통지를 받은 날부터 3년으로 한다.〈개정 2015.12.15.〉 [전문개정 2010.12.30.]

1. **다음은 관세법상 수출입물품의 품목분류와 관련된 설명으로 잘못된 것은?**

(2017년 제40회 국제무역사 기출)

① 수출할 물품의 제조자는 관세청장(관세평가분류원장에게 위임)에게 품목분류를 미리 심사하여 줄 것을 신청할 수 있다.

② 품목분류사전심사 신청에 따른 심사 결과를 통지받은 경우 통지를 받은 날로부터 3년을 유효기간으로 한다.

③ 품목분류사전심사 신청에 따른 결과 통지를 받은 자는 통지받은 날로부터 90일 이내에 일정한 서류를 갖추어 관세청장에게 재심사를 신청할 수 있다.

④ 관세청장 관세평가분류원장 은 품목분류를 심사하기 위하여 해당 물품에 대한 구성재료의 물리적 화학적 분석이 필요한 경우에는 해당 품목분류를 심사하여 줄 것을 신청한 자에게 3만원의 분석수수료를 납부하게 할 수 있다.

2. **품목분류사전심사와 이의신청에 관한 설명으로 옳지 않은 것은?** (2015년 관세사 1차 기출)

① 수출할 물품의 제조자는 품목분류 사전심사를 신청할 수 있다.

② 품목분류 사전심사 및 재심사의 절차, 방법과 그 밖에 필요한 사항은 대통령령으로 정한다.

③ 관세청장으로부터 결정내용 통지를 받은 자는 그 통지를 받은 날부터 30일 이내에 법령이 정한 서류를 갖추어 통관지 세관장에게 이의신청을 할 수 있다.

④ 관세청장으로부터 통지받은 품목분류 사전심사 또는 재심사 결과의 유효기간은 3년으로 한다.

⑤ 관세청의 관세품목분류위원회는 관세법 제86조(특정물품에 적용될 품목분류의 사전심사)에 따른 특정물품에 적용될 품목분류의 사전심사 및 재심사를 심의한다.

3. **관세법상 관세품목분류위원회에 관한 설명으로 옳지 않은 것은?** (2017년 관세사 1차 기출)

① 관세품목분류위원회는 위원장 1인과 20인 이상 30인 이하의 위원으로 구성한다.

② 관세품목분류위원회의 위원장은 관세청 차장 또는 고위공무원단에 속하는 특수직공무원으로서 관세청장이 지정하는 자가 된다.

③ 관세청장은 회의의 원활한 운영을 위하여 품목분류와 관련된 기술적인 사항 등에 대한 의견을 듣기 위하여 관련 학계 · 연구기관 또는 협회 등에서 활동하는 자를 기술자문위원으로 위촉할 수 있다.

④ 관세품목분류위원회의 회의는 위원장과 위원장이 매 회의마다 지정하는 14인으로 구성한다.

⑤ 관세품목분류위원회는 관세법 제86조(특정물품에 적용될 품목분류의 사전심사)에 따른 특정물품에 적용될 품목분류의 사전심사 및 재심사에 관한 사항을심의한다.

1-③ 2-③ 3-②

제3장 탄력관세제도

제1절 탄력관세제도의 개념

1. 탄력관세제도의 의의

"탄력관세제도"는 급변하는 국내외의 정치와 경제적 여건에 신속하게 대처할 목적으로 국회에서 제정된 법률의 결정 또는 변경을 해야 할 때 기본세율을 변경하지 않고 정책목적에 따라 법률에서 정하여진 범위 내에서 행정부가 탄력적으로 변경 · 운영할 수 있도록 세율을 임시로 적용하는 것을 말한다.

2. 탄력관세제도의 기능

1) 국내산업의 보호

탄력관세제도는 수입물품의 가격하락에 따른 수입증대로 인하여 야기되는 국제수지의 악화와 외국상품의 국내시장확대를 방지함으로써 국내산업을 보호할 수 있다. 덤핑방지관세, 상계관세, 보복관세 등은 이러한 국내산업을 보호하기 위한 탄력관세제도라고 할 수 있다.

2) 국내물가의 안정

탄력관세제도는 국내공급이 부족하여 국내가격이 폭등하는 경우에는 수입을 증가시켜 국내물가를 안정시킬 수 있다. 현행 할당관세, 계절관세 등은 국내물가의 안정을 기하기 위한 제도라고 할 수 있다.

3) 주요자원의 안정적 확보

탄력관세제도는 수입물품에 기본세율보다 낮은 세율을 부과함으로써 필요한 주요자원을 안정적으로 확보할 수 있는 기능이 있다. 할당관세 등은 주요자원의 안정적 확보를 위한 제도라고 할 수 있다.

4) 세율의 불균형시정

탄력관세제도는 산업구조의 급격한 변동에 따른 품목 간의 세율을 조정할 필요가 있을 때 세율의 불균형을 바로잡을 수 있다. 조정관세, 할당관세 등은 세율의 불균형을 바로잡기 위한 제도라고 할 수 있다.

5) 법률의 경직성 탈피

탄력관세제도는 급변하는 국내외의 경제여건 변동에 대응하여 신속적이고 탄력적으로 조정하여 급변하는 국내외적 경제상황에 신속하게 대처할 수 있는 제도이다.

6) 대외관계개선 등

탄력관세제도는 협정 체약국 또는 비체약국과의 교역에 있어 혜택을 줌으로 인하여 대외교역 관계를 개선할 수 있다. 편익관세, 국제협력관세, FTA 협정관세와 일반특혜관세 등이 대외관계개선을 위한 제도라고 할 수 있다.

제2절 탄력관세의 종류(관세법 제51조~제77조)

표 3-1 탄력관세의 종류

법규	명칭	발동사유	법령
관세법63조	보복관세	교역상대국의 부당한 조치	대통령령
관세법69조	조정관세	세율불균형의 시정 등 다양한 경우	
관세법71조	할당관세	물자수급을 위한 수입의 촉진 및 특정물품의 수입의 억제	
관세법73조	국제협력관세	우리나라의 대외무역 증진을 위하여 필요하다고 인정될 때	

법규	명칭	발동사유	법령
관세법74조	편익관세	조약 미체결국가에 편익을 도모하기 위해	
관세법76조	일반특혜관세	개도국을 원산지로 하는 물품 중 기본세율보다 낮은 세율의 관세율을 부과	
관세법51조	덤핑방지관세	덤핑수입이 되는 경우	기획재정부령
관세법57조	상계관세	보조금등을 지급받은 물품의 저가수입	
관세법65조	긴급관세	특정물품의 수입 증가	
관세법68조	농림축산물에 대한 긴급관세	농림축산물의 수입 급증 및 가격의 급락	
관세법72조	계절관세	계절에 따른 가격변동이 큰 물품의 수입량의 조절	

1. 덤핑방지관세(법 제51조 내지 제56조)

덤핑방지관세는 외국의 덤핑판매에 대하여 국내산업을 보호할 필요가 있을 때 덤핑차액만큼을 기본세율에 할증 부과한다.

1) 덤핑방지관세의 부과대상(제51조)

국내산업에 이해관계가 있는 자로서 대통령령으로 정하는 자 또는 주무부장관이 부과요청을 한 경우로서 외국의 물품이 대통령령으로 정하는 정상가격 이하로 수입("덤핑")되어 다음에 해당하는 것("실질적 피해 등")으로 조사를 통하여 확인되고, 해당 국내산업을 보호할 필요가 있다고 인정되는 경우에는 기획재정부령으로 그 물품과 공급자 또는 공급국을 지정하여 해당 물품에 대하여 정상가격과 덤핑가격 간의 차액(덤핑차액)에 상당하는 금액 이하의 덤핑방지관세를 추가하여 부과할 수 있다.

1. 국내산업이 실질적인 피해를 받거나 받을 우려가 있는 경우
2. 국내산업의 발전이 실질적으로 지연된 경우

2) 정상가격 및 덤핑가격의 비교(법 시행령 제58조)

(1) 정상가격

(가) 일반적인 경우

"정상가격"이란 당해 물품의 공급국에서 소비되는 동종물품의 통상거래가격을 말한다. 다만, 동종물품이 거래되지 아니하거나 특수한 시장상황 등으로 인하여 통상거래가격을

적용할 수 없는 때에는 당해 국가에서 제3국으로 수출되는 수출가격 중 대표적인 가격으로서 비교 가능한 가격 또는 원산지국에서의 제조원가에 합리적인 수준의 관리비 및 판매비와 이윤을 합한 가격(구성가격)을 정상가격으로 본다(법 시행령 제58조제1항).

(나) 제3국 경유 수입의 경우

당해 물품의 원산지국으로부터 직접 수입되지 아니하고 제3국을 거쳐 수입되는 경우에는 그 제3국의 통상거래가격을 정상가격으로 본다. 다만, 그 제3국 안에서 당해 물품을 단순히 옮겨 싣거나 동종물품의 생산실적이 없는 때 또는 그 제3국내에 통상거래가격으로 인정될 가격이 없는 때에는 원산지국의 통상거래가격을 정상가격으로 본다(법 시행령 제58조제2항).

(다) 시장경제가 확립되지 않는 국가로부터의 수입

당해 물품이 통제경제를 실시하는 시장경제체제가 확립되지 아니한 국가로부터 수입되는 때에는 제1항 및 제2항의 규정에 불구하고 다음에 해당하는 가격을 정상가격으로 본다. 다만, 시장경제체제가 확립되지 아니한 국가가 시장경제로의 전환체제에 있는 등 기획재정부령이 정하는 경우에는 제1항 및 제2항의 규정에 따른 통상거래가격 등을 정상가격으로 볼 수 있다(법 시행령 제58조제3항).

1. 우리나라를 제외한 시장경제국가에서 소비되는 동종물품의 통상거래가격
2. 우리나라를 제외한 시장경제국가에서 우리나라를 포함한 제3국으로의 수출가격 또는 구성가격

(2) 덤핑가격

"덤핑가격"이라 함은 제60조의 규정에 의하여 조사가 개시된 조사대상물품에 대하여 실제로 지급하였거나 지급하여야 하는 가격을 말한다. 다만, 공급자와 수입자 또는 제3자 사이에 제23조제1항의 규정에 의한 특수관계 또는 보상약정이 있어 실제로 지급하였거나 지급하여야 하는 가격에 의할 수 없는 때에는 다음 각호의 1의 가격으로 할 수 있다(법 시행령 제58조제4항).

1. 수입물품이 그 특수관계 또는 보상약정이 없는 구매자에게 최초로 재판매된 경우에는 기획재정부령이 정하는 바에 따라 그 재판매가격을 기초로 산정한 가격
2. 수입물품이 그 특수관계 또는 보상약정이 없는 구매자에게 재판매된 실적이 없거나, 수입된 상태로 물품이 재판매되지 아니하는 때에는 기획재정부령이 정하는 합

리적인 기준에 의한 가격

(3) 정상가격과 덤핑가격의 비교

정상가격과 덤핑가격의 비교는 가능한 한 동일한 시기 및 동일한 거래단계(통상적으로 공장도 거래단계)에서 비교하여야 한다. 이 경우 당해 물품의 물리적 특성, 판매수량, 판매조건, 과세상의 차이, 거래단계의 차이, 환율변동 등이 가격비교에 영향을 미치는 경우에는 기획재정부령이 정하는 바에 따라 정상가격 및 덤핑가격을 조정하여야 하며, 덤핑률 조사대상기간은 6월 이상의 기간으로 한다. 이해관계인은 물리적 특성, 판매수량 및 판매조건의 차이로 인하여 제5항의 규정에 의한 가격조정을 요구하는 때에는 그러한 차이가 시장가격 또는 제조원가에 직접적으로 영향을 미친다는 사실을 입증하여야 한다(법 시행령 제58조제5항~6항).

3) 덤핑 및 실질적 피해 등의 조사(법 제52조)

① 제51조에 따른 덤핑 사실과 실질적 피해 등의 사실에 관한 조사는 대통령령으로 정하는 바에 따른다.

② 기획재정부장관은 덤핑방지관세를 부과할 때 관련 산업의 경쟁력 향상, 국내 시장 구조, 물가안정, 통상협력 등을 고려할 필요가 있는 경우에는 이를 조사하여 반영할 수 있다.〈개정 2016.12.20.〉

4) 덤핑방지관세를 부과하기 전의 잠정조치(법 제53조)

(1) 잠정조치

기획재정부장관은 덤핑방지관세의 부과여부를 결정하기 위하여 조사가 시작된 경우로서 다음에 해당하는 경우에는 조사기간 중에 발생하는 피해를 방지하기 위하여 해당 조사가 종결되기 전이라도 대통령령으로 정하는 바에 따라 그 물품과 공급자 또는 공급국 및 기간을 정하여 잠정적으로 추계(推計)된 덤핑차액에 상당하는 금액 이하의 잠정덤핑방지관세를 추가하여 부과하도록 명하거나 담보를 제공하도록 명하는 잠정조치를 할 수 있다(법 제53조제1항).

1. 해당 물품에 대한 덤핑 사실 및 그로 인한 실질적 피해 등의 사실이 있다고 추정되는 충분한 증거가 있는 경우

2. 제54조(덤핑방지관세에 대한 재심사 등)에 따른 약속을 위반하거나 약속의 이행에 관한 자료제출 요구 및 제출자료의 검증 허용 요구에 응하지 아니한 경우로서 이용할 수 있는 최선의 정보가 있는 경우

(2) 잠정덤핑방지 관세의 환급 또는 담보의 해제

다음 각 호의 어느 하나에 해당하는 경우에는 대통령령으로 정하는 바에 따라 납부된 잠정덤핑방지관세를 환급하거나 제공된 담보를 해제하여야 한다(법 제53조제2항).

1. 잠정조치를 한 물품에 대한 덤핑방지관세의 부과요청이 철회되어 조사가 종결된 경우
2. 잠정조치를 한 물품에 대한 덤핑방지관세의 부과 여부가 결정된 경우
3. 제54조에 따른 약속이 수락된 경우

(3) 차액의 환급

제2항에도 불구하고 다음 각 호의 어느 하나에 해당하는 경우 덤핑방지관세액이 잠정덤핑방지관세액을 초과할 때에는 그 차액을 징수하지 아니하며, 덤핑방지관세액이 잠정덤핑방지관세액에 미달될 때에는 그 차액을 환급하여야 한다(법 제53조제3항).

1. 덤핑과 그로 인한 산업피해를 조사한 결과 해당 물품에 대한 덤핑 사실 및 그로 인한 실질적 피해 등의 사실이 있는 것으로 판정된 이후에 제54조에 따른 약속이 수락된 경우
2. 제55조 단서에 따라 덤핑방지관세를 소급하여 부과하는 경우

5) 덤핑방지관세와 관련된 약속의 제의(법 제54조)

덤핑방지관세의 부과 여부를 결정하기 위하여 예비조사를 한 결과 해당 물품에 대한 덤핑 사실 및 그로 인한 실질적 피해 등의 사실이 있는 것으로 판정된 경우, 해당 물품의 수출자 또는 기획재정부장관은 대통령령으로 정하는 바에 따라 덤핑으로 인한 피해가 제거될 정도의 가격수정이나 덤핑수출의 중지에 관한 약속을 제의할 수 있다. 이에 따른 약속이 수락된 경우, 기획재정부장관은 잠정조치 또는 덤핑방지관세의 부과 없이 조사가 중지 또는 종결되도록 하여야 한다. 다만, 기획재정부장관이 필요하다고 인정하거나 수출자가 조사를 계속하여 줄 것을 요청한 경우에는 그 조사를 계속할 수 있다(법 제54조제1항~2항).

6) 덤핑방지관세의 부과시기(법 제55조)

덤핑방지관세의 부과와 잠정조치는 각각의 조치일 이후 수입되는 물품에 대하여 적용된다. 다만, 잠정조치가 적용된 물품에 대하여 국제협약에서 달리 정하는 경우와 그 밖에 대통령령으로 정하는 경우에는 그 물품에 대하여도 덤핑방지관세를 부과할 수 있다.

7) 덤핑방지관세에 대한 재심사 등(법 제56조)

기획재정부장관은 필요하다고 인정될 때에는 대통령령으로 정하는 바에 따라 덤핑방지관세의 부과와 제54조에 따른 약속에 대하여 재심사를 할 수 있으며, 재심사의 결과에 따라 덤핑방지관세의 부과, 약속 내용의 변경, 환급 등 필요한 조치를 할 수 있다(법 제56조제1항).

(1) 유효기간

덤핑방지관세의 부과나 수락된 약속은 기획재정부령으로 그 적용시한을 따로 정하는 경우를 제외하고는 해당 덤핑방지관세 또는 약속의 시행일부터 5년이 지나면 그 효력을 잃으며, 제1항에 따라 덤핑과 산업피해를 재심사하고 그 결과에 따라 내용을 변경할 때에는 기획재정부령으로 그 적용시한을 따로 정하는 경우를 제외하고는 변경된 내용의 시행일부터 5년이 지나면 그 효력을 잃는다(법 제56조제2항).

(2) 법규의 적용기준 등

제1항 및 제2항과 제51조부터 제55조까지의 규정에 따른 덤핑방지관세의 부과 및 시행 등에 필요한 사항은 대통령령으로 정한다(법 제56조제3항).

1. 관세법상 덤핑방지관세를 정률세의 방법으로 부과하는 경우 최대 덤핑방지관세액은?

(2017년 관세사 1차 기출)

-과세가격 : 200원	-조정된 정상가격 : 280원	-조정된 덤핑가격 : 180원

① 20원　② 50원　③ 80원　④ 100원　⑤ 200원

1-④

2. 상계관세(법 제57조~제62조)

"상계관세"는 외국에서 보조금 또는 장려금을 받은 물품의 수입으로 인한 국내산업의 피해방지를 위하여 보조금이나 장려금에 상당액을 기본세율에 할증하여 부과하는 관세이다.

1) 상계관세의 의의 및 부과대상(법 제57조)

국내산업에 이해관계가 있는 자로서 대통령령으로 정하는 자 또는 주무부장관이 부과요청을 한 경우로서, 외국에서 제조·생산 또는 수출에 관하여 직접 또는 간접으로 보조금이나 장려금(보조금 등)을 받은 물품의 수입으로 인하여 다음에 해당하는 실질적 피해 등으로 조사를 통하여 확인되고 해당 국내산업을 보호할 필요가 있다고 인정되는 경우에는 기획재정부령으로 그 물품과 수출자 또는 수출국을 지정하여 그 물품에 대하여 해당 보조금 등의 금액 이하의 상계관세를 추가하여 부과할 수 있다.

1. 국내산업이 실질적인 피해를 받거나 받을 우려가 있는 경우
2. 국내산업의 발전이 실질적으로 지연된 경우

2) 보조금 등의 지급과 실질적 피해등의 조사(법 제58조)

보조금 등의 지급과 실질적 피해 등의 사실에 관한 조사는 대통령령으로 정하는 바에 따른다. 기획재정부장관은 상계관세를 부과할 때 관련 산업의 경쟁력 향상, 국내 시장 구조, 물가안정, 통상협력 등을 고려할 필요가 있는 경우에는 이를 조사하여 반영할 수 있다(법 제58조제1항~2항). 〈개정 2016.12.20.〉

3) 상계관세를 부과하기 전의 잠정조치(법 제59조)

(1) 잠정조치

기획재정부장관은 상계관세의 부과 여부를 결정하기 위하여 조사가 시작된 물품이 보조금 등을 받아 수입되어 다음 각 호의 어느 하나에 해당한다고 인정되는 경우에는 대통령령으로 정하는 바에 따라 국내산업의 보호를 위하여 조사가 종결되기 전이라도 그 물품의 수출자 또는 수출국 및 기간을 정하여 보조금 등의 추정액에 상당하는 금액 이하의 잠정상계관세를 부과하도록 명하거나 담보를 제공하도록 명하는 잠정조치를 할 수 있다(법 제59조제1항).

1. 국내산업에 실질적 피해 등이 발생한 사실이 있다고 추정되는 충분한 증거가 있음이 확인되는 경우
2. 제60조에 따른 약속을 철회하거나 위반한 경우와 그 약속의 이행에 관한 자료를 제출하지 아니한 경우로서 이용할 수 있는 최선의 정보가 있는 경우

(2) 잠정상계관세의 환급 또는 담보의 해지

잠정조치가 취하여진 물품에 대하여 상계관세의 부과요청이 철회되어 조사가 종결되거나 상계관세의 부과 여부가 결정된 경우 또는 제60조에 따른 약속이 수락된 경우에는 대통령령으로 정하는 바에 따라 납부된 잠정상계관세를 환급하거나 제공된 담보를 해제하여야 한다. 다만, 다음에 해당하는 경우 상계관세액이 잠정상계관세액을 초과할 때에는 그 차액을 징수하지 아니하며, 상계관세액이 잠정상계관세액에 미달될 때에는 그 차액을 환급하여야 한다(법 제59조제2항).

1. 보조금 등의 지급과 그로 인한 산업피해를 조사한 결과 해당 물품에 대한 보조금 등의 지급과 그로 인한 실질적 피해 등의 사실이 있다고 판정된 이후에 제60조에 따른 약속이 수락된 경우
2. 제61조 단서에 따라 상계관세를 소급하여 부과하는 경우

4) 상계관세와 관련된 약속의 제의(법 제60조)

제57조에 따른 상계관세의 부과 여부를 결정하기 위하여 예비조사를 한 결과 보조금 등의 지급과 그로 인한 실질적 피해 등의 사실이 있는 것으로 판정된 경우 해당 물품의 수출국 정부 또는 기획재정부장관은 대통령령으로 정하는 바에 따라 해당 물품에 대한 보조금 등을 철폐 또는 삭감하거나 보조금 등의 국내산업에 대한 피해효과를 제거하기 위한 적절한 조치에 관한 약속을 제의할 수 있으며, 해당 물품의 수출자는 수출국 정부의 동의를 받아 보조금 등의 국내산업에 대한 피해효과가 제거될 수 있을 정도로 가격을 수정하겠다는 약속을 제의할 수 있다. 이에 따른 약속이 수락된 경우 기획재정부장관은 잠정조치 또는 상계관세의 부과 없이 조사가 중지 또는 종결되도록 하여야 한다. 다만, 기획재정부장관이 필요하다고 인정하거나 수출국 정부가 피해조사를 계속하여 줄 것을 요청한 경우에 는 그 조사를 계속할 수 있다(법 제60조제1항~2항).

5) 상계관세의 부과시기(법 제61조)

상계관세의 부과와 잠정조치는 각각의 조치일 이후 수입되는 물품에 대하여 적용된다. 다만, 잠정조치가 적용된 물품에 대하여 국제협약에서 달리 정하고 있는 경우와 그 밖에 대통령령으로 정하는 경우에는 그 물품에 대하여도 상계관세를 부과할 수 있다.

6) 상계관세에 대한 재심사 등(법 제62조)

기획재정부장관은 필요하다고 인정될 때에는 대통령령으로 정하는 바에 따라 상계관세의 부과와 제60조에 따른 약속에 대하여 재심사를 할 수 있으며, 재심사의 결과에 따라 상계관세의 부과, 약속 내용의 변경, 환급 등 필요한 조치를 할 수 있다.

(1) 유효기간

상계관세의 부과나 제60조에 따라 수락된 약속은 기획재정부령으로 그 적용시한을 따로 정하는 경우를 제외하고는 해당 상계관세 또는 약속의 시행일부터 5년이 지나면 그 효력을 잃게 되며, 제1항에 따라 보조금 등의 지급과 산업피해를 재심사하고 그 결과에 따라 내용을 변경할 때에는 기획재정부령으로 그 적용시한을 따로 정하는 경우를 제외하고는 변경된 내용의 시행일부터 5년이 지나면 그 효력을 잃는다.

제1항 및 제2항과 제57조부터 제61조까지의 규정에 따른 상계관세의 부과 및 시행 등에 필요한 사항은 대통령령으로 정한다(법 제62조제2항~3항).

---

1. 관세법상 보조금 등의 특정성과 범위에 관한 설명으로 옳지 않은 것은?

(2014년 관세사 1차 기출)

① 특정성이라 함은 보조금 등의 특정기업이나 산업 또는 특정기업군이나 산업군에 지급되는 경우를 말한다.

② 보조금 등이 일부 기업 등에 대하여 제한적으로 지급되는 경우, 특정성이 있는 것으로 본다.

③ 보조금 등의 금액은 수혜자가 실제로 받는 혜택을 기준으로 하여 기획재정부령이 정하는 바에 따라 계산된다.

④ 보조금 등이 제한된 수의 기업 등에 의하여 사용되어지는 경우, 특정성이 없는 것으로 본다.

⑤ 지분참여의 경우 당해 지분참여와 통상적인 투자와의 차이에 의하여 발생하는 금액상당액을 기준으로 하여 보조금 등의 금액을 산정한다.

1-②

---

3. 보복관세(법 제63조~제64조)

"보복관세"는 교역상대국이 우리나라의 수출품이나 선박·항공기에 대해 불리한 대우를 하는 국가로부터 수입되는 물품에 대해 보복적으로 기본세율에 할증하여 부과한다. 현재 보복관세는 관세율표상에는 명시되어 있으나 적용되는 물품은 없다.

1) 보복관세의 부과대상(법 제63조)

교역상대국이 우리나라의 수출물품 등에 대하여 다음 각 호의 어느 하나에 해당하는 행위를 하여 우리나라의 무역이익이 침해되는 경우에는 그 나라로부터 수입되는 물품에 대하여 피해상당액의 범위에서 보복관세를 부과할 수 있다(법 제63조제1항).

1. 관세 또는 무역에 관한 국제협정이나 양자 간의 협정 등에 규정된 우리나라의 권익을 부인하거나 제한하는 경우
2. 그 밖에 우리나라에 대하여 부당하거나 차별적인 조치를 하는 경우

2) 법규의 적용기준 등

보복관세를 부과하여야 하는 대상 국가, 물품, 수량, 세율, 적용시한, 그 밖에 필요한 사항은 대통령령으로 정한다(법 제62조제2항).

3) 보복관세의 부과에 관한 협의(법 제64조)

기획재정부장관은 보복관세를 부과할 때 필요하다고 인정되는 경우에는 관련 국제기구 또는 당사국과 미리 협의할 수 있다.

4. 긴급관세(법 제65~67조)

"긴급관세"는 국내외가격차에 상당한 율로 양허한 농림축산물의 수입물량이 급증하거나 수입가격이 하락하는 경우 양허한 세율을 초과하여 부과하는 관세로 기본세율에 할증 부과한다.

1) 긴급관세의 부과대상 등

특정물품의 수입증가로 인하여 동종물품 또는 직접적인 경쟁관계에 있는 물품을 생산하는 국내산업이 심각한 피해를 받거나 받을 우려, 즉 심각한 피해 등이 있음이 조사를 통하여 확인되고 해당 국내산업을 보호할 필요가 있다고 인정되는 경우에는 해당 물품에 대하여 심각한 피해 등을 방지하거나 치유하고 조정을 촉진("피해의 구제 등")하기 위하여 필요한 범위에서 긴급관세를 추가하여 부과할 수 있다(법 제65조제1항). "긴급관세"는 해당 국내산업의 보호 필요성, 국제통상관계, 긴급관세 부과에 따른 보상수준 및 국민경제 전반에 미치는 영향 등을 검토하여 부과 여부와 그 내용을 결정한다(법 제65조제2항).

기획재정부장관은 긴급관세를 부과하는 경우에는 이해당사국과 긴급관세부과의 부정적 효과에 대한 적절한 무역보상방법에 관하여 협의를 할 수 있다(법 제65조제3항).

긴급관세의 부과와 제66조제1항에 따른 잠정긴급관세의 부과는 각각의 부과조치 결정 시행일 이후 수입되는 물품에 한정하여 적용한다(법 제65조제4항).

2) 긴급관세의 부과기간

긴급관세의 부과기간은 4년을 초과할 수 없으며, 제66조제1항에 따른 잠정관세의 부과기간은 200일을 초과하여 부과할 수 없다. 다만, 제67조에 따른 재심사의 결과에 따라 부과기간을 연장하는 경우에는 잠정긴급관세의 부과기간, 긴급관세의 부과기간, 「대외무역법」 제39조제1항에 따른 수입수량제한 등("수입수량제한 등")의 적용기간 및 그 연장기간을 포함한 총 적용기간은 8년을 초과할 수 없다(법 제65조제5항).

3) 법규의 적용기준 등

긴급관세 또는 제66조제1항에 따른 잠정긴급관세를 부과하여야 하는 대상물품, 세율, 적용기간, 수량, 수입관리방안, 그 밖에 필요한 사항은 기획재정부령으로 정한다(법 제65조제6항).

4) 자료의 제출

기획재정부장관은 긴급관세 또는 제66조제1항에 따른 잠정긴급관세의 부과 여부를 결정하기 위하여 필요하다고 인정되는 경우에는 관계 행정기관의 장 및 이해관계인 등에게 관련 자료의 제출 등 필요한 협조를 요청할 수 있다(법 제65조제7항).

5) 잠정긴급관세의 부과 등(법 제66조)

긴급관세의 부과 여부를 결정하기 위하여 조사가 시작된 물품 또는 「불공정무역행위 조사 및 산업피해구제에 관한 법률」 제7조제1항에 따라 잠정조치가 건의된 물품에 대하여 조사기간 중에 발생하는 심각한 피해 등을 방지하지 아니하는 경우 회복하기 어려운 피해가 초래되거나 초래될 우려가 있다고 판단될 때에는 조사가 종결되기 전에 피해의 구제 등을 위하여 필요한 범위에서 잠정긴급관세를 추가하여 부과할 수 있다.

긴급관세의 부과 또는 수입수량제한 등의 조치 여부를 결정한 때에는 제1항에 따른 잠정긴급관세의 부과를 중단한다.

긴급관세의 부과 또는 수입수량제한 등의 조치 여부를 결정하기 위하여 조사한 결과 수입증가가 국내산업에 심각한 피해를 초래하거나 초래할 우려가 있다고 판단되지 아니하는 경우에는 제1항에 따라 납부된 잠정긴급관세를 환급하여야 한다(법 제66조제1항~3항).

6) 긴급관세에 대한 재심사 등(법 제67조)

기획재정부장관은 필요하다고 인정되는 때에는 긴급관세의 부과결정에 대하여 재심사를 할 수 있으며, 재심사결과에 따라 부과내용을 변경할 수 있다. 이 경우 변경된 내용은 최초의 조치내용보다 더 강화되어서는 안 된다.

7) 특정국물품 긴급관세의 부과(법 제67조의2)

국제조약 또는 일반적인 국제법규에 따라 허용되는 한도에서 대통령령[1])으로 정하는 국가를 원산지로 하는 특정국물품이 다음 각 호의 어느 하나에 해당하는 것으로 조사를 통하여 확인된 경우에는 피해를 구제하거나 방지하기 위하여 필요한 범위에서 특정국물품 긴급관세를 추가하여 부과할 수 있다(법 제67조의2제1항).

1. 해당 물품의 수입증가가 국내시장의 교란 또는 교란우려의 중대한 원인이 되는 경우
2. 세계무역기구 회원국이 해당 물품의 수입증가에 대하여 자국의 피해를 구제하거나 방지하기 위하여 한 조치로 인하여 중대한 무역전환이 발생하여 해당 물품이 우리나라로 수입되거나 수입될 우려가 있는 경우

---

1) 제89조의2(특정국물품긴급관세의 부과 등)
   ① 삭제〈2015.2.6.〉
   ② 삭제〈2015.2.6.〉
   ③ 제87조 내지 제89조의 규정은 특정국물품긴급관세 또는 법 제67조의2제5항의 규정에 의한 특정국물품잠정긴급관세의 부과에 관하여 이를 준용한다.

(1) 국내시장의 교란 또는 교란우려의 정의

"국내시장의 교란" 또는 "교란우려"란 특정국물품의 수입증가로 인하여 동종물품 또는 직접적인 경쟁관계에 있는 물품을 생산하는 국내산업이 실질적 피해를 받거나 받을 우려가 있는 경우를 말한다(법 제67조의2제2항).

(2) 법규의 적용기준 등

특정국물품 긴급관세 또는 제5항에 따른 특정국물품 잠정긴급관세를 부과하여야 하는 대상 물품, 세율, 적용기간, 수량, 수입관리방안 등에 관하여 필요한 사항은 기획재정부령으로 정한다.

(3) 사전협의

기획재정부장관은 특정국물품 긴급관세를 부과할 때에는 이해당사국과 해결책을 모색하기 위하여 사전 협의를 할 수 있다.

(4) 특정국물품 잠정긴급관세의 부과 및 환급(법 제67조의2제5항~8항)

(가) 특정국물품 잠정긴급관세의 부과

특정국물품 긴급관세의 부과 여부를 결정하기 위한 조사가 시작된 물품에 대하여 조사기간 중에 발생하는 국내시장의 교란을 방지하지 아니하는 경우 회복하기 어려운 피해가 초래되거나 초래될 우려가 있다고 판단될 때에는 조사가 종결되기 전에 피해를 구제하거나 방지하기 위하여 필요한 범위에서 특정국물품에 대한 잠정긴급관세를 200일의 범위에서 부과할 수 있다.

(나) 특정국물품 잠정긴급관세의 환급

특정국물품 긴급관세의 부과 여부를 결정하기 위하여 조사한 결과 국내시장의 교란 또는 교란우려가 있다고 판단되지 아니하는 경우에는 제5항에 따라 납부된 특정국물품 잠정긴급관세를 환급하여야 한다.

(다) 특정국물품 긴급관세 부과의 중지

특정국물품 긴급관세 부과의 원인이 된 세계무역기구 회원국의 조치가 종료된 때에는 그 종료일부터 30일 이내에 특정국물품 긴급관세 부과를 중지하여야 한다.

(라) 준용

특정국물품 긴급관세 또는 특정국물품 잠정긴급관세의 부과에 관하여는 제65조제2항 · 제4항 · 제7항, 제66조제2항 및 제67조를 준용한다.

5. 농림축산물에 대한 특별긴급관세(법 제68조)

"농림축산물에 대한 특별긴급관세"는 우르과이라운드(UR)에서 국내외 가격 차이에 상당하는 금액을 관세로 부과하는 것을 조건으로 시장을 개방한 농림축산물의 수입물량이 급등하거나 수입가격이 하락한 경우에 국내산업의 피해를 방지하기 위하여 기본관세에 할증 부과할 수 있다.

1) 농림축산물에 대한 특별긴급관세의 의의

법 제73조에 따라 국내외 가격차에 상당한 율로 양허한 농림축산물의 수입물량이 급증하거나 수입가격이 하락하는 경우에는 대통령령으로 정하는 바에 따라 양허한 세율을 초과하여 특별긴급관세를 부과할 수 있다(법 제68조제1항).

2) 법규의 적용기준 등

특별긴급관세를 부과하여야 하는 대상물품, 세율, 적용시한, 수량 등은 기획재정부령으로 정한다(법 제68조제2항).

1. 관세법상 긴급관세에 관한 설명으로 옳지 않은 것은? (2016년 관세사 1차 기출)

① 긴급관세 또는 잠정긴급관세를 부과하여야 하는 대상물품, 세율, 적용기간, 수량, 수입관리방안, 그 밖에 필요한 사항은 대통령령으로 정한다.

② 기획재정부장관은 긴급관세를 부과하는 경우에는 이해당사국의 긴급관세부과의 부정적 효과에 대한 적절한 무역보상방법에 관하여 협의를 할 수 있다.

③ 기획재정부장관은 특정국물품 긴급관세를 부과할 대에는 이해당사국과 해결책을 모색하기 위하여 사전 협의를 할 수 있다.

④ 기획재정부장관은 필요하다고 인정되는 때에는 긴급관세의 부과결정에 대하여 재심사를 할 수 있으며, 재심사결과에 따라 부과내용을 변경할 수 있다. 이 경우 변경된 내용은 최초의 조치내용보다 더 강화되어서는 아니된다.

⑤ 긴급관세는 해당 국내산업의 보호 필요성, 국제통상관계, 긴급관세 부과에 따른 보상수준 및 국민경제 전반에 미치는 영향 등을 검토하여 부과여부와 그 내용을 결정한다.

1-①

6. 조정관세(법 제69조 및 제70조)

1) 조정관세의 의의

"조정관세"는 정부의 수입자유화 정책으로 인하여 나타날 수 있는 부작용 등을 관세정책면에서 시정·보완하기 위하여 1984년도에 마련한 탄력관세제도이다.

2) 조정관세의 부과목적

조정관세는 물품 간 세율의 불균형 해소, 국민보건, 환경보전, 소비자 보호, 국내 시장 및 산업기반 보호 등을 목적으로 부과한다.

3) 조정관세의 부과대상(법 제69조)

다음 각 호의 어느 하나에 해당하는 경우에는 100분의 100에서 해당 물품의 기본세율을 뺀 율을 기본세율에 더한 율의 범위에서 관세를 부과할 수 있다. 다만, 농림축수산물 또는 이를 원재료로 하여 제조된 물품의 국내외 가격차가 해당 물품의 과세가격을 초과하는 경우에는 국내외 가격차에 상당하는 율의 범위에서 관세를 부과할 수 있다.

1. 산업구조의 변동 등으로 물품 간의 세율 불균형이 심하여 이를 시정할 필요가 있는 경우
2. 국민보건, 환경보전, 소비자보호 등을 위하여 필요한 경우
3. 국내에서 개발된 물품을 일정 기간 보호할 필요가 있는 경우
4. 농림축수산물 등 국제경쟁력이 취약한 물품의 수입증가로 인하여 국내시장이 교란되거나 산업기반이 붕괴될 우려가 있어 이를 시정하거나 방지할 필요가 있는 경우

4) 조정관세의 적용 세율 등(법 제70조)

제69조에 따른 조정관세는 해당 국내산업의 보호 필요성, 국제통상관계, 국민경제 전반에 미치는 영향 등을 검토하여 부과 여부와 그 내용을 정한다.

조정관세를 부과하여야 하는 대상 물품, 세율 및 적용시한 등은 대통령령으로 정한다.

1. 관세법상 조정관세를 부과할 수 있는 경우를 모두 고른 것은? (2017년 관세사 1차기출)

> ㄱ.산업구조의 변동 등으로 물품 간의 세율 불균형이 심하여 이를 시정할 필요가 있는 경우
> ㄴ. 국민보건, 환경보전, 소비자보호 등을 위하여 필요한 경우
> ㄷ. 원활한 물자수급 또는 산업의 경쟁력 강화를 위하여 특정물품의 수입을 촉진할 필요가 있는 경우
> ㄹ. 국내에서 개발된 물품을 일정 기간 보호할 필요가 있는 경우
> ㅁ. 수입가격이 급등한 물품 또는 이를 원재료로 한 제품의 국내가격을 안정시키기 위하여 필요한 경우
> ㅂ. 농림축수산물 등 국제경쟁력이 취약한 물품의 수입증가로 인하여 국내시장이 교란되거나 산업기반이 붕괴될 우려가 있어 이를 시정하거나 방지할 필요가 있는 경우

① ㄱ, ㄴ, ㄷ, ㄹ ② ㄱ, ㄴ, ㄷ, ㅁ ③ ㄱ, ㄴ, ㄹ, ㅂ
④ ㄴ, ㄷ, ㅁ, ㅂ ⑤ ㄷ, ㄹ, ㅁ, ㅂ

2. 다음 중 관세법상 조정관세 부과대상 요건에 해당하지 않는 것은?
(2017년 제40회 국제무역사 기출)

① 산업구조의 변동 등으로 물품 간의 세율 불균형이 심하여 이를 시정할 필요가 있는 경우
② 국민보건, 환경보전, 소비자보호 등을 위하여 필요한 경우
③ 원활한 물자수급 또는 산업의 경쟁력 강화를 위하여 특정물품의 수입을 촉진할 필요가 있는 경우
④ 농림축수산물 등 국제경쟁력이 취약한 물품의 수입증가로 인하여 국내시장이 교란되거나 산업기반이 붕괴될 우려가 있어 이를 시정하거나 방지할 필요가 있는 경우

1-③ 2-③

7. 할당관세(법 제71조)

1) 할당관세의 의의

"할당관세"란 관세율의 인상 또는 인하를 통하여 수입량을 조절하는 탄력관세제도로서 이중관세율이다. 특정 물품의 수입촉진, 수입가격이 급등한 물품의 국내가격 안정, 세율 불균형 해소를 목적으로 특정 물품의 수입에 대하여 일정한 수량의 쿼터를 설정하여 놓고 그 수량 또는 금액만큼 수입되는 분에 대하여는 무세 또는 낮은 세율을 적용하고 그 이상 수입되는 분에 대하여는 높은 세율을 적용하고 있다.

2) 할당관세의 부과대상

다음 각 호의 어느 하나에 해당하는 경우에는 100분의 40의 범위의 율을 기본세율에서 빼고 관세를 부과할 수 있다. 이 경우 필요하다고 인정될 때에는 그 수량을 제한할 수 있다(법 제71조제1항).

1. 원활한 물자수급 또는 산업의 경쟁력 강화를 위하여 특정물품의 수입을 촉진할 필요가 있는 경우
2. 수입가격이 급등한 물품 또는 이를 원재료로 한 제품의 국내가격을 안정시키기 위하여 필요한 경우
3. 유사물품 간의 세율이 현저히 불균형하여 이를 시정할 필요가 있는 경우

특정물품의 수입을 억제할 필요가 있는 경우에는 일정한 수량을 초과하여 수입되는 분에 대하여 100분의 40의 범위의 율을 기본세율에 더하여 관세를 부과할 수 있다. 다만, 농림축수산물인 경우에는 기본세율에 동종물품·유사물품 또는 대체물품의 국내외 가격차에 상당하는 율을 더한 율의 범위에서 관세를 부과할 수 있다(법 제71조제2항).

3) 법규의 적용 기준 등

관세를 부과하여야 하는 대상 물품, 수량, 세율, 적용기간 등은 대통령령으로 정한다(법 제71조제3항).

4) 부과실적 및 결과의 보고

기획재정부장관은 매 회계연도 종료 후 5개월 이내에 제1항부터 제3항까지의 규정에 따른 관세의 전년도 부과 실적 및 그 결과(관세부과의 효과 등을 조사·분석한 보고서를 포함)를 국회 소관 상임위원회에 보고하여야 한다(법 제71조제4항). 〈신설 2011.12.31., 2014.1.1.〉
[전문개정 2010.12.30.]

8. 계절관세(법 제72조)

"계절관세"는 가격이 계절에 따라 현저하게 차이가 심한 물품으로서 동종물품, 유사물품, 대체물품의 수입으로 인해 국내시장 및 산업이 피해를 받거나 받을 우려가 있을 때 부과할 수 있다.

계절에 따라 가격의 차이가 심한 물품으로서 동종물품·유사물품 또는 대체물품의 수입으로 인하여 국내시장이 교란되거나 생산 기반이 붕괴될 우려가 있을 때에는 계절에 따라 해당 물품의 국내외 가격차에 상당하는 율의 범위에서 기본세율보다 높게 관세를 부과하거나 100분의 40의 범위의 율을 기본세율에서 빼고 관세를 부과할 수 있다. 계절관세를 부과하여야 하는 대상물품, 세율 및 적용시한 등은 기획재정부령으로 정한다(법 제72조제1항~2항).

9. 국제협력관세(법 제73조)

정부는 우리나라의 대외무역 증진을 위하여 필요하다고 인정될 때에는 특정국가 또는 국제기구와 관세에 관한 협상을 할 수 있다. 이에 따른 협상을 수행할 때 필요하다고 인정되면 관세를 양허할 수 있다. 다만, 특정 국가와 협상할 때에는 기본관세율의 100분의 50의 범위를 초과하여 관세를 양허할 수 없다. 양허에 따른 관세를 부과하여야 하는 대상물품, 세율 및 적용기간 등은 대통령령으로 정한다(법 제72조제1항~3항).[전문개정 2010.12.30.]

10. 편익관세(법 제74조 및 제75조)

1) 편익관세의 적용 기준 등(법 제74조)

관세에 관한 조약에 따른 편익을 받지 아니하는 나라의 생산물로서 우리나라에 수입되는 물품에 대하여 이미 체결된 외국과의 조약에 따른 편익의 한도에서 관세에 관한 편익관세를 부여할 수 있다. 편익관세를 부여할 수 있는 대상국가, 대상물품, 적용세율, 적용방법, 그 밖에 필요한 사항은 대통령령으로 정한다(법 제74조제1항~2항).

표 3-2 편익을 받을 수 있는 국가

지 역		국 가
1	아시아	부탄
2	중동	이란, 이라크, 레바논, 시리아
3	대양주	나우루
4	아프리카	코모로, 에디오피아, 소말리아
5	유럽	안도라, 모나코, 산마리노, 바티칸, 덴마크(그린란드 및 페로제도에 한정한다)

법 시행령 제95조1항, 편익관세〈개정 2013.2.15, 2015.2.6, 2017.3.27.〉

2) 편익관세의 적용정지 등(법 제75조)

기획재정부장관은 다음에 해당하는 경우에는 국가, 물품 및 기간을 지정하여 편익관세의 적용을 정지시킬 수 있다.

1. 편익관세의 적용으로 국민경제에 중대한 영향이 초래되거나 초래될 우려가 있는 경우
2. 그 밖에 편익관세의 적용을 정지시켜야 할 긴급한 사태가 있는 경우

1. 관세법상 관세에 관한 편익을 받을 수 있는 국가를 모두 고른 것은?

(2016년 관세사 1차 기출)

ㄱ. 리베리아.	ㄴ. 볼리비아	ㄷ. 부탄	ㄹ. 이란
ㅁ. 모나코	ㅂ. 아르헨티나	ㅅ. 브라질	

① ㄱ, ㄴ, ㄷ, ㄹ ② ㄱ, ㄴ, ㄹ, ㅁ ③ ㄱ, ㄷ, ㄹ, ㅁ
④ ㄱ, ㄷ, ㅁ, ㅂ ⑤ ㄴ, ㄹ, ㅁ, ㅅ

1-③

11. 일반특혜관세(법 제76조 및 77조)

대통령령으로 정하는 개발도상국가(특혜대상국)를 원산지로 하는 물품 중 대통령령으로 정하는 특혜대상물품에 대하여는 기본세율보다 낮은 세율의 일반특혜관세를 부과할 수 있다.

일반특혜관세를 부과할 때 해당 특혜대상물품의 수입이 국내산업에 미치는 영향 등을 고려하여 그 물품에 적용되는 세율에 차등을 두거나 특혜대상물품의 수입수량 등을 한정할 수 있다.

국제연합총회의 결의에 따른 최빈(最貧)개발도상국 중 대통령령으로 정하는 국가를 원산지로 하는 물품에 대하여는 다른 특혜대상국보다 우대하여 일반특혜관세를 부과할 수 있다.

특혜대상물품에 적용되는 세율 및 적용기간과 그 밖에 필요한 사항은 대통령령으로 정한다(법 제76조제1항~4항).

표 3-3 특혜관세가 적용되는 최빈개발도상국

지 역	국 가
1. 아시아	아프가니스탄 · 방글라데시 · 캄보디아 · 미얀마 · 부탄 · 키리바시 · 라오스 · 네팔 · 투발루 · 바누아투 · 솔로몬제도 · 예멘 · 동티모르
2. 아프리카	앙골라 · 베냉 · 부르키나파소 · 부룬디 · 중앙아프리카공화국 · 차드 · 코모로 · 지부티 · 적도기니 · 에리트레아 · 에티오피아 · 감비아 · 기니 · 기니비사우 · 레소토 · 라이베리아 · 마다가스카르 · 말라위 · 말리 · 모리타니 · 모잠비크 · 니제트 · 르완다 · 상투메프린시페 · 시에라리온 · 소말리아 · 수단 · 탄자니아 · 토고 · 우간다 · 콩고민주공화국 · 잠비아 · 세네갈 · 남수단
3. 아메리카	아이티

자료: 최빈개발도상국에 대한 특혜관세 공여 규정, 시행 2017.1.1., 대통령령 제27759호, 2016.12.30. 일부개정

1) 일반특혜관세의 적용 정지 등(법 제77조)

(1) 일반특혜관세의 적용정지

기획재정부장관은 특정한 특혜대상 물품의 수입이 증가하여 이와 동종의 물품 또는 직접적인 경쟁관계에 있는 물품을 생산하는 국내산업에 중대한 피해를 주거나 줄 우려가 있는 등 일반특혜관세를 부과하는 것이 적당하지 아니하다고 판단될 때에는 대통령령으로 정하는 바에 따라 해당 물품과 그 물품의 원산지인 국가를 지정하여 일반특혜관세의 적용을 정지할 수 있다(법 제77조제1항).

(2) 일반특혜관세의 적용배제

기획재정부장관은 특정한 특혜대상국의 소득수준, 우리나라의 총수입액 중 특정한 특혜대상국으로부터의 수입액이 차지하는 비중, 특정한 특혜대상국의 특정한 특혜대상물품이 지니는 국제경쟁력의 정도, 그 밖의 사정을 고려하여 일반특혜관세를 부과하는 것이 적당하지 아니하다고 판단될 때에는 대통령령으로 정하는 바에 따라 해당 국가를 지정하거나 해당 국가 및 물품을 지정하여 일반특혜관세의 적용을 배제할 수 있다(법 제77조제2항).

1. 관세법상 세율의 조정에 관한 설명으로 옳은 것은? (2016년 관세사 1차 기출)

① 덤핑방지관세의 부과와 잠정조치는 각각의 조치일 이전 수입되는 물품에 대하여 적용된다. 다만, 잠정조치가 적용된 물품에 대하여 국제협약에서 달리 정하는 경우와 그 밖에 대통령령으로 정하는 경우에는 그 물품에 대하여도 덤핑방지관세를 부과할 수 있다.

② 할당관세는 수입가격이 급등한 물품 또는 이를 원재료로 한 제품의 국내가격을 안정시키기 위하여 필요한 경우 부과할 수 있다.

③ 농림축산물에 대한 특별긴급관세를 부과하여야 하는 대상 물품, 세율, 적용시한, 수량, 국가 등은 대통령령으로 정한다.

④ 보복관세를 부과하여야 하는 대상 국가, 물품, 수량, 세율, 적용시한, 수량, 국가 등은 기획재정부령으로 정한다.

⑤ 할당관세와 계절관세는 100분의 45의 범위의 율을 잠정세율에서 빼고 관세를 부과한다.

1-②

제3절 관세양허에 대한 조치 등(법 제78조~제80조)

1. 양허세율

1) 양허관세율

"양허관세율"은 우리나라의 통상과 대외무역증진을 위하여 특정 국가 또는 국제기구와 조약 또는 행정협정 등으로 정한 세율이다. 이는 다자간 협상을 통하여 국제적으로 공인된 관세로서 가맹국 간에 일정 세율 이상으로 올리지 않겠다는 국제적·국가 간의 약속이다. 따라서 특정품목을 양허하게 되면 관세를 양허세율 이상으로 운용할 수 없다. 즉, 양허관세는 국가 간 협상을 통해 관세율이 인하되면 그 인하된 세율 수준 이상으로는 특별한 사유가 없는 한 관세인상을 할 수 없게 되는 국제협정으로 규제력이 강하다.

2) 양허세율의 적용

양허세율의 적용은 기본세율·잠정세율·조정관세율·계절관세율·할당관세율에 우선하여 적용한다(단, 양허세율이 낮은 경우에만 우선적용). 다만, WTO양허관세규정 별표 1의 나 및 3의 다 세율(농림축산물 양허관세)은 기본세율 및 잠정세율에 우선하여 적용한다.

표 3-4 편익관세의 종류(법 제74조와 제75조)

협정주체별	양국간 협정에 의한 세율 다국간 협정에 의한 세율
협정종류별	WTO협정 일반 양허관세율 WTO협정 개도국간의 양허관세율 방콕협정 양허관세율 개발도상국간 무역특혜제도(GSTP)양허관세율 특정국가와의 관세협상에 따른 국제협력관세율

2. 양허의 철회 및 수정(법 제78조)

정부는 외국에서의 가격 하락이나 그 밖에 예상하지 못하였던 사정의 변화 또는 조약상 의무의 이행으로 인하여 특정물품의 수입이 증가됨으로써 이와 동종의 물품 또는 직접 경쟁관계에 있는 물품을 생산하는 국내 생산자에게 중대한 피해를 가져오거나 가져올 우려가 있다고 인정되는 경우에는 다음 각 호의 구분에 따른 조치를 할 수 있다(법 제78조제1항).

1. 조약에 따라 관세를 양허하고 있는 경우: 해당 조약에 따라 이루어진 특정 물품에 대한 양허를 철회하거나 수정하여 관세법에 따른 세율이나 수정 후의 세율에 따라 관세를 부과하는 조치
2. 특정물품에 대하여 제1호의 조치를 하려고 하거나 그 조치를 한 경우: 해당 조약에 따른 협의에 따라 그 물품 외에 이미 양허한 물품의 관세율을 수정하거나 양허품목을 추가하여 새로 관세의 양허를 하고 수정 또는 양허한 후의 세율을 적용하는 조치

제1항제2호의 조치는 같은 항제1호의 조치에 대한 보상으로서 필요한 범위에서만 할 수 있으며, 제1항에 따른 조치의 시기 및 내용과 그 밖에 필요한 사항은 대통령령으로 정한다(법 제78조제2항~3항).

3. 대항조치(법 제79조)

정부는 외국이 특정물품에 관한 양허의 철회·수정 또는 그 밖의 조치를 하려고 하거나 그 조치를 한 경우 해당 조약에 따라 대항조치를 할 수 있다고 인정될 때에는 다음 각 호의 조치를 할 수 있다(법 제79조제1항).

1. 특정물품에 대하여 관세법에 따른 관세 외에 그 물품의 과세가격 상당액의 범위에서 관세를 부과하는 조치
2. 특정물품에 대하여 관세의 양허를 하고 있는 경우에는 그 양허의 적용을 정지하고 관세법에 따른 세율의 범위에서 관세를 부과하는 조치

제1항 각 호의 외국의 조치에 대한 대항조치로서 필요한 범위에서만 할 수 있으며, 대항조치의 대상국가, 시기, 내용, 그 밖에 필요한 사항은 대통령령으로 정한다(법 제79조제2항~3항).

4. 양허 및 철회의 효력(법 제80조)

조약에 따라 우리나라가 양허한 품목에 대하여 그 양허를 철회한 경우에는 해당 조약에 따라 철회의 효력이 발생한 날부터 관세법에 따른 세율을 적용한다. 이에 따른 양허의 철회에 대한 보상으로 우리나라가 새로 양허한 품목에 대하여는 그 양허의 효력이 발생한 날부터 관세법에 따른 세율을 적용하지 아니한다(법 제80조제1항~2항).

제4장 관세의 부과 · 징수

제1절 세액의 확정 (관세법 제38조~제43조)

법 제14조에 "수입물품에는 관세를 부과한다"라고 명시되어 있듯이 외국으로부터 어떤 물품을 수입할 때는 관세 등 수입 제세를 납부할 의무가 발생하여진다. 이러한 납세의무를 확정하는 방식에는 그 확정 주체에 따라 신고납부방식(납세의무자)과 부과고지방식(세관장)의 두 가지로 구분된다.

"신고납부방식"은 납세의무자인 수입업자가 수입신고를 하는 시점에서 스스로 관세사 등을 이용하여 과세표준 및 납부세액을 결정하여 세관장에게 관세의 납부에 관한 납세신고를 하고 납부하는 방식이다. 이에 반하여 "부과고지방법"은 신고납부제도의 예외로서 세관장의 행정처분인 납세의 고지로 납세의무의 내용을 확정하는 방법이다. 우리나라의 관세법에서는 세액의 확정은 원칙적으로 신고납부방법을 채택하고, 예외적으로 부과고지방법을 적용하고 있다.

1. 신고납부방식

"신고납부방식"은 납세의무자가 수입신고를 할 때 관세법이 정하는 바에 따라 자율적으로 과세표준과 납부세액을 계산하여 세관장에게 신고하고 납부하는 방식으로 우리나라는 1979년부터 이를 전면적으로 실시하고 있다. 신고납부방식은 세관장이 부과고지하는 물품을 제외한 모든 수입물품을 그 대상으로 하고 있다.

1) 신고납부(법 제38조)

물품(제39조에 따라 세관장이 부과고지하는 물품은 제외)을 수입하고자 하는 자는 수입신고를 하는 때에 세관장에게 관세의 납부에 관한 신고(납세신고)를 하여야 한다(법 제38조 제1항).

납세신고는 수입물품에 대한 관세 등의 납부와 관련한 사실의 신고와 납부의 의사를 표명하는 것으로, 관세사 등을 이용하여 수입신고서의 각 란을 기재하여 EDI로 신고하는 것으로 이루어진다.

(1) 세액심사

세관장은 납세신고를 받으면 수입신고서에 기재된 사항과 이 법에 따른 확인사항 등을 심사하되, 신고한 세액에 대하여는 수입신고를 수리한 후에 심사한다. 다만, 신고한 세액에 대하여 관세채권을 확보하기가 곤란하거나, 수입신고를 수리한 후 세액심사를 하는 것이 적당하지 아니하다고 인정하여 기획재정부령으로 정하는 물품의 경우에는 수입신고를 수리하기 전에 이를 심사한다(법 제38조제2항).

즉, 우리나라의 관세액 심사원칙은 납세자로부터 납세신고를 받은 세관장은 수입신고서상의 기재사항과 관세법의 규정에 의한 확인사항을 심사하되 신고한 세액에 대해서는 신고수리 후에 세액심사를 하는 "사전통관 사후심사 원칙"을 적용한다.

(가) 수입신고수리 전 세액심사 대상물품(법 시행규칙 제8조)

① 법 제38조제2항 단서의 규정에 의하여 수입신고수리전에 세액심사를 하는 물품은 다음 각 호와 같다.〈개정 2002.5.10.〉

1. 법률 또는 조약에 의하여 관세 또는 내국세를 감면받고자 하는 물품
2. 관세의 분할납부 규정에 의하여 관세를 분할납부하고자 하는 물품
3. 관세를 체납하고 있는 자가 신고하는 물품(체납액이 10만원 미만이거나 체납기간 7일 이내에 수입신고하는 경우를 제외)
4. 납세자의 성실성 등을 참작하여 관세청장이 정하는 기준에 해당하는 불성실신고인이 신고하는 물품
5. 물품의 가격변동이 큰 물품 기타 수입신고수리 후에 세액을 심사하는 것이 적합하지 아니하다고 인정하여 관세청장이 정하는 물품

② 제1항의 규정에 의하여 수입신고수리전에 세액심사를 하는 물품중 제1항 및 제2호

에 규정된 물품의 감면 또는 분할납부의 적정 여부에 대한 심사는 수입신고수리전에 하고, 과세가격 및 세율 등에 대한 심사는 수입신고수리후에 한다.

(2) 자율심사

"자율심사"란 세액의 심사는 수입신고수리 후에 세관에서 하는 것이나 관세청장이 정하는 요건을 갖춘 자가 신청하는 경우에는 기업에서 자체적으로 세율을 심사하고 그 결과를 세관장에게 제출하는 것을 말한다.

세관장은 제2항 본문에도 불구하고 납세실적과 수입규모 등을 고려하여 관세청장이 정하는 요건을 갖춘 자가 신청할 때에는 납세신고한 세액을 자체적으로 심사(자율심사)하게 할 수 있다. 이 경우 해당 납세의무자는 자율심사한 결과를 세관장에게 제출하여야 한다(법 제38조제3항).

(3) 세액의 정정

납세의무자는 납세신고한 세액을 납부하기 전에 그 세액이 과부족하다는 것을 알게 되었을 때에는 납세신고한 세액을 정정할 수 있다. 이 경우 납부기한은 당초의 납부기한(법 제9조에 따른 납부기한)으로 한다(법 제38조제4항).

(4) 법규의 적용 등

납세신고, 자율심사 및 세액의 정정과 관련하여 그 방법 및 절차 등 필요한 사항은 대통령령으로 정한다(법 제38조제5항).

(5) 관세의 납부

관세의 납부에 관하여는 「국세기본법」 제46조의2[1]를 준용한다(법 제38조제6항).

---

1) 제46조의2(신용카드 등으로 하는 국세납부) ① 납세의무자가 세법에 따라 신고하거나 과세관청이 결정 또는 경정하여 고지한 세액을 대통령령으로 정하는 국세납부대행기관을 통하여 신용카드, 직불카드 등("신용카드등")으로 납부할 수 있다.〈개정 2011.12.31., 2014.12.23., 2016.12.20.〉
② 제1항에 따라 신용카드등으로 국세를 납부하는 경우에는 국세납부대행기관의 승인일을 납부일로 본다.
③ 국세납부대행기관의 지정 및 운영, 납부대행 수수료 등에 관한 사항은 대통령령으로 정한다.[전문개정 2010.1.1.]

2) 관세의 정정[2)]

(1) 관세의 보정(補正)(법 제38조의2)

"관세의 보정"은 단순 과실에 의한 세액오류 사항의 조기발견을 통해 납세의무자가 스스로 시정할 수 있도록 기회를 부여하는 관세행정에만 있는 특례제도이다.

(가) 납세의무자의 신고

납세의무자는 신고납부한 세액이 부족하다는 것을 알게 되거나 세액산출의 기초가 되는 과세가격 또는 품목분류 등에 오류가 있는 것을 알게 되었을 때에는 신고납부한 날부터 6개월 이내(보정기간)에 대통령령으로 정하는 바에 따라 해당 세액을 보정(補正)하여 줄 것을 세관장에게 신청할 수 있다(법 제38조의2제1항).〈개정 2011.12.31.〉

(나) 보정신청의 통지

세관장은 신고납부한 세액이 부족하다는 것을 알게 되거나 세액산출의 기초가 되는 과세가격 또는 품목분류 등에 오류가 있다는 것을 알게 되었을 때에는 대통령령으로 정하는 바에 따라 납세의무자에게 해당 보정기간에 보정신청을 하도록 통지할 수 있다. 이 경우 세액보정을 신청하려는 납세의무자는 대통령령으로 정하는 바에 따라 세관장에게 신청하여야 한다(법 제38조의2제2항).〈개정 2011.12.31.〉

(다) 보정세액의 납부기한

납세의무자가 제1항과 제2항 후단에 따른 신청에 따라 부족한 세액에 대한 세액의 보정을 신청한 경우에는 해당 보정신청을 한 날의 다음 날까지 해당 관세를 납부하여야 한다(법 제38조의2제4항).

(라) 보정이자

세관장은 제1항과 제2항 후단에 따른 신청에 따라 세액을 보정한 결과 부족한 세액이 있을 때에는 납부기한 다음 날부터 보정신청을 한 날까지의 기간과 금융회사의 정기예금

제46조의2(신용카드 등으로 하는 국세납부)

① 납세자는 세법에 따라 신고하거나 과세관청이 결정 또는 경정하여 고지한 세액을 대통령령으로 정하는 국세납부대행기관을 통하여 신용카드, 직불카드, 통신과금서비스 등(이하 이 조에서 "신용카드등"이라 한다)으로 납부할 수 있다.<개정 2011.12.31., 2014.12.23., 2016.12.20., 2017.12.19.>

② 제1항에 따라 신용카드등으로 국세를 납부하는 경우에는 국세납부대행기관의 승인일을 납부일로 본다.

③ 국세납부대행기관의 지정 및 운영, 납부대행 수수료 등에 관한 사항은 대통령령으로 정한다.[전문개정 2010.1.1.][시행일 : 2019.1.1.] 제46조의2

2) 납부세액의 변경

에 대하여 적용하는 이자율을 고려하여 대통령령으로 정하는 이율에 따라 계산한 금액을 더하여 해당 부족세액을 징수하여야 한다. 다만, 다음의 각 호의 어느 하나에 해당하는 경우에는 그러하지 아니하다(법 제38조의2제5항). 〈개정 2011.12.31.〉

1. 제41조4항(국가나 지방자치단체가 직접 수입하는 물품 등 대통령령으로 정하는 물품)에 따라 가산금 및 중가산금을 징수하지 아니하는 경우
2. 신고납부한 세액의 부족 등에 대하여 납세의무자에게 정당한 사유가 있는 경우

(2) 관세의 수정 및 경정(更正)(법 제38조의3)

(가) 관세의 수정

관세의 수정이란 납세의무자가 신고납부한 세액이 부족한 경우에는 대통령령으로 정하는 바에 따라 수정하여 신고하는 것을 말한다.

납세의무자는 신고납부한 세액이 부족한 경우에는 대통령령으로 정하는 바에 따라 수정신고(보정기간이 지난 날부터 제21조제1항에 따른 기간이 끝나기 전까지로 한정)를 할 수 있다. 이 경우 납세의무자는 수정신고한 날의 다음 날까지 해당 관세를 납부하여야 한다(법 제38조의3제1항). 〈개정 2013.1.1.〉

(나) 관세의 경정

납세의무자는 신고납부한 세액이 과다한 것을 알게 되었을 때에는 최초로 납세신고를 한 날부터 5년 이내에 대통령령으로 정하는 바에 따라 신고한 세액의 경정을 세관장에게 청구할 수 있다(법 제38조의3제2항). 〈개정 2011.12.31., 2013.8.13., 2014.12.23., 2016.12.20.〉

납세의무자는 최초의 신고 또는 경정에서 과세표준 및 세액의 계산근거가 된 거래 또는 행위 등이 그에 관한 소송에 대한 판결(판결과 같은 효력을 가지는 화해나 그 밖의 행위를 포함)에 의하여 다른 것으로 확정되는 등 대통령령으로 정하는 사유가 발생하여 납부한 세액이 과다한 것을 알게 되었을 때에는 제2항에 따른 기간에도 불구하고 그 사유가 발생한 것을 안 날부터 2개월 이내에 대통령령으로 정하는 바에 따라 납부한 세액의 경정을 세관장에게 청구할 수 있다(법 제38조의3제3항). 〈신설 2011.12.31., 2016.12.20.〉

세관장은 제2항 또는 제3항에 따른 경정의 청구를 받은 날부터 2개월 이내에 세액을 경정하거나 경정하여야 할 이유가 없다는 뜻을 그 청구를 한 자에게 통지하여야 한다(법 제38조의3제4항). 〈신설 2016.12.20.〉

제2항 또는 제3항에 따라 경정을 청구한 자가 제4항에 따라 2개월 이내에 통지를 받

지 못한 경우에는 그 2개월이 되는 날의 다음 날부터 제5장에 따른 이의신청, 심사청구, 심판청구 또는 「감사원법」에 따른 심사청구를 할 수 있다(법 제38조의3제5항). 〈신설 2016.12.20.〉

세관장은 납세의무자가 신고납부한 세액, 납세신고한 세액 또는 제2항 및 제3항에 따라 경정청구한 세액을 심사한 결과 과부족하다는 것을 알게 되었을 때에는 대통령령으로 정하는 바에 따라 그 세액을 경정하여야 한다(법 제38조의3제6항). 〈개정 2011.12.31., 2016.12.20.〉 [전문개정 2010.12.30.]

(다) 수입물품의 과세가격 조정에 따른 경정(법 제38조의4)

납세의무자는 「국제조세조정에 관한 법률」 제4조제1항에 따라 관할 지방국세청장 또는 세무서장이 해당 수입물품의 거래가격을 조정하여 과세표준 및 세액을 결정·경정처분하거나 같은 법 제6조제3항 단서에 따라 국세청장이 해당 수입물품의 거래가격과 관련하여 소급하여 적용하도록 사전승인을 함에 따라 그 거래가격과 이 법에 따라 신고납부·경정한 세액의 산정기준이 된 과세가격 간 차이가 발생한 경우에는 그 결정·경정처분 또는 사전승인이 있음을 안 날(처분 또는 사전승인의 통지를 받은 경우에는 그 받은 날)부터 3개월 또는 최초로 납세신고를 한 날부터 5년 내에 대통령령으로 정하는 바에 따라 세관장에게 세액의 경정을 청구할 수 있다(법 제38조의4제1항). 〈개정 2014.1.1., 2014.12.23., 2017.12.19.〉

제1항에 따른 경정청구를 받은 세관장은 대통령령으로 정하는 바에 따라 해당 수입물품의 거래가격 조정방법과 계산근거 등이 제30조부터 제35조까지의 규정에 적합하다고 인정하는 경우에는 세액을 경정할 수 있다(법 제38조의4제2항).

세관장은 제1항에 따른 경정청구를 받은 날부터 2개월 내에 세액을 경정하거나 경정하여야 할 이유가 없다는 뜻을 청구인에게 통지하여야 한다(법 제38조의4제1항).

제3항에 따른 세관장의 통지에 이의가 있는 청구인은 그 통지를 받은 날(2개월 내에 통지를 받지 못한 경우에는 2개월이 경과한 날)부터 30일 내에 기획재정부장관에게 국세의 정상가격과 관세의 과세가격 간의 조정을 신청할 수 있다. 이 경우 「국제조세조정에 관한 법률」 제10조의3을 준용한다(법 제38조의4제4항).

청구인은 제3항에 따라 2개월 이내에 통지를 받지 못한 경우에는 그 2개월이 되는 날의 다음 날부터 제5장에 따른 이의신청, 심사청구, 심판청구 또는 「감사원법」에 따른 심사청구를 할 수 있다(법 제38조의4제5항). 〈신설 2016.12.20.〉

세관장은 제2항에 따라 세액을 경정하기 위하여 필요한 경우에는 관할 지방국세청장 또는 세무서장과 협의할 수 있다(법 제38조의4제6항). 〈개정 2016.12.20.〉[본조신설 2011.12.31.]

표 4-1 납부세액의 변경

<table>
<tr><th>유형</th><th>주체</th><th>변경이유</th><th>조치시기</th><th>납기</th><th>가산세 등</th></tr>
<tr><td rowspan="2">정정</td><td>정정
(납세의무자)</td><td rowspan="2">납부세액의
과・부족</td><td rowspan="2">납세신고를 한 시점부터
신고납부 전까지</td><td rowspan="2">당초 납기</td><td rowspan="2">해당 없음</td></tr>
<tr><td>세액정정안내
(세관장)</td></tr>
<tr><td rowspan="2">보정</td><td>보정신청
(납세의무자)</td><td>납부세액의
과소</td><td rowspan="2">신고납부한 날로부터
6월 이내(보정기간)</td><td rowspan="2">보정신청한
날의 다음 날</td><td rowspan="2">–가산세 해당 없음
–보정이자 有(기간 X 금융권의 정기예금 이자율)</td></tr>
<tr><td>보정통지
(세관장)</td><td>납부세액의
과・부족</td></tr>
<tr><td>수정</td><td>납세의무자</td><td>납부세액의
과소</td><td rowspan="2">보정기간이 경과한 다음날부터 관세부과 제척기간이 도래될 때까지</td><td>수정신고한 날의 다음 날</td><td>가산세 有</td></tr>
<tr><td>경정</td><td>세관장</td><td>납부세액의
과・부족</td><td>납세고지 받은 날부터 15일 이내</td><td>가산세 有
(추가납부세액의 10%에 다음의 산식을 적용 계산한 금액의 합산 : 해당부족세액 × 당초 납부기한의 다음날부터 납세고지일까지의 기간 × 10만분의 13)</td></tr>
<tr><td rowspan="2">경정
청구</td><td rowspan="2">납세의무자</td><td rowspan="2">납부세액의
과다</td><td>–납세신고한 날로부터 5년 이내 청구
–세관장은 경정청구 받은 날로부터 2월 이내 결정</td><td>해당 없음</td><td>해당 없음</td></tr>
<tr><td colspan="3">제2항 또는 제3항에 따라 경정을 청구한 자가 제4항에 따라 2개월 이내에 통지를 받지 못한 경우에는 그 2개월이 되는 날의 다음 날부터 제5장에 따른 이의신청, 심사청구, 심판청구 또는 「감사원법」에 따른 심사청구를 할 수 있다. 〈신설 2016.12.20.〉</td></tr>
</table>

(라) 경정청구서 등 우편제출에 따른 특례(법 제38조의5)

보정기간 내 보정의 신청, 수정신고 및 경정청구에 따른 각각의 기한까지 우편으로 발송(「국세기본법」 제5조의2에서 정한 날을 기준으로 한다)한 청구서 등이 세관장 또는 기획재정부장관에게 기간을 지나서 도달한 경우 그 기간의 만료일에 신청・신고 또는 청구된 것으로 본다.[본조신설 2014.1.1.]

2. 부과고지방식

"부과고지방식"은 납세의무확정의 예외적인 방법으로 납세의무자가 세액을 정확하게 결정할 수 없는 물품이나 세관의 경정 등에 대하여 세관장이 세액을 결정하여 고지하고 납세의무자가 고지된 세액을 소정의 기일 내에 납부하는 제도이다.

1) 부과고지 대상물품(법 제39조)

다음 각 호의 어느 하나에 해당하는 경우에는 신고납부의 방식에도 불구하고 세관장이 관세를 부과・징수한다(법 제39조제1항). 〈개정 2011.12.31.〉

1. 제16조제1호부터 제6호까지 및 제8호부터 제11호까지에 해당되어 관세를 징수하는 경우
2. 보세건설장에서 건설된 시설로서 제248조(신고의 수리)에 따라 수입신고가 수리되기 전에 가동된 경우
3. 보세구역(제156조제1항의 규정에 의한 보세구역 외 장치허가를 받은 장소를 포함)에 반입된 물품이 제248조 3항을 위반하여 수입신고가 수리되기 전에 반출된 경우
4. 납세의무자가 관세청장이 정하는 사유로 과세가격이나 관세율 등을 결정하기 곤란하여 부과고지를 요청하는 경우
5. 제253조(수입신고전의 반출)에 따라 즉시 반출한 물품을 같은 조제3항의 기간 내에 수입신고를 하지 아니하여 관세를 징수하는 경우
6. 그 밖에 신고납부(제38조)에 따라 납세신고가 부적당한 것으로서 기획재정부령이 정하는 아래의 물품(관세법 시행령 제9조)은 부과고지 대상물품이다.
   ㉮ 여행자 또는 승무원의 휴대품 및 별송품
   ㉯ 우편물(수출입 승인을 얻은 우편물 제외)
   ㉰ 법령의 규정에 의하여 세관장이 관세를 부곽・징수하는 물품
   ㉱ 상기 외에 납세신고가 부적당하다고 인정하여 관세청장이 지정하는 물품

1. 관세법 제 39조(부과고지)에 따라 세관장이 관세를 부과·징수하는 부과고지 대상물품이 아닌 것은?
   ① 대외무역법 제 11조에 따른 수입승인을 얻어 수입신고하는 우편물의 경우
   ② 보세건설장에서 건설된 시설로서 관세법 제248조(신고의 수리)의 규정에 의하여 수입신고가 수리되기 전에 반출된 경우
   ③ 보세구역(관세법 제156조제1항의 규정에 의한 보세구역외 장치허가를 받은 장소를 포함한다.)에 반입된 물품이 관세법 제248조(신고의 수리)의 규정에 의하여 수입신고가 수리되기 전에 반출된 경우
   ④ 납세의무자가 관세청장이 청하는 사유로 과세가격·관세율 등을 결정하기 곤란하여 부과고지를 요청하는 경우
   ⑤ 여행자 또는 승무원의 휴대품 및 별송품

1–①

3. 징수금액의 최저한(법 제40조)

세관장은 납세의무자가 납부하여야 하는 세액이 10,000원 미만인 때에는 이를 징수하지 아니한다. 이에 따라 관세를 징수하지 아니하게 된 경우에는 당해 물품의 수입신고수리일을 그 납부일로 본다(법 시행령 제37조제2항). 〈신설 2001.12.31.〉

4. 가산금 및 가산세

"가산금"(加算金)이란 국세를 납부기한까지 납부하지 아니하면 「국세징수법」에 따라 고지세액(告知稅額)에 가산하여 징수하는 금액과 납부기한이 지난 후 일정 기한까지 납부하지 아니한 경우에 그 금액에 다시 가산하여 징수하는 금액을 말한다(국세기본법 제2조5호).

"가산세"(加算稅)란 세법에서 규정하는 의무의 성실한 이행을 확보하기 위하여 세법에 따라 산출한 세액에 가산하여 징수하는 금액을 말한다. 다만, 가산금은 포함하지 않는다(국세기본법 제2조4호).

1) 가산금(법 제41조)

관세를 납부기한까지 완납하지 아니하면 그 납부기한이 지난 날부터 체납된 관세에 대하여 100분의 3에 상당하는 가산금을 징수한다(법 제41조제1항).

(1) 중가산금

체납된 관세를 납부하지 아니하면 그 납부기한이 지난 날부터 1개월이 지날 때마다 체납된 관세의 1천분의 12에 상당하는 가산금("중가산금")을 가산금에 다시 더하여 징수한다. 이 경우 중가산금을 더하여 징수하는 기간은 60개월을 초과하지 못한다(법 제41조제2항).

(2) 중가산금의 미적용

체납된 관세(세관장이 징수하는 내국세가 있는 때에는 그 금액을 포함)가 100만원 미만인 경우에는 이를 적용하지 아니한다(법 제41조제3항).

국가나 지방자치단체가 직접 수입하는 물품 등 대통령령으로 정하는 물품에 대하여는 제1항부터 제3항까지의 규정을 적용하지 아니한다(법 제41조제4항). [전문개정 2010.12.30.]

(3) 가산금 및 중가산금의 미적용(관세법 시행령 제38조)

다음 각호의 1에 해당하는 물품에 대하여는 법 제41조제4항의 규정에 의하여 같은조 제1항 내지 제3항의 규정을 적용하지 아니한다.

1. 국가 또는 지방자치단체(지방자치단체조합을 포함)가 직접 수입하는 물품과 국가 또는 지방자치단체에 기증되는 물품
2. 우편물. 다만, 법 제241조의 규정에 의하여 수입신고를 하여야 하는 것은 제외한다.

2) 가산세(법 제42조)

세관장은 제38조의3 제1항 또는 제6항에(세액의 수정 및 보정) 따라 부족한 관세액을 징수할 때에는 다음 각 호의 금액을 합한 금액을 가산세로 징수한다. 다만, 잠정가격신고를 기초로 납세신고를 하고 이에 해당하는 세액을 납부한 경우 등 대통령령으로 정하는 경우에는 대통령령으로 정하는 바에 따라 그 전부 또는 일부를 징수하지 아니한다(제42조제1항). 〈개정 2011.12.31., 2014.12.23., 2016.12.20.〉

1. 해당 부족세액의 100분의 10

2. 다음의 계산식을 적용하여 계산한 금액

해당 부족세액×당초 납부기한의 다음 날부터 수정신고일 또는 납세고지일까지의 기간×금융회사 등이 연체대출금에 대하여 적용하는 이자율 등을 고려하여 대통령령으로 정하는 이자율

(1) 납세자가 부당한 방법으로 과소신고한 경우의 가산세

납세자가 부당한 방법(납세자가 관세의 과세표준 또는 세액계산의 기초가 되는 사실의 전부 또는 일부를 은폐하거나 가장하는 것에 기초하여 관세의 과세표준 또는 세액의 신고의무를 위반하는 것으로서 대통령령으로 정하는 방법을 말한다)으로 과소신고한 경우에는 세관장은 해당 부족세액의 100분의 40에 상당하는 금액과 제1항제2호의 금액을 합한 금액을 가산세로 징수한다(법 제42조제2항).[전문개정 2010.12.30.]

(2) 무신고에 대한 가산세

세관장은 제16조제11호에 따른 물품에 대하여 관세를 부과·징수할 때에는 다음 각 호의 금액을 합한 금액을 가산세로 징수한다. 다만, 제241조제5항에 따라 가산세를 징수하는 경우와 천재지변 등 수입신고를 하지 아니하고 수입한 데에 정당한 사유가 있는 것으로 세관장이 인정하는 경우는 제외한다(법 제42조제3항).〈신설 2015.12.15.〉

1. 해당 관세액의 100분의 20(제269조의 죄에 해당하여 처벌받거나 통고처분을 받은 경우에는 100분의 40)
2. 다음의 계산식을 적용하여 계산한 금액

해당 관세액 × 수입된 날부터 납세고지일까지의 기간 × 금융회사 등이 연체대출금에 대하여 적용하는 이자율 등을 고려하여 대통령령으로 정하는 이자율

[전문개정 2010.12.30.]

1. 가산금에 대한 다음의 내용 중 잘못된 것은?

① 관세를 납부기한까지 완납하지 아니하는 때에는 1차 가산금은 체납된 관세에 대하여 100분의 3에 상당하는 가산금을 징수한다.

② 중가산금은 납부기한이 경과한 날부터 매1월이 경과할 때마다 체납된 관세의 1000분의 12에 상당하는 가산금을 1차 가산금에 다시 가산하여 징수한다.

③ 중가산금을 가산하여 징수하는 기간은 60월을 초과하지 못한다.

④ 가산금의 총액은 체납된 관세액의 100분의 75를 초과하지 못한다.
⑤ 세관장이 징수하는 내국세를 제외한 체납 총관세액이 100만원 미만인 경우 1차 가산금 100분의 3만이 징수된다.

2. 체납된 관세(세관장이 징수하는 내국세 포함)가 100만원 미만인 경우에 면제할 수 있게 한 것은?

① 과징금 ② 중과징금 ③ 가산금 ④ 중가산금 ⑤ 과태료

3. 관세법상 세액의 확정에 관한 설명이다. ( )에 들어갈 내용으로 모두 옳은 것은?

(2017 관세사 1차 기출)

– 관세를 납부기한가지 완납하지 아니하면 그 납부기한이 지난 날부터 체납된 관세에 대하여 100분의 (ㄱ)에 해당하는 (ㄴ)을/를 징수한다. – 세관장은 납세의무자가 납부하여야 하는 세액이 (ㄷ)미만인 경우에는 이를 징수하지 아니한다.

① ㄱ: 3, ㄴ: 가산금, ㄷ: 1만원 ② ㄱ: 3, ㄴ: 가산세, ㄷ: 1만원
③ ㄱ: 5, ㄴ: 가산금, ㄷ: 3만원 ④ ㄱ: 5, ㄴ: 가산세금, ㄷ: 3만원
⑤ ㄱ: 5, ㄴ: 가산세, ㄷ: 5만원

4. 다음 중 관세법상 가산금 부과대상에 해당하는 것은?

① 부족세액에 대해 수정신고를 하는 경우
② 재수출면세 받은 물품을 규정된 기간 내에 재수출하지 아니한 경우
③ 납부기한을 경과하여 제세를 납부하는 경우
④ 여행자가 과세대상 휴대품을 자진신고하지 않아 과세하는 경우

1-⑤ 2-④ 3-① 4-③

5. 관세의 현장수납(법 제43조)

1) 현장수납의 의의

"관세의 현장수납"이란 관세공무원이 물품을 검사한 후 납세고지서를 발부하지 않고 구두로써 고지하여 검사 장소에서 직접 관세를 수납하는 것을 말한다.

2) 현장수납의 대상

다음 각 호의 어느 하나에 해당하는 물품에 대한 관세는 그 물품을 검사한 공무원이 검사 장소에서 수납할 수 있다(법 제43조제1항).

1. 여행자의 휴대품
2. 조난선박에 적재된 물품으로서 보세구역이 아닌 장소에 장치된 물품

3) 관세수납

제1항에 따라 물품을 검사한 공무원이 관세를 수납하는 때에는 부득이한 사유가 있는 경우를 제외하고는 다른 공무원을 참여시켜야 한다. 출납공무원 아닌 공무원이 이에 따라 관세를 수납하였을 때에는 지체 없이 출납공무원에게 인계하여야 한다. 출납공무원이 아닌 공무원이 선량한 관리자로서의 주의를 게을리하여 수납한 현금을 잃어버린 경우에는 변상하여야 한다(법 제43조제2항~4항).

6. 세액의 산출

관세법에서는 수입물품에 관세와 더불어 법규에 정한 해당 물품에 대하여는 별도의 내국세가 부가되는데 이의 산출방법을 보면 아래와 같다.

1) 관세의 산출

관세의 부과대상 화물은 우리나라에 반입, 장치 또는 소비 · 사용됨을 목적으로 우리나라 관세영역 안으로 들어온 관세법 별표의 유세품이다. 즉, 관세법 또는 다른 법률 및 조약에 의해 별도로 면세품으로 규정되지 아니한 모든 수입물품이 관세의 부과대상이다. 관세의 산출방법은 다음과 같다.

① 종가세: 과세가격(외국통화표시 가격 × 과세환율) × 관세율

② 종량세: 수입물품의 수량 × 관세율표상의 단위당 세액

1. 수입물품의 관세율이 다음과 같고 수입물품의 과세가격이 5,000,000원이라면 수입통관 시 납부하여야 할 관세액은 얼마인가? (단, 부가가치세 등은 고려하지 않는다.)

가. 조정관세율 : 13	나. 잠정관세율 : 9%
다. 일반특혜관세율 : 5%	라. 기본관세율 : 10%

① 250,000원　② 450,000원　③ 500,000원
④ 650,000원　⑤ 750,000

2. 국내의 컴퓨터 생산자 '갑'은 영국의 유명 상표권자인 'A'사와 '갑'이 생산하는 컴퓨터에 'A'사의 상표를 부착한 컴퓨터 100대를 생산하여 컴퓨터 1 대당 미화 100달러로 중국에 수출한 다음 그 판매액의 10%에 상당하는 미화 1,000달러를 권리사용료로 'A'사에 지급하였다. 이 경우 관세를 부과하기 위한 과세물건과 과세가격에 대한 설명으로 옳은 것은?

① 과세물건: 없음, 과세가격: US$100,000
② 과세물건: 컴퓨터 100대, 과세가격: 없음
③ 과세물건: 없음, 과세가격: 없음
④ 과세물건: 컴퓨터 100대, 과세가격: US$110,000.
⑤ 과세물건: 컴퓨터 100, 과세가격: US$100,000

1-④ 2-③

2) 내국세의 산출

법 제4조는 내국세 등의 부과·징수에 대한 조항으로 법 제4조제1항에는 "수입물품에 대하여 세관장이 부과·징수하는 부가가치세, 지방소비세, 담배소비세, 지방교육세, 개별소비세, 주세, 교육세, 교통·에너지·환경세 및 농어촌특별세("내국세 등", 내국세 등의 가산금·가산세 및 체납처분비를 포함)의 부과·징수·환급 등에 관하여 「국세기본법」, 「국세징수법」, 「부가가치세법」, 「지방세법」, 「개별소비세법」, 「주세법」, 「교육세법」, 「교통·에너지·환경세법」 및 「농어촌특별세법」의 규정과 이 법의 규정이 상충되는 경우에는 이 법의 규정을 우선하여 적용한다"라고 규정하고 있다. 〈개정 2013.1.1., 2015.12.29.〉

제4조제2항에는 "수입물품에 대하여 세관장이 부과·징수하는 내국세 등의 체납이 발생하였을 때에는 징수의 효율성 등을 고려하여 필요하다고 인정되는 경우 대통령령으로 정하는 바에 따라 납세의무자의 주소지(법인의 경우 그 법인의 등기부에 따른 본점이나 주사무소의 소재지)를 관할하는 세무서장이 체납세액을 징수할 수 있다"라고 규정하고 있다. 〈신설 2013.1.1.〉

또한 이 법에 따른 가산금·가산세 및 체납처분비의 부과·징수·환급 등에 관하여는 이 법 중 관세의 부과·징수·환급 등에 관한 규정을 적용한다(법 제4조제3항). 〈개정 2013.1.1.〉 "수입물품에 대하여 세관장이 부과·징수하는 내국세 등에 대한 담보제공 요구, 국세충당, 담보해제, 담보금액 등에 관하여는 이 법 중 관세에 대한 담보 관련 규정을 적용한다"라고 법 제4조제4항에 규정하고 있다. 〈신설 2013.1.1.〉 [전문개정 2010.12.30]

1. 내국세 등의 부과 · 징수에 관한 설명으로 옳지 않은 것은?

① 수입물품에 대하여 세관장이 부과 · 징수하는 내국세등의 체납이 발생하였을 때에는 징수의 효율성 등을 고려하여 필요하다고 인정되는 경우 대통령령으로 정하는 바에 따라 납세의무자의 주소지를 관할하는 세무서장이 체납세액을 징수할 수 있다.

② 수입물품에 대하여 세관장이 부과 · 징수하는 내국세등에 대한 담보제공 요구, 국세충당, 담보해제, 담보금액 등에 관하여는 관세법 중 관세에 대한 담보관련 규정을 적용한다.

③ 체납자의 체납액 중 관세의 체납은 없고 내국세 등만이 체납되어 있거나, 체납된 내국세 등의 부과 · 제척기간이 만료되었을 경우 또는 체납된 내국세등의 합계가 1천만원을 초과하여야 하는 세 가지 요건중 하나라도 해당되면 납세의무자의 주소지를 관할하는 세무서장이 체납된 내국세 등을 징수할 수 있다.

④ 수입물품에 대하여 세관장이 부과 · 징수하는 부가가치세의 부과 · 징수 · 환급등에 관하여 부가치세법의 규정과 관세법의 규정이 상충하는 경우에는 관세법의 규정을 우선하여 적용한다.

⑤ 관세법에 따른 가산금 · 가산세 및 체납처분비의 부과 · 징수 · 환급 등에 관하여 관세법 중 관세의 부과 · 징수 · 환급 등에 관한 규정을 적용한다.

1-③

(1) 개별소비세

개별소비세는 특정한 물품, 특정한 장소 입장행위, 특정한 장소에서의 유흥음식행위 및 특정한 장소에서의 영업행위에 대하여 부과한다(개별소비세법 제1조제1항).

개별소비세는 과세대상을 구체적으로 열거하는 열거주의를 채택하고 있다. 따라서 법령에 구체적으로 열거되어 있지 않은 물품이나 장소 또는 행위에 대해서는 과세하지 아니한다. 관세법에서는 고액의 물품을 수입하는 경우에 부과된다.

(가) 과세대상 및 과세시기

관세법상 개별소비세의 과세대상은 특정한 물품의 소비행위이며, 과세시기는 과세물품을 제조장에서 반출할 때 또는 수입신고를 할 때이다.

(나) 납세의무자

「관세법」에 따라 관세를 납부할 의무가 있는 자로서 과세물품을 「관세법」에 따른 보세구역에서 반출하는 자와 보세구역에서 반출하는 경우 외에 관세를 징수하는 물품에 대해서는 그 관세를 납부할 의무가 있는 자가 납세의무자가 된다(개별소비세법 제3조).

(다) 산출방법

① 일반물품

개별소비세 = (과세가격 + 관세) × 개별소비세(5%~20%)

② 기준가격이 설정된 물품

개별소비세 = (과세가격 + 관세) × 개별소비세(20%)

(2) 주세

"주세"는 주류에 부과하는 조세로서 개별소비세의 성격을 띤다. 주류는 주류제조업자 또는 반출자를 납세의무자로 하고 있으나 조세의 실질적 부담자는 소비자인 간접세의 일종이다. 또한 주세는 재정수입의 확보 및 국민건강을 건강을 해칠 수 있는 주류의 소비억제를 목적으로 하는 금지적 조세로서의 성격을 갖는다.

(가) 주세의 과세대상

주세의 과세대상은 주류이다. 주류는 주정(알코올 성분 5%)과 알코올 1도 이상의 음료를 말한다(주세법 제3조1호).

(나) 관세법상 납세의무자(주세법 제2조)

주류를 수입하는 경우 「관세법」에 따라 관세를 납부할 의무가 있는 자를 말한다.

(다) 과세표준(주세법 제21조)

① 주정에 대한 주세의 과세표준은 주류 제조장에서 출고한 수량이나 수입신고하는 수량으로 한다.

② 주정 외의 주류에 대한 주세의 과세표준은 주류 제조장에서 출고하는 경우에는 출고하는 때의 가격으로 하고, 수입하는 경우에는 수입신고를 하는 때의 가격(관세의 과세가격과 관세를 합한 금액)으로 한다.〈개정 2011.12.31.〉

(라) 산출방법

① 주정

주세 = 주정의 수량(kl) × 주세율(57,000원[3] + 가산금액)

② 주정을 제외한 주류

주세 = (관세의 과세가격 + 관세) × 주세율(5%~72%)

---

3) 알콜분 95도를 초과하는 경우에는 그 초과하는 1도마다 600원을 더하여 계산한다.

(마) 과세표준 등의 신고(주세법 제23조제3항)

주류를 수입하는 자는 수입신고하는 때에 「관세법」에 따른 신고서를 관할 세관장에게 제출하여야 한다.

(3) 교육세

「교육세법」은 교육의 질적 향상을 도모하기 위하여 필요한 교육재정의 확충에 드는 재원을 확보함을 목적으로 한다(교육세법 제1조).

(가) 관세법상 납세의무자(교육세법 제3조제2호~4호)

① 「개별소비세법」에 따른 개별소비세(「개별소비세법」 제1조제2항제4호가목 · 나목 · 마목 및 사목의 물품에 대한 것은 제외)의 납세의무자

② 「교통 · 에너지 · 환경세법」에 따른 교통 · 에너지 · 환경세의 납세의무자

③ 「주세법」에 따른 주세(주정, 탁주, 약주에 대한 것은 제외)의 납세의무자.

(나) 과세대상

개별소비세, 교통 · 에너지 · 환경세 및 주세가 부과되는 물품으로 금융 · 보험업자가 하는 공익신탁의 신탁재산에서 발생하는 수익금액에 대하여는 교육세를 부과하지 않는다.

(다) 과세표준과 세율

교육세의 과세표준과 세율은 〈표 4-2〉와 같다.

표 4-2 과세표준과 세율

호별	과세표준	세 율	비고
1	금융 · 보험업자의 수익금액	1천분의 5	관세법상 적용대상 아님
2	「개별소비세」에 따라 납부하여야 할 개별소비세액	100분의 30. 단, 「개별소비세」 제1조제2항제4호 다 · 라 · 바 및 아목의 물품인 경우에는 100분의 15로 한다.	관세법상 적용대상
3	「교통 · 에너지 · 환경세법」에 따라 납부하여야 할 교통 · 에너지 · 환경세액	100분의 15	
4	「주세법」에 따라 납부하여야 할 주세액	100분의 10. 단, 주세율이 100분의 70을 초과하는 주류에 대하여는 100분의 30으로 한다.	

자료 : 교육세법 제5조

> 1. 다음 중 관세법상 교육세의 과세대상이 아닌 것은?
>   ① 개별소비세　② 농어촌특별세　③ 교통 · 에너지 · 환경세　④ 주세
>
> 1-②

(4) 교통 · 에너지 · 환경세의 산출

「교통 · 에너지 · 환경세법」은 도로 · 도시철도 등 교통시설의 확충 및 대중교통 육성을 위한 사업, 에너지 및 자원 관련 사업, 환경의 보전과 개선을 위한 사업에 필요한 재원(財源)을 확보함을 목적으로 한다(교통 · 에너지 · 환경세법 제1조)

(가) 과세대상과 세율(교통 · 에너지 · 환경세법 제2조제1항)

1. 휘발유와 이와 유사한 대체유류: 리터당 475원
2. 경유 및 이와 유사한 대체유류: 리터당 340원

(나) 납세의무자(교통 · 에너지 · 환경세 제3조제2호~3호)

① 과세물품을 「관세법」에 의한 보세구역(보세구역)으로부터 반출하는 자(관세법에 의하여 관세를 납부할 의무가 있는 자)
② ①의 경우 외에 관세를 징수하는 물품에 대하여는 그 관세를 납부할 의무가 있는 자

(다) 과세시기(교통 · 에너지 · 환경세법 제4조)

교통 · 에너지 · 환경세는 과세물품을 제조장으로부터 반출하거나 수입신고를 하는 때에 부과한다. 다만, 제3조제3호의 물품에 대하여는 「관세법」에 의한다.〈개정 2005.7.8., 2006.12.30.〉

(5) 농어촌특별세의 산출

「농어촌특별세」는 1994년 UR협상타결에 따라 당시 농어업의 경쟁력 강화와 농어촌 산업기반시설의 확충 및 농어촌 지역 개발사업을 위하여 필요한 재원을 확보하기 위한 목적(농어촌특별세 제1조)으로 1994년 12월 22일에 제정되어 부과 · 징수하기로 한 목적세이다.

(가) 부과대상

「관세법」, 「조세특례법」, 「지방세법」, 「지방세특례제한법」에 의한 관세의 감면물품, 개별소비세 부과대상물품으로서 「조세특례제한법」에서 별도로 그 부과를 면제하지 아니

한 수입물품이다.

(나) 납세의무자

① 관세법상 납세의무자 : 관세의 감면을 받는 자

② 개별소비세법상 납세의무자

(다) 과세표준과 세율

① 관세의 감면물품(제2호의 경우는 제한)

농어촌특별세 = 관세의 감면세액 × 농어촌 특별세율(100분의 20)

② 개별소비세를 납부하는 물품

가. 「개별소비세」 제1조제3항제4호의 경우: 개별소비세액 x 100분의 30

나. 가 목 외의 경우: 100분의 10

(6) 부가가치세

부가가치세는 생산 및 유통의 과정 중에서 새로이 창출된 부가가치에 대하여 부과하는 조세로서 각각의 유통단계에서 각 사업자가 독자적으로 창출한 가치의 증가분에 대하여 부과하는 조세이다.

이 법은 부가가치세의 과세(課稅) 요건 및 절차를 규정함으로써 부가가치세의 공정한 과세, 납세의무의 적정한 이행 확보 및 재정수입의 원활한 조달에 이바지함을 목적으로 한다(부가가치세법 제1조).

(가) 과세대상(부가가치세법 제4조)

부가가치세는 다음 각 호의 거래에 대하여 과세한다.

1. 사업자가 행하는 재화 또는 용역의 공급
2. 재화의 수입

관세법상 부가가치세의 부과대상은 사업자가 행하는 재화 또는 용역의 공급, 수입물품으로서 부가가치세법 기타 법률 또는 조약에 의해 별도로 면세대상으로 규정되지 않은 모든 수입물품이다.

(나) 납세의무자(부가가치세법 제3조)

다음 각 호의 어느 하나에 해당하는 자로서 개인, 법인(국가 · 지방자치단체와 지방자치단체 조합을 포함한다), 법인격이 없는 사단 · 재단 또는 그 밖의 단체는 이 법에 따라 부가가치세를 납부할 의무가 있다.

1. 사업자
2. 재화를 수입하는 자

(다) 과세표준(부가가치세법 제29조)

부가가치세의 과세표준은 재화 또는 용역의 공급에 대한 부가가치세의 과세표준은 해당 과세기간에 공급한 재화 또는 용역의 공급가액을 합한 금액으로 한다.

재화의 수입에 대한 부가가치세의 과세표준은 그 재화에 대한 관세의 과세가격과 관세, 개별소비세, 주세, 교육세, 농어촌특별세 및 교통 · 에너지 · 환경세를 합한 금액으로 한다(부가가치세법 제29조제1항~2항).

즉, 부가가치세 = (관세의 과세가격 + 관세 + 개별소비세 + 주세 + 교육세 + 교통 · 에너지 · 환경세 + 농어촌특별세) × 부가가치세율(10%)

(라) 세율(부가가치세법 제30조)

부가가치세의 세율은 10퍼센트로 한다.

표 4-3 부가가치세의 적용 분류

부가가치세	과세	10%의 부가가치를 과세하는 것
	면세	국민생활에 직접적 영향이 있는 1차 농수산물, 가공되지 아니한 식료품, 도서품 등은 면세
	영세율	재화의 수출 · 용역의 국외공급, 외국항해용역의 공급, 외화획득 재화 또는 용역의 공급 등과 관련된 것에 대하여는 0의 세율을 적용

1. 다음 물품의 수입통관 시 납부해야 할 세액은?

과세가격 5,000만원의 자동차(관세 7%, 개별소비세 5%, 교육세 20%, 부가가치세10%)

① 5,671,000 ② 12,300,000 ③ 12,381,000 ④ 12,380,000

1-③

제2절 결손처분

1. 결손처분의 사유

"결손처분"이란 구체적으로 확정된 조세채권에 대하여 일정한 사유가 발생하거나 존재로 인하여 징수할 수 없다고 인정되는 경우에 그 납세의무를 소멸시키는 징세 관세의 처분을 말한다.

관세법에 있어서는 세관장은 납세의무자에게 다음에 해당하는 사유가 있으면 해당 관세에 대하여 결손처분을 할 수 있다.

① 관세징수권의 소멸시효가 완성된 경우
② 체납처분이 종결되고 체납액에 충당된 배분금액이 그 체납액에 미치지 못한 경우
③ 체납처분의 목적물인 총재산의 추산가액이 체납처분비에 충당하고 나면 남을 여지가 없는 경우
④ 체납자의 행방이 분명하지 아니하거나 재산이 없다는 것이 판명되어 체납세액을 징수할 가망이 없는 경우

2. 결손처분의 취소

세관장은 결손처분을 한 후 압류할 수 있는 다른 재산을 발견하였을 때에는 지체 없이 그 처분을 취소하고 체납처분을 하여야 한다.

3. 체납자료의 제공(법 제44조)

세관장은 관세징수 또는 공익목적을 위하여 필요한 경우로서 「신용정보의 이용 및 보호에 관한 법률」 제2조제5호에 따른 신용정보회사 또는 같은 조제6호에 따른 신용정보집중기관, 그 밖에 대통령령으로 정하는 자가 다음 각 호의 어느 하나에 해당하는 체납자의 인적사항 및 체납액에 관한 자료(체납자료)를 요구한 경우에는 이를 제공할 수 있다. 다만, 체납된 관세 및 내국세 등과 관련하여 이 법에 따른 이의신청 · 심사청구 또는 심판청구 및 행정소송이 계류 중인 경우나 그 밖에 대통령령으로 정하는 경우에는 체납자

료를 제공하지 아니한다.

1. 체납 발생일부터 1년이 지나고 체납액이 대통령령으로 정하는 금액인 500만원 이상인 자
2. 1년에 3회 이상 체납하고 체납액이 대통령령으로 정하는 금액인 500만원 이상인 자

체납자료의 제공절차 등에 필요한 사항은 대통령령으로 정한다.

체납자료를 제공받은 자는 이를 업무목적 외의 목적으로 누설하거나 이용하여서는 아니 된다(법 제44조제1항~3항).[전문개정 2013.1.1]

4. 관세체납정리위원회(법 제45조)

관세 및 내국세 등의 체납정리에 관한 사항을 심의하기 위하여 세관에 관세체납정리위원회를 둘 수 있다.

1) 관세체납정리위원회의 구성(법 시행령 제42조)

① 관세체납정리위원회의 규정에 의하여 세관에 관세체납정리위원회를 둔다.

② 관세체납정리위원회는 위원장 1인을 포함한 5인 이상 7인 이내의 위원으로 구성한다.

③ 관세체납정리위원회의 위원장은 세관장이 되며, 위원은 세관공무원, 변호사·관세사·공인회계사·세무사, 상공계의 대표 및 기획재정에 관한 학식과 경험이 풍부한 자 중에서 세관장이 임명 또는 위촉한다.〈개정 2008.2.29.〉

④ 제3항제2호부터 제4호까지의 규정에 해당하는 위원의 임기는 2년으로 한다. 다만, 보궐위원의 임기는 전임위원 임기의 남은 기간으로 한다.〈신설 2017.3.27.〉

2) 법규의 적용

관세체납정리위원회의 조직과 운영에 필요한 사항은 대통령령으로 정한다.

1. 관세법상의 내용으로 옳지 않은 것은?

① 담보제공이 없거나 징수한 금액이 부족한 관세의 징수에 관하여는 관세법에 규정된 것을 제외하고는 국세기본법과 국세징수법의 예에 따른다.

② 세관장이 관세의 체납처분을 할 때에는 체납처분비를 징수할 수 있다.

③ 세관장은 납세담보의 제공을 받은 관세·가산금 및 체납처분비가 납부되었을 때

에는 지체 없이 담보해제의 절차를 밟아야 한다.

④ 납세의무자가 체납처분의 집행을 면탈할 목적으로 재산을 은닉한 때에는 1년 이하의 징역 또는 1천만원이하의 벌금에 처한다.

⑤ 관세의 체납정리에 관한 사항을 심의하기 위하여 세관에 관세체납정리위원를 둘 수 있다.

1-④

제3절 관세채권의 확보(법 제3조, 제20조~제26조의2)

1. 관세징수의 우선(법 제3조)

1) 관세미납물품에 대한 징수의 우선

관세를 납부하여야 하는 물품에 대하여는 다른 조세 기타 공과금과 채권에 우선하여 그 관세를 징수한다(관세법 제3조제1항).

2) 납세의무자의 일반재산에 대한 징수의 우선

국세징수의 예에 의하여 관세를 징수하는 경우 체납처분의 대상이 해당 관세를 납부하여야 하는 물품이 아닌 재산인 때에는 관세의 우선순위는 「국세기본법」에 의한 국세와 동일한 순위로 한다(관세법 제3조제2항).[전문개정 2010.12.30.]

2. 납세담보(법 제24조)

"납세담보"란 조세채권을 확보하기 위하여 국가가 제공받는 공법상의 담보로서 국가가 특정 물품에 대한 담보물권을 취득한 후 납세의무자가 관세를 납부하지 않으면 그 취득한 담보물을 처분하여 관세채무를 갚는 것을 말한다.

관세법에서는 다음의 경우에 관세채권의 확보를 위하여 조세채권의 확실한 이행을 강제하는 수단으로써 납세담보제도를 규정하고 있다.

1) 담보제공의 범위(관세 등에 대한 담보제도 운영에 관한 고시 제14조)

세관장은 다음 각 호의 사항에 대하여 관세 등에 상당하는 담보의 제공을 요구할 수 있다.

① 환특법 제6조제1항에 따른 수출용원재료에 대한 관세 등의 일괄납부. 다만, 제17조 및 제18조에 따라 설정한 신용담보한도액 초과분에 한한다.

② 법 제248조에 따른 수입신고수리후 관세납부

③ 법 제252조에 따른 수입신고수리전 반출승인

④ 법 제97조 및 제98조에 따른 재수출면세 및 재수출감면세. 단, 감면세액이 50만원 미만인 경우는 제외한다.

⑤ 법 제156조에 따른 보세구역외 장치허가

⑥ 법 제218조에 따른 보세운송신고 또는 승인

⑦ 법 제253조에 따른 수입신고전 물품반출

⑧ 법 제9조제3항에 따른 월별납부의 승인

⑨ 법 제10조에 따른 납부기한의 연장

⑩ 법 제107조에 따른 분할납부의 승인

⑪ 그 밖에 법령에서 담보 제공을 요구할 수 있도록 규정한 경우

2) 담보의 종류

이 법에 따라 제공하는 담보의 종류는 다음 각 호와 같다(법 제24조제1항).

1. 금전
2. 국채 · 지방채
3. 세관장이 인정하는 유가증권
4. 납세보증보험증권
5. 토지
6. 보험에 가입된 등기 또는 등록된 건물 · 공장재단 · 광업재단 · 선박 · 항공기 또는 건설기계
7. 세관장이 인정하는 보증인의 납세보증서

이 중 납세보증보험증권 및 납세보증서는 세관장이 요청하면 특정인이 납부하여야 할 금액을 일정기일 이후에는 언제든지 세관장에게 지급한다는 내용의 것이어야 한다(법 제24조제2항).

1. 관세법상 세관장이 인정하는 경우에 한하여 담보로 제공할 수 있는 것은?

(2017 관세사 1차 기출)

① 지방채 ② 유가증권 ③ 납세보증보험증권
④ 보험에 가입된 등기된 건물 ⑤ 보험에 가입된 등록된 선박

1-②

3) 포괄담보(법 제24조제4항)

납세의무자 및 관세의 납부를 보증한 자는 이 법에 따라 계속하여 담보를 제공하여야 하는 사유가 있는 경우에는 관세청장이 정하는 바에 따라 일정 기간에 제공하여야 하는 담보를 포괄하여 미리 세관장에게 제공할 수 있다. [전문개정 2010.12.30.]

4) 담보의 관세충당(법 제25조)

세관장은 담보를 제공한 납세의무자가 그 납부기한 내에 해당 관세를 납부하지 아니하는 때에는 기획재정부령이 정하는 바에 의하여 그 담보를 해당 관세에 충당할 수 있다. 이 경우 담보로 제공된 금전을 해당 관세에 충당하는 때에는 납부기한 경과 후에 충당하더라도 법 제41조(가산금) 관련규정을 적용하지 아니한다.

세관장은 담보를 관세에 충당하고 남은 금액이 있을 때에는 담보를 제공한 자에게 돌려주어야 하며, 돌려 줄 수 없는 경우에 이를 공탁할 수 있다.

세관장은 관세의 납세의무자가 아닌 자가 관세의 납부를 보증한 경우 그 담보로 관세에 충당하고 남은 금액이 있을 때에는 그 보증인에게 직접 돌려주어야 한다(법 제24조제1항~2항).

표 4-4 담보의 관세충당

담보물의 종류	충당방법
- 금전 - 국채 또는 지방채 - 세관장이 인정하는 유가증권 - 토지 - 보험에 가입된 등기 또는 등록된 건물·공장재단·광업재단·선박·항공기 또는 건설기계	이를 매각하는 방법
- 납세보증보험증권 - 세관장이 인정하는 보증인의 납세보증서	그 보증인에게 담보한 관세에 상당하는 금액을 납부할 것을 즉시 통보하는 방법

자료 : 법 시행규칙 제1조(담보의 관세충당)

그림 4-1. 개별담보관리 업무흐름도

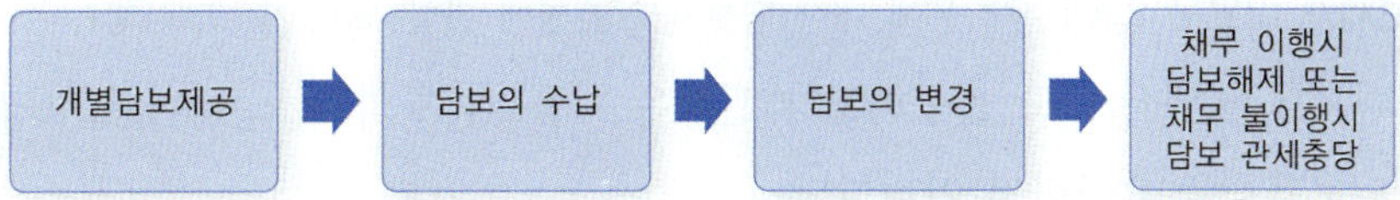

그림 4-2. 포괄담보관리 업무흐름도

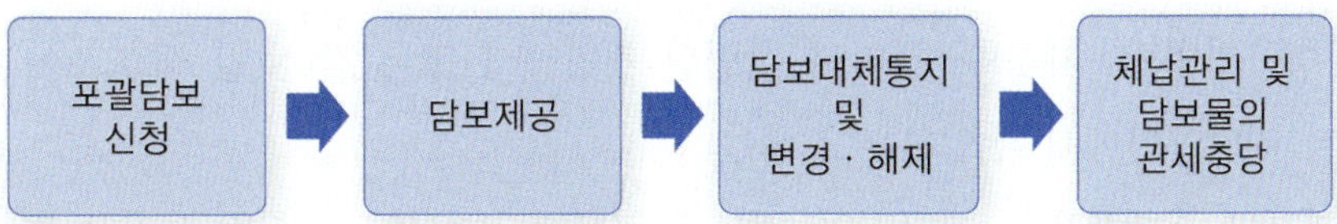

5) 담보 등이 없는 경우의 관세징수(법 제26조1항)

담보제공이 없거나 징수한 금액이 부족한 관세의 징수에 관하여는 관세법에 규정된 것을 제외하고는 「국세기본법」과 「국세징수법」의 예에 따른다.

6) 체납처분비[4]의 징수(법 제26조2항)

세관장은 관세의 체납처분을 할 때에는 재산의 압류, 보관, 운반 및 공매에 드는 비용에 상당하는 체납처분비를 징수할 수 있다.[전문개정 2010.12.30.]

7) 담보의 해제(법 제26조의2)

세관장은 납세담보의 제공을 받은 관세 · 가산금 및 체납처분비가 납부되었을 때에는 지체없이 담보해제의 절차를 밟아야 한다.[전문개정 2010.12.30.]

그림 4-3. 담보제공 생략대상 확인업무 흐름도

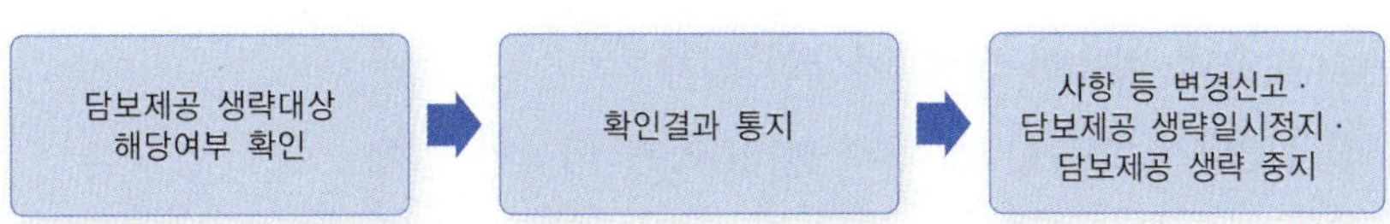

4) "체납처분비"(滯納處分費)란 「국세징수법」 중 체납처분에 관한 규정에 따른 재산의 압류, 보관, 운반과 매각에 든 비용(매각을 대행시키는 경우 그 수수료를 포함)을 말한다.[국세기본법 제2조제6호]

8) 담보제공 대상자에 대한 특례[5)]

(1) **담보제공 미요구 업체**(관세 등에 대한 담보제도 운영에 관한 고시 제5조제1항)

제4조(담보제공 대상)에도 불구하고 세관장은 다음 각 호의 어느 하나에 해당하는 경우 에는 담보제공을 요구하지 아니한다.

① 국가, 지방자치단체에서 수입하는 물품

② 「공공기관의 운영에 관한 법률」 제5조에 따른 공기업 · 준정부기관 · 그 밖의 공공기관에서 수입하는 물품

③ 「지방공기업법」 제49조에 따라 설립된 지방공사 또는 같은 법 제76조에 따라 설립된 지방공단에서 수입하는 물품

④ 여행자의 휴대품을 납세고지와 동시에 검사현장에서의 반출을 승인한 경우

⑤ 법 그 밖의 법률 · 조약 · 협정 등에 의하여 관세의 감면, 징수기간의 연장이나 분할납부의 승인을 하는 때에 담보를 제공받지 않는 경우

(2) **담보제공특례자**(관세 등에 대한 담보제도 운영에 관한 고시 제5조제2항)

세관장은 제4조제7호 나목 및 바목에도 불구하고 다음 각 호의 어느 하나에 해당하여 담보제공특례자로 지정받은 자(담보제공특례자)에게는 담보제공을 요구하지 아니한다.

① 법 제255조의2 및 같은 영 제259조의3에 따른 종합인증우수업체

② 최근 2년 동안 계속하여 수입실적이 있는 업체로서 다음 각 목의 어느 하나에 해당하는 자. 다만, 가목부터 다목까지는 제조업체 또는 외국인투자기업에 한한다.

가. 제조업 또는 외국인투자기업을 운영하며 최근 2 회계연도 동안 계속하여 이익이 발생한 업체

나. 한국거래소에 일반종목으로 상장된 업체. 다만, 관리종목 상장법인은 제외한다.

다. 3년 이상 제조업을 영위한 업체

라. 최근 2년간 계속하여 수출입실적이 있는 업체 중 최근 2년간의 총 매출액 대비 총 수출액 비율이 50% 이상인 업체

마. 최근 2년간 수출한 실적이 연 10억원 이상인 업체

바. 최근 3년간 세관장에게 납부한 세액이 연 10억원 이상인 업체

---

5) 관세 등에 대한 담보제도 운영에 관한 고시 제5조

그림 4-4. 신용담보의 지정절차

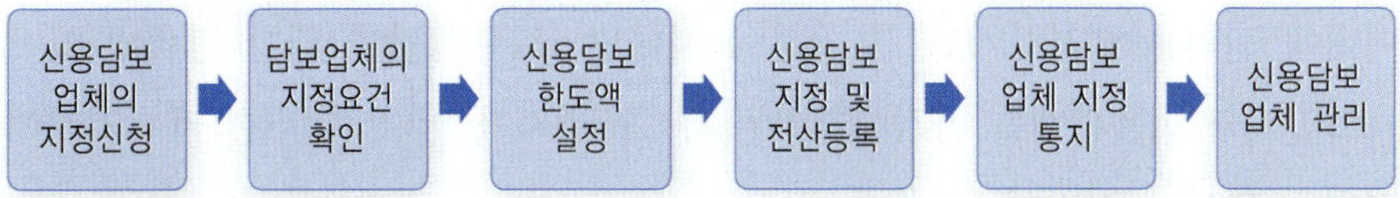

9) 담보물의 매각(법 시행령 제14조)

① 세관장은 제공된 담보물을 매각하고자 하는 때에는 담보제공자의 주소 · 성명 · 담보물의 종류 · 수량, 매각사유, 매각장소, 매각일시 기타 필요한 사항을 공고하여야 한다.

② 세관장은 납세의무자가 매각예정일 1일전까지 관세와 비용을 납부하는 때에는 담보물의 매각을 중지하여야 한다.

3. 납세의무의 소멸 등

「국세기본법」 제26조에 따르면 성립 또는 확정된 납세의무는 여러 가지 사유로 소멸된다. 그 소멸시기는 납부 · 충당되거나 부과가 취소된 때, 제척기간 내에 국세가 부과되지 않고 그 기간이 끝난 때, 국세징수권의 소멸시효의 완성된 때에 소멸된다. 또한 체납처분이 종결 · 중지되어도 소멸된다.

1) 납부의무의 소멸(법 제20조)

관세 · 가산금 또는 체납처분비를 납부하여야 하는 의무는 다음 각 호의 어느 하나에 해당되는 때에는 소멸한다.

1. 관세를 납부하거나 관세에 충당한 때
2. 관세부과가 취소된 때
3. 법 제21조(관세부과의 제척기간)에 따라 관세를 부과할 수 있는 기간 내에 관세가 부과되지 아니하고 그 기간이 만료된 때
4. 법 제22조(관세징수권 등의 소멸시효)에 따라 관세징수권의 소멸시효가 완성된 때

2) 관세부과의 제척기간

관세부과의 제척기간[6]이란 관세부과권에 대한 법정 존속기간을 말한다. 이는 일정한 기간 이내에 권리를 행사시키고 그 기간이 지나면 모든 사람에 대한 관계에 있어서 그 권리를 소멸시켜 법률관계를 안정시키려는 데 그 취지가 있다. 이러한 제척기간에는 진행 기간의 중단이나 정지가 없다.

(1) 제척기간

관세는 해당 관세를 부과할 수 있는 날부터 5년이 지난 후에는 부과할 수 없다. 다만, 부정한 방법으로 관세를 포탈하였거나 환급 또는 감면 받은 받은 경우에는 관세를 부과할 수 있는 날로부터 10년이 지난 후에는 부과할 수 없다(관세법 제21조제1항).〈개정 2011.12.31, 2013.8.13.〉 이에 따른 관세를 부과할 수 있는 날은 대통령령으로 정한다(법 제21조제3항).

(2) 경정결정 및 처분

다음 각 호의 어느 하나에 해당하는 경우에는 제1항에도 불구하고 제1호부터 제5호까지의 결정・판결이 확정되거나 회신을 받은 날부터 1년, 제6호에 따른 경정청구일 및 제7호에 따른 결정통지일로부터 2개월이 지나기 전까지는 해당 결정・판결・회신 또는 경정청구에 따라 경정이나 그 밖에 필요한 처분을 할 수 있다(법 제21조제2항).〈개정 2011.12.31., 2013.1.1.〉

1. 제5장 제2절(제119조부터 제132조까지)에 따른 이의신청, 심사청구 또는 심판청구에 대한 결정이 있은 경우
2. 「감사원법」에 따른 심사청구에 대한 결정이 있은 경우
3. 「행정소송법」에 따른 소송에 대한 판결이 있은 경우
4. 제313조에 따른 압수물품의 반환결정이 있은 경우
5. 관세법과 「자유무역협정의 이행을 위한 관세법의 특례에 관한 법률」 및 조약・협정 등이 정하는 바에 따라 양허세율의 적용여부 및 세액 등을 확정하기 위하여 원

6) 소멸시효(消滅時效)와 유사한 제도로 제척기간(除斥期間)이라는 것이 있다. 제척기간은 형성권이나 기타 권리 관계를 조속히 확정시킬 필요가 있을 때 적용되는 제도로 법에 따라 예정된 권리의 존속기간이다. 따라서 그 기간이 지나면 권리는 소멸하는데 소멸시효와는 다음과 같은 차이가 있다. 소멸시효에는 중단이 있는데, 제척기간에는 그런 것이 없다. 소멸시효가 완성되면 그 기산일에 소급하여 효력이 생기는데 제척기간에는 소급효가 없다. 그리고 소멸시효에는 시효이익의 포기가 인정되는데 제척기간에는 그러하지 아니하다.

산지증명서를 발급한 국가의 세관이나 그 밖에 발급권한이 있는 기관에게 원산지 증명서 및 원산지증명서확인자료의 진위 여부, 정확성 등의 확인을 요청하여 회신을 받은 경우

6. 제38조의3 제2항·제3항 또는 제38조의4 제1항에 따른 경정청구가 있는 경우
7. 제38조의4 제4항에 따른 조정 신청에 대한 결정통지가 있는 경우

(가) 관세부과 제척기간의 기산일(법 시행령 제6조)

관세부과의 제척기간을 산정할 때 수입신고한 날의 다음 날을 관세를 부과할 수 있는 날로 한다. 다만, 다음 각 호의 경우에는 해당 호에 규정된 날을 관세를 부과할 수 있는 날로 한다.〈개정 2001.12.31, 2012.2.2.〉

1. 법 제16조제1호 내지 제11호에 해당되는 경우에는 그 사실이 발생한 날의 다음 날
2. 의무불이행 등의 사유로 감면된 관세를 징수하는 경우에는 그 사유가 발생한 날의 다음 날
3. 보세건설장에 반입된 외국물품의 경우에는 다음 각목의 날 중 먼저 도래한 날의 다음 날
   가. 제211조의 규정에 의하여 건설공사완료보고를 한 날
   나. 법 제176조의 규정에 의한 특허기간(특허기간을 연장한 경우에는 연장기간)이 만료되는 날
4. 과다환급 또는 부정환급 등의 사유로 관세를 징수하는 경우에는 환급한 날의 다음 날
5. 법 제28조에 따라 잠정가격을 신고한 후 확정된 가격을 신고한 경우에는 확정된 가격을 신고한 날의 다음 날(다만, 법 제28조제2항에 따른 기간 내에 확정된 가격을 신고하지 아니하는 경우에는 해당 기간의 만료일의 다음 날)

3) 관세징수권 등의 소멸시효(법 제22조)

(1) 소멸시효

소멸시효란 권리자가 그의 권리를 행사할 수 있음에도 불구하고 일정한 기간(시효기간) 동안 그 권리를 행사하지 않는 상태가 계속될 경우 권리를 소멸시키는 제도를 말한다.

(2) 소멸시효의 완성

관세의 징수권은 이를 행사할 수 있는 날부터 다음 각 호의 구분에 따른 기간 동안 행

사하지 아니하면 소멸시효가 완성된다(법 제22조제1항).〈개정 2014.12.23.〉

1. 5억원 이상의 관세(내국세를 포함): 10년

2. 제1호외의 관세: 5년

납세자의 과오납금 또는 그 밖의 관세의 환급청구권은 그 권리를 행사할 수 있는 날부터 5년간 행사하지 아니하면 소멸시효가 완성된다(법 제22조제2항).

제1항에 따른 관세의 징수권과 과오납금 또는 그 밖의 관세의 환급청구권을 행사 할 수 있는 날은 대통령령으로 정한다(법 제22조제3항).[전문개정 2010.12.30.]

(3) 관세징수권 소멸시효의 기산일(법 시행령 제7조)

(가) 법 제22조제1항에 따른 관세징수권을 행사할 수 있는 날은 다음 각 호의 날로 한다. 〈개정 2002.12.30, 2004.3.29, 2012.2.2, 2013.2.15.〉

1. 법 제38조에 따라 신고납부하는 관세에 있어서는 수입신고가 수리된 날부터 15일이 경과한 날의 다음 날. 다만, 월별납부의 경우에는 그 납부기한이 경과한 날의 다음 날로 한다.

1의2. 법 제38조의2 제4항의 규정에 의하여 납부하는 관세에 있어서는 부족세액에 대한 보정신청일의 다음날의 다음날

2. 법 제38조의3 제1항의 규정에 의하여 납부하는 관세에 있어서는 수정신고일의 다음날의 다음날

3. 법 제39조의 규정에 의하여 부과고지하는 관세에 있어서는 납세고지를 받은 날부터 15일이 경과한 날의 다음날

4. 법 제253조제3항의 규정에 의하여 납부하는 관세에 있어서는 수입신고한 날부터 15일이 경과한 날의 다음날

5. 기타 법령에 의하여 납세고지하여 부과하는 관세에 있어서는 납부기한을 정한 때에는 그 납부기한이 만료된 날의 다음날

(나) 법 제22조제2항에 따른 관세환급청구권을 행사할 수 있는 날은 다음 각 호의 날로 한다. 〈개정 2004.3.29, 2010.3.26, 2012.2.2, 2017.3.27.〉

1. 법 제38조의3 제6항에 따른 경정으로 인한 환급의 경우에는 경정결정일

2. 착오납부 또는 이중납부로 인한 환급의 경우에는 그 납부일

3. 법 제106조제1항에 따른 계약과 상이한 물품 등에 대한 환급의 경우에는 당해 물

품의 수출신고수리일 또는 보세공장반입신고일

3의2. 법 제106조제3항 및 제4항에 따른 폐기, 멸실, 변질, 또는 손상된 물품에 대한 환급의 경우에는 해당 물품이 폐기, 멸실, 변질 또는 손상된 날

3의3. 종합보세구역에서 물품을 판매하는 자가 법 제199조의2 및 이 영 제216조의5 제2항의 규정에 의하여 환급받고자 하는 경우에는 동규정에 의한 환급에 필요한 서류의 제출일

4. 수입신고 또는 입항전수입신고를 하고 관세를 납부한 후 법 제250조의 규정에 의하여 신고가 취하 또는 각하된 경우에는 신고의 취하일 또는 각하일

5. 적법하게 납부한 후 법률의 개정으로 인하여 환급하는 경우에는 그 법률의 시행일

4) 시효의 중단 및 정지(법 제23조)

세금의 징수에 있어서 "소멸시효의 중단"이란 소멸시효의 진행이 중단되어 새로이 소멸시효 기간이 진행되는 것을 말한다. 즉, 2020년이 소멸시효 기간이라면 2018년 현재 시효가 중단되어 2018년 현재 이후부터 다시 소멸기간이 산정되는 것을 말한다. 이에 반하여 소멸시효의 정지란 소멸시효기간의 완성일을 일정 기간만 유예하는 것으로 이 유예기간이 지나면 시효가 완성되는 것을 말한다.

(1) 관세징수권의 소멸시효의 중단

관세징수권의 소멸시효는 다음 각 호의 어느 하나에 해당하는 사유로 중단된다(법 제23조 제1항). 즉, 조세채권을 징수하기 위해 아래의 구체적인 행위를 하게 되면 소멸시효가 중단되어 그 시점부터 다시 5년의 시효가 적용된다.

1. 납세고지
2. 경정처분
3. 납세독촉[납부최고(納付催告) 포함]
4. 통고처분
5. 고발
6. 「특정범죄가중처벌 등에 관한 법률」 제16조의 규정에 의한 공소제기
7. 교부청구
8. 압류

1. 관세법상 관세징수권의 소멸시효 중단 사유에 해당하지 않는 것은?

(2017년 관세사 1차 기출)

① 납세최고 ② 통고처분 ③ 고발

④ 「특정범죄 가중처벌 등에 따른 법률 제16조에 따른 공소제기

⑤ 사해행위취소소송 제기

1-⑤

(2) 관세환급청구권의 소멸시효의 중단

관세환급청구권의 소멸시효는 환급청구권의 행사로 인하여 중단된다(법 제23조제2항).

(3) 관세징수권의 소멸시효의 정지

관세징수권의 소멸시효는 관세의 분할납부기간, 징수유예기간, 체납처분유예기간 또는 사해행위 취소소송 중에는 진행하지 아니한다. 사해행위 취소소송으로 인한 시효정지의 효력은 소송이 각하, 기각 또는 취하된 경우에는 효력이 없다.

관세징수권과 환급청구권의 소멸시효에 관하여 관세법에 규정이 있는 것을 제외하고는 「민법」의 규정을 준용한다(법 제23조제3항~5항).[전문개정 2010.12.30.]

표 4-5 시효의 중단에 관한 민법의 준용

구분	관세부과의 제척기간	관세징수권의 소멸시효
개념	국가가 관세를 부과 할 수 있는 기간	국가가 관세징수권을 장기간 행사하지 않는 경우에 그 징수권을 소멸시키는 것
대상	국가의 부과권(형성권)	국가의 징수권(청구건)
기산일	관세를 부과할 수 있는 날	관세징수권을 행사할 수 있는 날
기산	5년(예외 10년)	5년(5억 이상) 10년(10억 이상)
중단 및 정지	없음	• 징수권의 행사로 인해 중단 • 징수권 행사가 불가능한 기간에는 정지
기간만료의 효과	장래를 향하여 부과권 소멸 • 결손처분 불필요	기산일에 소급하여 징수권 소멸 • 결손처분 필요

1. 관세법 상 관세 납세부의무가 소멸하는 때가 아닌 것은? (2017년 관세사 1차 기출)

① 관세를 납부하거나 관세에 충당한 때
② 관세부과가 취소된 때
③ 부정한 방법으로 관세를 포탈한 경우 해당 관세를 부과할 수 있는 날부터 5년이 지나도록 관세를 부과하지 아니한 때
④ 5억원 이상의 관세에 대하여 징수권을 행사할 수 있는 날부터 10년 동안 징수권을 행사하지 아니한 때
⑤ 5억원 미만의 관세에 대하여 징수권을 행사할 수 있는 날부터 5년 동안 징수권을 행사하지 아니한 때

2. 관세 · 가산금 또는 체납처분비를 납부하여야 하는 의무가 소멸되는 경우로 바르지 못한 것은?

① 관세를 납부하거나 관세에 충당한 때
② 관세부과가 취소된 때
③ 관세를 부과할 수 있는 기간 내에 관세가 부과되지 않고 기간이 만료된 때
④ 관세부과의 과오납이 있을 때
⑤ 관세징수권의 소멸시효가 완성된 때

3. (　　　　)에 들어갈 내용이 순서대로 옳은 것은? (2016년 관세사 1차 기출)

관세는 해당 관세를 부과할 수 있는 날부터 (　　)년이 지나면 부과할 수 없다. 다만, 부정한 방법으로 관세를 포탈하였거나 환급 또는 감면받은 경우에는 과세를 부과할 수 있는 날부터 (　　)년이 지나면 부과할 수 없다.

① 1, 3　　② 2, 3　　③ 3, 8　　④ 5, 7　　⑤ 5, 10

1-② 2-④ 3-⑤

제5장 납세의무의 완화제도

"납세의무의 완화"는 납부하여 할 납부세액의 조정과 납부기한을 조정해 주는 것을 말한다. 납부세액의 조정에는 조세법상 세액의 일부를 감해주거나 면제해 주는 관세감면세제도와 이미 납부한 관세 등을 돌려주는 관세환급이 있다. 납부기한의 조정으로는 납부기한을 1년의 기간 안에 분할해서 납부할 수 있는 분할납부와 조세법상 납부기한을 조정해 주는 납부연기 등이 있다.

그림 5-1. 납세의무 완화제도

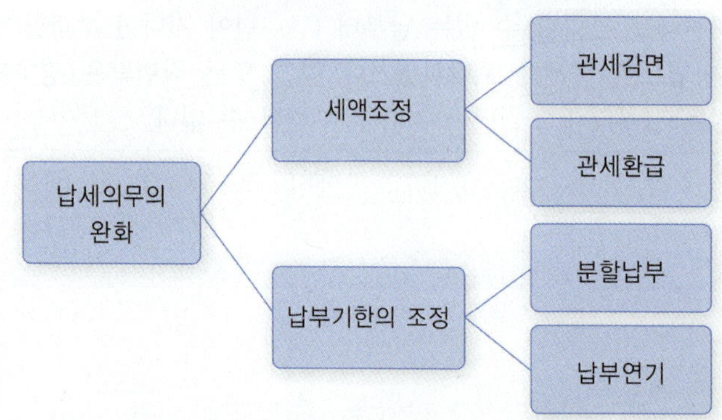

제1절 관세의 감면세제도

1. 관세감면세의 의의와 목적

1) 관세감면세의 의의

"관세의 감면세"란 관세의 납부의무를 특정한 경우에 해당되면 무조건 또는 일정한 조건에서 일부 또는 전부를 면제하거나 낮추는 제도를 말한다. 이는 수입물품이 일정한 요건에 해당하는 때에는 관세의 납부의무를 무조건 감면하거나 일정용도에 사용할 것을 조건으로 감면하는 것을 말한다.

관세감면 사후신청 가능여부에 대한 질의 회신

질의요지 : 관세감면 사후신청 가능여부 질의

회신내용 : 관세법 시행령 제112조 소정의 관세감면신청서 제출시기에 관한 규정은 강행규정이므로 비록 관세감면을 받을 수 있는 물품이라고 하더라도 당해 물품의 수입신고수리 전까지 세관장에게 관세감면신청서를 제출하지 않았다면 관세를 감면받을 수 없음

– 통관기획과–2422, 2011.5.12. –

본 질의 회신에서도 알 수 있듯이 수입화물에 대하여 관세감면을 받기 위해서는 반드시 당해 물품의 수입신고수리 전까지는 감면신청서를 제출하여야만 감면의 혜택을 받을 수 있다. 단, FTA에 의한 관세감면의 경우는 예외로 한다.

2) 감면세제도의 목적

"감면세제도"는 관세법의 목적인 재정수입을 희생하는 것이지만 경제 · 문화 · 사회 정책적 목적 등을 실현하기 위한 수단으로 이용되고 있다. 이는 외교관례, 기간산업 및 특정산업의 육성 · 보호, 자원개발 및 학술연구촉진, 사회정책수행, 환경오염방지, 가공무역 및 교역증진, 소비자 보호 및 물가의 안정 등 다목적을 수행하기 위한 수단으로 이용되고 있다.

3) 관세감면의 구분

관세감면의 구분은 수입 시에 감면에 따른 의무조건의 유무에 따라 무조건 감면세와 조건부 감면세로 나눌 수 있다.

(1) 무조건 감면세

"무조건 감면세"란 일정물품의 수입사실을 기준으로 하여 관세의 감면이 완결되고, 수입신고 수리 후에는 용도와 관계없이 원칙적으로 감면한 관세의 추징 및 사후관리도 하지 않는 것을 말한다.

무조건 감면세의 대상으로는 외교관물품 등 면세, 정부용품 등 면세, 소액물품 등의 면세, 손상감세, 재수입면세 등이 이에 속한다.

(2) 조건부 감면세

"조건부 감면세"는 수입신고 시에 일정한 용도로 사용할 것을 조건으로 관세를 감면하고 사후관리 기간 내에 지정용도 외로 사용할 때에는 그 관세를 추징하는 제도이다. 조건부 감면세의 대상으로는 세율불균형물품 감면세, 학술연구용품 등 감면세, 종교용품 · 자선용품 · 장애자용품 면세, 특정물품 면세, 환경오염방지물품 등의 감면세, 재수출면세, 재수출감면세 등이 이에 속한다.

표 5-1 관세 감면세의 종류

관련 규정	감면세의 종류	조건부 여부	사후 관리여부	비 고
제88조	외교관용물품 등의 면세	무조건 감면	필요 없음	양수제한물품*의 양수여부 관리
제92조	정부용품 등의 면세	무조건 감면	필요 없음	
제94조	소액물품 등의 면세	무조건 감면	필요 없음	
제96조	여행자휴대품 · 이사물품 등의 감면세	무조건 감면	필요 없음	
제99조	재수입면세	무조건 감면	필요 없음	
제100조	손상감세	무조건 감면	필요 없음	
제101조	해외임가공물품 등의 감세	무조건 감면	필요 없음	
제89조	세율불균형물품의 면세	조건부 감면	최저1년에서 최장3년까지 사후관리 필요	용도적합 사용여부 및 용도외 양도여부
제90조	학술연구용품의 감면세	조건부 감면	최저1년에서 최장3년까지 사후관리 필요	용도적합 사용여부 및 용도외 양도여부
제91조	종교용품 · 자선용품 · 장애인용품 등의 면세	조건부 감면	최저1년에서 최장3년까지 사후관리 필요	용도적합 사용여부 및 용도외 양도여부
제93조	특정물품의 면세 등	조건부 감면	최저1년에서 최장3년까지 사후관리 필요	용도적합 사용여부 및 용도외 양도여부
재95조	환경방지물품 등에 대한 감면세	조건부 감면	최저1년에서 최장3년까지 사후관리 필요	용도적합 사용여부 및 용도외 양도여부
제97조	재수출 면세	조건부 감면	최저1년에서 최장3년까지 사후관리 필요	담보, 재수출 이행여부
제98조	재수출 감면세	조건부 감면	최저1년에서 최장3년까지 사후관리 필요	담보, 재수출 이행여부

*자동차(삼륜 · 이륜자동차포함), 선박, 피아노, 전자오르간 및 파이프 오르간, 엽총

4) 관세감면신청(법 시행령 제 112조)

(1) 신청방법

① 법 기타 관세에 관한 법률 또는 조약에 따라 관세를 감면받으려는 자는 해당 물품의 수입신고 수리 전에 다음의 사항을 적은 신청서를 세관장에게 제출하여야 한다. 다만, 관세청장이 정하는 경우에는 감면신청을 간이한 방법으로 하게 할 수 있다. 〈개정 2012.2.2.〉

1. 감면을 받고자 하는 자의 주소 · 성명 및 상호
2. 사업의 종류(업종에 따라 감면하는 경우에는 구체적으로 기재하여야 한다)
3. 품명 · 규격 · 수량 · 가격 · 용도와 설치 및 사용 장소
4. 감면의 법적 근거
5. 기타 참고사항

② 제1항 각 호 외의 부분 본문에도 불구하고 다음 각 호의 사유가 있는 경우에는 다음 각 호의 구분에 따른 기한까지 감면신청서를 제출할 수 있다. 〈신설 2012.2.2.〉

1. 법 제39조제2항에 따라 관세를 징수하는 경우: 해당 납부고지를 받은 날부터 5일 이내
2. 그 밖에 수입신고수리전까지 감면신청서를 제출하지 못한 경우: 해당 수입신고수리일부터 15일 이내(해당 물품이 보세구역에서 반출되지 아니한 경우로 한정)

③ 제1항 및 제2항에 따른 신청서에 첨부하여야 하는 서류와 그 기재사항은 기획재정부령으로 정한다. 〈개정 2008.2.29., 2012.2.2.〉

2. 관세감면의 종류(법 제88조~제105조)

1) 외교관용 물품 등의 면세(법 제88조)

외교관용 물품 등의 면세는 1961년 「외교에 관한 국제비엔나협약」의 성립으로 국제법상 처음으로 규정되었다.

(1) 대상물품

다음 각 호의 어느 하나에 해당하는 물품이 수입될 때에는 그 관세를 면제한다(법 제88조제1항).

1. 우리나라에 있는 외국의 대사관·공사관 및 그 밖에 이에 준하는 기관의 업무용품
2. 우리나라에 주재하는 외국의 대사·공사 및 그 밖에 이에 준하는 사절 및 그 가족이 사용하는 물품
3. 우리나라에 있는 외국의 영사관 및 그 밖에 이에 준하는 기관의 업무용품
4. 우리나라에 있는 외국의 대사관·공사관·영사관 및 그 밖에 이에 준하는 기관의 직원 중 대통령령이 정하는 직원[1)]과 그 가족이 사용하는 물품
5. 정부와의 사업계약을 수행하기 위하여 외국계약자가 계약조건에 따라 수입하는 업무용품
6. 국제기구 또는 외국정부로부터 정부에 파견된 고문관·기술단원 및 그 밖에 기획재정부령으로 정하는 자가 사용하는 물품

(2) 사후관리 및 기간

관세를 면제받은 물품 중 자동차, 삼륜자동차, 이륜자동차, 선박, 피아노, 전자오르간 및 파이프오르간, 엽총(시행규칙 제34조제4호)은 수입신고 수리일부터 3년의 범위에서 대통령령으로 정하는 기준에 따라 관세청장이 정하는 기간에 제1항의 용도 외의 다른 용도로 사용하기 위하여 양수할 수 없다. 다만, 대통령령으로 정하는 바에 따라 미리 세관장의 승인을 받았을 때에는 그러하지 아니하다(법 제88조제2항).

1. 관세법상 외교관 용품 등의 면세를 받은 물품으로서 양수가 제한되지 않는 것은?
(2016년 관세사 1차 기출)

① 엽총 ② 피아노 ③ 선박 ④ 전자오르간 ⑤ 골프채

1–⑤

(3) 용도외 사용에 대한 관세 징수

제2항에 따라 기획재정부령으로 정하는 물품을 수입신고 수리일로부터 3년의 범위 내에서 용도 외의 다른 용도로 사용하기 위하여 양수한 경우에는 그 양수자로부터 면제된 관세를 즉시 징수한다(법 제88조제3항).

---

1) 1. 대사관 또는 공사관의 참사관·1등서기관·2등서기관·3등서기관 및 외교관보
2. 총영사관 또는 영사관의 총영사·영사·부영사 및 영사관보(명예총영사 및 명예영사를 제외한다)
3. 대사관·공사관·총영사관 또는 영사관의 외무공무원으로서 제1호 및 제2호에 해당하지 아니하는 사람

2) 세율불균형물품의 면세(법 제89조)

세율불균형을 시정하기 위하여 「조세특례제한법」 제5조제1항에 따른 중소기업이 대통령령이 정하는 바에 따라 세관장이 지정하는 공장에서 항공기(부분품 포함) 및 반도체 제조용 장비(부속기기 포함)를 제조 또는 수리하기 위하여 사용되는 부분품 및 원재료(수출한 후 외국에서 수리·가공되어 수입되는 부분품과 원재료의 가공수리분을 포함) 중 기획재정부령이 정하는 물품에 대하여는 그 관세를 면제할 수 있다(법 제89조제1항).

(1) 지정의 제외

다음 각 호의 어느 하나에 해당하는 자는 제1항에 따른 지정을 받을 수 없다(법 제89조제2항)〈신설 2015.12.15.〉

1. 제175조제1호부터 제5호까지 및 제7호의 어느 하나에 해당하는 자
2. 제4항에 따라 지정이 취소(제175조제1호부터 제3호까지의 어느 하나에 해당하여 취소된 경우는 제외)된 날부터 2년이 지나지 아니한 자
3. 제1호 또는 제2호에 해당하는 사람이 임원(해당 공장의 운영업무를 직접 담당하거나 이를 감독하는 자로 한정)으로 재직하는 법인

(2) 지정의 기간

지정기간은 3년 이내로 하되, 지정받은 자의 신청에 의하여 연장할 수 있다(법 제89조제3항).

(3) 지정의 취소

지정을 받은 자가 제2항 각 호(지정의 제외)의 어느 하나에 해당하는 경우나 거짓이나 그 밖의 부정한 방법으로 지정을 받은 경우에는 그 지정을 취소해야 한다. 1년 이상 휴업하여 세관장이 지정된 공장의 설치목적을 달성하기 곤란하다고 인정하는 경우에는 지정을 취소할 수 있다(법 제89조제4항).〈신설 2015.12.15.〉

지정된 공장에 대하여는 제179조, 제180조제2항, 제182조 및 제187조를 준용한다(법 제89조제5항).〈개정 2013.1.1., 2015.12.15.〉[전문개정 2010.12.30.][제목개정 2013.1.1.]

3) 학술연구용품의 감면세(법 제90조)

(1) 대상

다음 각 호에 해당하는 물품이 수입될 때에는 그 관세를 감면할 수 있다(법 제90조제1항).

1. 국가기관 · 지방자치단체 및 기획재정부령이 정하는 기관에서 사용할 학술연구용품 · 교육용품 및 실험실습용품으로서 기획재정부령이 정하는 물품
2. 학교 · 공공의료기관 · 공공직업훈련원 · 박물관 등에서 사용할 표본, 참고품, 도서, 음반, 녹음된 테이프, 녹화된 슬라이드, 촬영된 필름, 시약류 그 밖에 이와 유사한 물품 및 자료
3. 제2호의 기관에서 사용할 수 있는 학교 · 공공의료기관 · 공공직업훈련원 · 박물관 등에서 학술연구용 · 교육용 · 훈련용 · 실험실습용 및 과학기술연구용품으로서 외국으로부터 기증되는 물품. 다만, 기획재정부령이 정하는 물품을 제외한다.
4. 기획재정부령이 정하는 자가 산업기술의 연구 · 개발에 사용하기 위하여 수입하는 물품으로서 기획재정부령으로 정하는 물품

(2) 법률의 적용 등

관세를 감면하는 경우 그 감면율은 기획재정부령으로 정한다.

4) 종교용품 · 자선용품 · 장애인용품 등의 면세(법 제91조)

(1) 대상

다음 각 호의 어느 하나에 해당하는 물품이 수입될 때에는 그 관세를 면제한다.

1. 교회 · 사원 등 종교단체의 예배용품 및 식전용품으로서 외국으로부터 기증되는 물품. 다만, 기획재정부령이 정하는 물품을 제외한다.
2. 자선 또는 구호의 목적으로 기증되는 물품 및 자선 · 구호시설 또는 사회복지시설에 기증되는 물품으로서 해당 용도로 직접 사용하는 물품. 다만, 기획재정부령으로 정하는 물품을 제외한다.
3. 국제적십자사 · 외국적십자사 및 기획재정부령이 정하는 국제기구가 국제평화봉사활동 또는 국제친선활동을 위하여 기증하는 물품
4. 시각장애인, 청각장애인, 언어장애인, 지체장애인, 만성신부전증환자, 희귀난치성

질환자 등을 위한 용도로 특수하게 제작 또는 제조된 물품 중 기획재정부령이 정하는 물품

5. 「장애인복지법」 제58조의 규정에 의한 장애인복지시설 및 장애인의 재활의료를 목적으로 국가 · 지방자치단체 또는 사회복지법인이 운영하는 재활 병 · 의원에서 장애인의 진단 및 치료를 위하여 사용하는 의료용구

5) 정부용품 등의 면세(법 제92조)

(1) 대상

다음 각 호의 어느 하나에 해당하는 물품이 수입된 때에는 그 관세를 면제할 수 있다.〈개정 2013.3.23., 2017.7.26.〉

1. 국가기관이나 지방자치단체에 기증된 물품으로서 공용으로 사용하는 물품. 다만, 기획재정부령으로 정하는 물품[2)]은 제외한다.
2. 정부가 외국으로부터 수입하는 군수품(정부의 위탁을 받아 정부 외의 자가 수입하는 경우를 포함) 및 국가원수의 경호용으로 사용하는 물품. 다만, 기획재정부령으로 정하는 물품[3)]은 제외한다.
3. 외국에 주둔하는 국군이나 재외공관으로부터 반환된 공용품
4. 과학기술정보통신부장관이 국가의 안전보장을 위하여 긴요하다고 인정하여 수입하는 비상통신용 물품 및 전파관리용 물품
5. 정부가 직접 수입하는 간행물, 음반, 녹음된 테이프, 녹화된 슬라이드, 촬영된 필름, 그 밖에 이와 유사한 물품 및 자료
6. 국가나 지방자치단체(이들이 설립하였거나 출연 또는 출자한 법인을 포함)가 환경오염(소음 및 진동을 포함)을 측정하거나 분석하기 위하여 수입하는 기계 · 기구 중 기획재정부령으로 정하는 물품
7. 상수도 수질을 측정하거나 이를 보전 · 향상하기 위하여 국가나 지방자치단체(이들이 설립하였거나 출연 또는 출자한 법인을 포함)가 수입하는 물품으로서 기획재정부령으로 정하는 물품[4)]

---

2) ① 법 제92조제1호 단서에 따라 관세가 부과되는 물품은 관세율표 번호 제8703호에 해당하는 승용자동차로 한다.〈개정 2011.4.1.〉

3) ② 법 제92조제2호 단서의 규정에 의하여 관세가 부과되는 물품은 「군수품관리법」 제3조의 규정에 의한 통상품으로 한다. 〈개정 2005.2.11, 2007.5.29, 2007.12.31.〉

8. 국가정보원장 또는 그 위임을 받은 자가 국가의 안전보장 목적의 수행상 긴요하다고 인정하여 수입하는 물품

(2) 정부용품 등에 대한 관세의 면제신청(법 시행규칙 제42조)

① 법 제92조제1호의 규정에 의하여 관세를 면제받고자 하는 자는 당해 기증사실을 증명하는 서류를 신청서에 첨부하여야 한다.

② 법 제92조제2호의 규정에 의하여 정부의 위탁을 받아 수입하는 자가 관세를 면제받고자 하는 때에는 정부의 위탁을 받아 수입한다는 것을 당해 수요기관이 확인한 서류를 신청서에 첨부하여야 한다.

③ 법 제92조제6호 또는 제7호의 규정에 의하여 국가 또는 지방자치단체가 설립하였거나 출연 또는 출자한 법인이 관세를 면제받고자 하는 때에는 환경 또는 상수도업무를 관장하는 주무부처의 장이 확인한 서류를 첨부하여야 한다.

6) 특정물품의 면세 등(법 제93조)

(1) 대상

다음에 해당하는 물품이 수입될 때에는 그 관세를 면제할 수 있다. 〈개정 2013.3.23.〉

1. 동식물의 번식·양식 및 종자개량을 위한 물품 중 사료작물 재배용 종자(호밀·귀리 및 수수에 한한다)로 한다. 〈개정 2007.5.29.〉(법시행령 제43조제1호)
2. 박람회, 국제경기대회 기타 이에 준하는 행사에 사용하기 위하여 그 행사에 참가하는 자가 수입하는 물품 중 기획재정부령이 정하는 물품
3. 핵사고 또는 방사능 긴급사태 시 그 복구지원 및 구호의 목적으로 외국으로부터 기증되는 물품으로서, 방사선측정기, 시료채취 및 처리기, 시료분석장비, 방사능 방호장비, 제염용장비 등 기획재정부령이 정하는 물품
4. 우리나라 선박이 외국정부의 허가를 받아 외국의 영해에서 채집 또는 포획한 수산

---

4) 물품 중 개당 또는 셋트당 과세가격이 100만원 이상인 기기와 그 기기의 부분품 및 부속품(사후에 보수용으로 따로 수입하는 물품을 포함한다)중 국내에서 제작하기 곤란한 것으로서 당해 물품의 생산에 관한 사무를 관장하는 주무부처의 장 또는 그가 지정하는 자가 추천하는 물품으로 한다.
1. 대기질의 채취 및 측정용 기계·기구
2. 소음·진동의 측정 및 분석용 기계·기구
3. 환경오염의 측정 및 분석용 기계·기구
4. 수질의 채취 및 측정용 기계·기구

물(이를 원료로 하여 우리나라 선박에서 제조하거나 가공한 것을 포함)

5. 우리나라 선박이 외국의 선박과 협력하여 기획재정부령이 정하는 방법[5)]으로 채집 또는 포획한 수산물로서 해양수산부장관이 추천하는 것
6. 해양수산부장관의 허가를 받은 자가 기획재정부령이 정하는 요건[6)]에 적합하게 외국인과 합작하여 채집하거나 포획한 수산물 중 해양수산부장관이 기획재정부장관과 협의하여 추천하는 것[7)]
7. 우리나라 선박 등이 채집하거나 포획된 수산물과 제5호 및 제6호에 따른 수산물의 포장에 사용된 물품으로서 재사용이 불가능한 것 중 기획재정부령으로 정하는 물품[8)]
8. 「중소기업기본법」 제2조에 따른 중소기업이 해외구매자의 주문에 따라 제작한 기계・기구가 해당 구매자가 요구한 규격 및 성능에 일치하는지 확인하기 위하여 하는 시험생산에 소요되는 원재료로서 기획재정부령이 정하는 요건에 적합한 물품[9)]
9. 우리나라를 방문하는 외국의 원수와 그 가족 및 수행원의 물품
10. 우리나라의 선박 기타 운송수단이 조난으로 인하여 해체된 경우 그 해체재 및 장비
11. 우리나라와 외국 간에 건설될 교량・통신시설・해저통로 그 밖에 이에 준하는 시설의 건설 또는 수리에 필요한 물품
12. 우리나라 수출물품의 품질, 규격, 안전도 등이 수입국의 권한 있는 기관이 정하는 조건에 적합한 것임을 표시하는 수출물품에 부착하는 증표로서 기획재정부령으로 정하는 물품[10)]

---

5) 「원양산업발전법」 제6조에 따라 해양수산부장관으로부터 원양모선식 어업허가를 받고 외국과의 협상 등에 의하여 해외수역에서 해당 외국의 국적을 가진 자선과 공동으로 수산물을 채집 또는 포획하는 원양어업방법을 말한다. 〈개정 2002.5.10, 2005.12.30, 2008.12.31, 2011.4.1, 2013.3.23.〉

6) 「원양산업발전법」 제6조에 따라 해양수산부장관에게 외국인과 합작(총지분의 49퍼센트 이상을 확보한 경우를 말한다)하여 설립한 해외현지법인으로 원양어업을 하기 위하여 신고를 한 자가 「원양산업발전법」 제2조제10호에 따른 해외수역에서 해양수산부장관이 기획재정부장관과 협의하여 고시한 선박・어구 등의 생산수단을 투입하여 수산동식물을 채집 또는 포획(어획할당량 제한으로 불가피하게 해외현지법인이 직접 수산동식물을 채집 또는 포획하지 못하게 되었을 때에는 생산수단을 실질적으로 운영하고 소요경비를 전액 부담하는 등 해외현지법인의 계산과 책임으로 합작상대국 어업자를 통하여 수산동식물을 채집 또는 포획하는 경우를 포함한다)하고 직접 수출하는 경우를 말한다. 〈개정 2002.5.10, 2005.2.11, 2008.12.31, 2011.4.1, 2011.11.17, 2013.3.23, 2016.12.30.〉

7) ① 관세법 제93조제6호의 규정에 따른 관세감면 추천 대상자는 원양산업발전법 제6조제7항에 따라 해외합작원양어업을 신고한 자(사업자)로 한다.
② 관세법 제93조제6호의 규정에 따른 관세감면 추천대상 물품은 제3조제3호의 합작수산물로 한다.

8) 우리나라 선박 등에 의하여 채집 또는 포획된 수산물과 제5항 및 제6항에 따른 방법 또는 요건에 따라 채집 또는 포획된 수산물을 포장한 관세율표 번호 제4819호의 골판지 어상자를 말한다.〈개정 2002.5.10, 2004.3.30, 2008.12.31, 2011.4.1.〉

9) 해당 중소기업에 외국인이 무상으로 공급하는 물품을 말한다.〈개정 2008.12.31, 2011.4.1.〉

10) 1. 카나다 공인검사기관에서 발행하는 시・에스・에이(C.S.A)증표

13. 우리나라의 선박이나 항공기가 해외에서 사고로 발생한 피해를 복구하기 위하여 외국의 보험회사 또는 외국의 가해자의 부담으로 하는 수리 부분에 해당하는 물품
14. 우리나라의 선박이나 항공기가 매매계약상의 하자보수 보증기간 중에 외국에서 발생한 고장에 대하여 외국의 매도인의 부담으로 하는 수리 부분에 해당하는 물품
15. 국제올림픽·장애인올림픽·농아인올림픽 및 아시아운동경기·장애인아시아운동경기 종목에 해당하는 운동용구(부분품을 포함)로서 기획재정부령으로 정하는 물품[11]
16. 국립묘지의 건설·유지 또는 장식을 위한 자재와 국립묘지에 안장되는 자의 관·유골함 및 장례용 물품
17. 피상속인의 사망으로 인하여 국내에 주소를 둔 자에게 상속되는 피상속인의 신변용품[전문개정 2010.12.30.]

1. **관세법 제93조(특정물품의 면세 등)와 관련하여 물품이 수입될 때에 관세를 면제받을 수 있는 것이 아닌 것은?**
   ① 우리나라 선박이 외국 정부의 허가를 받아 외국의 영해에서 채집하거나 포획한 수산물
   ② 우리나라의 선박이나 항공기가 매매계약상의 하자보수 보증기간 중에 외국에서 발생 한 고장에 대하여 우리나라 매수인의 부담으로 하는 수리부분에 해당하는 물품
   ③ 피상속인이 사망하여 국내에 주소를 둔 자에게 상속되는 피상속인의 신변용품
   ④ 우리나라와 외국 간에 건설된 교량, 통신시설, 해저통로, 그 밖에 이에 준하는 시설의 건설 또는 수리에 필요한 물품
   ⑤ 우리나라의 선박이나 그 밖의 운송수단이 조난으로 인하여 해체된 경우 그 해체제 및 장비

1-②

---

2. 호주 공인검사기관에서 발행하는 에스·에이·에이(S.A.A)증표
3. 독일 공인검사기관에서 발행하는 브이·디·이(V.D.E)증표
4. 영국 공인검사기관에서 발행하는 비·에스·아이(B.S.I)증표
5. 불란서 공인검사기관에서 발행하는 엘·시·아이·이(L.C.I.E)증표
6. 미국 공인검사기관에서 발행하는 유·엘(U.L)증표
7. 유럽경제위원회 공인검사기관에서 발행하는 이·시·이(E.C.E)증표
8. 유럽공동시장 공인검사기관에서 발행하는 이·이·시(E.E.C)증표
9. 유럽공동체 공인검사기관에서 발행하는 이·시(E.C)증표

11) 「국민체육진흥법」에 따라 설립된 대한체육회 또는 대한장애인체육회가 수입하는 물품으로 한다.〈개정 2002.5.10, 2005.2.11, 2008.12.31, 2011.4.1.〉

중소기업법 제2조(중소기업자의 범위)

① 중소기업을 육성하기 위한 시책(중소기업시책)의 대상이 되는 중소기업자는 다음 각 호의 어느 하나에 해당하는 기업(중소기업)을 영위하는 자로 한다.<개정 2011.7.25., 2014.1.14., 2015.2.3., 2016.1.27.>

1. 다음 각 목의 요건을 모두 갖추고 영리를 목적으로 사업을 하는 기업
   가. 업종별로 매출액 또는 자산총액 등이 대통령령으로 정하는 기준에 맞을 것
   나. 지분 소유나 출자 관계 등 소유와 경영의 실질적인 독립성이 대통령령으로 정하는 기준에 맞을 것
2. 「사회적기업 육성법」 제2조제1호에 따른 사회적기업 중에서 대통령령으로 정하는 사회적 기업
3. 「협동조합 기본법」 제2조에 따른 협동조합, 협동조합연합회, 사회적협동조합, 사회적협동조합연합회 중 대통령령으로 정하는 자
4. 삭제<2016.1.27.>

② 중소기업은 대통령령으로 정하는 구분기준에 따라 소기업(小企業)과 중기업(中企業)으로 구분한다.

③ 제1항을 적용할 때 중소기업이 그 규모의 확대 등으로 중소기업에 해당하지 아니하게 된 경우 그 사유가 발생한 연도의 다음 연도부터 3년간은 중소기업으로 본다. 다만, 중소기업 외의 기업과 합병하거나 그 밖에 대통령령으로 정하는 사유로 중소기업에 해당하지 아니하게 된 경우에는 그러하지 아니하다.

④ 중소기업시책별 특성에 따라 특히 필요하다고 인정하면 「중소기업협동조합법」이나 그 밖의 법률에서 정하는 바에 따라 중소기업협동조합이나 그 밖의 법인·단체 등을 중소기업자로 할 수 있다.

법 시행규칙 제43조(관세가 면제되는 특정물품)

① 법 제93조제1호에 따라 관세를 면제하는 물품은 사료작물 재배용 종자(호밀·귀리 및 수수에 한한다)로 한다.<개정 2007.5.29.>

② 법 제93조제2호에 따라 관세를 면제하는 물품은 다음 각 호의 어느 하나에 해당하는 물품으로 한다.<개정 2010.3.30., 2011.6.7., 2012.2.28., 2013.2.23., 2014.3.14., 2015.7.16., 2015.12.1., 2017.3.31.>

1. 「포뮬러원 국제자동차경주대회 지원법」에 따른 포뮬러원 국제자동차경주대회에 참가하는 자가 해당 대회와 관련하여 사용할 목적으로 수입하는 물품으로서 같은 법 제4조에 따른 포뮬러원국제자동차경주대회조직위원회가 확인하는 물품
2. 「2018 평창 동계올림픽대회 및 장애인동계올림픽대회 지원 등에 관한 특별법」에 따른 2018 평창 동계올림픽대회 및 장애인동계올림픽대회 또는 이와 관련한 올림픽 사전 경기대회에 참가하는 국제올림픽위원회·국제장애인올림픽위원회·국제경기연맹·국제장애인경기연맹·각국 올림픽위원회·각국 장애인올림픽위원회가 그 소속 직원·선수 등 구성원, 다른 참가단체 소속 직원·선수 등 구성원 또는 같은 법 제5조에 따른 2018 평창 동계올림픽대회 및 장애인동계올림픽대회 조직위원회에 제공하는 등 해당 대회와 관련하여 사용할 목적으로 수입하는 물품으로서 2018 평창 동계올림픽대회 및 장애인동계올림픽대회 조직위원회가 확인하는 물품
3. 국제올림픽위원회에서 지정한 주관방송사가 「2018 평창 동계올림픽대회 및 장애인동계올림픽대회 지원 등에 관한 특별법」에 따른 2018 평창 동계올림픽대회 및 장애인동계올림픽대회에서 사용할 방송용 기자재로서 같은 법 제5조에 따른 2018 평창 동계올림픽대회 및 장애인동계올림픽대회 조직위원회가 확인하는 물품
4. 국제올림픽위원회에서 지정한 후원업체가 「2018 평창 동계올림픽대회 및 장애인동계올림픽대회 지원 등에 관한 특별법」에 따른 2018 평창 동계올림픽대회 및 장애인동계올림픽대회를 위하여 같은 법 제5조에 따른 2018 평창 동계올림픽대회 및 장애인동계올림픽대회 조직위원회에 제공할 목적으로 수입하는 물품
5. 「국제경기대회 지원법」 제2조제1호 라목에 따른 월드컵축구대회 중 2017년에 개최되는 20세 이하 선수들이 활동하는 대회(이하 이 호에서 "피파 유20 월드컵 코리아 2017"이라 한다)에 참가하는 국제축구연맹, 각국 축구협회 또는 각국 선수단이 그 소속 직원·선수 등 구성원이나 다른 참

가단체 소속 직원・선수 등 구성원 또는 피파 유20 월드컵 코리아 2017 조직위원회에 제공하기 위한 것 등 해당 대회와 관련하여 사용할 목적으로 수입하는 것임을 피파 유20 월드컵 코리아 2017 조직위원회가 확인하는 물품
6. 삭제 <2015.12.1.>
7. 삭제 <2015.12.1.>
8. 삭제 <2015.12.1.>

7) 소액물품 등의 면세(법 제94조)

(1) 대상

다음 각 호의 어느 하나에 해당하는 물품이 수입된 때에는 그 관세를 면제할 수 있다.

1. 우리나라의 거주자에게 수여된 훈장・기장 또는 이에 준하는 표창장 및 상패
2. 기록문서 또는 서류
3. 상용견품 또는 광고용품으로서 기획재정부령[12)]**으로** 정하는 물품
4. 우리나라 거주자가 받는 소액물품으로서 기획재정부령[13)]**으로** 정하는 물품

8) 환경오염방지물품 등에 대한 감면세(법 제95조)

(1) 대상

다음 각 호의 어느 하나에 해당하는 물품으로서 국내에서 제작하기 곤란한 물품이 수입될 때에는 그 관세를 감면할 수 있다.

1. 오염물질, 소음 및 진동의 배출 방지 또는 처리를 위하여 사용하는 기계・기구・시설・장비로서 기획재정부령으로 정하는 것
2. 폐기물 및 재활용 처리를 위하여 사용하는 기계・기구로서 기획재정부령으로 정하는 것

---

12) 1. 물품이 천공 또는 절단되었거나 통상적인 조건으로 판매할 수 없는 상태로 처리되어 견품으로 사용될 것으로 인정되는 물품
2. 판매 또는 임대를 위한 물품의 상품목록・가격표 및 교역안내서등
3. 과세가격이 미화 250달러 이하인 물품으로서 견품으로 사용될 것으로 인정되는 물품
4. 물품의 형상・성질 및 성능으로 보아 견품으로 사용될 것으로 인정되는 물품

13) 1. 당해 물품의 총과세가격이 미화150달러 이하의 물품으로서 자가사용 물품으로 인정되는 것. 다만, 반복 또는 분할하여 수입되는 물품으로서 관세청장이 정하는 기준에 해당하는 것을 제외한다.
2. 박람회 기타 이에 준하는 행사에 참가하는 자가 행사장안에서 관람자에게 무상으로 제공하기 위하여 수입하는 물품(전시할 기계의 성능을 보여주기 위한 원료를 포함한다). 다만, 관람자 1인당 제공량의 정상도착가격이 미화 5달러 상당액 이하의 것으로서 세관장이 타당하다고 인정하는 것에 한한다.〈개정 2003.2.14, 2004.3.30, 2015.12.1.〉

3. 기계・전자기술 또는 정보처리기술을 응용한 공장 자동화 기계・기구・설비(그 구성기기를 포함) 및 그 핵심부분품으로서 기획재정부령으로 정하는 것

(2) 환경오염방지물품 등에 대한 관세의 감면신청(법 시행규칙 제47조)

법 제1호부터 3호의 규정에 따른 물품을 관세감면대상물품으로 지정받으려는 자는 다음 각 호의 사항을 적은 신청서에 해당 물품의 상품목록 등 참고자료를 첨부하여 주무부장관을 거쳐 기획재정부장관에게 제출하여야 한다.〈개정 2008.12.31, 2011.4.1.〉

1. 신청인의 주소・성명 및 상호
2. 사업의 종류
3. 관세율표 번호・품명・규격・수량・가격・용도 및 구조

제1항에 따른 신청서의 제출기한은 다음의 구분에 따른다.〈개정 2010.3.30., 2011.4.1., 2014.10.31., 2016.12.30.〉

1. 법 제95조제1항제1호 및 제2호의 물품에 대한 것인 경우: 매년 4월말까지
2. 법 제95조제1항제3호의 물품에 대한 것인 경우: 매년 7월 31일까지

(3) 법률의 적용 등

관세를 감면하는 경우 그 감면기간과 감면율은 기획재정부령으로 정한다(법 제95조제2항).

환경오염방지물품 감면질의

질의 : 환경오염방지물품 관세감면에 대한 질의

회신내용 : 관세법 제 95조의 환경오염방지물품 감면세 적용은 오염물질 배출방지 또는 폐기물처리를 위하여 사용되는 기계・기구 등이며, 구체적인 대상물품은 재경부장관이 "관세법 제95조제1항제1호 및 제2호의 규정에 의한 환경오염방지물품 등에 관한 관세감면규칙(기획재정부령 제448호)"으로 정하고 있으며 관세법상 환경오염방지 관세감면대상물품은 '친환경제품인증' 여부와 무관한 것임

– 통관기획과-34, 2006.1.3. –

본 질의회신에서도 알 수 있듯이 환경오염방지물품에 대한 감면은 친환경제품인증여부와 관계없이 오염물질 배출방지 또는 폐기물처리를 위하여 사용되는 기계・기구 등이 해당된다.

9) 여행자휴대품 및 이사물품 등의 감면세(법 제96조)

(1) 대상

다음 각 호의 어느 하나에 해당하는 물품이 수입될 때에는 그 관세를 면제할 수 있다(법 제96조제1항).〈개정 2014.12.23.〉

1. 여행자의 휴대품 또는 별송품으로서 여행자의 입국 사유, 체재기간, 직업, 그 밖의 사정을 고려하여 기획재정부령으로 정하는 기준에 따라 세관장이 타당하다고 인정하는 물품
2. 우리나라로 거주를 이전하기 위하여 입국하는 자가 입국할 때 수입하는 이사물품으로서 거주 이전의 사유, 거주기간, 직업, 가족 수, 그 밖의 사정을 고려하여 기획재정부령으로 정하는 기준에 따라 세관장이 타당하다고 인정하는 물품
3. 외국무역선 또는 외국무역기의 승무원이 휴대하여 수입하는 물품으로서 항행일수, 체재기간, 그 밖의 사정을 고려하여 세관장이 타당하다고 인정하는 물품. 다만, 기획재정부령[14]으로 정하는 물품은 제외한다.

여행자가 휴대품 또는 별송품(제1항제1호에 해당하는 물품은 제외)을 기획재정부령으로 정하는 방법으로 자진신고하는 경우에는 15만원을 넘지 아니하는 범위에서 해당 물품에 부과될 관세의 100분의 30에 상당하는 금액을 경감할 수 있다(법 제96조제2항).〈신설 2014.12.23.〉[전문개정 2010.12.30.][제목개정 2014.12.23.]

(2) 관세가 면제되는 휴대품 등(법 시행규칙 제48조제1항)〈개정 2012.2.28, 2015.2.6.〉

1. 여행자가 휴대하는 것이 통상적으로 필요하다고 인정하는 신변용품 및 신변장식품일 것
2. 비거주자인 여행자가 반입하는 물품으로서 본인의 직업상 필요하다고 인정되는 직업용구일 것
3. 세관장이 반출 확인한 물품으로서 재반입되는 물품일 것
4. 물품의 성질·수량·가격·용도 등으로 보아 통상적으로 여행자의 휴대품 또는 별송품인 것으로 인정되는 물품일 것

---

14) ⑦ 법 제96조제1항제3호 단서에 따라 관세를 부과하는 물품은 자동차(이륜자동차와 삼륜자동차를 포함한다)·선박·항공기 및 개당 과세가격 50만원 이상의 보석·진주·별갑·산호·호박 및 상아와 이를 사용한 제품으로 한다.〈개정 2012.2.28, 2015.2.6.〉

(3) 관세의 면세한도

관세의 면제 한도는 여행자 1명의 휴대품 또는 별송품으로서 각 물품의 과세가격 합계 기준으로 미화 600달러 이하(기본면세 범위)로 한다. 다만, 농림축산물등 관세청장이 정하는 물품이 휴대품 또는 별송품에 포함되어 있는 경우에는 기본면세 범위에서 해당 농림축산물 등에 대하여 관세청장이 따로 정한 면세한도를 적용할 수 있다(법 시행규칙 제48조제2항).〈신설 2012.2.28., 2014.9.2.〉

제2항에도 불구하고 술·담배·향수에 대해서는 기본면세 범위와 관계없이 다음 〈표 5-2〉에 따라 관세를 면제하되, 19세 미만인 사람이 반입하는 술·담배는 관세를 면제하지 아니한다. 이 경우 해당 물품이 면세한도를 초과하여 관세를 부과하는 경우에는 해당 물품의 가격을 과세가격으로 한다(법 시행규칙 제48조제3항).〈신설 2012.2.28.〉

표 5-2 여행자의 휴대품 또는 별송품의 면세

구 분	면세한도	비 고
기본면세범위	여행자 1명의 휴대품 또는 별송품으로서 각 물품의 과세가격 합계 기준으로 미화 600달러 이하	
술	1병	1리터(l)이하이고, 미화400달러 이하인 것으로 한정
담배	궐련200개비, 엽궐련 50개비, 전자담배 니코틴용액 20ml, 그 밖의 담배는 250g	2 이상의 담배종류를 반입하는 경우에는 한 종류로 한정
향수	60ml	

1. 관세법상 여행자 휴대품의 관세 면제에 관한 설명으로 옳은 것은?

(2017년 관세사 1차 기출)

① 관세의 면제한도는 여행자 1명의 휴대품 또는 별송품으로서 각 물품의 과세가격 합계기준으로 미화 400달러이하로 한다.
② 20세 미만인 사람이 반입하는 술·담배는 관세를 면제하지 아니한다.
③ 60밀리리터(ml)를 초과하는 향수를 반입하여 관세를 부과하는 경우에는 향수의 가격을 과세가격으로 한다.
④ 증류주는 1병 포도주는 2병까지 관세를 면제한다.
⑤ 궐련의 경우 200개비까지 관세를 면제하지만, 전자담배 니코틴용액의 경우 관세 면제대상이 아니다.

2. 관세가 면제되는 휴대품 등에 관한 설명으로 옳은 것은? (2014년 관세사 1차 기출)

① 우리나라 국민(재외영주권자 제외)으로서 외국에 주거를 설정하여 가족동반 없이 6개월 이상 거주한 사람이 반입하는 우리나라에서 수출된 국산자동차는 면제된다.

② 우리나라 국민이 사망이나 질병 등 관세청장이 정하는 사유가 발생하여 반입하는 이사물품에 대해서는 3개월 이상의 외국 거주조건을 갖출 경우 면제된다.

③ 1년 이상 외국에 거주하던 우리나라 국민이 다른 외국으로 주거를 이전하면서 우리나라로 반입하는 것으로서 통상 가정용으로 3개월이상 사용한 것으로 인정되는 물품은 면제된다.

④ 재외영주권자가 우리나라에 주거를 설정하여 1년 이상 거주하려는 사람이 반입하는 보석(개당 과세가격 300만원)은 면제된다.

⑤ 우리나라에 채취하기 위하여 수시로 입국하는 외국국적의 기자가 입국할 때마다 반입하는 취재용품은 면제된다.

1-③ 2-③

법 시행규칙 제48조제4항

법 제96조제1항제2호에 따라 관세가 면제되는 물품은 우리나라 국민(재외영주권자를 제외)으로서 외국에 주거를 설정하여 1년(가족을 동반한 경우에는 6개월) 이상 거주하였거나 외국인 또는 재외영주권자로서 우리나라에 주거를 설정하여 1년(가족을 동반한 경우에는 6개월) 이상 거주하려는 사람이 반입하는 다음 각 호의 어느 하나에 해당하는 것으로 한다. 다만, 자동차(제3호에 해당하는 것은 제외), 선박, 항공기와 개당 과세가격이 500만원 이상인 보석·진주·별갑·산호·호박·상아 및 이를 사용한 제품은 제외한다.<개정 2007.5.29, 2007.12.31, 2008.12.31, 2012.2.28, 2015.2.6, 2015.12.1.>

1. 해당 물품의 성질·수량·용도 등으로 보아 통상적으로 가정용으로 인정되는 것으로서 우리나라에 입국하기 전에 3개월 이상 사용하였고 입국한 후에도 계속하여 사용할 것으로 인정되는 것
2. 우리나라에 상주하여 취재하기 위하여 입국하는 외국국적의 기자가 최초로 입국할 때에 반입하는 취재용품으로서 문화체육관광부장관이 취재용임을 확인하는 물품일 것
3. 우리나라에서 수출된 물품(조립되지 아니한 물품으로서 법 별표 관세율표상의 완성품에 해당하는 번호로 분류되어 수출된 것을 포함)이 반입된 경우로서 관세청장이 정하는 사용기준에 적합한 물품일 것
4. 외국에 거주하던 우리나라 국민이 다른 외국으로 주거를 이전하면서 우리나라로 반입(송부를 포함)하는 것으로서 통상 가정용으로 3개월 이상 사용하던 것으로 인정되는 물품일 것

⑤ 제4항 각 호 외의 부분 본문에도 불구하고 사망이나 질병 등 관세청장이 정하는 사유가 발생하여 반입하는 이사물품에 대해서는 거주기간과 관계없이 관세를 면제할 수 있다.<신설 2012.2.28.>

⑥ 법 제96조제1항제1호에 따른 별송품과 법 제96조제1항제2호에 따른 이사물품 중 별도로 수입하는 물품은 천재지변 등 부득이한 사유가 있는 때를 제외하고는 여행자 또는 입국자가 입국한 날부터 6월 이내에 도착한 것이어야 한다.<개정 2012.2.28, 2015.2.6.>

10) 재수출면세(법 제97조)

(1) 대상

수입신고 수리일부터 다음 각 호의 어느 하나의 기간에 다시 수출하는 물품에 대하여는 그 관세를 면제할 수 있다(법 제97조제1항).

1. 기획재정부령으로 정하는 물품: 1년의 범위에서 대통령령으로 정하는 기준에 따라 세관장이 정하는 기간. 다만, 세관장은 부득이한 사유가 있다고 인정될 때에는 1년의 범위에서 그 기간을 연장할 수 있다.

(2) 재수출면세대상물품(법 시행령 제50조제1항)

1. 수입물품의 포장용품. 다만, 관세청장이 지정하는 물품을 제외한다.
2. 수출물품의 포장용품. 다만, 관세청장이 지정하는 물품을 제외한다.
3. 우리나라에 일시입국하는 자가 본인이 사용하고 재수출할 목적으로 직접 휴대하여 반입하거나 별도로 반입하는 신변용품. 다만, 관세청장이 지정하는 물품을 제외한다.
4. 우리나라에 일시입국하는 자가 본인이 사용하고 재수출할 목적으로 직접 휴대하여 반입하거나 별도로 반입하는 직업용품 및 「신문 등의 진흥에 관한 법률」 제28조에 따라 지사 또는 지국의 설치등록을 한 자가 취재용으로 반입하는 방송용의 녹화되지 아니한 비디오테이프
5. 관세청장이 정하는 시설에서 국제해운에 종사하는 외국선박의 승무원의 후생을 위하여 반입하는 물품과 그 승무원이 숙박기간중 당해 시설에서 사용하기 위하여 선박에서 하역된 물품
6. 박람회 · 전시회 · 공진회 · 품평회 기타 이에 준하는 행사에 출품 또는 사용하기 위하여 그 주최자 또는 행사에 참가하는 자가 수입하는 물품중 당해 행사의 성격 · 규모 등을 감안하여 세관장이 타당하다고 인정하는 물품
7. 국제적인 회의 · 회합 등에서 사용하기 위한 물품
8. 법 제90조제1항제2호에 따른 기관 및 「국방과학연구소법」에 따른 국방과학연구소에서 학술연구 및 교육훈련을 목적으로 사용하기 위한 학술연구용품
9. 법 제90조제1항제2호에 따른 기관 및 「국방과학연구소법」에 따른 국방과학연구소에서 과학기술연구 및 교육훈련을 위한 과학장비용품
10. 주문수집을 위한 물품, 시험용 물품 및 제작용 견품

11. 수리를 위한 물품[수리를 위하여 수입되는 물품과 수리 후 수출하는 물품이 영 제98조제1항에 따른 관세 · 통계통합품목분류표("품목분류표")상 10단위의 품목번호가 일치할 것으로 인정되는 물품만 해당]
12. 수출물품 및 수입물품의 검사 또는 시험을 위한 기계 · 기구
13. 일시입국자가 입국할 때에 수송하여 온 본인이 사용할 승용자동차 · 이륜자동차 · 캠핑카 · 캬라반 · 트레일러 · 선박 및 항공기와 관세청장이 정하는 그 부분품 및 예비품
14. 관세청장이 정하는 수출입물품 · 반송물품 및 환적물품을 운송하기 위한 차량
15. 이미 수입된 국제운송을 위한 컨테이너의 수리를 위한 부분품
16. 수출인쇄물 제작원고용 필름(빛에 노출되어 현상된 것에 한한다)
17. 광메모리매체 제조용으로 정보가 수록된 마스터테이프 및 니켈판(생산제품을 수출할 목적으로 수입되는 것임을 당해 업무를 관장하는 중앙행정기관의 장이 확인한 것에 한한다)
18. 항공기 및 그 부분품의 수리 · 검사 또는 시험을 위한 기계 · 기구
19. 항공 및 해상화물운송용 파렛트
20. 수출물품 사양확인용 물품
21. 항공기의 수리를 위하여 일시 사용되는 엔진 및 부분품
22. 산업기계의 수리용 또는 정비용의 것으로서 무상으로 수입되는 기계 또는 장비
23. 외국인투자기업이 자체상표제품을 생산하기 위하여 일시적으로 수입하는 금형 및 그 부분품

제1항에 따라 관세를 면제받은 물품은 같은 항의 기간에 같은 항에서 정한 용도 외의 다른 용도로 사용되거나 양도될 수 없다. 다만, 대통령령으로 정하는 바에 따라 미리 세관장의 승인을 받았을 때에는 그러하지 아니하다(법 제97조제2항).

1. **관세법상 재수출면세기간에 관한 설명으로 옳지 않은 것은?** (2017년 관세사 1차 기출)
① 일시 귀국하는 자가 본인이 사용하고 재수출할 목적으로 직접 휴대하여 수입하거나 별도로 수입하는 신변용품 · 취재용품 및 이와 유사한 물품의 경우에는 입국후 처음 출국하는 날까지의 기간을 재수출면세기간으로 한다.
② 박람회 · 전시회 · 품평회 기타 이에 준하는 행사에 출품 또는 사용하기 위하여 수입하는 물품은 박람회 등의 행사기간종료일에 당해 물품을 재수출하는데 필요한 기일을 더한 기간을 재수출면세기간으로 한다.

③ 가공 또는 수리를 위한 물품 및 그 재료는 가공 또는 수리에 소요되는 것으로 인정되는 기간을 재수출면세기간으로 한다.
④ 기타의 물품이 반입계약에 관한 증빙서류에 의하여 기간을 확인할 수 없는 때에는 당해 물품의 성질·용도·수입자·내용연수 등을 고려하여 당사자 간의 합으로 정하는 기간을 재수출면세기간으로 한다.
⑤ 재수출면세물품이 행정당국에 의하여 압류된 경우에는 당해 압류기간은 재수출면세기간에 산입하지 아니한다.

1-④

다음 각 호의 어느 하나에 해당하는 경우에는 수출하지 아니한 자, 용도 외로 사용한 자 또는 양도를 한 자로부터 면제된 관세를 즉시 징수하며, 양도인으로부터 해당 관세를 징수할 수 없을 때에는 양수인으로부터 면제된 관세를 즉시 징수한다. 다만, 재해나 그 밖의 부득이한 사유로 멸실되었거나 미리 세관장의 승인을 받아 폐기하였을 때에는 그러하지 아니하다(법 제87조제3항).

1. 제1항에 따라 관세를 면제받은 물품을 같은 항에 규정된 기간 내에 수출하지 아니한 경우
2. 제2항에 따라 정한 용도 외의 다른 용도로 사용하거나 해당 용도 외의 다른 용도로 사용하려는 자에게 양도한 경우

(3) 가산세의 징수

세관장은 제1항에 따라 관세를 면제받은 물품 중 ① 수송기기의 하자를 보수하거나 이를 유지하기 위한 부분품, ② 외국인 여행자가 연 1회 이상 항해조건으로 반입한 후 지방자치단체에서 보관·관리하는 요트 및 모터보트가 규정된 기간 내에 수출되지 아니한 경우에는 500만원을 넘지 아니하는 범위에서 해당 물품에 부과될 관세의 100분의 20에 상당하는 금액을 가산세로 징수한다(법 제87조제4항). 〈개정 2013.1.1.〉[전문개정 2010.12.30.]

(4) 재수출물품에 대한 관세의 감면신청(법 시행규칙 제51조)

법 제97조제1항의 규정에 의하여 관세를 감면받고자 하는 자는 영 제112조제1항 각 호의 사항 외에 당해 물품의 수출예정시기·수출지 및 수출예정 세관명을 신청서에 기재하여야 한다.

관세법 감면 질의회신 – 재수출면세 질의

질의: 자동변속기 시제품(자동차에 장착되어 반입)테스트를 위하여 수입하는 자동차를 재수출조건 면세대상으로 볼 수 있는지 여부

회신내용: 관세법 시행규칙 제50조제1항제12호의 감면대상물품은 수출할 물품이 수출상대국 수입자의 요구사항에 적합하게 제작되었는지 여부를 시험하기 위한 기계·기구로 규정하고 있으나 질의한 물품(자동차)은 수출할 물품(자동변속기 시제품)이 장착된 채 수입되어 자동변속기와 함께 '시험에 사용되는 시료자체'로 보아야하지 '시험을 위한 기계·기구'로 볼 수 없으므로 감면대상이 아님

– 통관기획과–6642, 2011. 12.15

11) 재수출감면세(법 제98조)

(1) 대상물품

장기간에 걸쳐 사용할 수 있는 물품으로서 그 수입이 임대차계약에 의하거나 도급계약의 이행과 관련하여 국내에서 일시적으로 사용하기 위하여 수입하는 물품 중 기획재정부령으로 정하는 물품이 그 수입신고 수리일부터 2년(장기간의 사용이 부득이한 물품으로서 기획재정부령으로 정하는 것 중 수입하기 전에 세관장의 승인을 받은 것은 4년의 범위에서 대통령령으로 정하는 기준에 따라 세관장이 정하는 기간) 이내에 재수출되는 것에 대하여는 다음 각 호의 구분에 따라 그 관세를 경감할 수 있다. 다만, 외국과 체결한 조약·협정 등에 따라 수입되는 것에 대하여는 상호 조건에 따라 그 관세를 면제한다(법 제98조제1항).

표 5-3 재수출 감면세의 경감률

기 간		면제율
재수출기간이 6월 이내인 경우	해당 물품에 대한	관세액의 100분의 85
재수출기간이 6월 초과 1년 이내인 경우		관세액의 100분의 70
재수출기간이 1년 초과 2년 이내인 경우		관세액의 100분의 55
재수출기간이 2년 초과 3년 ②이내인 경우		관세액의 100분의 40
재수출기간이 3년 초과 4년 이내인 경우		관세액의 100분의 30

– 관세법 98조1항1호에서 5호

1. 관세법상 재수출감면세에 관한 설명으로 옳지 않은 것은? (2016년 관세사 1차 기출)

① 재수출기간이 6개월 이내인 경우 감면율은 해당 물품에 대한 관세액의 100분의85 이다.

② 재수출기간이 1년 초과 2년 이내인 경우 감면율은 해당 물품에 대한 관세액의 100 분의 80이다.

③ 재수출기간이 6개월 초과 1년 이내인 경우 감면율은 해당 물품에 대한 관세액의 100분의 70이다.

④ 재수출기간이 2년 초과 3년 이내인 경우 감면율은 해당 물품에 대한 관세액의 100 분의 40이다.

⑤ 재수출기간이 3년 초과 4년 이내인 경우 감면율은 해당 물품에 대한 관세액의 100 분의 30이다.

1-②

(2) 재수출감면 및 가산세징수 대상물품(법 시행규칙 제52조)

법 제98조제1항의 규정에 의하여 관세가 감면되거나 동조제2항의 규정에 의하여 가산세가 징수되는 물품은 다음 각호의 요건을 갖춘 물품으로서 국내제작이 곤란함을 당해 물품의 생산에 관한 업무를 관장하는 중앙행정기관의 장 또는 그 위임을 받은 자가 확인하고 추천하는 기관 또는 기업이 수입하는 물품에 한한다. 〈개정 2002.5.10, 2005.2.11.〉

① 「법인세법 시행규칙」 제15조의 규정에 의한 내용연수가 5년(금형의 경우에는 2년) 이상인 물품

② 개당 또는 셋트당 관세액이 500만원 이상인 물품

(3) 법규의 적용

제1항에 따라 관세를 감면한 물품에 대하여는 제97조(재수출면세) 제2항부터 제4항까지의 규정을 준용한다(법 제98조제2항).

12) 재수입면세(법 제99조)

(1) 대상물품

다음 각 호의 어느 하나에 해당하는 물품이 수입되는 때에는 그 관세를 면제할 수 있다. 〈개정 2014.1.1.〉

1. 우리나라에서 수출 및 보세가공수출된 물품으로서 해외에서 제조 · 가공 · 수리 또

는 사용(장기간에 걸쳐 사용할 수 있는 물품으로서 임대차계약 또는 도급계약 등에 따라 해외에서 일시적으로 사용하기 위하여 수출된 물품 중 기획재정부령[15)]으로 정하는 물품이 사용된 경우와 박람회·전시회·품평회, 그 밖에 이에 준하는 행사에 출품 또는 사용된 경우는 제외)되지 아니하고 수출신고 수리일부터 2년 내에 다시 수입되는 물품. 다만, 다음 각 목의 어느 하나에 해당하는 경우에는 관세를 면제하지 아니한다.

가. 해당 물품 또는 원자재에 대하여 관세의 감면을 받은 경우

나. 이 법 또는 「수출용원재료에 대한 관세 등 환급에 관한 특례법」에 의한 환급을 받은 경우

다. 이 법 또는 「수출용원재료에 대한 관세 등 환급에 관한 특례법」에 따른 환급을 받을 수 있는 자 외의 자가 해당 물품을 재수입하는 경우. 다만, 재수입하는 물품에 대하여 환급을 받을 수 있는 자가 환급받을 권리를 포기하였음을 증명하는 서류를 재수입하는 자가 세관장에게 제출하는 경우는 제외한다.

라. 보세가공 또는 장치기간 경과물품을 재수출조건으로 매각함에 따라 관세가 부과되지 아니한 경우

2. 수출물품의 용기로서 다시 수입하는 물품
3. 해외시험 및 연구목적으로 수출된 후 다시 수입되는 물품

1. 다음 중 관세법상 재수입면세에 대한 설명으로 잘못된 것은?

(2017년 제40회 국제무역사 1급 기출)

① 수출물품의 용기로서 다시 수입되는 경우에도 적용받을 수 있다.
② 우리나라에서 수출된 제품이 해외에서 제조·가공·수리 또는 사용되지 아니하고 수출신고 수리일부터 2년 내에 다시 수칩되는 경우에도 적용받을 수 있다.
③ 해외 전시회에 출품하여 품평 등에 사용한 물품을 다시 수입하는 경우에는 적용받을 수 없다.
④ 원칙적으로 면세신청은 수입신고 수리전에 제출하여야 한다.

---

15) ① 법 제99조제1호에서 "기획재정부령으로 정하는 물품"이란 「법인세법 시행규칙」 제15조에 따른 내용연수가 3년(금형의 경우에는 2년) 이상인 물품을 말한다.
② 법 제99조제1호부터 제3호까지의 규정에 따라 관세를 감면받으려는 자는 그 물품의 수출신고필증·반송신고필증 또는 이를 갈음할 서류를 세관장에게 제출하여야 한다. 다만, 세관장이 다른 자료에 의하여 그 물품이 감면대상에 해당한다는 사실을 인정할 수 있는 경우에는 그러하지 아니하다.[전문개정 2010.3.30.]

2. **우리나라에서 수출된 물품으로서 해외에서 제조 · 가공 · 수리 또는 사용되지 아니하고 수출신고수리일부터 2년 이내에 다시 수입되는 물품에 대해 재수입면세를 받을 수 있는 경우에 관한 설명으로 옳은 것은?** (2014년 관세사 1차 기출)
   ① 해당 물품 또는 원자자에 대하여 관세를 감면받은 물품의 경우 재수입면세를 받을 수 있다.
   ② 보세가공 또는 장치기간경과물품을 재수출조건으로 매각함에 따라 관세가 부과되지 아니한 경우 재수입면세를 받을 수 있다.
   ③ 수출용원재료에 대한 관세등 환급에 관한 특례법에 따른 환급을 받은 물품의 경우 재수입면세를 받을 수 있다.
   ④ 재수입하는 물품에 대하여 관세법에 따른 환급을 받을 수 있는 자가 환급받을 권리를 포기하였음을 증명하는 서류를 재수입하는 자가 세관장에게 제출하는 경우 재수입면세를 받을 수 있다.
   ⑤ 관세법 또는 수출용원재료에 대한 관세 등 환급에 관한 특례법에 따른 환급을 받을 수 있는 자 외의 자가 해당 물품을 재수입하는 경우 재수입면세를 받을 수 있는 것이 원칙이다.

1-③ 2-④

관세법 제99조 재수입면세 적용여부

질의 1: 의류 및 신발류 수출 후 판매부진에 따른 구매거절 사유로 재수입 시 재수입면세 적용여부

회신내용:
우리나라에 수출된 물품으로서 "해외에서 제조 · 가공 · 수리 또는 사용되지 아니하고 수출신고수리일부터 2년 내에 다시 수입되는 물품"으로 수출물품과 재수입물품 간 성질과 형상이 변경되지 않는 등 동일성이 확인되는 경우 재수입면세가 가능함

– 통관기획과–6693, 2010.8.25.

질의 2: 수출자에게 환급청구권이 있는 경우 제3자의 재수입면세 가능여부

질의요지:
000(주)가 수출한 백금 촉매제(Silver Granule)를 제3자인 000(wn)가 정상적인 무역절차로 재수입한 경우, 관세법 제99조의 재수입면세가 가능한지의 여부

회신내용:
질의에 대하여 관세법 제99조제1호에 따른 재수입면세는 이 법 또는 「수출용원재료에 대한 관세 등 환급에 관한 특례법」에 따라 관세를 환급받을 권리가 있는 수출자가 수출한 물품을 제3자가 수입한 경우에는 적용되지 않음

– 통관기획과–7009, 2011.12.30.

질의 3: 시험목적으로 수출한 '링 기어' 열처리후 재수입시 면세가능 여부
질의요지: 질의 물품 링 기어(풍력발전기에 사용되는 베어링의 부품) 열처리 가공설비의 성능 시험을 위해 질의물품(링 기어)을 해외로 반출하여 시험목적으로 열 처리 후 재수입시 면세가능여부

회신내용:
질의한 물품(링 기어)이 비록 시험 목적으로 해외로 반출되어 열처리후 다시 수입된 물품이라고는 하나 열처리 공정은 관세법의 감세)규정상의 가공·수리의 범위에 포함되어 동일상태 재수입으로 인정할 수 없어 관세법 제99조(재수입면세)에 의한 면세대상이 아님
– 통관기획과–595, 2012, 2.7

13) 손상감세(법 제100조)

① 수입신고한 물품이 수입신고가 수리되기 전에 변질 또는 손상된 때에는 대통령령으로 정하는 바에 따라 그 관세를 경감할 수 있다.
② 이 법이나 그 밖의 법률 또는 조약·협정 등에 따라 관세를 감면받은 물품에 대하여 관세를 추징하는 경우 그 물품이 변질 또는 손상되거나 사용되어 그 가치가 떨어졌을 때에는 대통령령으로 정하는 바에 따라 그 관세를 경감할 수 있다.〈개정 2011.12.31.〉[전문개정 2010.12.30.]

(1) 변질·손상 등의 관세경감액(법 시행령 제118조)

법 제100조의 규정에 의하여 경감하는 관세액은 다음 각 호의 관세액 중 많은 금액으로 한다.

1. 수입물품의 변질·손상 또는 사용으로 인한 가치의 감소에 따르는 가격의 저하분에 상응하는 관세액
2. 수입물품의 관세액에서 그 변질·손상 또는 사용으로 인한 가치의 감소 후의 성질 및 수량에 의하여 산출한 관세액을 공제한 차액 변질·손상 또는 사용으로 인한 가치감소의 산정기준은 관세청장이 정할 수 있다.

14) 해외임가공물품 등의 감세(법 제101조)

다음 각 호의 어느 하나에 해당하는 물품이 수입될 때에는 대통령령[16)]으로 정하는 바

16) 제119조(해외임가공물품에 대한 관세경감액)법 제101조제1항에 따라 경감하는 관세액은 다음 각 호와

에 따라 그 관세를 경감할 수 있다(법 제101조제1항).

1. 원재료 또는 부분품을 수출하여 기획재정부령[17]이 정하는 물품으로 제조·가공한 물품
2. 가공 또는 수리할 목적으로 수출한 물품으로서 기획재정부령[18]으로 정하는 기준에 적합한 물품

(1) 적용의 제외

제1항의 물품이 다음 각 호의 어느 하나에 해당하는 경우에는 그 관세를 경감하지 아니한다(법 제101조제2항).

1. 해당 물품 또는 원자재에 대하여 관세의 감면을 받은 경우 다만, 제1항제2호의 경우는 제외한다.
2. 관세법 또는 「수출용원재료에 대한 관세 등 환급에 관한 특례법」에 따른 환급을 받은 경우
3. 보세가공 또는 장치기간경과물품을 재수출조건으로 매각함에 따라 관세가 부과되지 아니한 경우[전문개정 2010.12.30.]

같다.〈개정 2004.3.29, 2015.2.6.〉

1. 법 제101조제1항제1호의 물품: 수입물품의 제조·가공에 사용된 원재료 또는 부분품의 수출신고가격에 당해 수입물품에 적용되는 관세율을 곱한 금액
2. 법 제101조제1항제2호의 물품: 가공·수리물품의 수출신고가격에 해당 수입물품에 적용되는 관세율을 곱한 금액. 다만, 수입물품이 매매계약상의 하자보수보증 기간(수입신고수리 후 1년으로 한정한다) 중에 하자가 발견되거나 고장이 발생하여 외국의 매도인 부담으로 가공 또는 수리하기 위하여 수출된 물품에 대하여는 다음 각 목의 금액을 합한 금액에 해당 수입물품에 적용되는 관세율을 곱한 금액으로 한다.
   가. 수출물품의 수출신고가격
   나. 수출물품의 양륙항까지의 운임·보험료
   다. 가공 또는 수리 후 물품의 선적항에서 국내 수입항까지의 운임·보험료
   라. 가공 또는 수리의 비용에 상당하는 금액

17) ① 법 제101조제1항제1호의 규정에 의하여 관세가 감면되는 물품은 법 별표 관세율표 제85류 및 제90류중 제9006호에 해당하는 것으로 한다.〈개정 2002.5.10.〉

18) ② 법 제101조제1항제2호에서 "기획재정부령으로 정하는 기준에 적합한 물품"이란 가공 또는 수리하기 위하여 수출된 물품과 가공 또는 수리 후 수입된 물품의 품목분류표상 10단위의 품목번호가 일치하는 물품을 말한다. 다만, 수율·성능 등이 저하되어 폐기된 물품을 수출하여 용융과정 등을 거쳐 재생한 후 다시 수입하는 경우와 제품의 제작일련번호 또는 제품의 특성으로 보아 수입물품이 우리나라에서 수출된 물품임을 세관장이 확인할 수 있는 물품인 경우에는 품목분류표상 10단위의 품목번호가 일치하지 아니하더라도 법 제101조제1항제2호에 따라 관세를 경감할 수 있다.〈개정 2008.12.31, 2009.3.26, 2011.4.1, 2016.3.9.〉

해외임가공물품 등의 감세 적용 여부

24K금 쥬얼리 해외임가공 재수입시 감면여부

질의요지:

이태리와 임가공계약을 채결하고 24K금 쥬얼리(HSK7113.19-2000)를 수출하여 해외에서 금을 정련하여 동일세번의 18K 또는 14K금 쥬얼리(HSK7113.19-2000)를 만들어 재수입시 해외임가공 감면여부

회신내용:

쟁점 질의 사안과 같이 24K금 쥬얼리를 수출하여 해외에서 정련하여 새로운 18K금 또는 14K금 쥬얼리를 만들어 수입하는 것은

① 수출물품과 수입물품의 HSK10단위는 일치하지만 동일성을 확인할 수 없는 '제조공정'으로 '가공'의 범위에 해당하지 않아

② 관세법 제 101조의 제1항제2호의 해외임가공 감면대상에 해당되지 않음

– 통관기획과-6432, 2011.12.1.

15) 시설대여업자에 대한 감면 등(법 제105조)

① 「여신전문금융업법[19]」에 따른 시설대여업을 하는 자가 관세법에 따라 관세가감면되거나 분할납부되는 물품을 수입할 때에는 제19조(원칙적 납세의무자)에도 불구하고 대여시설 이용자를 납세의무자로 하여 수입신고를 할 수 있다. 이 경우 납세의무자는 대여시설 이용자가 된다.〈개정 2016.3.29.〉

② 제1항에 따라 관세를 감면받거나 분할납부를 승인받은 물품에 대하여 관세를 징수하는 경우 납세의무자인 대여시설 이용자로부터 관세를 징수할 수 없을 때에는 시설대여업자로부터 징수한다.[전문개정 2010.12.30.]

1. **다음은 관세법상 관세감면제도에 대한 설명이다. 그 설명으로 가장 옳지 않은 것은?**

   ① 우리나라의 거주자에게 수여된 훈장·기장 또는 이에 준하는 표창장 및 상패는 소액물품 등의 면세에 따라 그 관세를 면제한다.

   ② 우리나라에서 수출된 물품으로서 해외에서 제조·가공·수리 또는 사용되지 아니하고 수출신고수리일로부터 2년 내에 다시 수입되는 물품의 경우 관세를 면제하며 이것을 재수입면세라고 한다.

19) 시설대여업에 대하여 제3조제2항에 따라 금융위원회에 등록한 자를 말한다(제2조10의2).

③ 수출물품의 용기로서 다시 수입하는 물품에 대하여는 재수입면세 대상이 아니다.
④ 국제적인 회의·회합 등에서 사용하기 위한 수입 물품을 수입신고수리일로부터 1년의 범위 내에서 세관장이 정하는 기간 내에 다시 수출하는 경우에 재수출면세 대상이 된다.
⑤ 무조건 감면은 사후관리가 필요 없으나 조건부 감면은 3년의 범위 내에 사후관리 기간 동안 사후관리가 뒤따르며 사후관리 규정 위반시 감면된 관세는 추징된다.

2. 관세법상 관세의 감면에 관한 설명으로 옳은 것은? (2016년 관세사 1차 기출)

① 동식물의 번식·양식 및 종자개량을 위한 물품 중 대통령령으로 정하는 물품은 관세를 면제할 수 있다.
② 상용견품 또는 광고용품으로서 기획재정부령으로 정하는 물핌이 수입될 때에는 그 관세를 면제할 수 있다.
③ 수입신고한 물품이 수입신고가 수리되기 전에 변질되거나 손상되었을 때에는 기획재정부령으로 정하는 바에 따라 관세를 경감할 수 있다.
④ 학술연구용품의 관세를 감면하는 경우 그 감면율은 대통령령으로 한다.
⑤ 여행자가 휴대품 또는 별송품을 대통령령으로 정하는 방법으로 자진신고하는 경우에는 30만원을 넘지 아니하는 범위에서 해당물품에 부과될 관세의 100분의 40에 상당하는 금액을 경감할 수 있다.

3. 관세법상 수입시 관세를 면제할 수 있는 물품으로서 옳지 않은 것은?
(2016년 관세사 1차 기출)

① 외국에 주둔하는 국군이나 재외공관으로부터 반환된 공용품
② 핵사고 또는 방사는 긴급사태 시 그 복구지원과 구호를 목적으로 외국으로부터 기증되는 물품으로서 대통령령으로 정하는 물품
③ 국가정보원장 또는 그 위임을 받은 자가 국가의 안전보장 목적의 수행상 긴요하다고 인정하여 수입하는 물품
④ 우리나라의 선박이나 항공기가 해외에서 사고로 발생한 피해를 복구하기 위하여 외국의 보험회사 또는 외국의 가해자의 부담으로 하는 수리부분에 해당하는 물품
⑤ 피상속인이 사망하여 국내에 주소를 둔 자에게 상속되는 피상속인의 신변용품

1-③ 2-② 3-④

3. 관세감면물품의 사후관리(법 제102조)

1) 사후관리의 대상

조건부 감면대상물품인 세율불균형물품 면세, 학술연구용품 등 감면세, 종교용품 · 자선용품 · 장애자용품 면세, 특정물품 면세, 환경오염방지물품 등은 사후관리대상물품이다.

2) 사후관리 기간

제89조부터 제91조까지와 제93조 및 제95조에 따라 관세를 감면 받은 물품은 수입신고 수리일부터 3년의 범위에서(재수출면세 및 재수출감면세의 경우 규정된 기간 내) 대통령령으로 정하는 기준에 따라 관세청장이 정하는 기간 내에는 그 감면 받은 용도외의 다른 용도로 사용하거나 양도(임대 포함)할 수 없다. 다만, 기획재정부령이 정하는 물품과 대통령령이 정하는 바에 의하여 미리 세관장의 승인을 얻은 물품의 경우에는 그러하지 아니하다(법 제102조제1항).

3) 감면된 관세의 징수

다음 각 호의 어느 하나에 해당하면 그 용도 외의 다른 용도로 사용한 자나 그 양도인(임대인을 포함)으로부터 감면된 관세를 즉시 징수하며, 양도인으로부터 해당 관세를 징수할 수 없을 때에는 양수인(임차인을 포함)으로부터 감면된 관세를 징수한다. 다만, 재해나 그 밖의 부득이한 사유로 멸실되었거나 미리 세관장의 승인을 받아 폐기하였을 때에는 그러하지 아니하다(법 제102조제2항).

1. 관세를 감면 받은 물품을 규정된 기간에 감면 받은 용도 외의 다른 용도로 사용한 경우
2. 관세를 감면 받은 물품을 규정된 기간에 감면 받은 용도 외의 다른 용도로 사용하고자 하는 자에게 양도한 경우

4. 관세감면물품의 감면 용도외 사용(법 제103조)

1) 관세의 경감

법령, 조약, 협정 등에 따라 관세를 감면받은 물품을 감면받은 용도 외의 다른 용도로

사용하거나 감면받은 용도 외의 다른 용도로 사용하려는 자에게 양도하는 경우(해당 물품을 다른 용도로 사용하는 자나 해당 물품을 다른 용도로 사용하기 위하여 양수하는 자가 그 물품을 다른 용도로 사용하기 위하여 수입하는 경우에는 그 물품에 대하여 법령 또는 조약, 협정 등에 따라 관세를 감면받을 수 있는 경우로 한정한다)에는 대통령령으로 정하는 바에 따라 제83조제3항, 제88조제3항, 제97조제3항, 제98조제2항, 제102조제2항 또는 제109조제2항에 따라 징수하여야 하는 관세를 감면할 수 있다. 다만, 관세법 외의 법령, 조약, 협정 등에 따라 그 감면된 관세를 징수할 때에는 그러하지 아니하다(법 제103조제1항).〈개정 2011.12.31.〉

2) 관세의 감면

제98조제2항과 제102조제1항에도 불구하고 제90조, 제93조, 제95조 또는 제98조에 따라 관세를 감면받은 물품은 「대 · 중소기업 상생협력 촉진에 관한 법률」 제2조제4호에 따른 수탁 · 위탁거래의 관계에 있는 기업에 양도할 수 있으며, 이 경우 제98조제2항과 제102조제2항에 따라 징수할 관세를 감면할 수 있다. 다만, 이 법 외의 법령, 조약, 협정 등에 따라 그 감면된 관세를 징수할 때에는 그러하지 아니하다(법 제103조제2항).

3) 사후관리기간의 산정

제1항과 제2항에 따라 관세를 감면받은 경우 그 사후관리기간은 당초의 수입신고 수리일부터 계산한다(법 제103조제3항).

제2절 관세환급 (법 제46조 및 제106조~제109조)

1. 관세환급의 의의

"관세환급"이란 수입신고 시에 세관에서 일단 징수한 관세 등을 특정한 요건에 해당하면 그 전액 또는 일부를 되돌려주는 것을 말한다. 이에는 관세법상의 관세환급과 관세환급특례법상의 관세환급이 있다.

본 절에서는 관세법상 관세환급만 다루도록 한다.

그림 5-2. 관세환급의 종류

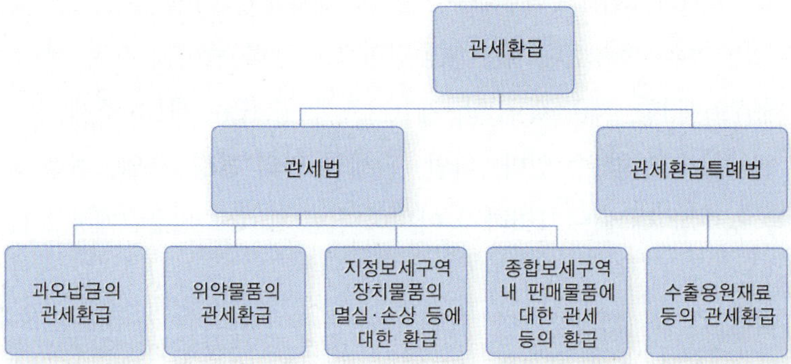

1) 관세환급의 목적

관세환급의 목적은 관세법상 환급과 「수출용원재료 등 환급에 관한 특례법」(약칭: 관세환급특례법)의 관세환급으로 나누어 볼 수 있다. 관세법상의 환급은 납세의무의 형평과 징수행정의 공정성을 확보하기 위한 목적으로 만들어졌으며 「관세환급특례법」상 관세환급은 수출입물품에 대한 관세부담의 경감을 통하여 효과적인 수출을 지원하기 위한 것이다.

2. 관세법에 의한 관세환급

1) 과오납금의 관세환급

"과오납금의 관세환급"이란 업무상의 착오로 인하여 관세, 가산금, 가산세 또는 체납처분비를 원래 납부할 세금보다 과다하게 납부한 것을 사후에 발견하고 이를 납세의무자에게 되돌려 주는 것을 말한다.

이에 대한 청구가 있을 때는 세관장은 지체 없이 환급하여야 하며, 납세의무자가 청구하지 않더라도 환급해야 한다. 또한, 환급청구권은 제3자에게 양도가 가능하다.

2) 계약 내용과 다른 물품 등에 대한 관세 환급(법 제106조)

(1) 위약물품의 관세환급

수입신고가 수리된 물품이 계약내용과 다르고 수입신고 당시의 성질이나 형태가 변경되지 아니한 경우 해당 물품이 수입신고 수리일부터 1년 이내에 다음에 해당하면 그 관세를 환급한다(법 제106조제1항). <개정 2011.12.31.>

1. 외국으로부터 수입된 물품: 보세구역(제156조제1항에 따라 세관장의 허가를 받았을 때에는 그 허가받은 장소를 포함)에 이를 반입하였다가 다시 수출하였을 것. 이 경우 수출은 수입신고 수리일부터 1년이 지난 후에도 할 수 있다.
2. 보세공장에서 생산된 물품: 보세공장에 이를 다시 반입하였을 것

제1항에 따른 수입물품으로서 세관장이 환급세액을 산출하는 데에 지장이 없다고 인정하여 승인한 경우에는 그 수입물품의 일부를 수출하였을 때에도 제1항에 따라 그 관세를 환급할 수 있다(법 제106조제2항).

(2) 위약물품의 폐기에 따른 관세환급(법 제106조제3항)

제1항과 제2항에 따른 수입물품의 수출을 갈음하여 이를 폐기하는 것이 부득이하다고 인정하여 그 물품을 수입신고 수리일부터 1년 내에 보세구역에 반입하여 미리 세관장의 승인을 받아 폐기하였을 때에는 그 관세를 환급한다.

(3) 지정보세구역에 장치 중 멸실·변질 또는 손상에 따른 관세환급

수입신고가 수리된 물품이 수입신고 수리 후에도 지정보세구역에 계속 장치되어 있는 중에 재해로 멸실되거나 변질 또는 손상되어 그 가치가 떨어졌을 때에는 대통령령으로 정하는 바에 따라 그 관세의 전부 또는 일부를 환급할 수 있다(법 제106조제4항).

(4) 관세부과의 취소

제1항부터 제4항까지의 규정을 적용할 때 해당 수입물품에 대한 관세의 납부기한이 종료되기 전이거나 징수유예 중 또는 분할납부기간이 끝나지 아니하여 해당 물품에 대한 관세가 징수되지 아니한 경우에는 세관장은 해당 관세의 부과를 취소할 수 있다(법 제106조제5항). <개정 2013.1.1.>

(5) 준용

제1항부터 제4항까지에서 규정한 관세의 환급에 관하여는 제46조와 제47조를 준용한다.[전문개정 2010.12.30.]

3) 수입한 상태 그대로 수출되는 자가사용물품에 대한 관세 환급(제106조의2)

수입신고가 수리된 개인의 자가사용물품이 수입한 상태 그대로 수출되는 경우로서 다음 각 호의 어느 하나에 해당하는 경우에는 수입할 때 납부한 관세를 환급한다. 이 경우 수입한 상태 그대로 수출되는 경우의 기준은 대통령령으로 정한다.

1. 수입신고 수리일부터 6개월 이내에 보세구역에 반입하였다가 다시 수출하는 경우
2. 수입신고 수리일부터 6개월 이내에 관세청장이 정하는 바에 따라 세관장의 확인을 받고 다시 수출하는 경우

제1항에 따른 관세의 환급 관하여는 법 제46조, 제47조 및 제106조제2항・제5항을 준용한다.[본조신설 2015.12.15.]

관세법 시행령[시행 2017.7.26.] [대통령령 제28211호, 2017.7.26., 타법개정]
제124조의2(수입한 상태 그대로 수출되는 자가사용물품에 대한 관세 환급)
① 법 제106조의2제1항 전단에 따른 수입한 상태 그대로 수출되는 자가사용물품은 다음 각 호의 요건을 모두 갖춘 물품으로 한다.
  1. 해당 물품이 수입신고 당시의 성질 또는 형태가 변경되지 아니한 상태로 수출될 것
  2. 해당 물품이 국내에서 사용된 사실이 없다고 세관장이 인정할 것
② 법 제106조의2제1항에 따라 관세의 환급을 받으려는 자는 해당 물품의 품명・규격・수량・수입신고연월일・수입신고번호와 환급받으려는 관세액을 적은 신청서에 다음 각 호의 서류를 첨부하여 세관장에게 제출하여야 한다.
  1. 해당 물품의 수입신고필증
  2. 해당 물품의 수출신고필증 또는 이를 갈음하는 세관의 증명서
③ 법 제106조의2제1항에 따라 환급하는 관세액은 다음 각 호의 구분에 따른 금액으로 한다.
  1. 물품을 전부 수출하는 경우: 이미 납부한 관세의 전액
  2. 물품의 일부를 수출하는 경우: 그 일부 물품에 해당하는 관세액[본조신설 2016.2.5.]

1. 관세법상 수입한 상태 그대로 수출되는 자가사용물품에 대한 관세환급에 관한 설명으로 옳은 것은? (2017년 관세사 1차 기출)
  ① 수입신고가 수리된 개인의 자가사용물품이 수입한 상태 그대로 수출되는 경우로서 수입신고일부터 1년이내에 보세구역에 반입하였다가 다시 수출하는 경우에는

수입할 때 납부한 관세를 환급한다.

② 수입신고가 수리된 개인의 자가사용물품이 수입한 상태 그대로 수출되는 경우로서 수입신고일부터 6개월 관세청장이 정하는 바에 따라 세관장의 확인을 받고 다시 수출하는 경우에는 수입할 때 납부한 관세를 환급한다.

③ 자가사용물품은 해당 물품이 국내에서 사용된 사실이 없다고 세관장이 인정하지 않아도 해당물품이 수입신고 당시의 성질 또는 형태가 변경되지 아니한 상태로 수출되면 수입할 때 납부한 관세를 환급한다.

④ 수입한 상태 그대로 수출되는 자가사용물품에 대한 관세 환급에 관하여는 관세법 제47조(과다환급관세의 징수)를 준용한다.

⑤ 자가사용물품을 수입한 상태 그대로 전부 수출하는 경우에는 이미 납부한 관세액에서 내국세와 행정비용을 제외한 금액을 환급한다.

2. 관세법상 관세환급금의 환급 등에 관한 설명으로 옳지 않은 것은?

(2017년 관세사 1차 기출)

① 관세법상 납세의무자가 환급을 청구한 경우에 한하여 환급될 수 있다.

② 납세의무자의 관세환급금에 관한 권리는 일신전속적인 권리로서 제3자에게 양도할 수 없다.

③ 세관장은 납세의무자가 관세의 과완ㅂ금의 환급을 청구한 때에는 30일 이내에 이를 과세환급금으로 결정하고, 지체없이 환급하여야 한다.

④ 관세환급금의 환급은 국가재정법 제17조에도 불구하고 대통령령으로 정하는 바에 따라 한국은행법에 따른 한국은행의 해당세관장의 소관 세입금에서 지급한다.

⑤ 세관장은 관세환급금의 호나급에 있어서 그 환급액이 과다한 것을 알게 되었을 때에는 해당 관세환급금을 지급받은 자로부터 과다지급된 금액을 징수할 수 있으나, 이에 가산금을 더할 수는 없다.

1-② 1-④

제3절 관세의 분할납부 (법 제107조~제108조)

1. 분할납부

1) 분할납부의 의의

관세의 분할납부는 납부기한에 관세의 전액을 납부하는 것이 아니라 최장 수입일로부터 5년 이내의 기간을 정하여 분할하여 납부할 수 있도록 한 것이다.

"세관장은 천재지변이나 그 밖에 대통령령으로 정하는 사유로 이 법에 따른 신고, 신청, 청구, 그 밖의 서류의 제출, 통지, 납부 또는 징수를 정하여진 기한까지 할 수 없다고 인정될 때에는 1년을 넘지 아니하는 기간을 정하여 대통령령으로 정하는 바에 따라 관세를 분할하여 납부하게 할 수 있다."라고 법 제107조제1항에 규정하고 있다.

2) 분할납부제도의 목적

"분할납부"란 관세에 대한 부담을 일정한 기간 나누어 납부함으로써 일시적 자금 부담을 완화하는 것으로서 중소제조업체의 지원, 정부 또는 지방자치단체의 사업, 학교・훈련원・연구소・비영리법인의 공익사업 등에 쓰이는 특정 물품의 수입을 지원하기 위한 것이다.

2. 분할납부 승인 대상물품

다음 각 호의 어느 하나에 해당하는 물품이 수입될 때에는 세관장은 기획재정부령으로 정하는 바에 따라 5년을 넘지 아니하는 기간을 정하여 관세의 분할납부를 승인할 수 있다(법 제107조2항).

1. 시설기계류・기초설비품・건설용재료 및 그 구조물과 공사용장비로서 기획재정부장관이 고시하는 물품. 다만, 기획재정부령이 정하는 업종에 소요되는 물품은 제외한다.
2. 정부 또는 지방자치단체가 수입하는 물품으로서 기획재정부령이 정하는 물품
3. 학교 또는 직업훈련원에서 수입하는 물품 및 비영리법인이 공익사업을 위하여 수입하는 물품으로서 기획재정부령이 정하는 물품
4. 의료기관 등 기획재정부령이 정하는 사회복지기관 및 시설에서 수입하는 물품 중 기획재정부장관이 고시하는 물품
5. 기획재정부령이 정하는 기업부설연구소・산업기술연구조합 및 비영리법인인 연구기관 기타 이와 유사한 연구기관에서 수입하는 기술개발연구용품 및 실험실습용품 중 기획재정부장관이 고시하는 물품
6. 기획재정부령이 정하는 중소제조업체가 직접 사용하기 위하여 수입하는 물품. 다만, 기획재정부령이 정하는 기준에 적합한 물품이어야 한다.

7. 기획재정부령이 정하는 기업부설 직업훈련원에서 직업훈련에 직접 사용하기 위하여 수입하는 교육용품 및 실험실습용품 중 국내 제작이 곤란한 물품으로서 기획재정부장관이 고시하는 물품

1) 중소기업의 관세분할납부의 요건(법 시행규칙 제59조)

법 제107조제2항제1호의 규정에 의하여 관세를 분할납부할 수 있는 물품은 다음 각호의 요건을 갖추어야 한다(법 시행규칙 제59조제1항). 〈개정 2002.5.10., 2005.2.11.〉

1. 법 별표 관세율표에서 부분품으로 분류되지 아니할 것
2. 법 기타 관세에 관한 법률 또는 조약에 의하여 관세를 감면받지 아니할 것
3. 당해 관세액이 500만원 이상일 것. 다만, 「중소기업기본법」 제2조제1항의 규정에 의한 중소기업이 수입하는 경우에는 100만원 이상일 것
4. 법 제51조 내지 제72조의 규정을 적용받는 물품이 아닐 것

법 제107 제2항제6호의 규정에 의하여 관세를 분할납부할 수 있는 물품은 법 별표 관세율표 제84류・제85류 및 제90류에 해당하는 물품으로서 다음 각호의 요건을 갖추어야 한다(법 시행규칙 제59조제4항). 〈개정 2002.5.10.〉

1. 법 기타 관세에 관한 법률 또는 조약에 의하여 관세의 감면을 받지 아니할 것
2. 당해 관세액이 100만원 이상일 것
3. 법 제51조 내지 제72조의 규정을 적용받는 물품이 아닐 것
4. 국내에서 제작이 곤란한 물품으로서 당해 물품의 생산에 관한 사무를 관장하는 주무부처의 장 또는 그 위임을 받은 기관의 장이 확인한 것일 것

법 제107조제2항제2호 내지 제5호 및 제7호의 규정에 의하여 관세를 분할납부할 수 있는 물품은 법 기타 관세에 관한 법률 또는 조약에 의하여 관세를 감면받지 아니한 것이어야 한다(법 시행규칙 제59조제5항).

1. ㈜ 한국무역은 법규상 중소제조업체에 해당된다. 이번에 자사에서 직접 사용하기 위해 대만에서 기계류를 수입하면서 수입 시에 관세 분할납부 신청을 하였다. ㈜ 한국무역이 관세 분할납부 승인을 받기 위한 조건이 아닌 것은?

(2017년 제40회 국제무역사 1급 기출)

① 관세법에 따른 다른 관세를 감면받지 아니할 것
② 당해 관세액이 500만원 이상일 것

③ 국내에서 제작이 곤란한 물품이라고 당해 물품의 생산에 관한 사무를 관장하는 주무부처의 장이 확인한 것일 것
④ 관세율표 제84류 · 제85류 및 제90류에 해당하는 물품

1-②

2) 분할납부 해당 물품의 용도변경 또는 물품의 양도

제2항에 딸라 관세의 분할납부를 승인받은 자가 해당 물품의 용도를 변경하거나 그 물품을 양도하려는 경우에는 미리 세관장의 승인을 받아야 한다(법 제107조제3항).

관세의 분할납부를 승인받은 물품을 동일한 용도로 사용하려는 자에게 양도한 경우에는 그 양수인이 관세를 납부하여야 하며, 해당 용도 외의 다른 용도로 사용하려는 자에게 양도한 경우에는 그 양도인이 관세를 납부하여야 한다. 이 경우 양도인으로부터 해당 관세를 징수할 수 없을 때에는 그 양수인으로부터 징수한다(법 제107조제5항).

3) 법인의 합병 · 분할 · 분할합병 또는 해산 · 파산선고

관세의 분할납부를 승인받은 법인이 합병 · 분할 · 분할합병 또는 해산을 하거나 파산선고를 받은 경우 또는 관세의 분할납부를 승인받은 자가 파산선고를 받은 경우에는 제6항부터 제8항까지의 규정에 따라 그 관세를 납부하여야 하는 자는 지체 없이 그 사유를 세관장에게 신고하여야 한다(법 제107조제4항).

관세의 분할납부를 승인받은 법인이 합병 · 분할 또는 분할합병된 경우에는 합병 · 분할 또는 분할합병 후에 존속하거나 합병 · 분할 또는 분할합병으로 설립된 법인이 연대하여 관세를 납부하여야 한다(법 제107조제6항).

관세의 분할납부를 승인받은 자가 파산선고를 받은 경우에는 그 파산관재인이 관세를 납부하여야 한다(법 제107조제7항).

관세의 분할납부를 승인받은 법인이 해산한 경우에는 그 청산인이 관세를 납부하여야 한다(법 제107조제8항).

4) 미납부한 관세의 징수

다음 각 호의 어느 하나에 해당하는 경우에는 납부하지 아니한 관세의 전액을 즉시 징수한다.(법 제107조제9항)

1. 관세의 분할납부를 승인받은 물품을 제2항에서 정한 기간에 해당 용도 외의 다른

용도로 사용하거나 해당 용도 외의 다른 용도로 사용하려는 자에게 양도한 경우

2. 관세를 지정된 기한까지 납부하지 아니한 경우. 다만, 관세청장이 부득이한 사유가 있다고 인정하는 경우는 제외한다.

3. 파산선고를 받은 경우

4. 법인이 해산한 경우[전문개정 2010.12.30.]

1. 관세법상 관세의 분할납부 승인받은 자로부터 납부하지 아니한 관세의 전액을 즉시 징수하는 경우가 아닌 것은? (2017년 관세사 1차 기출)

① 관세의 분할납부를 승인받은 물품을 분할납부기간에 해당 용도 외의 다른 용도로 사용하거나 해당 용도 외의 다른 용도로 사용하려는 자에게 양도한 경우

② 관세를 지정된 기한까지 납부하지 아니한 경우(다만, 관세청장이 부득이한 사유가 있다고 인정하는 경우는 제외)

③ 파산선고를 받은 경우

④ 법인이 분할 한 경우

⑤ 법인이 해산한 경우

2. 관세법상 관세의 환급 및 분할납부에 관한 설명으로 옳지 않은 것은?

(2016년 관세사 1차 기출)

① 세관장은 천재지변이나 그 밖에 대통령령으로 정하는 사유로 이 법에 따른 신고, 신청, 청구, 그 밖의 서류의 제출, 통지, 납부 또는 징수를 정하여진 기한까지 할 수 없다고 인정될 때에는 1년을 넘지 아니하는 기간을 정하여 대통령령으로 정하는 바에 따라 관세를 분할하여 납부하게 할 수 있다

② 정부나 지방자치단체가 수입하는 물품으로서 기획재정부령이 정하는 물품이 수입될 때에는 세관장은 기획재정부령으로 정하는 바에 따라 5년을 넘지 아니하는 기간을 정하여 관세의 분할납부를 승인할 수 있다.

③ 관세의 분할납부를 승인받은 물품을 동일한 용도로 사용하려는 자에게 양도한 경우에는 그 양수인이 관세를 납부하여야 하며, 해당 용도 외의 다른 용도로 사용하려는 자에게 양도한 경우에는 그 양도인이 관세를 납부하여야 한다. 이 경우 양도인으로부터 해당 관세를 징수할 수 없을 때에는 그 양수인으로부터 징수한다.

④ 학교나 직업훈련원에서 수입하는 물품과 비영리법인이 공익사업을 위하여 수입될 애에는 세관장은 대통령령으로 정하는 바에 따라 7년을 넘지 아니하는 기간을 정하여 관세의 분할납부를 승인할 수 있다.

⑤ 관세의 분할납부를 승인 받은 자가 파산선고를 받은 경우에는 그 파산관재인이 관세를 납부하여야 한다.

1-⑤ 2-④

3. 담보제공 및 사후관리(법 제108조)

1) 담보의 제공

세관장은 필요하다고 인정될 때에는 대통령령으로 정하는 범위에서 관세청장이 정하는 바에 따라 관세법이나 그 밖의 법령·조약·협정 등에 따라 관세를 감면받거나 분할납부를 승인받은 물품에 대하여 그 물품을 수입할 때에 감면받거나 분할납부하는 관세액(제97조제4항 및 제98조제2항에 따른 가산세는 제외한다)에 상당하는 담보를 제공하게 할 수 있다(법 제108조제1항).

2) 사후관리

(1) 사후관리의 서류제출

이 법이나 그 밖의 법률·조약·협정 등에 따라 용도세율을 적용받거나 관세의 감면 또는 분할납부를 승인받은 자는 대통령령으로 정하는 바에 따라 해당조건의 이행여부를 확인하는 데에 필요한 서류를 세관장에게 제출하여야 한다(법 제108조제3항).

(2) 사후관리의 위탁

관세청장은 제2항에 따른 조건의 이행여부를 확인하기 위하여 필요할 때에는 대통령령으로 정하는 바에 따라 해당 물품의 사후관리에 관한 사항을 주무부장관에게 위탁할 수 있다(법 제108조제3항).

(3) 사후관리의 종결

용도세율을 적용받거나 관세를 감면받은 물품을 세관장의 승인을 받아 수출한 경우에는 이 법을 적용할 때 용도 외의 사용으로 보지 아니하고 사후관리를 종결한다. 다만, 용도세율을 적용받거나 관세를 감면받은 물품을 가공하거나 수리할 목적으로 수출한 후 다시 수입하거나 해외시험 및 연구를 목적으로 수출한 후 다시 수입하여 제99조제3호 또는 제101조제1항제2호에 따른 감면을 받은 경우에는 사후관리를 계속한다(법 제108조제4항).[전문개정 2010.12.30.]

4. 다른 법령 등에 따른 감면물품의 관세징수(법 제109조)

① 이 법 외의 법령이나 조약·협정 등에 따라 관세가 감면된 물품을 그 수입신고 수리일부터 3년 내에 해당 법령이나 조약·협정 등에 규정된 용도 외의 다른 용도로 사용하거나 양도하려는 경우에는 세관장의 확인을 받아야 한다. 다만, 해당 법령이나 조약·협정 등에 다른 용도로 사용하거나 양도한 경우에 해당 관세의 징수를 면제하는 규정이 있을 때에는 그러하지 아니하다.〈개정 2011.12.31.〉

② 제1항에 따라 세관장의 확인을 받아야 하는 물품에 대하여는 해당 용도 외의 다른 용도로 사용한 자 또는 그 양도를 한 자로부터 감면된 관세를 즉시 징수하여야 하며, 양도인으로부터 해당 관세를 징수할 수 없을 때에는 그 양수인으로부터 감면된 관세를 즉시 징수한다. 다만, 그 물품이 재해나 그 밖의 부득이한 사유로 멸실되었거나 미리 세관장의 승인을 받아 그 물품을 폐기하였을 때에는 예외로 한다.

제6장 납세자의 권리제도

제1절 납세자의 권리(법 제110조~제118조)

1. 납세자권리헌장의 제정 및 교부

1) 납세자권리헌장의 제정(법 제110조제1항)

관세청장은 제111조(관세조사권 남용금지)부터 제116조(비밀유지)까지, 제116조의2(고액·상습체납자의 명단 공개) 및 제117조(정보의 제공)에서 규정한 사항과 그 밖에 납세자의 권리보호에 관한 사항을 포함하는 납세자권리헌장을 제정하여 고시하여야 한다.

2) 납세자권리헌장의 교부(법 제110조제2항)

세관공무원은 다음 각 호의 어느 하나에 해당하는 경우에는 납세자권리헌장의 내용이 수록된 문서를 납세자에게 내주어야 한다. 〈개정 2011.12.31., 2017.12.19.〉

1. 제283조에 따른 관세범(「수출용원재료에 대한 관세 등 환급에 관한 특례법」 제23조제1항에 따른 부정환급을 포함)에 관한 조사를 하는 경우
2. 관세의 과세표준과 세액의 결정 또는 경정을 위하여 납세자를 방문 또는 서면으로 조사(제110조의2에 따른 통합조사를 포함, "관세조사")하는 경우
3. 그 밖에 대통령령으로 정하는 ① 징수권의 확보를 위하여 압류를 하는 경우, ② 보세판매장에 대한 조사를 하는 경우 등

3) 납세자권리헌장의 교부예외

세관공무원은 납세자를 긴급히 체포·압수·수색하는 경우 또는 현행범인 납세자가 도주할 우려가 있는 등 조사목적을 달성할 수 없다고 인정되는 경우에는 납세자권리헌장을 내주지 아니할 수 있다(법 제110조제3항).

2. 통합조사의 원칙

세관공무원은 특정한 분야만을 조사할 필요가 있는 등 대통령령으로 정하는 경우를 제외하고는 신고납부세액과 이 법 및 다른 법령에서 정하는 수출입 관련 의무 이행과 관련하여 그 권한에 속하는 사항을 통합하여 조사하는 것을 원칙으로 한다(법 제110조의2). [본조신설 2011.12.31.]

1) 통합조사 원칙의 예외(법 시행령 제135조의2)

① 세금탈루 혐의, 수출입 관련 의무위반 혐의, 수출입업자 등의 업종·규모 등을 고려하여 특정 사안만을 조사할 필요가 있는 경우

② 조세채권의 확보 등을 위하여 긴급히 조사할 필요가 있는 경우

③ 그 밖에 조사의 효율성, 납세자의 편의 등을 고려하여 특정 분야만을 조사할 필요가 있는 경우로서 기획재정부령으로 정하는 경우[본조 신설 2012.2.2.]

3. 관세조사 대상자 선정(법 제110조의3)

1) 정기선정

세관장은 다음 각 호의 어느 하나에 해당하는 경우에 정기적으로 신고의 적정성을 검증하기 위하여 대상을 선정("정기선정")하여 조사를 할 수 있다. 이 경우 세관장은 객관적 기준에 따라 공정하게 그 대상을 선정하여야 한다.

1. 관세청장이 수출입업자의 신고내용에 대하여 정기적으로 성실도를 분석한 결과 불성실 혐의가 있다고 인정하는 경우
2. 최근 4년 이상 조사를 받지 아니한 납세자에 대하여 업종, 규모 등을 고려하여 대통령령으로 정하는 바에 따라 신고내용이 적정한지를 검증할 필요가 있는 경우

3. 무작위추출방식으로 표본조사를 하려는 경우

2) 정기선정에 의한 조사외의 조사

세관장은 정기선정에 의한 조사 외에 다음 경우에는 조사를 할 수 있다(법 제110조의3 제2항). 〈개정 2013.8.13.〉

1. 납세자가 관세법에서 정하는 신고 · 신청, 과세자료의 제출 등의 납세협력의무를 이행하지 아니한 경우
2. 수출입업자에 대한 구체적인 탈세제보 등이 있는 경우
3. 신고내용에 탈세나 오류의 혐의를 인정할 만한 자료가 있는 경우

3) 부과고지를 하는 경우의 조사

세관장은 제39조제1항에 따라 부과고지를 하는 경우 과세표준과 세액을 결정하기 위한 조사를 할 수 있다(법 제110조의3 제3항).

4) 미조사

세관장은 최근 2년간 수출입신고 실적이 일정금액 이하인 경우 등 대통령령으로 정하는 요건을 충족하는 자에 대해서는 정기선정에 따른 조사를 하지 아니할 수 있다. 다만, 객관적인 증거자료에 의하여 과소 신고한 것이 명백한 경우에는 그러하지 아니하다(법 제110조의3 제4항). [본조신설 2011.12.31.]

(1) 소규모 성실사업자에 대한 관세조사 면제요건(법 시행령 제135조의4)

법 제110조의3 제4항 본문에 따라 다음의 요건을 모두 충족하는 자에 대해서는 같은 조제1항에 따른 조사를 하지 아니할 수 있다. 〈개정 2017.3.27.〉 다만, 객관적인 증거자료에 의하여 과소 신고한 것이 명백한 경우에는 그러하지 아니하다. [본조신설 2011.12.31.]

1. 최근 2년간 수출입신고 실적이 30억원 이하일 것
2. 최근 4년 이내에 다음의 어느 하나에 해당하는 사실이 없을 것
   가. 수출입 관련 법령을 위반하여 통고처분을 받거나 벌금형 이상의 형의 선고를 받은 사실
   나. 관세 및 내국세를 체납한 사실

다. 법 제38조의3 제6항에 따라 신고납부한 세액이 부족하여 세관장으로부터 경정을 받은 사실[본조신설 2012.2.2.]

(2) 장기 미조사자에 대한 관세조사 기준(법 시행령 제135조의3)

법 제110조의3 제1항제2호에 따라 실시하는 조사는 수출입업자 등의 업종, 규모, 이력 등을 고려하여 관세청장이 정하는 기준에 따른다.[본조신설 2012.2.2.]

4. 납세자권리헌장의 내용

1) 관세조사권 남용 금지(법 제111조제1항~2항)

(1) 관세조사권 남용금지의 의의

세관공무원은 적정하고 공평한 과세를 실현하고 통관의 적법성을 보장하기 위하여 필요한 최소한의 범위에서 관세조사를 하여야 하며 다른 목적 등을 위하여 조사권을 남용하여서는 아니 된다.

(2) 중복조사금지의 예외

세관공무원은 다음 각 호의어느 하나에 해당하는 경우를 제외하고는 해당 사안에 대하여 이미 조사받은 자를 다시 조사할 수 없다.〈개정 2017.12.19.〉

1. 관세포탈 등의 혐의를 인정할 만한 명백한 자료가 있는 경우
2. 이미 조사받은 자의 거래상대방을 조사할 필요가 있는 경우
3. 제118조제4항제2호 후단 또는 제128조제1항제3호후단(제132조제4항 본문에서 준용하는 경우를 포함)에 따른 재조사 결정에 따라 재조사를 하는 경우(결정서 주문에 기재된 범위의 재조사에 한정)
4. 납세자가 세관공무원에게 직무와 관련하여 금품을 제공하거나 금품제공을 알선한 경우
5. 그 밖에 탈세혐의가 있는 자에 대한 일제조사 등 대통령령으로 정하는 경우, 여기서 대통령령으로 정하는 경우란 밀수출입, 부정·불공정무역 등 경제질서교란 등을 통한 탈세혐의가 있는 자에 대하여 일제조사를 하는 경우를 말한다.〈개정 2011.4.1., 2012.2.2.〉

2) 관세조사의 경우 조력을 받을 권리(법 제112조)

납세자는 제110조제2항 각 호의 어느 하나에 해당하여 세관공무원에게 조사를 받는 경우에 변호사, 관세사로 하여금 조사에 참여하게 하거나 의견을 진술하게 할 수 있다. 〈개정 2014.1.1.〉[전문개정 2010.12.30.]

3) 납세자의 성실성 추정 등(법 제113조제1항~2항)

① 세관공무원은 납세자가 관세법이 정하는 신고 등의 의무를 이행하지 아니하였거나 또는 납세자에 대한 구체적인 관세포탈 등의 혐의가 있는 경우 등 대통령령이 정하는 경우를 제외하고는 납세자가 성실하며 납세자가 제출한 신고서 등이 진실한 것으로 추정하여야 한다.

② 제1항에 따른 세관공무원이 납세자가 제출한 신고서 등의 내용에 관하여 질문을 하거나 신고한 물품에 대하여 확인을 하는 행위 등 대통령령으로 정하는 행위를 하는 것을 제한하지 아니한다.

(1) 납세자의 성실성 추정 등의 배제사유(법 시행령 제138조제1항)

1. 납세자가 법에서 정하는 신고 및 신청, 과세자료의 제출 등의 납세협력의무를 이행하지 아니한 경우
2. 납세자에 대한 구체적인 탈세정보가 있는 경우
3. 신고내용에 탈루나 오류의 혐의를 인정할 만한 명백한 자료가 있는 경우
4. 납세자의 신고내용이 관세청장이 정한 기준과 비교하여 불성실하다고 인정되는 경우

(2) 대통령령으로 정하는 행위(법 시행령 제138조제2항)

1. 세액심사를 위한 질문이나 자료제출의 요구
2. 물품의 검사
3. 장부 또는 자료의 제출
4. 그 밖의 법(「수출용원재료에 대한 관세 등 환급에 관한 특례법」을 포함)에 따른 자료조사나 자료제출의 요구

표 6-1 납세자 권리헌장

(관세청) 납세자 권리헌장

[관세청고시 제2015-41호, 2015-10-05, 일부개정]

제1조(납세자 권리)

납세자로서 귀하의 권리는 헌법과 법률이 정하는 바에 의하여 존중받고 보장되어야 합니다. 이를 위하여 관세공무원은 귀하가 신성한 납세의무를 성실하게 이행할 수 있도록 필요한 정보와 편익을 최대한 제공하며, 귀하의 권리가 존중되고 실현될 수 있도록 최선을 다하여 협력할 의무가 있습니다. 이 헌장은 귀하에게 납세자로서 보장받을 수 있는 권리를 알려드리기 위한 것입니다.

1. 귀하는 수출입신고 등의 의무를 이행하지 않았거나 구체적인 관세포탈 등의 혐의가 없는 한 성실한 납세자이며, 귀하가 제출한 자료는 진실한 것으로 추정됩니다.
2. 귀하는 법령에서 정하는 경우를 제외하고는 관세조사의 사전통지와 조사결과의 통지를 받을 권리가 있으며, 불가피한 사유가 있는 경우에는 조사의 연기를 신청할 권리가 있습니다.
3. 귀하는 관세공무원으로부터 조사를 받게되는 경우 관세사 등 전문가로 하여금 입회하게 하거나 의견을 진술하게 할 수 있는 권리가 있습니다.
4. 귀하는 법령에서 정한 경우를 제외하고는 이미 조사받은 사안에 대하여 다시 조사 받지 아니할 권리가 있습니다.
5. 귀하는 자신의 과세정보에 대한 비밀을 보호받을 권리가 있으며, 자신의 권리행사를 위해 필요한 정보를 신속하게 제공받을 권리가 있습니다.
6. 귀하는 위법·부당한 처분을 받거나 필요한 처분을 받지 못함으로써 권리나 이익을 침해받은 경우에는 심사청구 등을 통해 공정하고 신속하게 구제받을 권리가 있습니다.

제2조(재검토기한)

관세청장은 「훈령·예규 등의 발령 및 관리에 관한 규정」에 따라 이 고시에 대하여 2016년 1월 1일 기준으로 매3년이 되는 시점(매 3년째의 12월 31일까지를 말한다)마다 그 타당성을 검토하여 개선 등의 조치를 하여야 한다.

부 칙

부칙 <제2009-110호, 2009.8.20.>

제1조(시행일) 이 고시는 2009년 8월 20일부터 시행한다.

제2조(종전 훈령의 폐지) 종전의 「납세자 권리헌장」(관세청 고시 제2001-002호, '01.1.15)는 이를 폐지한다.

부칙 <제2012-24호, 2012.8.17.>

제1조(시행일) 이 고시는 2012년 8월 17일부터 시행한다.

부칙 <제2015-41호, 2015.10.5.>

이 고시는 2015년 10월 5일부터 시행한다.

4) 관세조사의 사전통지와 연기신청(법 제114조)

(1) 관세조사의 사전통지

세관공무원은 제110조제2항 각 호의 어느 하나에 해당하는 조사를 하기 위하여 해당 장부, 서류, 전산처리장치 또는 그 밖의 물품 등을 조사하는 경우에는 조사를 받게 될 납세자(그 위임을 받은 자를 포함)에게 조사 시작 15일 전에 조사 대상, 조사 사유, 그 밖에 대통령령으로 정하는 사항을 통지하여야 한다. 다만, 다음 각 호의 어느 하나에 해당하는 경우에는 그러하지 아니하다(법 제114조제1항). 〈2017.12.19.〉

1. 범칙사건에 대하여 조사하는 경우
2. 사전에 통지하면 증거인멸 등으로 조사 목적을 달성할 수 없는 경우

(2) 관세조사의 연기신청

제1항에 따른 통지를 받은 납세자가 천재지변이나 그 밖에 대통령령으로 정하는 사유로 조사를 받기가 곤란한 경우에는 대통령령으로 정하는 바에 따라 해당 세관장에게 조사를 연기하여 줄 것을 신청할 수 있다(법 제114조제2항).

(가) 관세조사의 연기신청사유(법 시행령 제140조)

법 제114조제2항에서 "대통령령으로 정하는 사유"란 다음 각 호의 어느 하나에 해당하는 경우를 말한다. 〈개정 2011.4.1.〉

1. 화재나 그 밖의 재해로 사업상 심한 어려움이 있는 경우
2. 납세자 또는 그 위임을 받은 자의 질병, 장기출장 등으로 관세조사가 곤란하다고 판단되는 경우
3. 권한 있는 기관에 의하여 장부 및 증빙서류가 압수 또는 영치된 경우
4. 그 밖에 제1호부터 제3호까지의 규정에 준하는 사유가 있는 경우

5) 관세조사의 결과통지(법 제115조)

세관공무원은 제110조제2항 각 호의 어느 하나에 해당하는 조사를 종료한 때에는 종료 후 20일 이내에 그 조사결과를 서면으로 납세자에게 통지하여야 한다. 다만, 대통령령으로 정하는 납세자에게 통고처분을 하는 경우, 범칙사건을 고발하는 경우, 폐업한 경우, 납세자의 주소 및 거소가 불명하거나 그 밖의 사유로 통지를 하기 곤란하다고 인정되는 경우에는 그러하지 아니하다. 〈개정 2017.12.19.〉[전문개정 2010.12.30.]

6) 비밀유지(법 제116조)

(1) 과세정보의 제공

① 세관공무원은 납세자가 관세법에서 정한 납세의무를 이행하기 위하여 제출한 자료

나 관세의 부과·징수 또는 통관을 목적으로 업무상 취득한 자료 등("과세정보")을 타인에게 제공하거나 누설하여서는 아니 되며, 사용목적 외의 용도로 사용하여서도 아니 된다. 다만, 다음 각 호의 어느 하나에 해당하는 경우에는 그 사용목적에 맞는 범위에서 납세자의 과세정보를 제공할 수 있다. 〈개정 2017.12.19.〉

1. 국가기관이 관세에 관한 쟁송이나 관세범에 대한 소추(訴追)를 목적으로 과세정보를 요구하는 경우
2. 법원의 제출명령이나 법관이 발부한 영장에 따라 과세정보를 요구하는 경우
3. 세관공무원 상호간에 관세를 부과·징수, 통관 또는 질문·검사하는 데에 필요하여 과세정보를 요구하는 경우
4. 통계청장이 국가통계작성 목적으로 과세정보를 요구하는 경우
5. 다른 법률에 따라 과세정보를 요구하는 경우

② 제1항제1호, 제4호 및 제5호에 따라 과세정보의 제공을 요구하는 자는 문서로 해당 세관장에게 요구하여야 한다. 〈개정 2017.12.19.〉

③ 세관공무원은 제1항 및 제2항에 위반되게 과세정보의 제공을 요구받으면 이를 거부하여야 한다.

④ 제1항에 따라 과세정보를 알게 된 자는 타인에게 제공하거나 누설하여서는 아니 되며, 그 목적 외의 용도로 사용하여서도 아니 된다.

⑤ 이 조에 따라 과세정보를 제공받아 알게 된 자 중 공무원이 아닌 자는 「형법」이나 그 밖의 법률에 따른 벌칙을 적용할 때 공무원으로 본다.

7) 고액·상습체납자 명단공개(법 제116조의2)

(1) 명단공개 대상

제116조(비밀유지)에도 불구하고 관세청장은 체납발생일부터 1년이 지난 관세 및 내국세 등("체납관세")이 2억원 이상인 체납자에 대하여는 그 인적사항과 체납액 등을 공개할 수 있다. 다만, 체납관세등에 대하여 이의신청·심사청구 등 불복청구가 진행 중이거나 체납액의 일정금액 이상을 납부한 경우 등 대통령령으로 정하는 사유에 해당하는 경우에는 그러하지 아니하다. 〈개정 2011.12.31., 2013.1.1., 2015.12.15., 2017.12.19.〉

(2) 고액 · 상습체납자 명단공개 대상의 제외(법 시행령 제141조의2)

법 제116조의2제1항 단서에서 “대통령령으로 정하는 사유”란 다음 각 호의 어느 하나에 해당하는 경우를 말한다. 〈개정 2011.4.1〉

1. 체납액의 100분의 30 이상을 납부한 경우
2. 「채무자 회생 및 파산에 관한 법률」 제243조에 따른 회생계획인가의 결정에 따라 체납된 세금의 징수를 유예 받고 그 유예기간 중에 있거나 체납된 세금을 회생계획의 납부일정에 따라 납부하고 있는 경우
3. 재산상황, 미성년자 해당여부 및 그 밖의 사정 등을 고려할 때 법 제116조의2 제2항에 따른 관세정보공개심의위원회가 공개할 실익이 없거나 공개하는 것이 부적절하다고 인정하는 경우

1. 관세법상 고액 · 상습체납자의 명단을 공개할 수 있는 경우는?

(2017년 관세사 1차 기출)

① 체납관세 등에 대하여 이의신청 · 심사청구 등 불복청구가 진행 중인 경우
② 재산상황, 미성년자 해당여부 및 그 밖의 사정 등을 고려할 때 관세정보공개심의위원회가 공개하는 것이 부적절하다고 인정하는 경우
③ 「채무자 회생 및 파산에 관한 법률」에 따른 회생계획인가의 결정에 따라 체납된 세금의 징수를 유예 받고 그 유예기간 중에 있는 경우
④ 재산상황, 미성년자 해당여부 및 그 밖의 사정 등을 고려할 때 관세정보공개심의위원회가 공개할 실익이 없다고 인정하는 경우
⑤ 체납발생일부터 1년이 지난 관세가 3억인 이상인 체납자가 체납액의 100분의 20을 납부한 경우

1–⑤

(3) 관세정보공개심의위원회

체납자의 인적사항과 체납액 등에 대한 공개 여부를 심의하거나 재심의하기 위하여 관세청에 관세정보공개심의위원회(“심의위원회”)를 둔다.

관세청장은 심의위원회의 심의를 거친 공개대상예정자에게 체납자 명단 공개대상예정자임을 통지하여 소명할 기회를 주어야 한다.

관세청장은 제3항에 따라 통지한 날부터 6개월이 지나면 심의위원회로 하여금 체납액의 납부이행 등을 고려하여 체납자의 명단공개 여부를 재심의하게 한다.

제1항에 따른 공개는 관보에 게재하거나 관세청장이 지정하는 정보통신망 또는 관할 세관의 게시판에 게시하는 방법으로 한다.

제1항부터 제5항까지의 규정 따른 체납자 명단 공개 및 심의위원회의 구성·운영 등에 필요한 사항은 대통령령으로 정한다(법 제116조의2제2항~6항).

(가) 관세정보공개심의위원회의 구성 및 운영(법 시행령 제141조의3)

① 법 제116조의2제2항에 따른 관세정보공개심의위원회("위원회")의 위원장은 관세청 차장이 되고, 위원은 다음 각 호의 자가 된다.〈개정 2006.6.12.〉

1. 관세청의 고위공무원단에 속하는 일반직공무원 중에서 관세청장이 임명하는 자 4인
2. 법률 또는 재정·경제에 관한 학식과 경험이 풍부한 자 중에서 관세청장이 위촉하는 자 6인

② 제1항제2호에 해당하는 위원의 임기는 2년으로 한다. 다만, 보궐위원의 임기는 전임위원 임기의 남은 기간으로 한다.〈개정 2017.3.27.〉

③ 관세청장은 위원회의 위원이 다음 각 호의 어느 하나에 해당하는 경우에는 해당 위원을 해임 또는 해촉할 수 있다.〈신설 2017.3.27.〉

1. 심신장애로 인하여 직무를 수행할 수 없게 된 경우
2. 직무와 관련된 비위사실이 있는 경우
3. 직무태만, 품위손상이나 그 밖의 사유로 인하여 위원으로 적합하지 아니하다고 인정되는 경우
4. 위원 스스로 직무를 수행하는 것이 곤란하다고 의사를 밝히는 경우

④ 위원회의 회의는 위원장을 포함한 재적위원 과반수의 출석으로 개의하고, 출석위원 과반수의 찬성으로 의결한다.〈개정 2017.3.27.〉

⑤ 제1항부터 제4항까지에서 규정한 사항 외에 위원회의 구성 및 운영에 관하여 필요한 사항은 관세청장이 정한다.〈개정 2017.3.27.〉[본조신설 2006.5.22.]

8) 납세증명서의 제출 및 발급(법 제116조의3)

(1) 납세증명서의 제출

납세자(미과세된 자를 포함)는 다음 각 호의 어느 하나에 해당하는 경우에는 대통령령으로 정하는 바에 따라 납세증명서를 제출하여야 한다.

1. 국가, 지방자치단체 또는 대통령령으로 정하는 정부관리기관으로부터 대금을 지급받을 경우
2. 관세를 납부할 의무가 있는 외국인이 출국할 경우
3. 내국인이 외국으로 이주하거나 1년을 초과하여 외국에 체류할 목적으로 외교부장관에게 거주목적의 여권을 신청하는 경우

세관장은 납세자로부터 납세증명서의 발급신청을 받았을 때에는 그 사실을 확인하고 즉시 납세증명서를 발급하여야 한다.[본조신설 2014.12.23.]

9) 정보의 제공(법 제117조)

세관공무원은 납세자가 납세자의 권리의 행사에 필요한 정보를 요구하는 경우 이를 신속하게 제공하여야 한다. 이 경우 세관공무원은 납세자가 요구한 정보와 관련되어 관세청장이 정하는 바에 의하여 납세자가 반드시 알아야 된다고 판단되는 기타 정보도 함께 제공하여야 한다.[전문개정 2010.12.30.]

1. 관세법상 납세자는 관세행정과 관련된 처분에 있어 조세절차법상의 권리를 가지고 있다. 이와 관련된 납세자의 권리에 대한 다음 설명 중 잘못된 것은?

(2014년 제34회 국제무역사 기출문제)

① 관세청장은 납세자의 권리보호에 관한 사항을 포함하는 납세자권리헌장을 제정하여 고시하여야 한다.
② 일부 특정한 경우를 제외하고, 세관공무원은 해당 사안에 대해 중복조사를 할 수 없다.
③ 납세자는 관세조사를 받는 경우에 변호사 또는 관세사로 하여금 조사에 참여하게 하거나 의견을 진술하게 할 수 있다.
④ 세관공무원은 관세조사를 하는 경우, 조사 개시 10일 전까지 조사대상 및 사유 등 필요한 사항을 납세자에게 서면으로 통지하여야 한다.

1-④

제2절 관세행정의 구제제도(법 제118조~제132조)

"관세행정의 구제제도"란 관세행정관청의 잘못된 처분에 대한 시정방법을 말하는 것으로, 불복청구의 행정소송제도를 말한다.

행정관청의 잘못된 처분에 대한 시정방법으로는 크게 행정심판과 행정소송이 있다. 행정심판은 상급관청의 하급관청에 대한 행정감독으로 권리가 구제되는 방법이며, 행정소송은 권리 또는 이익의 침해를 당한 자가 소송의 제기로 구제되는 방법을 말한다.

이러한 구제제도는 구체적인 행정행위를 하기에 앞서 미리 그 처분의 내용을 알려주고 이해관계인에게 의견을 제기할 기회를 제공함으로써 납세의무자 등의 권익을 보호하려는 것이다.

관세법상 구제제도로는 사전적 구제제도로서 '과세전적부심사제도'와 사후구제제도로 행정처분이 있고 난 뒤에 그로 인해 납세자의 권익이 침해되었을 때 행정청이 스스로 바로잡는 '직권구제'와 법원의 소송절차 없이 적은 비용으로 자신의 정당한 권리를 보호할 수 있는'관세행정심판제도'와 '행정소송제도'의 세 가지가 있다.

그림 6-1. 조세불복제도

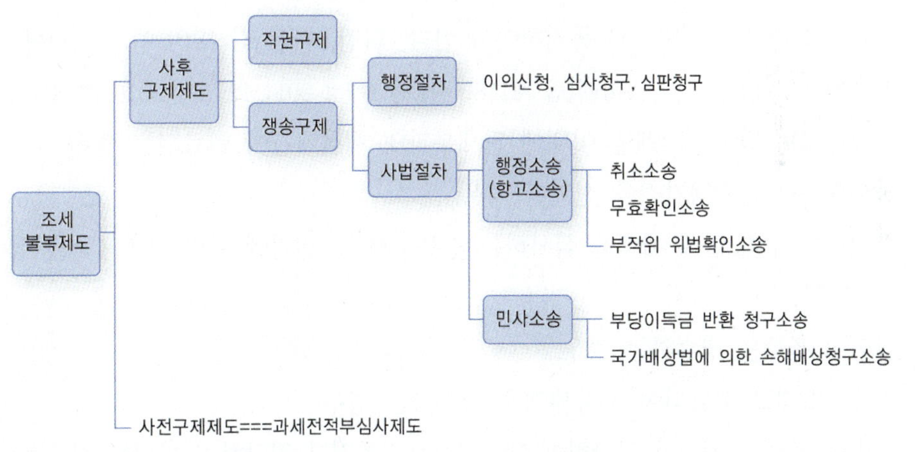

자료: 조세심판원

1. 과세전적부심사(법 제118조)제도

"과세전적부심사제도"란 납세의무자를 위한 사전구제제도로써 세관의 경정 · 고지에 대하여 납부고지세금고지서를 발부하기 전에 과세할 내용을 납세자에게 미리 알려 주고 이에 이의가 있는 납세자는 과세전적부심사를 청구하도록 하여 심사결과 납세자의 주장이 타당한 경우에 세금고지 전에 바로잡는 제도로서 납세자 권리를 원천적으로 보호하고 있다.

우리나라 관세청은 관세 등의 납부로 인하여 도산하는 기업의 발생을 막고 납세자의 권리보호를 한층 더 강화하기 위하여 2000년 1월 1일부터 납세자들이 세관의 추징고지서 발부 전에 그 적법성을 심사받을 수 있도록 하는'과세전적부심사청구'를 법제화하여 시행하고 있다. 이는 세금 고지전에 납세자의 권익이 부당하게 침해되지 않도록 하는 한편, 민원을 축소하고 과세행정을 실질적으로 향상해 세정에 대한 국민의 신뢰성을 높이기 위함이다.

1) 서면통지

세관장은 법 제38조3 제6항(수정 및 경정) 또는 법 제39조제2항(부과고지)에 따라 납부세액이나 납부하여야 하는 세액에 미치지 못한 금액을 징수하려는 경우에는 미리 납세의무자에게 그 내용을 서면으로 통지하여야 한다. 다만, 다음 각 호의 어느 하나에 해당하는 경우에는 그러하지 아니하다(법 제118조제1항). 〈개정 2011.12.31., 2016.12.20.〉

1. 통지하려는 날부터 3개월 이내에 관세부과의 제척기간이 만료되는 경우
2. 납세의무자가 확정가격을 신고한 경우
3. 수입신고 수리 전에 세액을 심사하는 경우로서 그 결과에 따라 부족세액을 징수하는 경우
4. 감면된 관세를 징수하는 경우
5. 관세포탈죄로 고발되어 포탈세액을 징수하는 경우
6 그 밖에 관세의 징수가 곤란하게 되는 등 사전통지가 적당하지 아니한 경우로서 대통령령(법 시행령 제142조)으로 정하는 다음의 경우
   ⓐ 납부세액의 계산착오 등 명백한 오류에 의하여 부족하게 된 세액을 징수하는 경우
   ⓑ 「감사원법」 제33조에 따른 감사원의 시정요구에 따라 징수하는 경우

ⓒ 납세의무자가 부도 · 휴업 · 폐업 또는 파산한 경우

ⓓ 법 제85조에 따른 관세품목분류위원회의 의결에 따라 결정한 품목분류에 의하여 수출입물품에 적용할 세율이나 품목분류의 세번이 변경되어 부족한 세액을 징수하는 경우

1. A사는 아르헨티나에서 콩을 수입하면서 현지에서 해당 물품의 구매활동을 한 B 사에 수수료를 지불하였다. 세관이 사후 심사과정에서 동 수수료가 과세가격에 포함 되어야 한다며 이를 과세하겠다는 통지서를 보내왔다. A사는 동 수수료가 구매수수료이므로 이에 대한 과세가 위법 · 부당하다고 판단한다. 이 경우 A사가 선택하여 그 조치를 할 수 있는 것을 다음 보기에서 모두 고르면? (2013년 제33회 국제무역사 기출)

가. 과세전적부심사청구	나. 이의신청	다. 심사청구
라. 심판청구	마. 행정소송	

① 가　② 가, 나　③ 나, 다, 라　④ 나, 다, 라, 마

2. 관세법상 세관장이 과세전 통지를 생략할 수 없는 경우는? (2017년 관세사 1차 기출)

① 관세품목분류위원회의 의결에 따라 결정한 품목분류에 의하여 수출입물품에 적용할 세율이나 품목분류의 세번이 변경되어 부족한 세액을 징수하는 경우
② 통지하려는 날부터 4개월 이내에 관세부과의 제척기간이 만료되는 경우
③ 잠정가격으로 가격신고를 한 후 납세의무자가 확정가격을 신고한 경우
④ 관세법 제38조(신고납부)제2항 단서에 따라 수입신고 수리 전에 세액을 심사하는 경우로서 그 결과에 따라 부족세액을 징수하는 경우
⑤ 관세포탈죄로 고발되어 포탈세액을 징수하는 경우

1-① 2-②

2) 과세전적부심사의 청구

(1) 세관장에게 심사청구

납세의무자는 제1항에 따른 통지를 받았을 때에는 그 통지를 받은 날부터 30일 이내에 기획재정부령으로 정하는 세관장에게 통지내용이 적법한지에 대한 심사("과세전적부심사")를 청구할 수 있다. 다만, 법령에 대한 관세청장의 유권해석을 변경하여야 하거나 새로운 해석이 필요한 경우 등 대통령령으로 정하는 경우에는 관세청장에게 이를 청구할 수 있다(법 제118조제2항).

법 제118조제2항 본문에 따라 과세전적부심사를 청구하는 세관장은 다음 〈표 6-2〉의 구분에 의한다.〈개정 2001.3.29., 2002.5.10., 2004.3.30., 2005.12.30., 2007.5.29., 2009.3.26., 2016.1.18.〉

표 6-2 과세전적부심사의 청구(법 시행규칙 제61조)

청구세관장	관할세관
인천세관장	인천공항세관장 · 평택세관장 · 김포세관장 · 인천공항국제우편세관장수원세관장 및 안산세관장의 통지에 대한 과세전적부심사인 경우
서울세관장	서울세관장 · 안양세관장 · 천안세관장 · 청주세관장 · 성남세관장 및 파주세관장의 통지에 대한 과세전적부심사인 경우
부산세관장	부산세관장 · 김해공항세관장 · 북부산세관장 · 양산세관장 · 창원세관장 · 마산세관장 · 경남남부세관장 및 경남서부세관장의 통지에 대한 과세전적부심사인 경우
대구세관장	대구세관장 · 울산세관장 · 구미세관장 · 포항세관장 · 속초세관장 및 동해세관장의 통지에 대한 과세전적부심사인 경우
광주세관장	광주세관장 · 광양세관장 · 목포세관장 · 대전세관장 · 여수세관장 · 군산세관장 · 제주세관장 및 전주세관장의 통지에 대한 과세전적부심사인 경우

(2) 관세청장에게 심사청구

법 제118조제2항 단서에서 법령에 대한 관세청장의 유권해석을 변경하여야 하거나 새로운 해석이 필요한 경우 등 대통령령으로 정하는 다음 각 호의 어느 하나에 해당하는 경우를 말한다(법 시행령 제143조).

1. 관세청장의 훈령 · 예규 · 고시 등과 관련하여 새로운 해석이 필요한 경우
2. 관세청장의 업무감사결과 또는 업무지시에 따라 세액을 경정하거나 부족한 세액을 징수하는 경우
3. 관세평가분류원장의 품목분류 및 유권해석에 따라 수출입물품에 적용할 세율이나 물품분류의 관세율표 번호가 변경되어 세액을 경정하거나 부족한 세액을 징수하는 경우
4. 동일 납세의무자가 동일한 사안에 대하여 둘 이상의 세관장에게 과세전적부심사를 청구하여야 하는 경우
5. 제1호부터 제4호까지의 규정에 해당하지 아니하는 경우로서 과세전적부심사 청구금액이 5억원 이상인 것

3) 결과의 통지

과세전적부심사를 청구 받은 세관장이나 관세청장은 그 청구를 받은 날부터 30일 이내에 제124조(관세심사위원회)에 따른 관세심사위원회의 심사를 거쳐 결정을 하고, 그 결과를 청구인에게 통지하여야 한다. 다만, 과세전적부심사 청구기간이 지난 후 과세전적부심사청구가 제기된 경우 등 대통령령으로 정하는 사유에 해당하는 경우에는 관세심사위원회의 심사를 거치지 아니하고 결정할 수 있다(법 제118조제3항).〈개정 2011.12.31., 2015.12.15.〉

4) 과세전적부심사 청구에 대한 결정의 구분

과세전적부심사 청구에 대한 결정은 다음 각 호의 구분에 따른다(법 제118조제4항). 〈개정 2017.12.19.〉

1. 청구가 이유 없다고 인정되는 경우: 채택하지 아니한다는 결정
2. 청구가 이유 있다고 인정되는 경우: 채택한다는 결정, 다만, 청구의 일부가 이유 있다고 인정되는 경우에는 일부를 채택하는 결정을 할 수 있다.
3. 청구기간이 지났거나 보정기간 내에 보정하지 아니하는 경우: 심사하지 아니한다는 결정

5) 세액의 경정

제1항 각 호 외의 부분 본문에 따른 통지를 받은 자는 과세전적부심사를 청구하지 아니하고 통지를 한 세관장에게 통지받은 내용의 전부 또는 일부에 대하여 조기에 경정해 줄 것을 신청할 수 있다. 이 경우 해당 세관장은 즉시 신청 받은 대로 세액을 경정하여야 한다(법 제118조제5항).〈신설 2011.12.31.〉

6) 준용

① 과세전적부심사에 관하여는 제122조제2항, 제123조, 제126조, 제128조제5항 · 제6항 및 제130조를 준용한다.〈개정 2011.12.31., 2017.12.19.〉

② 과세전적부심사에 관하여는 「행정심판법」 제15조, 제16조, 제20조부터 제22조까지, 제29조, 제39조 및 제40조를 준용한다. 이 경우 '위원회'는 '관세심사위원회'로 본다.〈신설 2011.12.31.〉

7) 법규의 적용 등

과세전적부심사의 방법과 그 밖에 필요한 사항은 대통령령으로 정한다. 〈개정 2011.12. 31.〉

표 6-3 과세전통지서

[별지 제10호 서식]

<table>
<tr><td colspan="8">과 세 전 통 지 서
○통지번호 :</td></tr>
<tr><td rowspan="3">납세
의무자</td><td>상호(법인명)</td><td colspan="2"></td><td colspan="2">사업자등록번호</td><td colspan="2"></td></tr>
<tr><td>성명(대표자)</td><td colspan="2"></td><td colspan="2">주민등록번호</td><td colspan="2"></td></tr>
<tr><td>주 소</td><td colspan="6"></td></tr>
<tr><td colspan="8">○경정대상 물품</td></tr>
<tr><td colspan="2">수입신고번호</td><td colspan="2">별지로 작성 가능</td><td colspan="2">신고 일자</td><td colspan="2">별지로 작성 가능</td></tr>
<tr><td colspan="2">품명 및 규격</td><td colspan="6"></td></tr>
<tr><td colspan="8">○경정이유</td></tr>
<tr><td colspan="8">* 근거법령 등 추징사유를 구체적으로 명시
* 수입신고서별 추징예정세액 계산 내역서 등은 따로 붙임</td></tr>
<tr><td colspan="8">○경정・고지 예정세액</td></tr>
<tr><td>관 세</td><td>부가가치세</td><td></td><td></td><td colspan="2">가 산 세</td><td colspan="2">합 계</td></tr>
<tr><td></td><td></td><td></td><td></td><td colspan="2"></td><td colspan="2"></td></tr>
<tr><td colspan="8">관세법 제118조 및 관세관련 불복청구 및 그 처리에 관한 고시 제31조의 규정에 의하여 위와 같이 경정・고지할 예정임을 알려드립니다.
20 년 월 일
세 관 장(출장소장)</td></tr>
<tr><td colspan="8">※ 이 통지내용에 이의가 있는 때에는 통지서를 받은 날로부터 20일 이내에 붙임 과세전적부심사청구서 2부를 작성하여 우리세관(출장소)에 제출하시기 바랍니다.
※ 이 통지서에 대한 문의는 우리세관 과 담당자 (☏ –) 에게 하시기 바랍니다.</td></tr>
</table>

표 6-4 과세전적부심사 청구서

[별지 제12호 서식]

과세전적부심사 청구서				처리기간	수수료
				30일	없 음
청구인	상호(법인명)		사업자등록번호		
	성명(대표자)		주민등록번호	*개인(사업자)에 한함	
	주 소				
	청구담당자	직함 성명	전화번호	팩스번호	
청구대상	수입신고번호		신 고 일 자		
	품명 및 규격		통 지 금 액		
통 지 세 관		세관장(출장소장)			
과세전통지일자		20 년 월 일(통지를 받은 날 : 20 년 월 일)			
불 복 의 이 유		* 별지로 작성(납부고지서, 경정통지서 등 첨부)하여 주십시오 (위원회에서 의견진술을 원할 경우 별지 제16호 서식의 의견진술신청서를 청구일부터 7일내에 해당 재결청에 제출하시기 바랍니다)			

관세법 제118조제2항 및 관세불복청구 및 처리에 관한 고시 제33조의 규정에 의하여
위와 같이 과세전적부심사청구를 합니다.

20 년 월 일

청구인 인

세관장(관세청장) 귀하 ※ 접수일 : 20 년 월 일

위임장	관세법 제118조제5항의 규정에 의하여 아래 사람에게 위 심사청구에 관한 사항을 위임합니다(다만, 청구의 취하는 별도의 위임을 받은 경우에 한합니다).				
	위 임 자	대 리 인			
		구 분	성 명	주 소	전화번호
	(서명 또는 인)	관세사 변호사			

과세전적부심사청구서 접수증(접수번호 : 호)					
청구인		통지세관		청구금액	
위와 같이 과세전적부심사청구서를 접수하였습니다. 20 년 월 일 세관(출장소) 접수담당자 인					

2. 관세행정심판제도

1) 관세행정심판제도의 의의

"관세행정심판제도"는 세관의 잘못된 처분으로 권익을 침해받은 개인이 '이의신청', '심사청구', '심판청구'와 같은 관세행정심판제도를 이용함으로써 법원의 소송절차 없이 적은 비용으로 자기의 정당한 권리를 보호받을 수 있는 제도이다. 즉, 관세행정심판제도는 세관의 위법한 행정처분이나 그 밖의 공권력 행사 · 불행사로 인하여 권리 또는 이익을 침해당한 자가 법원에 행정소송을 제기하기 전에 더욱 간편하고 신속한 절차를 이용하여 그 구제를 요구하는 제도를 말한다.

2) 관세행정심판제도의 필요성 및 간편성

(1) 필요성

법원에 소송제기에 따른 애로점을 피하고자 일차적으로 행정청 그 스스로 전문성과 기술성을 가지고 간편 · 신속하게 의뢰인의 권리를 구제함으로써 사법상의 미비점을 보완시킬 수 있는 제도가 관세행정심판제도이다. 이를 통하여 첫째, 행정청은 자신의 처분에 대한 정당성 여부를 평가받는 교정의 기회를 얻게 되고 둘째, 행정관청의 수직관계에서 상급관청은 하급관청에 대하여 업무의 관리 · 감독을 수행한다는 점에서 필요한 제도이다.

(2) 간편성

첫째, 관세행정심판은 행정소송보다 절차가 매우 간단하고 수수료 등의 비용도 전혀 들지 않으며, 둘째, 변호사를 선임하지 않고도 청구인 본인이 직접 청구서를 작성할 수 있으며, 마지막으로 관세행정심판은 일반 민원처리나 고충 처리와는 달리 그 처리결과가 일선 세관을 얽매는 법적인 효과가 있고 법원의 판결보다 신속하게 결정이 내려지는 등 그 이용이 간편하다.

그림 6-2. 관세에 관한 행정쟁송

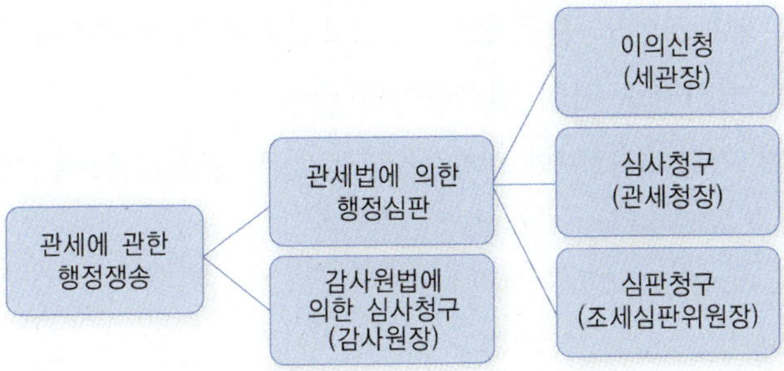

3) 불복의 신청(법 제119조)

이 법이나 그 밖의 관세에 관한 법률 또는 조약에 따른 처분으로서 위법한 처분 또는 부당한 처분을 받거나 필요한 처분을 받지 못하여 권리 또는 이익을 침해당한 자는 심사청구 또는 심판청구를 하여 그 처분을 취소 또는 변경하거나 그 밖에 필요한 처분을 하여 줄 것을 청구할 수 있다. 다만, 관세청장이 조사 결정한 처분 또는 처리하였거나 처리하였어야 하는 처분인 경우를 제외하고는 그 처분에 대하여 심사청구 또는 심판청구에 앞서 이의신청을 할 수 있다(법 제119조제1항).

(1) 불복신청 대상의 예외

다음 각 호의 처분은 제1항의 처분에 포함되지 아니한다(법 제119조제2항). 〈개정 2015. 12.15.〉

1. 이 절에 따른 이의신청 · 심사청구 또는 심판청구에 대한 처분(당초 처분의 적법성에 관하여 재조사하여 그 결과에 따라 과세표준과 세액을 경정하거나 당초 처분을 유지하는 등의 처분을 하도록 하는 결정에 따른 처분을 포함). 다만, 이의신청에 대한 처분에 대하여 심사청구 또는 심판청구를 하는 경우는 제외한다.
2. 이 법에 따른 통고처분
3. 「감사원법」에 따라 심사청구를 한 처분이나 그 심사청구에 대한 처분

(2) 심사청구

제2항제3호의 심사청구는 그 처분을 한 것을 안 날(처분의 통지를 받았을 때에는 그 통지를 받은 날)부터 90일 이내에 하여야 한다(법 제119조제3항).

(3) 행정소송

제2항제3호의 심사청구를 거친 처분에 대한 행정소송은 「행정소송법」 제18조제2항 · 제3항 및 같은 법 제20조에도 불구하고 그 심사청구에 대한 결정을 통지 받은 날부터 90일내에 처분청을 당사자로 하여 제기하여야 한다.

제3항과 제4항의 기간(심사청구와 행정소송의 기간)은 불변기간으로 한다(법 제119조제4항~5항).

(4) 불복의 신청인

수입물품에 부과하는 내국세 등의 부과, 징수, 감면, 환급 등에 관한 세관장의 처분에 불복하는 자는 이 절에 따른 이의신청 · 심사청구 및 심판청구를 할 수 있다.

이 법이나 그 밖의 관세에 관한 법률 또는 조약에 따른 처분으로 권리나 이익을 침해받게 되는 제2차 납세의무자 등 대통령령으로 정하는 이해관계인은 그 처분에 대하여 이 절에 따른 심사청구 또는 심판청구를 하여 그 처분의 취소 또는 변경이나 그 밖에 필요한 처분을 청구할 수 있다. 이 경우 제1항 단서, 제2항 및 제6항을 준용한다(법 제119조제6항~7항).

"대통령령으로 정하는 이해관계인"이란 다음 각 호의 어느 하나에 해당하는 자를 말한다.〈개정 2008.2.29., 2011.4.1.〉

1. 제2차 납세의무자로서 납부통지서를 받은 자
2. 법 제19조제6항에 따라 물적 납세의무를 지는 자로서 납부통지서를 받은 자
3. 납세보증인
4. 그 밖에 기획재정부령으로 정하는 자

(5) 중복제기의 제한

동일한 처분에 대하여는 심사청구와 심판청구를 중복하여 제기할 수 없다(법 제119조제8항).[전문개정 2010.12.30.]

3. 관세행정심판의 종류와 심급

관세행정으로 인하여 세관의 처분에 불만이 있는 자는 세관장에게 이의신청하거나 관세청장에게 심사청구 또는 조세심판원장에게 심판 청구할 수 있다.

이의신청을 제기하였으나 청구인의 주장을 세관장이 받아들여 주지 않으면 다시 관세청장에게 심사청구 또는 조세심판원장에게 심판청구를 요청할 수 있다. 청구인의 심사청구 또는 심판청구가 받아들여지지 않으면 법원에 소송을 제기할 수 있으나 심사청구와 심판청구는 중복하여 제기할 수 없다.

또한, 감사원에 직접 심사청구를 제기할 수도 있으며, 감사원 심사청구제도는 행정심판제도의 최종심이 되므로 감사원의 결정에 불복하는 경우에는 법원에 행정소송을 제기할 수 있다.

그림 6-3. 관세법상의 행정심판제도

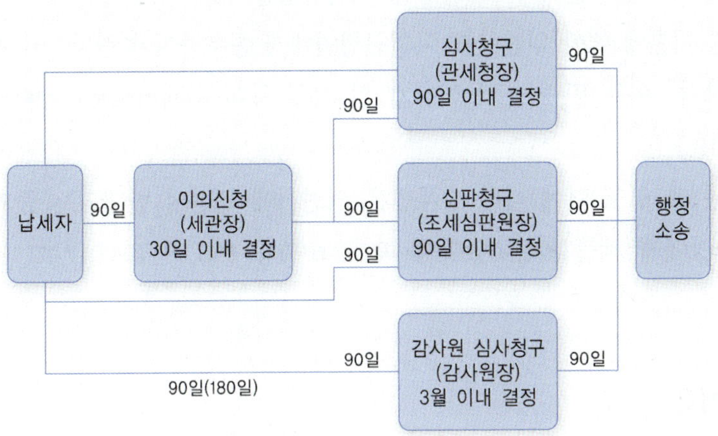

1) 이의신청

"이의신청"이란 세관장의 위법 · 부당한 과세처분에 대하여 그 세관장에게 이를 취소하거나 변경하도록 요구하는 것을 말하는 것으로 관세 관련 행정구제제도에 있어서 제1단계이지만 꼭 거칠 필요가 없으므로 관세청장에게 직접 심사청구를 하거나 조세심판원장에게 심판 청구할 수 있다.

이의신청은 대통령령으로 정하는 바에 따라 불복의 사유를 갖추어 해당 처분을 하였거나 하였어야 할 세관장에게 하여야 한다. 이 경우 제258조에 따른 결정사항 또는 제259조제1항에 따른 세액에 관한 이의신청은 해당 결정사항 또는 세액에 관한 통지를 직접 우송한 우체국의 장에게 이의신청서를 제출함으로써 할 수 있고, 우체국의 장이 이의신청서를 접수한 때에 세관장이 접수한 것으로 본다. 이에 따라 이의신청을 받은 세관장은 관세심사위원회의 심의를 거쳐 결정하여야 한다(법 제132조제1항~2항).〈개정 2011.12.31.〉

(1) 이의신청 기간

이의신청에 관하여는 제121조, 제122조제2항, 제123조, 제127조 및 제128조를 준용한다. 다만, 제128조제2항 중 '90일'은 '30일'(제6항에 따라 증거서류 또는 증거물을 제출한 경우에는 "60일")로 본다(법 제132조제4항).〈개정 2017.12.19.〉

(2) 이의신청의 결정

제1항에 따라 이의신청을 받은 세관장은 이의신청을 받은 날부터 7일 이내에 이의신청의 대상이 된 처분에 대한 의견서를 이의신청인에게 송부하여야 한다. 이 경우 의견서에는 처분의 근거·이유 및 처분의 이유가 된 사실 등이 구체적으로 기재되어야 한다.〈신설 2017.12.19.〉

이의신청인은 제5항 전단에 따라 송부받은 의견서에 대하여 반대되는 증거서류 또는 증거물을 세관장에게 제출할 수 있다(법 제132조제5항~6항).〈신설 2017.12.19.〉[전문개정 2010.12.30.]

2) 관세심사청구

"관세심사청구"란 세관장의 위법·부당한 과세처분에 대하여 청구인이 그 상급기관인 관세청장에게 과세처분의 취소 또는 변경을 요구하는 것을 말한다.

심사청구를 제기한 납세자는 심판청구 또는 감사원 심사청구를 제기할 수 없다.

(1) 심사청구기간(법 제121조)

① 심사청구는 해당 처분을 한 것을 안 날(처분하였다는 통지를 받았을 때에는 통지를 받은 날)부터 90일 이내에 제기하여야 한다.

② 이의신청을 거친 후 심사청구를 하려는 경우에는 이의신청에 대한 결정을 통지받은 날부터 90일 이내에 하여야 한다. 다만, 제132조제4항 단서에 따른 결정기간 내에 결정을 통지받지 못한 경우에는 결정을 통지받기 전이라도 그 결정기간이 지난날부터 심사청구를 할 수 있다.

③ 제1항과 제2항 본문의 기한 내에 우편으로 제출(「국세기본법」 제5조의2에서 정한 날을

기준으로 한다)한 심사청구서가 청구기간이 지나 세관장 또는 관세청장에게 도달한 경우에는 그 기간의 만료일에 청구된 것으로 본다.〈개정 2014.1.1.〉

④ 심사청구인이 제10조에서 규정하는 사유(신고, 신청, 청구, 그 밖의 서류의 제출 및 통지에 관한 기한 연장 사유로 한정)로 제1항에서 정한 기간 내에 심사청구를 할 수 없을 때에는 그 사유가 소멸한 날부터 14일 이내에 심사청구를 할 수 있다. 이 경우 심사청구인은 그 기간 내에 심사청구를 할 수 없었던 사유, 그 사유가 발생한 날과 소멸한 날, 그 밖에 필요한 사항을 적은 문서를 함께 제출하여야 한다.[전문개정 2010.12.30.]

(2) 심사청구절차(법 제122조)

① 심사청구는 대통령령으로 정하는 바에 따라 불복하는 사유를 심사청구서에 적어 해당 처분을 하였거나 하였어야 하는 세관장을 거쳐 관세청장에게 하여야 한다.

② 제121조에 따른 심사청구기간을 계산할 때에는 제1항에 따라 해당 심사청구서가 세관장에게 제출된 때에 심사청구가 된 것으로 본다. 해당 심사청구서가 제1항에 따른 세관장 외의 세관장이나 관세청장에게 제출된 경우에도 또한 같다.

③ 제1항에 따라 해당 심사청구서를 제출받은 세관장은 이를 받은 날부터 7일 내에 그 심사청구서에 의견서를 첨부하여 관세청장에게 보내야 한다.

④ 관세청장은 제3항에 따라 세관장의 의견서를 받은 때에는 지체 없이 해당 의견서의 부본을 심사청구인에게 송부하여야 한다.〈신설 2017.12.19.〉

⑤ 심사청구인은 제4항에 따라 송부받은 의견서에 대하여 반대되는 증거서류 또는 증거물을 관세청장에게 제출할 수 있다.〈신설 2017.12.19.〉[전문개정 2010.12.30.]

(3) 심사청구서의 보정(법 제123조)

① 관세청장은 심사청구의 내용이나 절차가 이 절에 적합하지 아니하지만 보정할 수 있다고 인정되는 경우에는 20일 이내의 기간을 정하여 해당 사항을 보정할 것을 요구할 수 있다. 다만, 보정할 사항이 경미한 경우에는 직권으로 보정할 수 있다.

② 제1항의 보정기간은 제121조에 따른 심사청구기간에 산입(算入)하지 아니한다. [전문개정 2010.12.30.]

(4) 관세심사위원회(법 제124조)

① 제118조에 따른 과세전적부심사, 제122조에 따른 심사청구 및 제132조에 따른 이

의신청을 심의하기 위하여 세관 및 관세청에 각각 관세심사위원회를 둔다.

② 관세심사위원회의 조직과 운영, 심의사항 및 그 밖에 필요한 사항은 대통령령으로 정한다.[전문개정 2011.12.31.]

(5) 심사청구 등이 집행에 미치는 효력(법 제125조)

이의신청·심사청구 또는 심판청구는 법령에 특별한 규정이 있는 경우를 제외하고는 해당 처분의 집행에 효력을 미치지 아니한다. 다만, 해당 재결청이 필요하다고 인정할 때에는 그 처분의 집행을 중지하게 하거나 중지할 수 있다.[전문개정 2010.12.30.]

(6) 대리인(법 제126조)

① 이의신청인, 심사청구인 또는 심판청구인은 변호사나 관세사를 대리인으로 선임할 수 있다.〈개정 2016.12.20.〉

② 이의신청인, 심사청구인 또는 심판청구인은 신청 또는 청구의 대상이 대통령령으로 정하는 금액인 3천만원 미만인 경우에는 배우자, 4촌 이내의 혈족 또는 배우자의 4촌 이내의 혈족을 대리인으로 선임할 수 있다.〈신설 2016.12.20.〉

③ 대리인의 권한은 서면으로 증명하여야 한다.〈개정 2016.12.20.〉

④ 대리인은 본인을 위하여 청구에 관한 모든 행위를 할 수 있다. 다만, 청구의 취하는 특별한 위임을 받은 경우에만 할 수 있다.〈개정 2016.12.20.〉

⑤ 대리인을 해임하였을 때에는 그 뜻을 서면으로 해당 재결청에 신고하여야 한다.〈개정 2016.12.20.〉[전문개정 2010.12.30.]

(7) 결정절차(법 제127조)

① 제122조에 따른 심사청구가 있으면 관세청장은 관세심사위원회의 심의를 거쳐 이를 결정하여야 한다. 다만, 심사청구기간이 지난 후 심사청구가 제기된 경우 등 대통령령으로 정하는 사유에 해당하는 경우에는 그러하지 아니하다.

② 관세심사위원회의 회의는 공개하지 아니한다. 다만, 관세심사위원회의 위원장이 필요하다고 인정할 때에는 공개할 수 있다.

(8) 결정

① 심사청구에 대한 결정은 다음 각 호의 구분에 따른다(법 제128조제1항). 〈개정 2016.

12.20., 2017.12.19.〉

1. 심사청구가 다음 각 목의 어느 하나에 해당하는 경우: 그 청구를 각하하는 결정
   가. 심판청구를 제기한 후 심사청구를 제기(같은 날 제기한 경우도 포함)한 경우
   나. 제121조에 따른 심사청구 기간이 지난 후에 심사청구를 제기한 경우
   다. 제123조에 따른 보정기간 내에 필요한 보정을 하지 아니한 경우
   라. 적법하지 아니한 심사청구를 제기한 경우
   마. 가목부터 라목까지의 규정에 따른 경우와 유사한 경우로서 대통령령으로 정하는 경우
2. 심사청구가 이유 없다고 인정되는 경우: 그 청구를 기각하는 결정
3. 심사청구가 이유 있다고 인정되는 경우: 그 청구의 대상이 된 처분의 취소・경정 또는 필요한 처분의 결정. 이 경우 취소・경정 또는 필요한 처분을 하기 위하여 사실관계 확인 등 추가적으로 조사가 필요한 경우에는 처분청으로 하여금 이를 재조사하여 그 결과에 따라 취소・경정하거나 필요한 처분을 하도록 하는 재조사 결정을 할 수 있다.

그 청구를 각하하는 결정이란 청구인의 청구요건이 부적법하여 신청 자체를 배척하는 결정을 말한다. 즉, 청구인으로서의 자격이 없거나 청구기간이 경과한 후에 불복청구가 제기 된 경우 등이 이에 해당된다. 기각결정은 청구인의 주장 및 이유 등을 심사한 결과 세관장의 과세처분이 적법하다고 판단하는 결정이다. 인용결정은 청구인의 주장 및 이유 등을 심리한 결과 세관장의 과세처분이 잘못되었으므로 취소 또는 변경하라는 결정을 말한다.

② 제1항에 따른 결정은 심사청구를 받은 날부터 90일 이내에 하여야 한다. 다만, 부득이한 사유가 있을 때에는 그러하지 아니하다.

③ 제1항에 따른 결정을 하였을 때에는 제2항의 결정기간 내에 그 이유를 적은 결정서를 심사청구인에게 통지하여야 한다.

④ 제123조에 따른 보정기간은 제2항에 따른 결정기간에 산입하지 아니한다.

⑤ 제1항제3호 후단에 따른 재조사 결정이 있는 경우 처분청은 재조사 결정일부터 60일 이내에 결정서 주문에 기재된 범위에 한정하여 조사하고, 그 결과에 따라 취소・경정하거나 필요한 처분을 하여야 한다. 이 경우 처분청은 대통령령으로 정하는 바에 따라 조사를 연기 또는 중지하거나 조사기간을 연장할 수 있다.〈신설 2017.12.19.〉

⑥ 제1항제3호 후단 및 제5항에서 규정한 사항 외에 재조사 결정에 필요한 사항은 대통령령으로 정한다.〈신설 2017.12.19.〉[전문개정 2010.12.30.]

3) 심판청구

"조세심판원 청구제도"는 위법하거나 부당한 조세 관련 처분을 받은 경우 또는 필요한 처분을 받지 못한 경우 조세심판원에 심판청구를 제기하여 잘못된 세금을 바로잡을 수 있는 제도이다. 이는 권리 또는 이익의 침해를 당한 납세자가 징세기관인 국세청, 관세청 및 지방자치단체와는 독립된 조세심판원에 제기하는 불복절차이다.

조세심판제도는 이의신청, 심사청구와는 달리 심판결정에는 '심판관의 독립성 보장', '준사법적 심판절차' 등 납세자의 권리구제를 위하여 여러 가지 제도적 장치를 마련하고 있다는 특징이 있다.

제119조제1항에 따른 심판청구에 관하여는 「국세기본법」 제7장제3절을 준용한다. 이 경우 「국세기본법」 중 '세무서장'은 '세관장'으로, '국세청장'은 '관세청장'으로 본다(법 제131조).[전문개정 2010.12.30.]

4) 불복방법의 통지(법 제129조)

① 이의신청·심사청구 또는 심판청구의 재결청은 결정서에 다음 각 호의 구분에 따른 사항을 함께 적어야 한다.

1. 이의신청인 경우: 결정서를 받은 날부터 90일 이내에 심사청구 또는 심판청구를 제기할 수 있다는 뜻
2. 심사청구 또는 심판청구인 경우: 결정서를 받은 날부터 90일 이내에 행정 소송을 제기할 수 있다는 뜻

② 이의신청·심사청구 또는 심판청구의 재결청은 해당 신청 또는 청구에 대한 결정기간이 지날 때까지 결정을 하지 못한 경우에는 지체 없이 신청인이나 청구인에게 다음 각 호의 사항을 서면으로 통지하여야 한다.

1. 이의신청인 경우: 결정을 통지받기 전이라도 그 결정기간이 지난 날부터 심사청구 또는 심판청구를 제기할 수 있다는 뜻
2. 심사청구 또는 심판청구인 경우: 결정을 통지받기 전이라도 그 결정기간이 지난 날부터 행정소송을 제기할 수 있다는 뜻[전문개정 2010.12.30.]

[별지 제7호 서식]

<table>
<tr><td colspan="5" rowspan="2">심 판 청 구 서</td><td>처리기간</td><td>수수료</td></tr>
<tr><td>90일</td><td>없 음</td></tr>
<tr><td rowspan="4">청구인</td><td>상호(법인명)</td><td colspan="2"></td><td colspan="2">사업자등록번호</td><td></td></tr>
<tr><td>성명(대표자)</td><td colspan="2"></td><td colspan="2">주민 등록 번호</td><td>*개인(사업자)에 한함</td></tr>
<tr><td>주 소</td><td colspan="5"></td></tr>
<tr><td>청구담당자</td><td colspan="5">직함 : 성명 : 전화번호 :</td></tr>
<tr><td rowspan="3">청구대상</td><td>수입신고번호</td><td colspan="2">별지로 작성 가능</td><td colspan="2">신 고 일 자</td><td>별지로 작성 가능</td></tr>
<tr><td>품명 및 규격</td><td colspan="5"></td></tr>
<tr><td>처분의 내용</td><td colspan="5">20 년 월 일 관세 등 원 납부고지</td></tr>
<tr><td colspan="2">처 분 청</td><td colspan="5">세관장(출장소장)</td></tr>
<tr><td colspan="2">처분이 있음을 안 날</td><td colspan="5">20 년 월 일(처분의 통지를 받은 날 : 20 년 월 일)</td></tr>
<tr><td colspan="2">이의신청을 한 날</td><td colspan="5">20 년 월 일(결정의 통지를 받은 날 : 20 년 월 일)</td></tr>
<tr><td colspan="2">불 복 의 이 유</td><td colspan="5">* 별지로 작성(납부고지서, 경정통지서등 첨부)하여 주십시오</td></tr>
<tr><td colspan="7">국세기본법 제69조 및 관세법 제131조의 규정에 의하여 위와 같이 심판청구합니다.
20 년 월 일
청구인 인
국세심판원장 귀하 ※ 접수일 : 20 년 월 일</td></tr>
<tr><td rowspan="4">위임장</td><td colspan="6">국세기본법 제59조제1항의 규정에 의하여 아래 사람에게 위 심판청구에 관한 사항을 위임합니다(다만, 청구의 취하는 별도의 위임을 받은 경우에 한합니다).</td></tr>
<tr><td rowspan="2">위 임 자</td><td colspan="5">대 리 인</td></tr>
<tr><td>구 분</td><td>성 명</td><td colspan="2">주 소</td><td>전화번호</td></tr>
<tr><td>(서명 또는 인)</td><td>관세사
변호사</td><td></td><td colspan="2"></td><td></td></tr>
</table>

<table>
<tr><td colspan="6">심판청구서 접수증(접수번호 : 호)</td></tr>
<tr><td>청구인</td><td></td><td>처분청</td><td></td><td>청구금액</td><td></td></tr>
<tr><td colspan="6">위와 같이 심판청구서를 접수하였습니다.
20 년 월 일 세관(출장소) 접수담당자 인</td></tr>
</table>

5) 서류의 열람 및 의견 진술(법 제130조)

이의신청인 · 심사청구인 · 심판청구인 또는 처분청(처분청의 경우 심판청구에 한정)은 그 청구와 관계되는 서류를 열람할 수 있으며 대통령령으로 정하는 바에 따라 해당 재결청에 의견을 진술할 수 있다. 〈개정 2015.12.15.〉[전문개정 2010.12.30.]

그림 6-4. 조세심판결정에 대한 효력

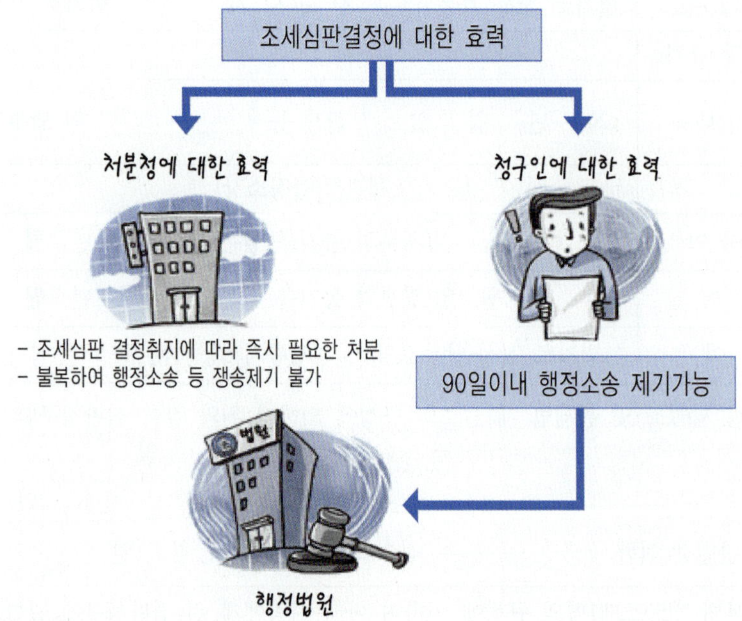

자료: 조세심판원(http://www.tt.go.kr/mUser/guide/decideList.do)

표 6-5 관세행정심판제도

<table>
<tr><th>구분</th><th>이의신청</th><th>심사청구</th><th>심판청구</th><th>감사원 심사청구</th></tr>
<tr><td>절차요건</td><td>임의절차</td><td colspan="3">- 심사청구, 심판청구 중 하나 선택 청구
- 심사청구를 제기한 납세자는 심판청구 또는 감사원 심사청구를 제기할 수 없다.</td></tr>
<tr><td>불복청구서 제출처</td><td>세관장</td><td>관세청장
(세관장 경유)</td><td>조세심판위원장
(세관장 경유)</td><td>감사원장</td></tr>
<tr><td>심의 · 의결기관</td><td>이의신청
심의위원회</td><td>관세심사위원회</td><td>조세심판관회의 ·
조세심판관합동회의</td><td>감사위원회</td></tr>
<tr><td>불복청구 기간</td><td>- 처분이 있는 것을 안 날로부터 90일 이내
- 처분의 통지를 받은 때에는 통지를 받은 날부터 90일 이내</td><td colspan="2">(이의신청을 거치지 않은 경우)
- 해당 처분을 한 것을 안 날부터 90일 이내
- 처분하였다는 통지를 받았을 때에는 통지를 받은 날부터 90일 이내(이의 신청을 거친 경우)
- 이의신청에 대한 결정의 통지를 받은 날부터 90일 이내
- 결정기간 내에 결정의 통지를 받지 못한 때에는 결정을 통지받기 전이라도 그 결정기간이 지난 날부터</td><td>- 행위가 있는 것을 안 날부터 90일 이내
- 그 행위가 있은 날부터 180일 이내</td></tr>
<tr><td>결정기간</td><td>신청을 받은 날부터 30일 이내</td><td>-청구를 받은 날부터 90일 이내
-재조사 결정일 때: 재조사 결정일부터 60일 이내</td><td>청구를 받은 날부터 90일 이내</td><td>청구를 받은 날부터 3월 이내</td></tr>
<tr><td>행정소송 제기기간</td><td>불가</td><td colspan="3">결정의 통지를 받은 날부터 90일 이내</td></tr>
<tr><td>집행부정지 원칙</td><td colspan="4">적용</td></tr>
<tr><td>일사부재리</td><td colspan="4">적용</td></tr>
</table>

자료: 임목삼 · 허상현 공저, 관세법의 이해와 활용, 두남, 2010, p.199. 수정

4. 행정소송법 등과의 관계(법 제120조)

① 불복의 신청(관세법 제119조)에 따른 처분에 대하여는 「행정심판법」을 적용하지 아니한다. 다만, 심사청구 또는 심판청구에 관하여는 「행정심판법」 제15조, 제16조, 제20조부터 제22조까지, 제29조, 제39조, 제40조, 제42조 및 제51조를 준용하며, 이 경우 '위원회'는 '관세심사위원회', '조세심판관회의' 또는 '조세심판 관합동회의'로 본다.〈개정 2011.12.31.〉

② 제119조(불복의 신청)에 따른 위법한 처분에 대한 행정소송은 「행정소송법」 제18조제1항 본문, 제2항 및 제3항[1)]에도 불구하고 관세법에 따른 심사청구 또는 심판청구와 그에 대한 결정을 거치지 아니하면 제기할 수 없다.

③ 제2항에 따른 행정소송은 「행정소송법」 제20조[2)]에도 불구하고 심사청구나 심판청구에 따른 결정을 통지받은 날부터 90일 이내에 제기하여야 한다. 다만, 제128조 제2항 본문 또는 제131조에 따른 결정기간 내에 결정을 통지받지 못한 경우에는 제2항에도 불구하고 결정을 통지받기 전이라도 그 결정기간이 지난 날부터 행정소송을 제기할 수 있다.

④ 심사청구를 거친 경우에는 관세법에 따른 심사청구나 심판청구를 거친 것으로 보고 제2항을 준용한다.

⑤ 제3항의 기간은 불변기간으로 한다.

---

1) 제18조(행정심판과의 관계) ① 취소소송은 법령의 규정에 의하여 당해 처분에 대한 행정심판을 제기할 수 있는 경우에도 이를 거치지 아니하고 제기할 수 있다. 다만, 다른 법률에 당해 처분에 대한 행정심판의 재결을 거치지 아니하면 취소소송을 제기할 수 없다는 규정이 있는 때에는 그러하지 아니하다.〈개정 1994.7.27.〉

② 제1항 단서의 경우에도 다음 각호의 1에 해당하는 사유가 있는 때에는 행정심판의 재결을 거치지 아니하고 취소소송을 제기할 수 있다.〈개정 1994.7.27.〉

1. 행정심판청구가 있은 날로부터 60일이 지나도 재결이 없는 때
2. 처분의 집행 또는 절차의 속행으로 생길 중대한 손해를 예방하여야 할 긴급한 필요가 있는 때
3. 법령의 규정에 의한 행정심판기관이 의결 또는 재결을 하지 못할 사유가 있는 때
4. 그 밖의 정당한 사유가 있는 때

③ 제1항 단서의 경우에 다음 각호의 1에 해당하는 사유가 있는 때에는 행정심판을 제기함이 없이 취소소송을 제기할 수 있다.〈개정 1994.7.27.〉

1. 동종사건에 관하여 이미 행정심판의 기각재결이 있은 때
2. 서로 내용상 관련되는 처분 또는 같은 목적을 위하여 단계적으로 진행되는 처분중 어느 하나가 이미 행정심판의 재결을 거친 때
3. 행정청이 사실심의 변론종결후 소송의 대상인 처분을 변경하여 당해 변경된 처분에 관하여 소를 제기하는 때
4. 처분을 행한 행정청이 행정심판을 거칠 필요가 없다고 잘못 알린 때

④ 제2항 및 제3항의 규정에 의한 사유는 이를 소명하여야 한다.

2) 제20조(제소기간) ① 취소소송은 처분등이 있음을 안 날부터 90일 이내에 제기하여야 한다. 다만, 제18조 제1항 단서에 규정한 경우와 그 밖에 행정심판청구를 할 수 있는 경우 또는 행정청이 행정심판청구를 할 수 있다고 잘못 알린 경우에 행정심판청구가 있은 때의 기간은 재결서의 정본을 송달받은 날부터 기산한다.

② 취소소송은 처분등이 있은 날부터 1년(제1항 단서의 경우는 재결이 있은 날부터 1년)을 경과하면 이를 제기하지 못한다. 다만, 정당한 사유가 있는 때에는 그러하지 아니하다.

③ 제1항의 규정에 의한 기간은 불변기간으로 한다.[전문개정 1994.7.27]

5. 관세행정 구제제도 상담

관세청에서는 관세심사청구의 대상이 무엇인지에서 부터 관세심사청구서 작성에 이르기 까지 관세행정 구제제도와 관련된 모든 사항에 대하여 신속하게 상담 받을 수 있다.

1) 상담방법

서면으로 상담할 경우에는 연락 가능한 전화번호를 기재하여 주소[3]로 질의서를 보내면 가능한 바른 시일 내에 답변을 받을 수 있다. 전화에 의한 상담은 전화 042-481-7696으로 전화하거나 과세처분을 한 세관에 직접 문의하여도 된다.

1. 보기와 같은 사례에서 A사가 수원세관장에게 직접 제기할 수 있는 것은?
(2013년 제32회 국제무역사 기출문제)

> A사는 말레이시아에서 야자유를 수입한다. 동 물품에 대해 수원세관장이 A사에게 한 과세처분에 대해 A사는 그 처분이 위법까지는 아니지만 부당하다고 생각된다. A사는 이의 시정을 요구하고자 한다.

① 이의신청 ② 심사청구
③ 조정청구 ④ 과세전적부심사청구

2. 관세법상 심사와 심판에 관한 설명으로 옳지 않은 것은?
① 이의신청·심사청구 또는 심판청구는 법령에 특별한 규정이 있는 경우를 제외하고는 해당 처분의 집행에 효력을 미치지 아니한다. 다만, 해당 재결청이 필요하다고 인정할 때에는 그 처분의 집행을 중지하게 하거나 중지할 수 있다.
② 심사청구는 대통령령으로 정하는 바에 따라 불복하는 사유를 심사청구서에 적어 해당처분을 하였거나 하였어야 하는 세관장을 거쳐 관세청장에게 하여야 한다.
③ 관세청장은 심사청구의 내용이나 절차가 심사와 심판에 적합하지 아니하지만 보정할 수 있다고 인정되는 경우에는 20일 이내의 기간을 정하여 해당 사항을 보정할 것을 요구할 수 있다. 다만, 보정할 사항이 경미한 경우에는 직권으로 보정할 수 있다.
④ 관세심사위원회의 조직과 운영, 심의사항 및 그 밖에 필요한 사항은 대통령령으로 정한다.
⑤ 심사청구는 해당처분을 한 것을 안 날(처분하였다는 통지를 받았을 때에는 통지를 받은 날을 말한다)부터 120일 이내에 제기하여야 한다.

1-① 2-⑤

3) 우)302-701, 대전광역시 서구 선사로 139(둔산2동 920번지) 관세청 규제개혁법무담당자

제3부 통관 절차

제3부 통관절차에서는 수출입화물의 통관에 관련된 내용을 주로 다루고 있다.

외국물품이 국내에 반입되어 반출할 방법은 보세제도와 통관제도를 활용할 수 있다.

본 3부에서는 제7장 운송수단부터 제13장 보칙까지의 내용을 루고 있다.

제7장 운송수단은 관세법에 따라 규제되는 운송수단으로 무역을 위하여 외국을 왕래하는 무역선, 무역기 및 국경을 출입하는 차량에 관한 것으로 개항, 입출항 및 하역절차 등의 내용을 다루고 있다.

제8장은 보세제도에 관한 내용으로 수입화물의 관세징수권의 확보와 수출입통관의 적정 및 세관업무의 효율화와 국내산업의 수출지원 등의 목적으로 운영되는 것으로 보세구역제도와 보세운송제도 중 보세구역에 관한 내용을 주로 하고 있다.

제9장은 운송과 관련된 것으로 외국물품 상태 그대로 다른 보세구역으로 운송되는 보세운송과 운송업자에 관한 내용이다.

제10장은 통관으로서 관세법상 구분되는 수출통관, 수입통관, 반송통관에 대한 내용이다. 수입물품의 원산지, 통관의 제한, 통관의 예외적용, 통관후 유통이력관리, 통관절차 등의 국제협력과 실제적인 수출, 수입, 반송의 통관에 관한 내용을 다룬다.

제11장은 세관공무원의 자료 제출요청 등에 대한 내용이다.

세관장 등의 과세자료 요청과 세관공무원의 물품검사등에 관한 내용으로 구성된다.

제12장은 관세법 위반 사항에 관한 벌칙편이며 제13장은 관세범에 관한 조사와 처분에 대한 내용이며, 제14장은 보칙편이다.

제7장 운송수단

관세법상 운송수단이란 관세법에 따라 규제대상이 되는 운송수단으로서 주로 무역을 위하여 외국을 왕래하는 무역선(기) 등으로 선박·항공기 및 국경을 출입하는 차량을 말한다.

제1절 개 항(법 제133조~제134조)

1. 개항의 지정 등(법 제133조)

개항은 대통령령으로 지정하며 이에 따른 개항의 시설기준 등에 관하여 필요한 사항은 대통령령으로 정한다.[전문개정 2010.12.30.]

1) 개항의 지정요건[법 시행령 제 155조의2]〈개정 2006.5.22, 2015.2.6, 2015.8.3, 2017.3.29.〉

1. 「선박의 입항 및 출항 등에 관한 법률」 또는 「공항시설법」에 의하여 외국무역선(기)이 상시 입출항 할 수 있을 것
2. 국내선과 구분되는 국제선 전용통로 및 그 밖에 출입국업무를 처리하는 행정기관의 업무수행에 필요한 인력·시설·장비를 확보할 수 있을 것
3. 공항 및 항구의 여객수 또는 화물량 등에 관한 다음 각 목의 구분에 따른 기준을 갖출 것

가. 공항의 경우: 다음의 어느 하나의 요건을 갖출 것

1) 정기여객기가 주 6회 이상 입항하거나 입항할 것으로 예상될 것

2) 여객기로 입국하는 여객수가 연간 4만명 이상일 것

나. 항구의 경우: 외국무역선인 5천톤급 이상의 선박이 연간 50회 이상 입항하거나 입항할 것으로 예상될 것[본조신설 2004.3.29.]

2) 우리나라의 개항의 종류

우리나라의 대통령령에 의한 개항은 인천항을 비롯한 24개의 항구와 인천공항을 비롯한 7개의 공항이 있으며, 이는 〈표 7-1〉과 같다. 개항의 항계는 「항만법 시행령」 별표 1에 따른 항만의 수상구역 또는 「공항시설법」에 의한 범위로 한다.〈개정 2006.5.22, 2015.8.3, 2016.2.5, 2017.3.29.〉

표 7-1 우리나라의 개항

구 분	개항명
항구(24개항)	인천항, 부산항, 마산항, 여수항, 목포항, 군산항, 제주항, 동해·묵호항, 울산항, 통영항, 삼천포항, 장승포항, 포항항, 장항항, 옥포항, 광양항, 평택·당진항, 대산항, 삼척항, 진해항, 완도항, 속초항, 고현항, 경인항
공항(7개 공항)	인천공항, 김포공항, 김해공항, 제주공항, 청주공항, 대구공항, 무안공항, 양양공항

자료 : 법 시행령 제155조 개항의 지정 〈개정 2012.2.2., 2012.6.5., 2015.2.6.〉

1. 외국무역선이나 외국무역기는 개항에 한정하여 운항할 수 있다. 다음 중 개항이 아닌 곳은? (2013년 제32회 국제무역사 기출)

① 보령항 ② 완도항 ③ 진해항 ④ 경인항

1-①

3) 개항 등에의 출입(법 제134조)

① 외국무역선이나 외국무역기는 개항에 한정하여 운항할 수 있다. 다만, 대통령령으로 정하는 바에 따라 개항이 아닌 지역에 대한 출입의 허가를 받은 경우에는 그러하지 아니 하다.

② 외국무역선의 선장이나 외국무역기의 기장은 제1항 단서에 따른 허가를 받으려면 기획재정부령으로 정하는 바에 따라 허가수수료를 납부하여야 한다.[전문개정 2010. 12.30.]

(1) 개항

"개항"은 외국무역선(기)이 자유롭게 출입할 수 있는 국내의 항구 및 공항으로서 수출입 화물의 적재와 하역이 이루어지는 장소이다.

(2) 불개항

"불개항"이란 개항의 반대개념으로서 관세법상 개항으로 지정되지 아니한 항구 및 공항을 말한다. 이러한 불개항은 세관장의 허가를 받은 경우를 제외하고는 왕래할 수 없도록 하고 있다. 즉 개항이 아닌 지역을 출입하고자 하는 경우에는 세관장의 허가를 받아야 한다. 이 경우 허가수수료를 납부하여야 한다.

(가) 개항이 아닌 지역에 대한 출입허가수수료의 징수(법 시행령 제62조제1항)

개항이 아닌 지역에 출입하기 위하여 내야 하는 수수료는 〈표 7-2〉와 같으며, 이 경우 수수료의 총액은 50만원을 초과하지 못한다. 〈개정 2012.2.28.〉

표 7-2 출입허가수수료

구 분	출입 횟수 기준	적용 무게 기준	수수료
외국무역선	1회	해당선박의 순톤수 1톤	100원
외국무역기	1회	해당 항공기의 자체무게 1톤	1,200원

(나) 출입허가수수료의 미징수(법 시행령 제62조제2항) 〈개정 2013.2.23.〉

① 법령의 규정에 의하여 강제로 입항하는 경우

② 급병환자, 항해 중 발견한 밀항자, 항해 중 구조한 조난자 · 조난선박 · 조난화물 등의 하역 또는 인도를 위하여 일시입항하는 경우

③ 위험물품 · 오염물품 기타 이에 준하는 물품의 취급, 유조선의 청소 또는 가스발생선박의 가스제거작업을 위하여 법령 또는 권한 있는 행정관청이 정하는 일정한 장소에 입항하는 경우

④ 개항의 협소 등 입항여건을 고려하여 관세청장이 정하는 일정한 장소에 입항하는 경우

(다) 출입허가수수료의 반환(법 시행령 제62조제3항)

세관장은 영 제156조제1항제3호 기간의 개시일까지 해당 출입허가를 취소한 경우에는 제1항에 따라 징수한 수수료를 반환한다. 〈개정 2013.2.23.〉

제2절 선박과 항공기(법 제135조~제147조)

1. 입출항 절차

1) 입항절차(법 제135조)

(1) 입항보고

외국무역선(기)이 개항(출입허가를 받은 지역 포함)에 입항한 때에는 선장이나 기장은 대통령령으로 정하는 사항이 적힌 선용품(기)의 목록, 여행명부, 승무원명부, 승무원 휴대품목과 적하목록을 첨부하여 지체 없이 세관장에게 입항보고를 하여야 하며, 외국무역선은 선박국적증서와 최종 출발항의 출항면장이나 이에 갈음할 서류를 제시하여야 한다. 다만, 세관장은 감시 · 단속에 지장이 없다고 인정될 때에는 선용품 또는 기용품의 목록이나 승무원 휴대품목록의 첨부를 생략하게 할 수 있다(법 제135조제1항).

표 7-3 입항보고서 등의 기재사항(법 시행령 제157조)

선박의 입항보고서	1. 선박의 종류 · 등록기호 · 명칭 · 국적 · 선적항 · 총톤수 및 순톤수 2. 출항지 · 기항지 · 최종기항지 · 입항일시 · 출항예정일시 및 목적지 3. 적재물품의 개수 및 톤수와 여객 · 승무원의 수 및 통과여객수
선용품목록	1. 선박의 종류 · 등록기호 · 명칭 · 국적 및 입항연월일 2. 선용품의 품명 · 수량 및 가격
선박의 여객명부	1. 선박의 종류 · 등록기호 · 명칭 · 국적 및 입항연월일 2. 여객의 국적 · 성명 · 생년월일 · 여권번호 · 승선지 및 상륙지
선박의 승무원명부	1. 선박의 종류 · 등록기호 · 명칭 · 국적 및 입항연월일 2. 승무원의 국적 · 성명 · 승무원수첩번호 또는 여권번호 · 승선지 및 상륙지
선박의 승무원 휴대품목록	1. 선박의 종류 · 등록기호 · 명칭 · 국적 및 입항연월일 2. 선원의 국적 · 성명 · 승무원수첩번호 또는 여권번호 3. 품명 · 수량 및 가격

적하목록	1. 선박명 및 적재항 2. 품명 및 수하인 · 송하인 3. 그 밖의 선박운항 및 화물에 관한 정보로서 관세청장이 필요하다고 인정하는 것
항공기의 입항보고서	1. 항공기의 종류 · 등록기호 · 명칭 · 국적 · 출항지 및 입항일시 2. 적재물품의 적재지 · 개수 및 톤수 3. 여객 · 승무원 · 통과여객의 수

법 제135조의 규정에 의한 항공기의 기용품목록, 여객명부, 승무원명부, 승무원 휴대품목록 및 적하목록에 관하여는 제2항 내지 제6항의 규정을 준용한다.〈개정 2002.12.30.〉

1. **관세법상 세관장이 열람이나 제출을 요청할 수 있는 승객예약자료를 모두 고른 것은?**
(2016년 관세사 1차 기출)

ㄱ. 주소 및 전화번호	ㄴ. 직업 및 종교	ㄷ. 수하물 자료
ㄹ. 여행경로 및 여행사	ㅁ. 예약 및 탑승수속 시점	

① ㄱ, ㄴ ② ㄴ, ㄷ ③ ㄱ,ㄴ ④ ㄱ, ㄴ, ㄷ, ㅁ ⑤ ㄱ,ㄷ,ㄹ,ㅁ

1–⑤

(2) 입항전 서류제출

세관장은 신속한 입항 및 통관절차의 이행과 효율적인 감시 · 단속을 위하여 필요한 때에는 관세청장이 정하는 바에 의하여 입항하는 해당 선박 또는 항공기가 소속된 선박회사 또는 항공사(업무대행자 포함)로 하여금 여객명부 · 적하목록 등을 입항하기 전에 제출하게 할 수 있다. 다만, 제222조제1항제2호에 따른 화물운송주선업자(제254조의2제1항에 따른 탁송품 운송업자로 한정)로서 대통령령으로 정하는 요건을 갖춘 자가 작성한 적하목록은 관세청장이 정하는 바에 따라 해당 화물운송주선업자로 하여금 제출하게 할 수 있다(법 제135조제2항). 〈개정 2015. 12. 15.〉[전문개정 2010. 12. 30.]

(3) 적하목록

"적하목록"이란 화물을 운송하는 수단(선박, 항공기 등)에 적재된 화물의 총괄목록이다.

세관은 적하목록을 제출받아 우리나라 국경을 통과하는 물품에 대한 화물정보의 정확성 및 우범성 심사를 하고, 우범화물로 선별된 물품에 대해서는 하역장소 제한, 검사 등의 조치를 하게 된다. 또한, 선박이나 항공기 도착 후 물품의 하역, 창고배정, 보세운송,

보세구역에 반입하기까지 세관뿐만 아니라 물류관련업체, 화주 등에게 화물에 대한 정보를 제공하게 되는 기본적인 서류로서 법 제135조에서는 외국무역선(기)이 입항할 때 또는 입항하기 전에 세관장에게 제출하도록 규정하고 있다.

(가) 적하목록 사전제출제도 시행의 도입 필요성

주요 교역국에서 적하목록 사전제출제도를 확대 시행함으로써 발생할 수 있는 수출물품의 적재차질을 방지하기 위하여 무역계약, 운송, 통관 등의 국내 무역관행을 국제규범에 적합하게 변화시킬 필요가 있고 수출물품의 적재정보를 선박·항공기에 적재하기 전에 입수하여 실제 적재되는 수출물품에 대한 검사를 수행함으로써 원산지세탁·위조상품 등의 불법수출을 효과적으로 차단하는 것이 가능하다.

표 7-4 적하목록 제출시기

구 분		제출시기
해상화물	수입	o (원칙) 적재항에서 선박에 적재하기 24시간 전 o (근거리지역) 적재항에서 선박이 출항하기 전 o (벌크화물) 선박이 입항하기 4시간 전
	수출	o (원칙) 선박에 적재하기 24시간 전 o (근거리지역) 선박에 적재하기 전, 출항 30분전 최종 마감 o (벌크·환적화물) 선박이 출항하기 전까지 o (선상수출신고물품) 선박이 출항한 후 익일 24시까지
항공화물	수입	o (원칙) 항공기가 입항하기 4시간 전 o (근거리지역) 적재항에서 항공기가 출항하기 전 o (특송화물) 항공기가 입항하기 1시간 전
	수출	o 항공기에 적재하기 전, 출항 30분전 최종 마감

자료 : 관세청

* 근거리지역의 범위 : 중국/대만/홍콩/일본/러시아(극동지역)에 한함
– 다만, 해상 수출적하목록의 경우 필리핀·베트남·캄보디아·태국·인도네시아·말레이지아·싱가포르를 포함함

2) 출항절차(법 제136조)

(1) 출항허가

외국무역선(기)이 개항을 출항하고자 하는 때에는 선장이나 기장은 출항하기 전에 세관장에게 출항허가를 받아야 한다(법 제136조제1항).

(2) 서류제출

선장이나 기장은 출항허가를 받으려면 그 개항에서 적재한 물품의 목록을 제출하여야 한다. 다만, 세관장이 출항절차를 신속하게 진행하기 위하여 필요하다고 인정하여 출항허가 후 7일의 범위 내에서 따로 기간을 정하는 경우에는 그 기간 내에 그 목록을 제출할 수 있다(법 제136조제2항).

3) 간이입출항절차(법 제137조)

(1) 적하목록 제출의 생략

① 외국무역선(기)이 개항에 입항하여 물품(선용품 또는 기용품과 승무원의 휴대품 제외)을 하역하지 아니하고 입항한 때부터 24시간 이내에 출항하는 경우 세관장은 제 135조(입항절차)에 따른 적하목록, 선용품 또는 기용품의 목록, 여객명부, 승무원명부, 승무원휴대품목록 또는 제136조에 따른 적재물품의 목록의 제출을 생략하게 할 수 있다.

② 세관장은 외국무역선이나 외국무역기가 개항에 입항하여 제135조에 따른 절차를 마친 후 다시 우리나라의 다른 개항에 입항할 때에는 제1항을 준용하여 서류제출의 생략 등 간소한 절차로 입출항하게 할 수 있다.[전문개정 2010.12.30.]

4) 승객자료의 요청(법 제137조의2)

(1) 승객예약자료의 열람 또는 제출 대상

세관장은 다음에 해당하는 업무를 수행하기 위하여 필요한 경우 입항절차(제135조)에 따라 입항하거나 출항절차(제136조)에 따라 출항하는 선박 또는 항공기가 소속된 선박회사 또는 항공사가 운영하는 예약정보시스템의 승객예약자료("승객예약자료")를 정보통신망을 통하여 열람하거나 기획재정부령으로 정하는 시한 내에 제출하여 줄 것을 선박회사 또는 항공사에 요청할 수 있다. 이 경우 해당 선박회사 또는 항공사는 이에 따라야 한다(법 제137조의2제1항).

1. 제234조(수출입금지)에 따른 수출입금지물품을 수출입한 자 또는 수출입하려는 자에 대한 검사업무
2. 제241조(수출 · 수입 또는 반송의 신고)제1항 · 제2항을 위반한 자 또는 위반하여 다음의 물품을 수출입하거나 반송하려는 자에 대한 검사업무

가. 「마약류관리에 관한 법률」에 따른 마약류

나. 「총포·도검·화약류 등 단속법」에 따른 총포·도검·화약류·분사기·전자충격기 및 석궁

표 7-5 승객예약자료 제출시한

출항하는 선박 또는 항공기의 경우	출항 후 3시간 이내
입항하는 선박 또는 항공기의 경우	입항 1시간 전까지. 다만, 운항예정시간이 3시간 이내인 경우에는 입항 30분 전까지 할 수 있다.
[본조신설 2009.3.26.] [제62조의2에서 이동〈2016.3.9.〉]	

자료 : 법 시행규칙 제62조의3

(2) 열람이나 제출을 요청할 수 있는 승객예약 자료

세관장이 제1항에 따라 열람이나 제출을 요청할 수 있는 승객예약자료는 다음 각 호의 자료로 한정한다(법 제137조의2제2항).

1. 국적, 성명, 생년월일, 여권번호 및 예약번호
2. 주소 및 전화번호
3. 예약 및 탑승수속 시점
4. 항공권 또는 승선표의 번호·발권일·발권도시 및 대금결제방법
5. 여행경로 및 여행사
6. 동반탑승자 및 좌석번호
7. 수하물 자료
8. 항공사 또는 선박회사의 회원으로 가입한 경우 그 회원번호 및 등급과 승객주문정보

제1항에 따라 제공받은 승객예약자료를 열람할 수 있는 사람은 관세청장이 지정하는 세관공무원으로 한정한다. 이에 따른 세관공무원은 직무상 알게 된 승객예약자료를 누설 또는 권한 없이 처리하거나 타인이 이용하도록 제공하는 등 부당한 목적을 위하여 사용하여서는 아니 된다. 제공받은 승객예약자료의 열람방법, 보존기한 등에 관하여 필요한 사항은 대통령령으로 정한다(법 제137조의2제3항~5항).

2. 재해나 그 밖의 부득이한 사유로 인한 면책(법 제138조)

제134조부터 제137조(개항 등에의 출입, 입항절차, 출항절차, 간이입출항절차)까지 및 제140조부터 제143조(물품의 하역, 외국물품의 일시양륙, 항외하역, 선(기)용품의 하역)까지의 규정은 재해나 그 밖의 부득이한 사유에 의한 경우에는 적용하지 아니한다.

이 경우 선장이나 기장은 지체 없이 그 이유를 세관공무원이나 국가경찰공무원(세관공무원이 없는 경우로 한정한다)에게 신고하여야 하며 이에 따른 신고를 받은 국가경찰공무원은 지체 없이 그 내용을 세관공무원에게 통보하여야 한다. 선장이나 기장은 재해나 그 밖의 부득이한 사유가 종료되었을 때에는 지체 없이 세관장에게 그 경과를 보고하여야 한다.

1) 외국 기착의 보고(법 제139조)

재해나 그 밖의 부득이한 사유로 내항선이나 내항기가 외국에 기착(寄着)하고 우리나라로 되돌아왔을 때에는 선장이나 기장은 지체 없이 그 사실을 세관장에게 보고하여야 하며, 외국에서 적재한 물품이 있을 때에는 그 목록을 제출하여야 한다.

3. 물품의 하역

1) 물품의 하역(법 제140조)

외국무역선(기)은 제135조에 따른 입항절차를 마친 후가 아니면 물품을 하역하거나 환적할 수 없다. 다만, 세관장의 허가를 받은 경우에는 그러하지 아니하다.

외국무역선(기)에 물품을 하역하거나 환적하려면 세관장에게 신고하고 현장에서 세관공무원의 확인을 받아야 한다. 다만, 세관공무원이 확인할 필요가 없다고 인정하는 경우에는 그러하지 아니하다.

세관장은 감시·단속을 위하여 필요할 때에는 제2항에 따라 물품을 하역하는 장소 및 통로(하역통로)와 기간을 제한할 수 있다.

외국무역선(기)에는 내국물품을 적재할 수 없으며, 내항선이나 내항기에는 외국물품을 적재할 수 없다. 다만, 세관장의 허가를 받았을 때에는 그러하지 아니하다(법 제140조제1항~4항).

2) 외국물품의 일시양륙 등(법 제141조)

다음 각 호의 어느 하나에 해당하는 행위를 하려면 세관장에게 신고를 하고, 현장에서 세관공무원의 확인을 받아야 한다. 다만, 관세청장이 감시 · 단속에 지장이 없다고 인정하여 따로 정하는 경우에는 간소한 방법으로 신고 또는 확인하거나 이를 생략하게 할 수 있다.

1. 외국물품을 운송수단으로부터 일시적으로 육지에 내려 놓으려는 경우
2. 해당 운송수단의 여객 · 승무원 또는 운전자가 아닌 자가 타려는 경우
3. 외국물품을 적재한 운송수단에서 다른 운송수단으로 물품을 환적 또는 복합환적하거나 사람을 이동시키는 경우

3) 항외 하역(법 제142조)

외국무역선이 개항의 바깥에서 물품을 하역하거나 환적하려는 경우에는 선장은 세관장의 허가를 받아야 한다. 선장은 허가를 받으려면 기획재정부령으로 정하는 바에 따라 허가수수료를 납부하여야 한다(법 제142조제1항~2항).

(1) 허가수수료의 납부

항외하역에 관한 허가수수료는 하역 1일마다 4만원으로 한다. 다만, 수출물품, 보세판매장에서 판매하는 물품, 보세공장, 「자유무역지역의 지정 및 운영에 관한 법률」에 의한 자유무역지역에서 제조 · 가공하여 외국으로 반출하는 물품에 대한 하역인 경우에는 하역 1일마다 1만원으로 한다. 〈개정 2005.2.11.〉(항외하역에 관한 허가수수료, 법 시행령 제63조)

4) 선용품 및 기용품의 하역 등(법 제143조)

다음 각 호의 어느 하나에 해당하는 물품을 외국무역선(기)에 하역하거나 환적하려면 세관장의 허가를 받아야 하며, 하역 또는 환적허가의 내용대로 하역하거나 환적하여야 한다(법 제143조제1항). 〈개정 2014.1.1.〉

1. 선용품 또는 기용품
2. 외국무역선 또는 외국무역기 안에서 판매하는 물품

제1항 각 호의 어느 하나에 해당하는 물품이 외국으로 부터 우리나라에 도착한 외국물품일 때에는 보세구역으로부터 외국무역선(기)에 적재하는 경우에만 그 외국물품을 그대

로 적재할 수 있다. 제1항 각 호에 따른 물품의 종류와 수량은 선박이나 항공기의 종류, 톤수 또는 무게, 항행일수 또는 운행일수, 여객과 승무원의 수 등을 고려하여 세관장이 타당하다고 인정하는 범위이어야 한다(법 제143조제2항~3항).

(1) 관세의 징수

제2항에 따른 외국물품인 선(기)용품과 외국무역선(기) 안에서 판매할 물품이 제1항에 따른 하역 또는 환적허가의 내용대로 운송수단에 적재되지 아니한 경우에는 해당 허가를 받은 자로부터 즉시 그 관세를 징수한다. 다만, 다음 각 호의 어느 하나에 해당하는 경우에는 그러하지 아니하다(법 제143조제4항). 〈개정 2014.12.23.〉

1. 세관장이 지정한 기간 내에 그 물품이 다시 보세구역에 반입된 경우
2. 재해나 그 밖의 부득이한 사유로 멸실된 경우
3. 미리 세관장의 승인을 받고 폐기한 경우에는 관세징수의 예외에 해당한다.

제1항에 따라 허가를 받아야 하는 물품의 종류와 수량, 사용 또는 판매내역관리, 하역 또는 환적절차 등에 관하여 필요한 사항은 관세청장이 정하여 고시한다(법 제143조제5항). 〈개정 2014.12.23.〉

1. 관세법상 선용품 및 기용품의 하역 등에 관한 설명으로 옳지 않은 것은?

(2017년 관세사 1차 기출)

① 선용품을 외국무역선(기)에 하역하거나 환적하려면 세관장의 승인을 받아야 한다.
② 기용품을 외국무역선(기)에 하역하거나 환적하려면 세관장의 허가를 받아야하는 경우, 허가를 받아야 하는 물품의 종류와 수량, 사용 또는 판매내역관리, 하역 또는 환적절차 등에 관하여 필요한 사항은 관세청장이 정한다.
③ 기용품을 외국무역기에 하역하는 경우 물품의 종류와 수량은 항공기의 종류, 톤수, 무게, 운행일수, 여객과 승무원의 수 등을 고려하여 세관장이 타당하다고 인정하는 범위이어야 한다.
④ 선용품이 외국으로부터 우리나라에 도착한 물품일 때에는 보세구역으로부터 외국무역선에 적재하는 경우에만 그 외국물품을 그대로 적재할 수 있다.
⑤ 외국물품인 기용품이 하역 또는 환적허가의 내용대로 운송수단에 적재되지 아니한 경우라도 세관장이 지정한 기간 내에 그 물품이 다시 보세구역에 반입된 때에는 해당 허가를 받은 자로부터 즉시 그 관세를 징수하지 아니한다.

1-①

4. 외국무역선의 내항선으로의 전환 등

1) 외국무역선의 내항선으로의 전환 등(법 제144조)

외국무역선(기)를 내항선(기)로 전환하거나, 내항선(기)를 외국무역선(기)로 전환하려면 선장이나 기장은 세관장의 승인을 받아야 한다.

2) 선장 등의 직무대행자(법 제145조)

선장이나 기장이 하여야 할 직무를 대행하는 자에게도 제134조제2항, 제135조제1항, 제136조, 제138조제2항・제4항, 제139조, 제142조 및 제144조를 적용한다.

3) 그 밖의 선박 또는 항공기(법 제146조)

(1) 외국무역선(기)의 준용 대상

다음 각 호의 어느 하나에 해당하는 선박이나 항공기는 외국무역선이나 외국무역기에 관한 규정을 준용한다. 다만, 대통령령으로 정하는 선박 및 항공기에 대하여는 그러하지 아니하다.

1. 외국무역선(기)외의 선박이나 항공기로서 외국에 운항하는 선박 또는 항공기
2. 외국을 왕래하는 여행자와 제241조제2항제1호(휴대품・탁송품 또는 별송품의 물품)을 전용으로 운송하기 위하여 국내에서만 운항하는 항공기("환승전용내항기")는 외국무역선(기)에 관한 규정을 준용한다.

제1항에도 불구하고, 환승전용내항기에 대해서는 제143조제2항은 적용하지 아니하며 효율적인 통관 및 감시・단속을 위하여 필요한 사항은 대통령령으로 따로 정할 수 있다.[전문개정 2011.12.31.]

4) 국경하천을 운항하는 선박(법 제147조)

국경하천만을 운항하는 내국선박에 대하여는 외국무역선에 관한 규정을 적용하지 아니한다.

제3절 차 량(법 제148조~제153조)

1. 관세통로(법 제148조)

국경을 출입하는 차량("국경출입차량")은 관세통로를 경유하여야 하며, 통관역이나 통관장에 정차하여야 한다.

표 7-6 관세통로 · 통관역 · 통관장의 지정(법 제148조제2항~4항)

명 칭	범 위	지 정
관세통로	육상국경(陸上國境)으로 부터 통관역에 이르는 철도와 육상국경으로부터 통관장에 이르는 육로 또는 수로 중	세관장
통관역	국외와 연결되고 국경에 근접한 철도역 중	관세청장
통관장	관세통로에 접속한 장소 중	세관장

2. 국경출입차량의 도착절차(법 제149조)

① 국경출입차량이 통관역(장)에 도착하면 통관역장이나 도로차량(선박 · 철도차량 또는 항공기가 아닌 운송수단)의 운전자는 차량용품목록 · 여객명부 · 승무원명부 및 승무원 휴대품목록과 관세청장이 정하는 적하목록을 첨부하여 지체 없이 세관장에게 도착보고를 하여야 하며, 최종 출발지의 출발허가서 또는 이를 갈음하는 서류를 제시하여야 한다. 다만, 세관장은 감시 · 단속에 지장이 없다고 인정될 때에는 차량용품목록이나 승무원 휴대품목록의 첨부를 생략하게 할 수 있다.

② 세관장은 신속한 입국 및 통관절차의 이행과 효율적인 감시 · 단속을 위하여 필요한 경우에는 관세청장이 정하는 바에 따라 도착하는 해당 차량이 소속된 회사(그 업무를 대행하는 자를 포함)로 하여금 제1항에 따른 여객명부 · 적하목록 등을 도착하기 전에 제출하게 할 수 있다.

③ 제1항에도 불구하고 대통령령으로 정하는 물품을 일정 기간에 일정량으로 나누어 반복적으로 운송하는 데에 사용되는 도로차량의 운전자는 제152조제2항에 따라 사증(査證)을 받는 것으로 도착보고를 대신할 수 있다. 다만, 최종 도착보고의 경

우는 제외한다.

④ 제3항에 따라 사증을 받는 것으로 도착보고를 대신하는 도로차량의 운전자는 최종 도착보고를 할 때에 제1항에 따른 서류를 한꺼번에 제출하여야 한다.[전문개정 2010.12.30.]

3. 국경출입차량의 출발절차(법 제150조)

① 국경출입차량이 통관역이나 통관장을 출발하려면 통관역장이나 도로차량의 운전자는 출발하기 전에 세관장에게 출발보고를 하고 출발허가를 받아야 한다.

② 통관역장이나 도로차량의 운전자는 제1항에 따른 허가를 받으려면 그 통관역 또는 통관장에서 적재한 물품의 목록을 제출하여야 한다.

③ 제1항에도 불구하고 대통령령으로 정하는 물품을 일정 기간에 일정량으로 나누어 반복적으로 운송하는 데에 사용되는 도로차량의 운전자는 제152조제2항에 따라 사증을 받는 것으로 출발보고 및 출발허가를 대신할 수 있다. 다만, 최초 출발보고와 최초 출발허가의 경우는 제외한다.

④ 제3항에 따른 도로차량을 운행하려는 자는 기획재정부령으로 정하는 바에 따라 미리 세관장에게 신고하여야 한다.[전문개정 2010.12.30.]

4. 물품의 하역 등(법 제151조)

통관역이나 통관장에서 외국물품을 차량에 하역하려는 자는 세관장에게 신고를 하고, 현장에서 세관공무원의 확인을 받아야 한다. 다만, 세관공무원이 확인할 필요가 없다고 인정할 때에는 그러하지 아니하다.

차량용품과 국경출입차량 안에서 판매할 물품을 해당 차량에 하역하거나 환적하는 경우에는 제143조를 준용한다(법 제151조제1항~2항). [전문개정 2010.12.30.]

5. 국경출입차량의 국내운행차량으로의 전환 등(법 제151조의2)

국경출입차량을 국내에서만 운행하는 차량("국내운행차량")으로 전환하거나 국내운행차량을 국경출입차량으로 전환하려는 경우에는 통관역장 또는 도로차량의 운전자는 세관장의 승인을 받아야 한다. 다만, 기획재정부령으로 정하는 차량의 경우에는 그러하지 아니하다.

6. 통관역장 등의 직무대행자(법 제151조의3)

통관역장이나 도로차량의 운전자가 하여야 할 직무를 대행하는 자에게도 제149조제1항, 제150조, 제151조의2 및 제152조를 적용한다.

7. 도로차량의 국경출입(법 제152조)

① 국경을 출입하려는 도로차량의 운전자는 해당 도로차량이 국경을 출입할 수 있음을 증명하는 서류를 세관장으로부터 발급받아야 한다.

② 국경을 출입하는 도로차량의 운전자는 출입할 때마다 서류를 세관공무원에게 제시하고 사증을 받아야 한다. 이 경우 전자적인 방법으로 서류의 제시 및 사증 발급을 대신할 수 있다.

③ 사증을 받으려는 자는 기획재정부령으로 정하는 바에 따라 400원의 수수료를 납부하여야 한다. 다만, 기획재정부령으로 정하는 차량은 수수료를 면제한다.

제8장 보세제도

제1절 보세구역

1. 보세의 개요

"보세(保稅, in bond, customs bond)"는 일반적으로 세금이 보류된, 즉 관세유보 또는 관세미납의 뜻으로 이해되는 것으로 우리나라의 관세영역 안으로 들어온 외국물품이 수입신고가 수리되지 않은 상태를 말한다.

"보세제도"는 수입화물에 대한 관세징수권의 확보와 더불어 수출입 통관의 적정 및 세관업무의 효율화와 국내산업의 수출지원 등 부차적인 목적으로 운영되는 것으로 이에는 보세구역제도와 보세운송제도가 있다.

그림 8-1. 보세제도의 종류

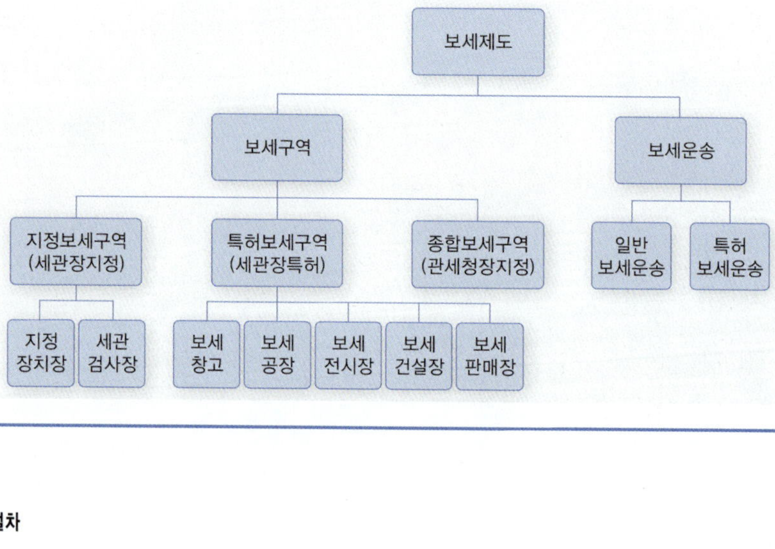

1) 보세제도의 종류

보세제도는 정적인 보세구역제도와 동적인 보세운송제도로 구분될 수 있다.

관세법상 보세구역은 설치 형식에 따라 크게 지정보세구역·특허보세구역 및 종합보세구역으로 구분이 된다. 지정보세구역은 지정장치장 및 세관검사장으로 구분되며, 특허보세구역은 보세창고·보세공장·보세전시장·보세건설장 및 보세판매장으로 구분한다. 또한, 종합보세구역은 특허보세구역의 기능 중 두 가지 이상의 기능을 갖춘 보세구역을 말한다.

이러한 보세구역은 효율적인 화물관리와 관세행정의 필요에 따라 세관장이 지정하거나 특허한 장소로서 수출입 물품의 검사, 수출입통관 및 반송통관을 하고자 하는 외국물품의 일시 장치, 외국물품 또는 내(외)국물품을 원재료로 제조·가공·기타 유사작업을 하거나, 외국물품의 전시, 외국물품을 사용하는 건설, 외국물품의 판매 등을 하는 곳이다.

보세운송이란 외국으로부터 수입하는 관세미납의 수입물품을 입항지 보세구역에서 통관하지 않고 세관장에게 보세운송 신고 또는 승인을 얻어 외국물품 상태 그대로 다른 보세구역으로 운송하는 것으로 수입화물의 관세가 유보된 상태에서 운송되는 것으로 운송에는 제약이 따른다.

보세운송에는 일반보세운송업자에 의한 보세운송과 간이보세운송업자에 대한 보세운송이 있다.

2. 보세구역의 종류(법 제154조)

보세구역은 지정보세구역·특허보세구역 및 종합보세구역으로 구분하고, 지정보세구역은 지정장치장 및 세관검사장으로 구분하며, 특허보세구역은 보세창고·보세공장·보세전시장·보세건설장 및 보세판매장으로 구분한다.[전문개정 2010.12.30.]

3. 물품의 장치(법 제155조)

외국물품과 내국운송의 신고를 하려는 내국물품은 보세구역이 아닌 장소에 장치할 수 없다. 다만, 다음 각 호의 어느 하나에 해당하는 물품은 그러하지 아니하다.

1) 보세구역 장치의 제외

1. 제241조제1항에 따른 수출신고가 수리된 물품
2. 크기 또는 무게의 과다나 그 밖의 사유로 보세구역에 장치하기 곤란하거나 부적당한 물품
3. 재해나 그 밖의 부득이한 사유로 임시로 장치한 물품
4. 검역물품
5. 압수물품
6. 우편물품

제1항제1호부터제4호(수출신고수리된 물품, 보세구역외 장치물품, 임시장치물품, 검역물품)까지에 해당되는 물품에 대하여는 제157조, 제158조부터 제161조까지, 제163조, 제172조, 제177조, 제208조부터 제212조까지 및 제321조를 준용한다.

4. 보세구역 외 장치의 허가(법 제156조)

① 크기 또는 무게의 과다나 그 밖의 사유로 보세구역에 장치하기 곤란하거나 부적당한 물품을 보세구역이 아닌 장소에 장치하려는 자는 세관장의 허가를 받아야 한다.

② 세관장은 외국물품에 대하여 보세구역외 장치의 허가를 하려는 때에는 그 물품의 관세에 상당하는 담보의 제공, 필요한 시설의 설치 등을 명할 수 있다.

③ 보세구역외 장치의 허가에 따른 허가를 받으려는 자는 기획재정부령으로 정하는 금액과 방법 등에 따라 수수료를 납부하여야 한다.

표 8-1 보세구역 외 장치가능 물품 및 허가

<table>
<tr><td>보세구역 장치 원칙</td><td colspan="2">- 외국물품과 내국운송의 신고를 하고자 하는 내국물품은 반드시 보세구역에 장치하여야 한다.</td></tr>
<tr><td>보세구역 외 장치 가능 물품</td><td colspan="2">보세구역 장치 원칙에도 불구하고 다음의 물품은 보세구역이 아닌 장소에 장치할 수 있다.
- 수출신고가 수리된 물품
- 크기나 무게의 과다 기타의 사유로 보세구역에 장치하기 곤란하거나 부적당한 물품
- 재해 기타 부득이한 사유로 임시로 장치한 물품
- 검역물품, 압수물품, 우편물품</td></tr>
<tr><td>보세구역 외 장치 허가</td><td>대상</td><td>크기나 무게의 과다 기타의 사유로 보세구역에 장치하기 곤란하거나 부적당한 물품을 보세구역 외 장소에 장치하고자 하는 자는 세관장의 허가를 받아야 한다.</td></tr>
</table>

	담보 제공	세관장은 외국물품에 대하여 보세구역외 장치의 허가를 하고자 하는 때에는 그물품의 관세에 상당하는 담보의 제공, 필요한 시설의 설치를 명할 수 있다.
	수수료 납부	보세구역외 장치 허가를 받고자 하는 자는 수수료를 납부하여야 한다.

(1) **보세구역외 장치허가수수료**(법 시행규칙 제65조)

① 보세구역외 장치허가수수료는 1만8천원이며, 동일한 선박 또는 항공기로 수입된 동일한 화주의 화물을 동일한 장소에 반입하는 때에는 1건의 보세구역외 장치허가 신청으로 보아 허가수수료를 징수한다.

② 국가 또는 지방자치단체가 수입하거나 협정에 의하여 관세가 면제되는 물품을 수입하는 때에는 보세구역외 장치허가수수료를 면제한다.

③ 보세구역외 장치허가수수료를 납부하여야 하는 자가 관세청장이 정하는 바에 의하여 이를 따로 납부한 때에는 그 사실을 증명하는 증표를 허가신청서에 첨부하여야 한다.

④ 세관장은 전산처리설비를 이용하여 보세구역외 장치허가를 신청하는 때에는 보세구역외 장치허가수수료를 일괄고지하여 납부하게 할 수 있다.

5. 물품의 반입 · 반출(법 제157조)

법 제157조제1항에는 "보세구역에 물품을 반입하거나 반출하려는 자는 대통령령으로 정하는 바에 따라 세관장에게 신고하여야 한다"라고 규정하고 있으며, 이어 2항과 3항에는 "보세구역에 물품을 반입하거나 반출하려는 경우에는 세관장은 세관공무원을 참여시킬 수 있으며, 세관공무원은 해당 물품을 검사할 수 있으며, 세관장은 보세구역에 반입할 수 있는 물품의 종류를 제한할 수 있다."라고 규정하고 있다.

표 8-2 물품의 반출입신고

대상물품	신고서 기재사항
수입물품	- 당해 물품을 외국으로부터 운송하여 온 선박 또는 항공기의 명칭 · 입항일자 · 입항세관 · 적재항 - 물품의 반입일시, 선하증권번호 또는 항공화물운송장번호와 화물관리번호 - 물품의 품명, 포장의 종류, 반입개수와 장치위치
내국물품 (수출신고수리된 물품을 포함)	- 물품의 반입일시 - 물품의 품명, 포장의 종류, 반입개수, 장치위치와 장치기간

<table>
<tr><th>대상물품</th><th colspan="2">신고서 기재사항</th></tr>
<tr><td>반입신고된
물품의
반출신고</td><td colspan="2">– 반출신고번호 · 반출일시 · 반출유형 · 반출근거번호
– 화물관리번호
– 반출개수 및 반출중량</td></tr>
<tr><td rowspan="2">신고서제출의
면제 또는
기재사항의
일부생략</td><td colspan="2">– 적하목록
– 보세운송신고서 사본 또는 수출신고필증
– 제197조제1항에 의한 내국물품장치신고서</td></tr>
<tr><td colspan="2">법 제164조의 규정에 의하여 자율관리보세구역으로 지정받은 자가 내국물품에 대하여 장부를 비치하고 반출입사항을 기록관리하는 경우</td></tr>
<tr><td colspan="3">세관장은 법 제157조제2항의 규정에 의한 검사를 함에 있어서 반입신고서 · 송품장 등 검사에 필요한 서류를 제출하게 할 수 있다.</td></tr>
</table>

자료 : 법 시행령 제176조, 시행 2017.7.26.

1. 다음 중 관세법상 보세구역에 대한 설명으로 잘못된 것은?

(2017년 제40회 국제무역사 기출)

① 보세구역은 지정보세구역 · 특허보세구역 및 종합보세구역으로 구분하고, 지정보세구역은 지정장치장 및 세관검사장으로 구분하며, 특허보세구역은 보세창고 · 보세공장 · 보세전시장 · 보세건설장 및 보세판매장으로 구분한다.

② 보세구역에 물품을 반입하거나 반출하려는 자는 세관장에게 신고하여야 한다.

③ 보세구역에 반입되어 수입신고가 수리된 물품은 수입신고 수리일로부터 15일 이내에 해당 물품을 보세구역으로부터 반출하여야 한다.

④ 보세구역에서 보수작업으로 외국물품에 부가된 내국물품은 내국물품으로 본다.

2. 관세법상 보세구역에 장치된 물품에 대한 다음의 설명 중 잘못된 것은?

(2014년 제34회 국제무역사 기출)

① 보세구역의 종류에 따라 물품 장치기간이 정해져 있다. 이 기간을 경과한 경우 세관장은 반출 통보를 거쳐 공고 후 매각 처리가 가능하다.

② 보세구역 장치 물품은 세관장 승인을 얻어 보수작업을 할 수 있는데 이 때 외국물품에 부가된 내국물품은 외국물품으로 본다.

③ 보세구역에 장치된 물품을 부패 · 손상을 이유로 세관장의 승인을 받아 폐기하는 경우에는 잔존물에 대해 관세를 부과하지 않는다.

④ 보세구역에 장치된 외국물품의 전부 또는 일부를 견품으로 반출하여 사용 · 소비한 경우 해당 물품은 관세를 납부하고 수입신고 수리된 것으로 본다.

1–⑤ 2–③

6. 수입신고수리 물품의 반출(법 제157의2)

1) 수입신고수리 물품의 반출 기한

관세청장이 정하는 보세구역에 반입되어 수입신고가 수리된 물품의 화주 또는 반입자는 제177조(장치기간)에도 불구하고 그 수입신고 수리일부터 15일 이내에 해당 물품을 보세구역으로부터 반출하여야 한다. 다만, 외국물품을 장치하는 데에 방해가 되지 아니하는 것으로 인정되어 세관장으로부터 해당 반출기간의 연장승인을 받았을 때에는 그러하지 아니하다.

7. 보수작업(제 158조)

1) 보수작업의 의의

"보수작업"이란 보세구역에 장치된 물품에 대하여 세관장의 승인을 얻은 후에 그 현상을 유지하는 데 필요한 작업과 그 성질이 변하지 아니하는 범위 내에서 그 물품의 포장을 바꾸거나 구분, 분할, 합병, 기타 유사한 작업을 하는 것을 말한다. 이 경우 보세구역에서의 보수작업이 곤란하다고 세관장이 인정할 때에는 기간과 장소를 지정받아 보세구역 밖에서 보수작업을 할 수 있다. 해당 보수작업으로 인하여 보수작업 대상물품의 HS Code 품목분류에 변화를 가져올 때에는 보수작업으로 인정하지 아니한다.

제158조제1항에는 "보세구역에 장치된 물품은 그 현상을 유지하기 위하여 필요한 보수작업과 그 성질을 변하지 아니하게 하는 범위에서 포장을 바꾸거나 구분·분할·합병을 하거나 그 밖의 비슷한 보수작업을 할 수 있다. 이 경우 보세구역에서의 보수작업이 곤란하다고 세관장이 인정할 때에는 기간과 장소를 지정받아 보세구역 밖에서 보수작업을 할 수 있다."라고 규정하고 있으며, 제2항~4항에는 "이에 따른 보수작업을 하고자 하는 자는 세관장의 승인을 얻어야 하며, 보수작업으로 외국물품에 부가된 내국물품은 외국물품으로 보며, 외국물품은 수입될 물품의 보수작업의 재료로 사용할 수 없다."고 규정하고 있다.

제1항 후단에 따라 보수작업을 하는 경우 해당 물품에 관한 반출검사 등에 관하여는 제187조제3항·제4항 및 제6항을 준용한다(법 제158조제5항).[전문개정 2010.12.30.]

표 8-3 수입화물의 보수작업의 종류

보수작업 (법158조)	정의	보세구역에 장치된 물품에 대하여 세관장의 승인을 얻은 후에 그 성질이 변하지 아니하는 범위내에서 그 물품의 포장을 바꾸거나 구분, 분할, 합병, 기타 유사한 작업을 하는 것
	범위	보수작업의 허용범위는 HS 상품분류의 변화를 가져 오거나 수출입 허가(승인)한 규격과 세번을 일치시키기 위한 작업은 보수작업으로 인정이 안 된다.
	적용사례	- 물품의 부패, 손상등을 방지하기 위한 보존작업 - 물품의 상품성 향상을 위한 포장, 개선, 라벨표시, 단순절단 등의 작업 - 선적을 위하여 행하는 선별, 분류, 용기변경 등의 작업 - 간단한 세팅이나 단순한 조립작업등
해체 · 절단 (법159조)	의의	해체 · 절단 등의 작업의 허가를 받고자 하는 경우는 작업목적 · 방법 · 기간 등을 기재한 신청서를 세관장에게 제출하고, 작업을 완료한 때에도 작업완료보고서를 세관장에게 제출하여 확인을 받아야 한다.
	작업허가	보세구역에 장치된 물품에 대히여 그 원형을 변경하거나 해체 · 절단 등의 작업이 필요한 경우에는 세관장의 허가를 받아야 한다. 해체 · 절단 등의 작업은 수입화주의 신청에 의하여 실시하는 것이 원칙이나 수입신고한 물품에 대하여 세관장이 필요하다고 인정할 때에는 수입화주 또는 그 위임을 받은 자에게 해체 · 절단 등의 작업을 명할 수 있다.
	작업 대상	해체 · 절단 등의 작업을 할 수 있는 물품의 종류에는 해체용 선박 또는 세관장이 원형변경, 해체 · 절단 등의 작업이 필요하다고 인정하는 물품 .
장치물품의 폐기 (법160조)	폐기승인	보세구역에 장치된 물품이 부패, 손상, 기타의 사유로 폐기해야 할 경우 세관장의 승인을 얻어야 합니다. 장치물품의 폐기승인을 얻고자 하는 자는 폐기방법, 폐기사유 등을 기재한신청서를 세관장에게 제출하여야 하며, 폐기작업을 완료한 후에도 잔존 물품의 품명 · 규격 · 수량 및 가격을 세관장에게 보고하여야 한다.
	관세징수	보세구역에 장치된 외국물품이 멸실되거나 폐기된 때에는 그 운영인 또는 보관인으로부터 즉시 그 관세를 징수한다.
	반송 · 폐기명령	세관장은 보세구역에 장치된 물품 중 다음에 해당하는 것은 화주, 반입자, 화주 또는 반입자의 위임을 받은 자 또는 제2납세의무자에게 이를 반송 또는 폐기할 것을 명하거나 이들에게 통고한 후 물품을 폐기할 수 있다. - 사람의 생명이나 재산을 해할 우려가 있는 물품, 부패 또는 변질한 물품, 유효기간이 경과된 물품, 상품가치를 상실한 물품, 이상의 물품에 준하는 물품으로서 관세청장이 정하는 물품
견품반출 (법160조)	견품반출 허가	보세구역에 장치된 외국물품의 전부 또는 일부를 견품으로 반출하고자 하는 자는 세관장의 허가를 받아야 한다.
	견품채취 적용사례	세관공무원은 보세구역에 반입된 물품에 대하여 검사상 필요가 있는 때에는 그 물품의 일부를 견품으로 채취할 수 있으며, 이 경우 채취된 물품이 사용/소비된 때에는 수입신고를 하여 관세를 납부하고 수리된 것으로 보며 사용 · 소비가 되지 아니한 경우에는 보세구역에 재반입 하여야 한다.

자료: 관세청

2) 해체 · 절단 등의 작업(법 제159조)

보세구역에 장치된 물품에 대하여 그 원형을 변경하거나 해체 · 절단 등의 작업을 할 수 있으며, 이에 따라 작업을 하려는 자는 세관장의 허가를 받아야 한다. 또한 이에 따라 작업을 할 수 있는 물품의 종류는 관세청장이 정한다. 세관장은 수입신고한 물품에 대하여 필요하다고 인정될 때에는 화주 또는 그 위임을 받은 자에게 제1항에 따른 작업을 명할 수 있다(법 제159조제1항~4항).[전문개정 2010.12.30.]

8. 장치물품의 폐기(법 제160조)

1) 폐기승인

부패 · 손상되거나 그 밖의 사유로 보세구역에 장치된 물품을 폐기하려는 자는 세관장의 승인을 받아야 한다(법 제160조제1항).

2) 장치물품의 폐기에 따른 관세 징수

보세구역에 장치된 외국물품이 멸실되거나 폐기되었을 때에는 그 운영인이나 보관인으로부터 즉시 그 관세를 징수한다. 다만, 재해나 그 밖의 부득이한 사유로 멸실된 때와 미리 세관장의 승인을 받아 폐기한 때에는 예외로 한다.

폐기승인을 받은 외국물품 중 폐기 후에 남아 있는 부분에 대하여는 폐기 후의 성질과 수량에 따라 관세를 부과한다(법 제160조제2항~3항).

3) 반송 또는 폐기의 명령

세관장은 제1항에도 불구하고 보세구역에 장치된 물품 중 다음 각 호의 어느 하나에 해당하는 것은 화주, 반입자, 화주 또는 반입자의 위임을 받은 자나 「국세기본법」 제38조부터 제41조까지의 규정에 따른 제2차 납세의무자(화주 등)에게 이를 반송 또는 폐기할 것을 명하거나 화주등에게 통고한 후 폐기할 수 있다. 다만, 급박하여 통고할 여유가 없는 경우에는 폐기한 후 즉시 통고하여야 한다(법 제160조제4항).

1. 사람의 생명이나 재산에 해를 끼칠 우려가 있는 물품
2. 부패하거나 변질된 물품
3. 유효기간이 지난 물품

4. 상품가치가 없어진 물품
5. 제1호부터 제4호까지에 준하는 물품으로서 관세청장이 정하는 물품

4) 반송 또는 폐기명령의 공고

제4항에 따른 통고를 할 때 화주 등의 주소나 거소를 알 수 없거나 그 밖의 사유로 통고할 수 없는 경우에는 공고로써 이를 갈음할 수 있다. 제1항과 제4항에 따라 세관장이 물품을 폐기하거나 화주 등이 물품을 폐기 또는 반송한 경우 그 비용은 화주 등이 부담한다(법 제160조제5항~6항).

9. 견본품 반출(법 제161조)

1) 견본품 반출허가

보세구역에 장치된 외국물품의 전부 또는 일부를 견본품으로 반출하려는 자는 세관장의 허가를 받아야 한다.

2) 세관공무원의 견본품 채취

세관공무원은 보세구역에 반입된 물품에 대하여 검사상 필요하면 그 물품의 일부를 견본품으로 채취할 수 있다.

1. 검사상 필요에 따라 채취된 물품
2. 다른 법률에 따라 실시하는 검사・검역 등을 위하여 견본품으로 채취된 물품으로서 세관장의 확인을 받은 물품에 해당하는 물품이 사용・소비된 경우에는 수입신고를 하여 관세를 납부하고 수리된 것으로 본다(법 제161조제2항~3항). 〈개정 2016.12.20.〉

3) 물품취급자에 대한 단속(법 제162조)

1. 제155조제1항[1] 각 호의 물품을 취급하는 자
2. 보세구역에 출입하는 자는 물품 및 보세구역감시에 관한 세관장의 명령을 준수하고 세관공무원의 지휘를 받아야 한다. [전문개정 2010.12.30.]

---

1) 수출신고수리된 물품, 크기 또는 무게의 과다나 그 밖의 사유로 보세구역에 장치하기 곤란하거나 부적당한 물품, 재해나 그 밖의 부득이한 사유로 임시로 장치한 물품, 검역물품, 압수물품, 우편물품

4) 세관공무원의 파견(법 제163조)

세관장은 보세구역에 세관공무원을 파견하여 세관사무의 일부를 처리하게 할 수 있다.[전문개정 2010.12.30.]

10. 보세구역의 자율관리(법 제164조)

1) 자율관리의 의의

보세구역 중 물품의 관리 및 세관감시에 지장이 없다고 인정하여 관세청장이 정하는 바에 따라 세관장이 지정하는 보세구역("자율관리보세구역")에 장치한 물품은 제157조(물품의 반출입)에 따른 세관공무원의 참여와 관세법에 따른 절차 중 관세청장이 정하는 절차를 생략한다(법 제164조제1항).

2) 자율관리보세구역의 지정요건

보세구역의 화물관리인이나 운영인은 자율관리보세구역의 지정을 받으려면 세관장에게 지정을 신청하여야 한다. 자율관리보세구역의 지정을 신청하려는 자는 해당 보세구역에 장치된 물품을 관리하는 사람(보세사)을 채용하여야 한다(법 제164조제2항~3항).

3) 자율관리 보세구역의 지정 및 취소

(1) 자율관리 보세구역의 지정

세관장은 지정신청을 받은 경우 해당 보세구역의 위치와 시설상태 등을 확인하여 자율관리보세구역으로 적합하다고 인정될 때에는 해당 보세구역을 자율관리보세구역으로 지정할 수 있다.

자율관리보세구역의 지정을 받은 자는 물품의 반출입 상황을 장부에 기록하여야 한다(법 제164조제4항~5항).

(2) 자율관리 보세구역의 지정의 취소

세관장은 자율관리보세구역의 지정을 받은 자가 관세법에 따른 의무를 위반하거나 세관감시에 지장이 있다고 인정되는 사유가 발생한 경우에는 자율보세구역의 지정을 취소할 수 있다(법 제164조제6항).〈개정 2017.12.19.〉[전문개정 2010.12.30.]

11. 보세사의 자격 등(법 제165조)

1) 보세사의 자격

보세사는 제175조(운영인의 결격사유)제1호부터 제7호까지의 어느 하나에 해당하지 아니하는 사람으로서 다음 각 호의 어느 하나에 해당하는 사람이어야 한다. 〈개정 2013.1.1., 2014.1.1.〉

1. 일반직 공무원으로서 5년 이상 관세행정에 종사한 경력이 있는 사람
2. 보세화물의 관리업무에 관한 전형에 합격한 사람

2) 보세사의 등록 및 등록 취소

(1) 보세사의 등록

보세사의 자격을 갖춘 사람이 보세사로 근무하려면 해당 보세구역을 관할하는 세관장에게 등록하여야 한다(법 제165조제2항). 제4항에 따라 등록이 취소(제175조제1호부터 제3호까지의 어느 하나에 해당하여 등록이 취소된 경우는 제외)된 후 2년이 지나지 아니한 사람은 제2항에 따른 등록을 할 수 없다(법 제165조제3항).〈신설 2017.12.19.〉

(2) 보세사의 등록 취소

세관장은 제2항에 따른 등록을 한 사람이 다음 각 호의 어느 하나에 해당하는 경우에는 등록의 취소, 6개월 이내의 업무정지 또는 그 밖에 필요한 조치를 할 수 있다. 다만, 제1호 및 제2호에 해당하면 등록을 취소하여야 한다(법 제165조제2항). 〈개정 2017.12.19.〉

1. 제175조(운영인의 결격사유) 제1호~제7호까지에 해당하게 된 경우
2. 사망한 경우
3. 이 법이나 이 법에 따른 명령을 위반한 경우

(3) 전형의 정지나 무효

관세청장은 다음 각 호의 어느 하나에 해당하는 사람에 대하여는 해당 전형을 정지시키거나 무효로 하고, 그 처분이 있는 날부터 5년간 전형 응시자격을 정지한다.〈신설 2015.12.15., 2017.12.19.〉

1. 부정한 방법으로 전형에 응시한 사람

2. 전형에서 부정한 행위를 한 사람

보세사의 직무, 보세사의 전형 및 등록절차와 그 밖에 필요한 사항은 대통령령으로 정한다(법 제165조제6항). 〈개정 2014.1.1., 2015.12.15., 2017.12.19.〉[전문개정 2010.12.30.]

3) 보세사의 명의대여 등의 금지(법 제165조의2)

보세사는 다른 사람에게 자신의 성명·상호를 사용하여 보세사 업무를 하게 하거나 그 자격증 또는 등록증을 빌려주어서는 아니 된다.[본조신설 2014.1.1.]

4) 보세사의 직무 등(법 시행령 제185조)

법 제164조제3항에 따른 보세사의 직무는 다음 각 호와 같다. 〈개정 2012.2.2, 2016.2.5.〉

1. 보세화물 및 내국물품의 반입 또는 반출에 대한 입회 및 확인
2. 보세구역 안에 장치된 물품의 관리 및 취급에 대한 입회 및 확인
3. 보세구역 출입문의 개폐 및 열쇠관리의 감독
4. 보세구역의 출입자관리에 대한 감독
5. 견품의 반출 및 회수
6. 기타 보세화물의 관리를 위하여 필요한 업무로서 관세청장이 정하는 업무

1. 관세법상 보세사의 직무에 해당하지 않는 것은? (2014년 관세사 1차 기출)

① 견품의 반출 및 회수
② 보세구역의 출입자관리에 대한 감독
③ 보세구역출입문의 개폐 및 열쇠관리의 감독
④ 보세구역 외 장치의 허가
⑤ 보세구역안에 장치된 물품의 관리 및 취급에 대한 입회 및 확인

1-④

제2절 지정보세구역(법 제166조~제173조)

1. 지정보세구역의 의의

지정보세구역이란 통관을 하고자 하는 물품을 일시 장치하거나 검사를 하기 위한 장소로써 지정장치장과 세관검사장이 있다.

1) 지정보세구역 지정(법 제166조)

(1) 지정보세구역의 지정대상

국가, 지방자치단체, 공항시설 또는 항만시설을 관리하는 법인이 소유하거나 관리하는 토지·건물 또는 그 밖의 시설(토지 등)을 세관장이 지정보세구역으로 지정할 수 있다. 세관장은 해당 세관장이 관리하지 아니하는 토지 등을 지정보세구역으로 지정하려면 해당 토지등의 소유자나 관리자의 동의를 받아야 한다. 이 경우 세관장은 임차료 등을 지급할 수 있다(법 제166조제1항~2항).

2) 지정보세구역 지정의 취소(법 제167조)

세관장은 수출입물량이 감소하거나 그 밖의 사유로 지정보세구역의 전부 또는 일부를 보세구역으로 존속시킬 필요가 없어졌다고 인정될 때에는 그 지정을 취소하여야 한다.

3) 지정보세구역의 처분(법 제168조)

지정보세구역의 지정을 받은 토지등의 소유자나 관리자는 다음 각 호의 어느 하나에 해당하는 행위를 하려면 미리 세관장과 협의하여야 한다. 다만, 해당 행위가 지정보세구역으로서의 사용에 지장을 주지 아니하거나 지정보세구역으로 지정된 토지등의 소유자가 국가 또는 지방자치단체인 경우에는 그러하지 아니하다(법 제168조제1항).

1. 해당 토지 등의 양도, 교환, 임대 또는 그 밖의 처분이나 그 용도의 변경
2. 해당 토지에 대한 공사나 해당 토지 안에 건물 또는 그 밖의 시설의 신축
3. 해당 건물 또는 그 밖의 시설의 개축·이전·철거나 그 밖의 공사에 해당하는 행위를 하려면 미리 세관장과 협의하여야 한다.

세관장은 제1항에 따른 협의에 대하여 정당한 이유 없이 이를 거부하여서는 아니 된다(법 제168조제2항).

2. 지정장치장(법 제169조)

1) 지정장치장의 개념

지정장치장은 통관을 하려는 물품을 일시 장치하기 위한 장소로서 세관장이 지정하는 구역으로 한다.

2) 장치기간(법 제170조)

지정장치장에 물품을 장치하는 기간은 6개월의 범위에서 관세청장이 정한다.[2] 다만, 관세청장이 정하는 기준에 따라 세관장은 3개월의 범위에서 그 기간을 연장할 수 있다.

3) 물품에 대한 보관책임(법 제172조)

① 지정장치장에 반입한 물품에 대한 보관책임은 화주 또는 반입자가 그 보관의 책임을 진다.

② 세관장은 지정장치장의 질서유지와 화물의 안전관리를 위하여 필요하다고 인정할 때에는 화주에 갈음하여 보관의 책임을 지는 화물관리인을 지정할 수 있다. 다만, 세관장이 관리하는 시설이 아닌 경우에는 세관장은 해당 시설의 소유자나 관리자와 협의하여 화물관리인을 지정하여야 한다. 〈개정 2011.12.31.〉

③ 지정장치장의 화물관리인은 화물관리에 필요한 비용(제323조에 따른 세관설비 사용료를 포함)을 화주로부터 징수할 수 있다. 다만, 그 요율에 대하여는 세관장의 승인을 받아야 한다.

④ 지정장치장의 화물관리인은 제3항에 따라 징수한 비용 중 세관설비 사용료에 해당하는 금액을 세관장에게 납부하여야 한다.

⑤ 세관장은 불가피한 사유로 화물관리인을 지정할 수 없을 때에는 화주를 대신하여 직접 화물관리를 할 수 있다. 이 경우 제3항에 따른 화물관리에 필요한 비용을 화

---

2) 다만, 부산항 · 인천항 · 인천공항 · 김해공항 항역내의 지정장치장으로 반입된 물품의 장치기간은 2개월로 하며, 세관장이 필요하다고 인정할 때에는 2개월의 범위에서 그 기간을 연장할 수 있다.

주로부터 징수할 수 있다.

⑥ 제2항에 따른 화물관리인의 지정기준, 지정절차, 지정의 유효기간, 재지정 및 지정 취소 등에 필요한 사항은 대통령령으로 정한다.〈신설 2011.12.31.〉[전문개정 2010.12.30.]

법 시행령 제187조(화물관리인의 지정)

① 법 제172조제2항에 따라 화물관리인으로 지정받을 수 있는 자는 다음 각 호의 어느 하나에 해당하는 자로 한다.

1. 직접 물품관리를 하는 국가기관의 장
2. 관세행정 또는 보세화물의 관리와 관련 있는 비영리법인
3. 해당 시설의 소유자 또는 관리자가 요청한 자(법 제172조제2항 단서에 따라 화물관리인을 지정하는 경우로 한정)

② 세관장은 다음 각 호의 구분에 따라 화물관리인을 지정한다.

1. 제1항제1호에 해당하는 자: 세관장이 요청한 후 제1항제1호에 해당하는 자가 승낙한 경우에 지정한다.
2. 제1항제2호 및 제3호에 해당하는 자: 세관장이 제1항제2호 및 제3호에 해당하는 자로부터 지정신청서를 제출받아 이를 심사하여 지정한다. 이 경우 제1항제3호에 해당하는 자는 해당 시설의 소유자 또는 관리자를 거쳐 제출하여야 한다.

③ 제2항제2호에 따라 화물관리인을 지정할 때에는 다음 각 호의 사항에 대하여 관세청장이 정하는 심사기준에 따라 평가한 결과를 반영하여야 한다.

1. 보세화물 취급경력 및 화물관리시스템 구비 사항
2. 보세사의 보유에 관한 사항
3. 자본금, 부채비율 및 신용평가등급 등 재무건전성에 관한 사항
4. 그 밖에 기획재정부령으로 정하는 사항

④ 화물관리인 지정의 유효기간은 5년 이내로 한다.

⑤ 화물관리인으로 재지정을 받으려는 자는 제4항에 따른 유효기간이 끝나기 1개월 전까지 세관장에게 재지정을 신청하여야 한다. 이 경우 재지정의 기준 및 절차는 제1항부터 제4항까지의 규정을 준용한다. <개정 2012.2.2.>

⑥ 세관장은 제2항에 따라 지정을 받은 자에게 재지정을 받으려면 지정의 유효기간이 끝나는 날의 1개월 전까지 재지정을 신청하여야 한다는 사실과 재지정 절차를 지정의 유효기간이 끝나는 날의 2개월 전까지 휴대폰에 의한 문자전송, 전자메일, 팩스, 전화, 문서 등으로 미리 알려야 한다. <신설 2012.2.2.>

⑦ 제2항부터 제6항까지의 규정에 따른 화물관리인 지정 또는 재지정의 심사기준, 절차 등에 관하여 필요한 세부 사항은 기획재정부령으로 정한다. <개정 2012.2.2.> [전문개정 2011.4.1]

3. 세관검사장(법 제173조)

1) 세관검사장의 개념

세관검사장은 통관하려는 물품을 검사하기 위한 장소로서 세관장이 지정하는 지역으로 한다(법 제173조제1항).

2) 검사 및 검사비용의 부담

세관장은 관세청장이 정하는 바에 따라 검사를 받을 물품의 전부 또는 일부를 세관검사장에 반입하여 검사할 수 있다. 세관검사장에 반입되는 물품의 채취 · 운반 등에 필요한 비용은 화주가 부담한다(법 제173조제2항~3항).

1. **관세법상 지정보세구역에 관한 설명으로 옳지 않은 것은?** (206년 관세사 1차 기출)
   ① 지정장치장에 물품을 장치하는 기간은 3개월의 범위에서 세관장이 정한다. 다만, 관세청장이 정하는 기준에 따라 세관장은 6개월의 범위에서 그 기간을 연장할 수 있다.
   ② 세관검사장은 통관하려는 물품을 검사하기 위한 장소로서 세관장이 지정하는 지역으로 한다.
   ③ 세관장은 수출입물량이 감소하거나 그 밖의 사유로 지정보세구역의 전부 또는 일부를 보세구역으로 존속시킬 필요가 없어졌다고 인정될 때에는 그 지정을 취소하여야 한다.
   ④ 세관장은 해당 세관장이 관리하지 아니하는 토지등을 지정보세구역으로 지정하려면 해당 토지 등의 소유자나 관리자의 동의를 받아야 한다. 이 경우 세관장은 임차료 등을 지급할 수 있다.
   ⑤ 지정장치장은 통관을 하려는 물품을 일시 장치하기 위한 장소로서 세관장이 지정하는 구역으로 한다.

1-①

제3절 특허보세구역(법 제174조~제182조)

1. 특허보세구역의 개념

"특허보세구역"이란 사인의 신청에 따라 개인이 소유하거나 관리하는 토지, 건물, 시설 등에 대하여 세관장의 특허를 받아서 설치 · 운영하는 보세구역을 말한다. 특허보세구역은 그 설치 · 운영의 형태와 이용목적에 따라서 보세창고, 보세공장, 보세장치장, 보세건설장, 보세판매장 등으로 구분할 수 있다.

1) 특허보세구역의 설치 · 운영에 관한 특허(법 제174조)

특허보세구역을 설치 · 운영하려는 자는 세관장의 특허를 받아야 한다. 기존의 특허를 갱신하려는 경우에도 또한 같다(법 제174조제1항).

(1) 특허수수료의 납부

특허보세구역의 설치 · 운영에 관한 특허를 받으려는 자, 특허보세구역을 설치 · 운영하는 자, 이미 받은 특허를 갱신하려는 자는 기획재정부령으로 정하는 바에 따라 45,000원의 특허신청의 수수료를 납부하여야 한다(법 제174조제2항).

(2) 특허의 요건

특허를 받을 수 있는 요건은 보세구역의 종류별로 대통령령으로 정하는 기준에 따라 관세청장이 정한다(법 제174조제3항).

2) 운영인의 결격사유(법 제175조)

다음 각 호의 어느 하나에 해당하는 자는 특허보세구역을 설치 · 운영할 수 없다. 〈개정 2014.12.23.〉

1. 미성년자
2. 피성년후견인과 피한정후견인
3. 파산선고를 받고 복권되지 아니한 자
4. 이 법을 위반하여 징역형의 실형을 선고받고 그 집행이 끝나거나(집행이 끝난 것으로 보는 경우를 포함) 면제된 후 2년이 지나지 아니한 자
5. 이 법을 위반하여 징역형의 집행유예를 선고받고 그 유예기간 중에 있는 자
6. 제178조제2항에 따라 특허보세구역의 설치 · 운영에 관한 특허가 취소(이 조제1호부터 제3호까지의 어느 하나에 해당하여 특허가 취소된 경우는 제외)된 후 2년이 지나지 아니한 자
7. 밀수출입죄, 관세포탈죄 등, 가격조작죄, 미수범 등, 밀수품의 취득죄 등, 체납처분면탈죄, 또는 타인에 대한 명의대여죄에 따라 벌금형 또는 통고처분을 받은 자로서 그 벌금형을 선고받거나 통고처분을 이행한 후 2년이 지나지 아니한 자 다만, 양벌규정(관세법 제279조)에 따라 처벌된 개인 또는 법인은 제외한다.

제2호부터 7호까지에 해당하는 자를 임원(해당 보세구역의 운영업무를 직접 담당하거나 이를 감독하는 자로 한정)으로 하는 법인(법 제175조제8호)

3) 특허기간(법 제176조)

(1) 특허보세구역의 특허기간

특허보세구역의 특허기간은 10년 이내로 한다(법 제176조제1항).

(2) 보세전시장과 보세건설장의 특허기간

제1항에도 불구하고 보세전시장과 보세건설장의 특허기간은 다음 각 호의 구분에 따른다. 다만, 세관장은 전시목적을 달성하거나 공사를 진척하기 위하여 부득이하다고 인정할 만한 사유가 있을 때에는 그 기간을 연장할 수 있다(법 제176조제2항).

1. 보세전시장: 해당 박람회 등의 기간을 고려하여 세관장이 정하는 기간
2. 보세건설장: 해당 건설공사의 기간을 고려하여 세관장이 정하는 기간

4) 특허보세구역의 특례(법 제176조의2)

① 세관장은 보세판매장 특허를 부여하는 경우에 「중소기업기본법」 제2조에 따른 중소기업 및 「중견기업 성장촉진 및 경쟁력 강화에 관한 특별」 법제2조제1호에 따른 중견기업으로서 매출액, 자산총액 및 지분소유나 출자관계 등이 대통령령으로 정하는 기준에 맞는 기업 중 제174조제3항에 따른 특허를 받을 수 있는 요건을 갖춘 자에게 대통령령으로 정하는 일정 비율 이상의 특허를 부여하여야 하고, 「독점규제 및 공정거래에 관한 법률」 제14조제1항에 따른 상호출자제한 기업집단에 속한 기업에 대해 대통령령으로 정하는 일정 비율 이상의 특허를 부여할 수 없다.〈개정 2014.1.1., 2014.1.21.〉

② 제1항에도 불구하고 기존 특허가 만료되었으나 제3항에 따른 신규 특허의 신청이 없는 등 대통령령으로 정하는 경우에는 제1항을 적용하지 아니한다.

③ 보세판매장의 특허는 대통령령으로 정하는 일정한 자격을 갖춘 자의 신청을 받아 대통령령으로 정하는 평가기준에 따라 심사하여 부여한다. 기존 특허가 만료되는 경우(제6항에 따라 갱신되는 경우는 제외)에도 또한 같다.〈개정 2014.12.23.〉

④ 보세판매장의 특허수수료는 제174조제2항에도 불구하고 기획재정부령으로 정하는 바에 따라 다른 종류의 보세구역 특허수수료와 달리 정할 수 있다.

⑤ 보세판매장의 특허기간은 제176조제1항에도 불구하고 5년 이내로 한다.

⑥ 제1항에 따라 특허를 받은 중소기업 및 중견기업에 대해서는 대통령령으로 정하는

바에 따라 특허를 갱신할 수 있다.〈신설 2014.12.23.〉

⑦ 기획재정부장관은 매 회계연도 종료 후 3개월 이내에 보세판매장 별 매출액을 대통령령으로 정하는 바에 따라 국회 소관 상임위원회에 보고하여야 한다.〈개정 2014.12.23.〉

⑧ 기타 보세판매장 특허절차에 관한 사항은 대통령령으로 정한다.〈개정 2014.12.23.〉
[본조신설 2013.1.1.]

5) 보세판매장 특허심사위원회(법 제176조의3)

① 제176조의2에 따른 보세판매장의 특허에 관한 다음 각 호의 사항을 심의하기 위하여 관세청에 보세판매장 특허심사위원회를 둔다.

1. 제176조의2 제3항에 따른 보세판매장 특허 신청자의 평가 및 선정
2. 그 밖에 보세판매장 운영에 관한 중요 사항

② 제1항에 따른 보세판매장 특허심사위원회의 설치·구성 및 운영방법 등에 관하여 필요한 사항은 대통령령으로 정한다.〈개정 2017.12.19.〉[본조신설 2015.12.15.]

법 시행령 제192조의8(보세판매장 특허심사위원회의 구성 및 운영)

① 특허심사위원회는 위원장 1명을 포함하여 100명 이내의 위원으로 성별을 고려하여 구성한다.<개정 2017.11.28.>

② 특허심사위원회의 위원은 다음 각 호의 어느 하나에 해당되는 사람 중에서 관세청장이 제192조의3제2항에 따른 평가기준을 고려하여 관세청장이 정하는 분야("평가분야")별로 위촉하고, 위원장은 위원 중에서 호선한다.<개정 2017.11.28.>

1. 변호사·공인회계사·세무사 또는 관세사 자격이 있는 사람
2. 「고등교육법」 제2조제1호 또는 제3호에 따른 학교에서 법률·회계 등을 가르치는 부교수 이상으로 재직하고 있거나 재직하였던 사람
3. 법률·경영·경제 및 관광 등의 분야에 전문적 지식이나 경험이 풍부한 사람

③ 특허심사위원회 위원의 임기는 1년으로 하되, 한 차례만 연임할 수 있다.<개정 2017.11.28.>

④ 관세청장은 특허심사위원회의 위원이 다음 각 호의 어느 하나에 해당하는 경우에는 해당 위원을 해촉할 수 있다.<개정 2017.11.28.>

1. 심신장애로 인하여 직무를 수행할 수 없게 된 경우
2. 직무와 관련된 비위사실이 있는 경우
3. 직무태만, 품위손상이나 그 밖의 사유로 인하여 위원으로 적합하지 아니하다고 인정되는 경우
4. 위원 스스로 직무를 수행하는 것이 곤란하다고 의사를 밝히는 경우
5. 제192조의9제3항 각 호의 어느 하나에 해당함에도 불구하고 회피하지 아니한 경우

⑤ 관세청장은 제2항에 따라 위촉한 위원 명단을 관세청의 인터넷 홈페이지 등에 공개하여야 한다.<신설 2017.11.28.>

⑥ 제1항부터 제5항까지에서 규정한 사항 외에 특허심사위원회의 구성 및 운영에 필요한 사항은 관세청장이 정한다.<개정 2017.11.28.>[본조신설 2016.2.5.]

6) 장치기간(법 제177조)

특허보세구역에 물품을 장치하는 기간은 〈표 8-4〉와 같다.

표 8-4 특허보세구역의 장치기간

종류	대상물품	대상기간
보세창고	외국물품 (정부비축용물품등은 제외)	1년의 범위에서 관세청장이 정하는 기간. 다만, 세관장이 필요하다고 인정하는 경우에는 1년의 범위에서 그 기간을 연장할 수 있다.
	내국물품 (정부비축용물품등은 제외)	1년의 범위에서 관세청장이 정하는 기간
	정부비축용물품, 정부와의 계약이행을 위하여 비축하는 방위산업용물품, 장기간 비축이 필요한 수출용원재료와 수출품보수용 물품으로서 세관장이 인정하는 물품, 국제물류의 촉진을 위하여 관세청장이 정하는 물품	비축에 필요한 기간
그 밖의 특허보세구역	해당 특허보세구역별 물품	해당 특허보세구역의 특허기간
세관장은 물품관리에 필요하다고 인정될 때에는 보세창고의 장치기간에도 운영인에게 그 물품의 반출을 명할 수 있다.		

7) 특허보세구역 운영인의 명의대여 금지(제177조의2)

특허보세구역의 운영인은 다른 사람에게 자신의 성명 · 상호를 사용하여 특허보세구역을 운영하게 해서는 아니 된다.[본조신설 2014.12.23.]

8) 반입정지 등과 특허의 취소(법 제178조)

세관장은 특허보세구역의 운영인이 다음 각 호의 어느 하나에 해당하는 경우에는 관세청장이 정하는 바에 따라 6개월의 범위에서 해당 특허보세구역에의 물품반입 또는 보세건설 · 보세판매 · 보세전시 등(물품반입 등)을 정지시킬 수 있다(법 제178조제1항).

1. 장치물품에 대한 관세를 납부할 자금능력이 없다고 인정되는 경우
2. 본인이나 그 사용인이 관세법 또는 관세법에 따른 명령을 위반한 경우

3. 해당 시설의 미비 등으로 특허보세구역의 설치 목적을 달성하기 곤란하다고 인정되는 경우

(1) 특허의 취소

세관장은 특허보세구역의 운영인이 다음 각 호의 어느 하나에 해당하는 경우에는 그 특허를 취소할 수 있다. 다만, 제1호, 제2호 및 제5호에 해당하는 경우에는 특허를 취소하여야 한다(법 제178조제2항). 〈개정 2011.12.31., 2014.12.23., 2016.12.20.〉

1. 거짓이나 그 밖의 부정한 방법으로 특허를 받은 경우
2. 제175조(운영인의 결격사유) 각 호의 어느 하나에 해당하게 된 경우
3. 1년 이내에 3회 이상 물품반입등의 정지처분(제3항에 따른 과징금 부과처분을 포함)을 받은 경우
4. 2년 이상 물품의 반입실적이 없어서 세관장이 특허보세구역의 설치 목적을 달성하기 곤란하다고 인정하는 경우
5. 제177조의2를 위반하여 명의를 대여한 경우

(2) 과징금의 부과

세관장은 제1항에 따른 물품반입 등의 정지처분이 그 이용자에게 심한 불편을 주거나 공익을 해칠 우려가 있는 경우에는 특허보세구역의 운영인에게 물품반입 등의 정지처분에 갈음하여 해당 특허보세구역 운영에 따른 매출액의 100분의 3 이하의 과징금을 부과할 수 있다. 이 경우 매출액 산정, 과징금의 금액, 과징금의 납부기한 등에 관하여 필요한 사항은 대통령령으로 정한다. 과징금을 납부하여야 할 자가 납부기한까지 납부하지 아니한 경우 과징금의 징수에 관하여는 제26조(담보 등이 없는 경우의 관세징수)를 준용한다(법 제178조제3항~4항).

9) 특허의 효력상실 및 승계(법 제179조)

(1) 특허의 효력상실

특허보세구역의 설치·운영에 관한 특허는 다음 각 호의 어느 하나에 해당하면 그 효력을 상실한다(법 제179조제1항).

1. 운영인이 특허보세구역을 운영하지 아니하게 된 경우

2. 운영인이 해산하거나 사망한 경우
3. 특허기간이 만료한 경우
4. 특허가 취소된 경우

(2) 특허의 승계

제1항제1호 및 제2호의 경우에는 운영인, 그 상속인, 청산법인 또는 합병·분할·분할합병 후 존속하거나 합병·분할·분할합병으로 설립된 법인("승계법인")은 지체 없이 세관장에게 그 사실을 보고하여야 한다.

특허보세구역의 설치·운영에 관한 특허를 받은 자가 사망하거나 해산한 경우 상속인 또는 승계법인이 계속하여 그 특허보세구역을 운영하려면 피상속인 또는 피승계법인이 사망하거나 해산한 날부터 30일 이내에 제174조제3항에 따른 요건을 갖추어 대통령령으로 정하는 바에 따라 세관장에게 신고하여야 한다.

상속인 또는 승계법인이 승계에 따른 신고를 하였을 때에는 피상속인 또는 피승계법인이 사망하거나 해산한 날부터 신고를 한 날까지의 기간에 있어서 피상속인 또는 피승계법인의 특허보세구역의 설치·운영에 관한 특허는 상속인 또는 승계법인에 대한 특허로 본다. 제175조(운영인의 결격사유) 각 호의 어느 하나에 해당하는 자는 특허의 승계에 따른 신고를 할 수 없다(법 제179조제2항~5항).

10) 특허보세구역의 설치·운영에 관한 감독 등(법 제180조)

세관장은 특허보세구역의 운영인을 감독한다. 또한 세관장은 특허보세구역의 운영인에게 그 설치·운영에 관한 보고를 명하거나 세관공무원에게 특허보세구역의 운영상황을 검사하게 할 수 있으며, 세관장은 특허보세구역의 운영에 필요한 시설·기계 및 기구의 설치를 명할 수 있다. 제157조(물품의 반출입)에 따라 특허보세구역에 반입된 물품이 해당 특허보세구역의 설치목적에 합당하지 아니한 경우에는 세관장은 해당 물품을 다른 보세구역으로 반출할 것을 명할 수 있다(법 제180조제1항~5항).

11) 특허의 효력상실 시 조치 등(법 제182조)

특허의 효력상실시의 조치와 관련하여 법 제182조제1항에 "특허보세구역의 설치·운영에 관한 특허의 효력이 상실되었을 때에는 운영인이나 그 상속인은 해당 특허보세구역에 있는 외국물품을 지체 없이 다른 보세구역으로 반출하여야 한다"고 규정하고 있으며,

제2항에서는 "특허보세구역의 설치 · 운영에 관한 특허의 효력이 상실되었을 때에는 해당 특허보세구역에 있는 외국물품의 종류와 수량등을 고려하여 6개월의 범위에서 세관장이 지정하는 기간 동안 그 구역은 특허보세 구역으로 보며, 운영인이나 그 상속인에 대하여는 해당 구역과 장치물품에 관하여 특허보세구역의 설치 · 운영에 관한 특허가 있는 것으로 본다"고 규정하고 있다.

1. 다음 ( )에 들어갈 내용이 순서대로 옳은 것은? (2016년 관세사 1차 기출)

> 특허보세구역의 설치 · 운영에 관한 특허의 효력이 상실되었을 때에는 해당 특허보세구역에 있는 외국물품의 종류와 수량 등을 고려하여 ( )개월의 범위에서 ( )이 지정하는 기간 동안 그 구역은 특허보세구역으로 보며, 운영인이나 그 상속인에 대하여는 해당 구역과 장치물품에 관하여 특허보세구역의 설치 · 운영에 관한 특허가 있는 것으로 본다.

① 1, 관세청장 ② 3, 세관장 ③ 3, 관세청장 ④ 6, 세관장 ⑤ 6, 관세청장

2. 관세법상 특허보세구역에 관한 설명으로 옳은 것은? (2017년 관세사 1차 기출)

① 세관장은 특허보세구역의 운영인이 장치물품에 대한 관세를 납부할 자금능력이 없다고 인정되는 경우에는 관세청장이 정하는 바에 따라 6개월의 범위에서 해당 특허보세구역에의 물품반입을 정지시킬 수 있다.
② 세관장은 특허보세구역의 운영인이 1년 이내에 3회 이상 물품반입등의 정지처분(제3항에 따른 과징금 부과처분을 포함)을 받은 경우 그 특허를 취소하여야 한다.
③ 세관장은 물품반입 등의 정지처분이 그 이용자에게 심한 불편을 주거나 공익을 해칠 우려가 있는 경우에는 특허보세구역의 운영인에게 물품반입 등의 정지처분에 갈음하여 해당 특허보세구역 운영에 따른 매출액의 100분의 3 이하의 과징금을 부과할 수 있다
④ 과징금을 납부하여야 할 자가 납부기한까지 납부하지 아니한 경우 과징금의 징수에 관하여는 제26조(담보 등이 없는 경우의 관세징수)를 준용한다
⑤ 과징금을 납부하여야 할 특허보세구역 운영자가 납부기한까지 납부하지 아니한 경우 과징금의 징수에 관하여는 제26조(담보 등이 없는 경우의 관세징수)를 준용한다.

1-④ 2-⑤

2. 특허보세구역의 종류

1) 보세창고(법 제183조)

(1) 보세창고의 장치물품

보세창고에는 외국물품이나 통관을 하려는 물품을 장치한다(법 제183조제1항).

(2) 내국물품의 장치

운영인은 미리 세관장에게 신고를 하고 외국물품이나 통관을 하려는 물품의 장치에 방해되지 아니하는 범위에서 보세창고에 내국물품을 장치할 수 있다. 다만, 동일한 보세창고에 장치되어 있는 동안 수입신고가 수리된 물품은 신고 없이 계속하여 장치할 수 있다.

운영인은 보세창고에 1년(동일한 보세창고에 장치되어 있는 동안 수입신고가 수리된 물품은 6개월) 이상 계속하여 내국물품만을 장치하려면 세관장의 승인을 받아야 한다. 승인을 받은 보세창고에 내국물품만을 장치하는 기간에는 제161조(견품반출규정)과 제177조(특허보세구역의 장치기간 규정)를 적용하지 아니한다(법 제183조제2항~4항).

(3) 장치기간이 지난 내국물품(법 제184조)

제183조제2항에 따른 내국물품으로서 장치기간이 지난 물품은 그 기간이 지난 후 10일 내에 그 운영인의 책임으로 반출하여야 하며, 제183조제3항에 따라 승인받은 내국물품도 그 승인기간이 지난 경우에는 제1항과 같다(법 제184조제1항~2항).

2) 보세공장(법 제185조)

보세공장에서는 외국물품을 원료 또는 재료로 하거나 외국물품과 내국물품을 원료 또는 재료로 하여 제조·가공하거나 그 밖에 이와 비슷한 작업을 할 수 있다. 보세공장에서는 세관장의 허가를 받지 아니하고는 내국물품만을 원료로 하거나 재료로 하여 제조·가공하거나 그 밖에 이와 비슷한 작업을 할 수 없다(법 제185조제1항~2항).

(1) 업종제한

보세공장 중 수입하는 물품을 제조·가공하는 것을 목적으로 하는 보세공장의 업종은 기획재정부령으로 정하는 바에 따라 제한할 수 있다(법 제185조제3항).

다음에 규정된 업종을 제외한 업종으로 한다.〈개정 2005.2.11.〉

1. 법 제73조(국제협력관세)에 의하여 국내외 가격차에 상당하는 율로 양허한 농·임·축산물을 원재료로 하는 물품을 제조·가공하는 업종
2. 국민보건 또는 환경보전에 지장을 초래하거나 풍속을 해하는 물품을 제조·가공하는 업종으로 세관장이 인정하는 업종〈법 시행규칙 제69조〉. [시행 2014.11.1.]

(2) 보세공장 사용물품의 수입신고

세관장은 수입통관 후 보세공장에서 사용하게 될 물품에 대하여는 보세공장에 직접 반입하여 수입신고를 하게 할 수 있다. 이 경우 제241조(수출·수입 또는 반송의 신고)제3항을 준용한다(법 제185조제4항).

(3) 사용신고 등(법 제186조)

운영인은 보세공장에 반입된 물품을 그 사용 전에 세관장에게 사용신고를 하여야 한다. 이 경우 세관공무원은 그 물품을 검사할 수 있다. 이에 따라 사용신고를 한 외국물품이 마약, 총기 등 다른 법령에 따라 허가·승인·표시 또는 그 밖의 요건을 갖출 필요가 있는 물품으로서 관세청장이 정하여 고시하는 물품인 경우에는 세관장에게 그 요건을 갖춘 것임을 증명하여야한다(법 제186조제1항~2항). 〈개정 2016.12.20.〉[전문개정 2010.12.30.]

(4) 보세공장 외 작업 허가(법 제187조)

세관장은 가공무역이나 국내산업의 진흥을 위하여 필요한 경우에는 대통령령으로 정하는 바에 따라 기간, 장소, 물품 등을 정하여 해당 보세공장 외에서 제185조제1항에 따른 작업을 허가할 수 있다. 이에 따라 허가를 받아 지정된 장소에서 보세공장외 작업허가를 한 경우 세관공무원은 해당 물품이 보세공장에서 반출될 때에 이를 검사할 수 있다. 또한 세관장은 제1항에 따라 허가를 받은 보세작업에 사용될 물품을 관세청장이 정하는 바에 따라 공장외작업장에 직접 반입하게 할 수 있다. 제1항에 따라 지정된 기간이 지난 경우 해당 공장외작업장에 허가된 외국물품이나 그 제품이 있을 때에는 해당 물품의 허가를 받은 보세공장의 운영인으로부터 그 관세를 즉시 징수한다(법 제187조제1항~6항). 〈개정 2010.12.30.〉[제목개정 2010.12.30.]

(5) **제품과세**(법 제188조)

외국물품이나 외국물품과 내국물품을 원료로 하거나 재료로 하여 작업을 하는 경우 그로써 생긴 물품은 외국으로부터 우리나라에 도착한 물품으로 본다. 다만, 대통령령으로 정하는 바에 따라 세관장의 승인을 받고 외국물품과 내국물품을 혼용하는 경우에는 그로써 생긴 제품 중 해당 외국물품의 수량 또는 가격에 상응하는 것은 외국으로부터 우리나라에 도착한 물품으로 본다.

(6) **원료과세**(법 제189조)

보세공장에서 제조된 물품을 수입하는 경우 제186조(사용신고)에 따른 사용신고 전에 미리 세관장에게 해당 물품의 원료인 외국물품에 대한 과세의 적용을 신청한 경우에는 제16조(과세물건의 확정시기)에도 불구하고 제186조에 따른 사용신고를 할 때의 그 원료의 성질 및 수량에 따라 관세를 부과한다. 세관장은 대통령령으로 정하는 기준에 해당하는 보세공장에 대하여는 1년의 범위에서 원료별, 제품별 또는 보세공장 전체에 대하여 사용신고에 따른 신청을 하게 할 수 있다(법 제189조제1항~2항).

1. 관세법상 보세공장에서 보세작업을 하기 위하여 반입되는 원료 또는 재료(이하 "보세공장원재료"라 함)에 관한 설명으로 옳은 것은? (2014년 관세사 1차 기출)

① 당해 보세공장에서 생산하는 제품의 포장용품은 보세공장원재료에 포함되지 않는다.
② 당해 보세공장에서 생산하는 제품에 물리적으로 결합되는 물품은 보세공장원재료에 포함되지 않는다.
③ 당해 보세공장에서 생산하는 제품의 제조·가공 공정에 투입되어 소모되는 물품은 보세공장원재료에 포함되지 않는다.
④ 기계·기구 등의 작동 및 유지를 위한 물품 등 제품의 생산에 간접적으로 투입되어 소모되는 물품은 보세공장 원재료에 포함된다.
⑤ 당해 보세공장에서 생산하는 제품에 소요되는 수량을 객관적으로 계산할 수 있는 물품이어야 보세공장원재료로 인정받을 수 있다.

1-⑤

외국물품과 내국물품의 혼용에 관한 승인(법 시행령 제204조)

① 제품과세 단서의 규정에 의한 승인을 얻고자 하는 자는 다음 사항을 기재한 신청서를 세관장에게 제출하여야 한다.

1. 혼용할 외국물품 및 내국물품의 기호·번호·품명·규격별 수량 및 손모율
2. 승인을 얻고자 하는 보세작업기간 및 사유

② 승인을 할 수 있는 경우는 작업의 성질·공정 등에 비추어 당해 작업에 사용되는 외국물품과 내국물품의 품명·규격별 수량과 그 손모율이 확인되고, 과세표준이 결정될 수 있는 경우에 한한다.

③ 세관장은 승인을 얻은 사항중 혼용하는 외국물품 및 내국물품의 품명 및 규격이 각각 동일하고, 손모율에 변동이 없는 동종의 물품을 혼용하는 경우에는 새로운 승인신청을 생략하게 할 수 있다.

④ 제품과세 단서의 규정에 의하여 외국물품과 내국물품을 혼용한 때에는 그로써 생긴 제품중에서 그 원료 또는 재료중 외국물품의 가격(종량세물품인 경우에는 수량)이 차지하는 비율에 상응하는 분을 외국으로부터 우리나라에 도착된 물품으로 본다.

원료과세 적용신청 방법 등(법 시행령 제205조)

① 법 제189조에 따른 신청을 하려는 자는 다음 각 호의 사항을 적은 신청서를 세관장에게 제출하여야 한다.<개정 2008.2.22.>

1. 제175조 각 호의 사항
2. 원료인 외국물품의 규격과 생산지 또는 제조지
3. 신청사유
4. 원료과세 적용을 원하는 기간

② 제1항의 규정에 의한 신청서에는 다음 각호의 서류를 첨부하여야 한다. 다만, 세관장이 부득이한 사유가 있다고 인정하는 때에는 그러하지 아니하다.

1. 법 제186조제2항의 증명서류
2. 당해 물품의 송품장 또는 이에 갈음할 수 있는 서류

③ 법 제189조제2항에서 "대통령령으로 정하는 기준"이란 다음 각 호와 같다.<신설 2008.2.22.>

1. 최근 2년간 생산되어 판매된 물품 중 수출된 물품의 가격 비율이 100분의 50 이상일 것
2. 관세청장이 정하여 고시하는 성실도 및 원자재 관리방법 등에 관한 기준을 충족할 것

3) 보세전시장(법 제190조)

보세전시장에서는 박람회, 전람회, 견본품 전시회 등의 운영을 위하여 외국물품을 장치·전시하거나 사용할 수 있다.

4) 보세건설장(법 제191조)

보세건설장에서는 산업시설의 건설에 사용되는 외국물품인 기계류 설비품이나 공사용 장비를 장치·사용하여 해당 건설공사를 할 수 있다.

(1) 사용전 수입신고(법 제192조)

운영인은 보세건설장에 외국물품을 반입하였을 때에는 사용 전에 해당 물품에 대하여 수입신고를 하고 세관공무원의 검사를 받아야 한다. 다만, 세관공무원이 검사가 필요 없다고 인정하는 경우에는 검사를 하지 아니할 수 있다.

(2) 반입물품의 장치 제한(법 제193조)

세관장은 보세건설장에 반입된 외국물품에 대하여 필요하다고 인정될 때에는 보세건설장 안에서 그 물품을 장치할 장소를 제한하거나 그 사용상황에 관하여 운영인으로 하여금 보고하게 할 수 있다.

(3) 보세건설물품의 가동 제한(법 제194조)

운영인은 보세건설장에서 건설된 시설을 제248조에 따른 수입신고가 수리되기 전에 가동하여서는 아니 된다.

(4) 보세건설장 외 작업 허가(법 제195조)

세관장은 보세작업상 필요하다고 인정될 때에는 대통령령[3]으로 정하는 바에 따라 기간, 장소, 물품 등을 정하여 해당 보세건설장 외에서의 보세작업을 허가할 수 있다. 보세건설장 외에서의 보세작업 허가에 관하여는 제187조제3항부터 제6항까지의 규정을 준용한다.

5) 보세판매장(법 제196조)

보세판매장에서는 외국으로 반출하거나 제88조(외교관용 물품 등의 면세)제1항제1호부터 제4호까지에 따라 관세의 면제를 받을 수 있는 자가 사용하는 것을 조건으로 외국

---

3) 제212조(보세건설장외 보세작업의 허가신청)

① 법 제195조제1항의 규정에 의하여 보세작업의 허가를 받고자 하는 자는 다음의 사항을 기재한 신청서를 세관장에게 제출하여야 한다.

1. 제175조 각 호의 사항
2. 보세작업의 종료기한 및 작업장소
3. 신청사유
4. 해당 작업에서 생산될 물품의 품명·규격 및 수량

② 세관장은 재해 기타 부득이한 사유로 인하여 필요하다고 인정되는 때에는 보세건설장 운영인의 신청에 의하여 보세건설장외에서의 보세작업의 기간 또는 장소를 변경할 수 있다.〈개정 2001.12.31.〉

물품을 판매할 수 있다. 세관장은 보세판매장에서 판매할 수 있는 물품의 종류, 수량, 장치 장소 등을 제한할 수 있다. 보세판매장에서 판매하는 물품의 반입, 반출, 인도, 관리에 필요한 사항은 대통령령으로 정한다(법 제196조제1항~3항).

1. 관세법상 특허보세구역에 해당하는 것을 모두 고른 것은? (2014년 관세사 1차 기출문제)

1. 경제자유구역	2. 종합보세구역	3. 보세건설장	4. 세관검사장
5. 보세전시장	6. 지정장치장		

① 1, 2 ② 3, 5 ③ 4, 6 ④ 2, 3, 5 ⑤ 3, 5, 6

1-②

제4절 종합보세구역(법 제197조~제205조)

1. 종합보세구역의 지정 등(법 제197조)

관세청장은 직권으로 또는 관계 중앙행정기관의 장이나 지방자치단체의 장, 그 밖에 종합보세구역을 운영하려는 자("지정요청자")의 요청에 따라 무역진흥에의 기여 정도, 외국물품의 반입·반출 물량 등을 고려하여 일정한 지역을 종합보세구역으로 지정할 수 있다(법 제197조제1항).

1) 종합보세구역의 기능

종합보세구역에서는 보세창고·보세공장·보세전시장·보세건설장 또는 보세판매장의 기능 중 둘 이상의 기능("종합보세기능")을 수행할 수 있다.

종합보세구역의 지정요건, 지정절차 등에 관하여 필요한 사항은 대통령령으로 정한다(법 제197조제2항~3항).

2) 종합보세구역의 지정 등(법 시행령 제214조)

① 법 제197조에 따른 종합보세구역은 다음 각 호의 어느 하나에 해당하는 지역으로서 관세청장이 종합보세구역으로 지정할 필요가 있다고 인정하는 지역을 그 지정대상으로 한다.〈개정 2003.6.30., 2006.5.22., 2007.4.5., 2011.4.1.〉

1. 「외국인투자촉진법」에 의한 외국인투자지역
2. 「산업입지 및 개발에 관한 법률」에 의한 산업단지
3. 삭제
4. 「유통산업발전법」에 의한 공동집배송센터
5. 「물류시설의 개발 및 운영에 관한 법률」에 따른 물류단지
6. 기타 종합보세구역으로 지정됨으로써 외국인투자촉진・수출증대 또는 물류촉진 등의 효과가 있을 것으로 예상되는 지역

② 종합보세구역의 지정을 요청하고자 하는 자(지정요청자)는 당해 지역의 소재지 및 면적, 구역 안의 시설물현황 또는 시설계획, 사업계획을 기재한 지정요청서에 당해 지역의 도면을 첨부하여 관세청장에게 제출하여야 한다.〈개정 2004.3.29.〉

③ 관세청장은 직권으로 종합보세구역을 지정하고자 하는 때에는 관계중앙행정기관의 장 또는 지방자치단체의 장과 협의하여야 한다.

2. 종합보세사업장의 설치・운영에 관한 신고 등(법 제198조)

① 종합보세구역에서 종합보세기능을 수행하려는 자는 그 기능을 정하여 세관장에게 종합보세사업장의 설치・운영에 관한 신고를 하여야 한다.

② 제175조(운영인의 결격사유)에 해당하는 자는 종합보세사업장의 설치・운영에 관한 신고를 할 수 없다.

③ 종합보세사업장의 운영인은 그가 수행하는 종합보세기능을 변경하려면 세관장에게 이를 신고하여야 한다.

④ 제1항 및 3항에 따른 신고의 절차 등에 관하여 필요한 사항은 대통령령으로 정한다.

3. 종합보세구역에의 물품의 반입·반출 등(법 제199조)

① 종합보세구역에 물품을 반입하거나 반출하려는 자는 대통령령으로 정하는 바에 따라 세관장에게 신고하여야 한다.

② 종합보세구역에 반입·반출되는 물품이 내국물품인 경우에는 기획재정부령으로 정하는 바에 따라 제1항에 따른 신고를 생략하거나 간소한 방법으로 반입·반출하게 할 수 있다.

1) 내국물품 반출입신고의 생략(법 시행규칙 제70조)

세관장은 법 제199조제2항의 규정에 의하여 다음 각호의 1에 해당하지 아니하는 경우에는 반출입신고를 생략하게 할 수 있다.

1. 법 제185조제2항의 규정에 의하여 세관장의 허가를 받고 내국물품만을 원료로 하여 제조·가공 등을 하는 경우 그 원료 또는 재료
2. 법 제188조 단서의 규정에 의한 혼용작업에 소요되는 원재료
3. 법 제196조의 규정에 의한 보세판매장에서 판매하고자 하는 물품
4. 당해 내국물품이 외국에서 생산된 물품으로서 종합보세구역안의 외국물품과 구별되는 필요가 있는 물품(보세전시장의 기능을 수행하는 경우에 한함)

4. 종합보세구역의 판매물품에 대한 관세 등의 환급(법 제199조의2)

외국인 관광객 등 대통령령으로 정하는 자가 종합보세구역에서 구입한 물품을 국외로 반출하는 경우에는 해당 물품을 구입할 때 납부한 관세 및 내국세 등을 환급받을 수 있다. 이 경우 관세 및 내국세 등의 환급 절차 및 방법 등에 관하여 필요한 사항은 대통령령으로 정한다(법 제199조의2제1항~2항).

1) 외국인관광객 등의 범위(법 시행령 제216조의2)

법 제199조의2 제1항에서 "외국인 관광객 등 대통령령으로 정하는 자"란 「외국환거래법」 제3조에 따른 비거주자("외국인관광객등")을 말한다. 다만 다음 각 호의 자를 제외한다.〈개정 2006.5.22., 2011.4.1.〉

1. 법인
2. 국내에 주재하는 외교관(이에 준하는 외국공관원을 포함)
3. 국내에 주재하는 국제연합군과 미국군의 장병 및 군무원[본조신설 2004.3.29.]

2) 종합보세구역에서의 물품판매 등(법 시행령 제216조의3)

① 종합보세구역에서 법 제199조의2의 규정에 의하여 외국인관광객등에게 물품을 판매하는 자("판매인")는 관세청장이 정하는 바에 따라 판매물품에 대한 수입신고 및 신고납부를 하여야 한다.

② 판매인은 제1항의 규정에 의한 수입신고가 수리된 경우에는 구매자에게 당해 물품을 인도 하되, 국외반출할 목적으로 구매한 외국인관광객등에게 판매한 경우에는 물품판매확인서("판매확인서")를 교부하여야 한다.

③ 관세청장은 종합보세구역의 위치 및 규모 등을 고려하여 판매하는 물품의 종류 및 수량 등을 제한할 수 있다.[본조신설 2004.3.29.]

3) 외국인관광객 등에 대한 관세등의 환급(법 시행령 제216조의4)

① 외국인관광객 등이 종합보세구역에서 물품을 구매할 때에 부담한 관세등을 환급 또는 송금받고자 하는 경우에는 출국하는 때에 출국항을 관할하는 세관장("출국항 관할세관장")에게 판매확인서와 구매물품을 함께 제시하여 확인을 받아야 한다.

② 출국항 관할세관장은 제1항의 규정에 의하여 외국인관광객 등이 제시한 판매확인서의 기재사항과 물품의 일치여부를 확인한후 판매확인서에 확인인을 날인하고, 외국인관광객 등에게 이를 교부하거나 판매인에게 송부하여야 한다.

③ 제2항의 규정에 의하여 외국인관광객 등이 판매확인서를 교부받은 때에는 제216조의6의 규정에 의한 환급창구운영사업자에게 이를 제시하고 환급 또는 송금받을 수 있다. 다만, 판매인이 제2항의 규정에 의하여 판매확인서를 송부받은 경우에는 그 송부받은 날부터 20일 이내에 외국인관광객 등이 종합보세구역에서 물품을 구매한 때 부담한 관세 등을 당해 외국인관광객 등에게 송금하여야 한다.[본조신설 2004.3.29.]

4) 판매인에 대한 관세 등의 환급 등(법 시행령 제216조의5)

① 판매인은 법 제199조의2의 규정에 의하여 종합보세구역에서 관세 및 내국세등("관세등")이 포함된 가격으로 물품을 판매한후 다음 각 호에 해당하는 경우에는 관세등을 환급받을 수 있다.

1. 외국인관광객 등이 구매한 날부터 3월 이내에 물품을 국외로 반출한 사실이 확인되는 경우
2. 판매인이 제216조의4제3항 본문의 규정에 따라 환급창구운영사업자를 통하여 당해 관세 등을 환급 또는 송금하거나 외국인관광객 등에게 송금한 것이 확인되는 경우

② 판매인이 제1항의 규정에 의하여 관세 등을 환급받고자 하는 경우에는 다음 각호의 사항을 기재한 신청서에 제216조의4의 규정에 의하여 세관장이 확인한 판매확인서 및 수입신고필증 그 밖에 관세 등의 납부사실을 증빙하는 서류와 제1항제2호의 규정에 의한 환급 또는 송금사실을 증명하는 서류를 첨부하여 당해 종합 보세구역을 관할하는 세관장에게 제출하여야 한다. 이 경우 관세 등의 환급에 관하여는 제54조 및 제55조의 규정을 준용한다.

1. 당해 물품의 품명 및 규격
2. 당해 물품의 판매연월일 및 판매확인번호
3. 당해 물품의 수입신고연월일 및 수입신고번호
4. 환급받고자 하는 금액

③ 제1항 및 제2항의 규정에 의하여 환급금을 지급받은 판매인은 외국인관광객 등에 대하여 환급 또는 송금한 사실과 관련된 증거서류를 5년간 보관하여야 한다.[본조신설 2004.3.29.]

5) 환급창구운영사업자(법 시행령 제216조의6)

① 관세청장은 외국인관광객등이 종합보세구역에서 물품을 구입한 때에 납부한 관세등을 판매인을 대리하여 환급 또는 송금하는 사업을 영위하는 자(환급창구운영사업자)를 지정하여 운영할 수 있다.

② 제1항의 규정에 의한 환급창구운영사업자에 대하여는 「외국인관광객 등에 대한 부가가치세 및 개별소비세 특례규정」(특례규정) 제5조의2 제2항 내지 제5항, 제10조

의2, 제10조의3 및 제14조제2항의 규정을 준용한다. 이 경우 특례규정 제5조의2 제2항 내지 제5항 중 '관할지방국세청장'은 '관세청장'으로 보고, 제5조의2 제5항제1호의 규정에 의하여 준용되는 제5조제4항제3호 중 '국세 또는 지방세'는 '관세'로 보며, 제10조의2 중 '외국인관광객'을 '외국인관광객등'으로, '면세물품'을 '물품'으로, '세액상당액'을 '관세등'으로, '면세판매자'를 '판매인'으로, '국세청장'을 '관세청장'으로 보고, 제10조의3중 '외국인관광객'을 '외국인관광객등'으로, '세액상당액'을 '관세등'으로, '면세판매자'를 '판매인'으로 보며, 제14조제2항 중 '국세청장 · 관할지방국세청장 또는 관할세무서장'은 '관세청장 또는 관할세관장'으로, '외국인관광객'을 '외국인관광객등'으로 본다. 〈개정 2006.5.22., 2007.12.31.〉[본조신설 2004.3.29.]

5. 반출입물품의 범위 등(법 제200조)

1) 수입통관 후 소비 또는 사용하는 물품(법 시행규칙 제71조)

종합보세구역에서 소비하거나 사용되는 물품으로서 기획재정부령으로 정하는 다음의 물품은 수입통관 후 이를 소비하거나 사용하여야 한다(법 제200조제1항).

1. 제조 · 가공에 사용되는 시설기계류 및 그 수리용 물품
2. 연료 · 윤활유 · 사무용품 등 제조 · 가공에 직접적으로 사용되지 아니하는 물품

2) 종합보세구역에 반입한 물품의 장치기간

종합보세구역에 반입한 물품의 장치기간은 제한하지 아니한다. 다만, 제197조제2항에 따른 보세창고의 기능을 수행하는 장소 중에서 관세청장이 수출입물품의 원활한 유통을 촉진하기 위하여 필요하다고 인정하여 지정한 장소에 반입되는 물품의 장치기간은 1년의 범위에서 관세청장이 정하는 기간으로 한다(법 제200조제2항).

3) 반입 · 반출 물품의 제한(법 제200조제3항)

세관장은 종합보세구역에 반입 · 반출되는 물품으로 인하여 국가안전, 공공질서, 국민보건 또는 환경보전 등에 지장이 초래되거나 종합보세구역의 지정목적에 부합되지 아니하는 물품이 반입 · 반출되고 있다고 인정될 때에는 해당 물품의 반입 · 반출을 제한할 수 있다(법 제200조제3항).[전문개정 2010.12.30.]

6. 운영인의 물품관리(법 제201조)

운영인은 종합보세구역에 반입된 물품을 종합보세기능별로 구분하여 관리하여야 한다. 세관장은 종합보세구역에 장치된 물품 중 제208조제1항 단서에 해당되는 물품은 같은 조에 따라 매각할 수 있다. 운영인은 종합보세구역에 반입된 물품을 종합보세구역 안에서 이동·사용 또는 처분을 할 때에는 장부 또는 전산처리장치를 이용하여 그 기록을 유지하여야 한다. 이 경우 기획재정부령으로 정하는 물품은 미리 세관장에게 신고하여야 한다. 이에 따른 기록의 방법과 절차 등에 관하여 필요한 사항은 관세청장이 정한다(법 제202조제1항~4항). [전문개정 2010.12.30.]

7. 설비의 유지의무 등(법 제202조)

운영인은 대통령령으로 정하는 바에 따라 종합보세기능의 수행에 필요한 시설 및 장비 등을 유지하여야 한다. 종합보세구역에 장치된 물품에 대하여 보수작업을 하거나 종합보세구역 밖에서 보세작업을 하려는 자는 대통령령으로 정하는 바에 따라 세관장에게 신고하여야 한다. 이에 따라 작업을 하는 경우의 반출검사 등에 관하여는 제187조(보세공장 외 작업허가)를 준용한다(법 제202조제1항~3항).

1) 설비유지의무 등(법 시행령 제217조)

① 법 제202조제1항의 규정에 의하여 종합보세구역의 운영인이 유지하여야 하는 시설 및 장비 등의 설비는 다음과 같다.

1. 제조·가공·전시·판매·건설 및 장치 기타 보세작업에 필요한 기계시설 및 기구
2. 반입·반출물품의 관리 및 세관의 업무검사에 필요한 전산설비
3. 소방·전기 및 위험물관리 등에 관한 법령에서 정하는 시설 및 장비
4. 보세화물의 분실과 도난방지를 위한 시설

② 제1항의 규정에 의한 설비가 천재·지변 기타 불가피한 사유로 인하여 일시적으로 기준에 미달하게 된 때에는 종합보세구역의 운영인은 관세청장이 정하는 기간 내에 이를 갖추어야 한다.

③ 법 제202조제2항의 규정에 의한 보수작업 또는 보세작업에 관한 신고에 관하여는

제177조(보수작업의 승인신청) 및 제203조(보세공장외 작업허가신청)의 규정을 준용한다.

8. 종합보세구역에 대한 세관의 관리 등(법 제203조)

1) 물품의 검사

세관장은 관세채권의 확보, 감시・단속 등 종합보세구역을 효율적으로 운영하기 위하여 종합보세구역에 출입하는 인원과 차량 등의 출입을 통제하거나 휴대 또는 운송하는 물품을 검사할 수 있다(법 제203조제1항).

2) 기록의 검사 또는 조사 및 보고

세관장은 종합보세구역에 반입・반출되는 물품의 반입・반출 상황, 그 사용 또는 처분 내용 등을 확인하기 위하여 제201조(운영인의 물품관리)제3항에 따른 장부나 전산처리장치를 이용한 기록을 검사 또는 조사할 수 있으며, 운영인으로 하여금 업무실적 등 필요한 사항을 보고하게 할 수 있다(법 제203조제2항).

3) 시설설치의 요구

관세청장은 종합보세구역 안에 있는 외국물품의 감시・단속에 필요하다고 인정될 때에는 종합보세구역의 지정요청자에게 보세화물의 불법유출, 분실, 도난방지 등을 위한 시설을 설치할 것을 요구할 수 있다. 이 경우 지정요청자는 특별한 사유가 없으면 이에 따라야 한다(법 제203조제3항).

9. 종합보세구역 지정의 취소 등(법 제204조)

1) 지정의 취소

관세청장은 종합보세구역에 반입・반출되는 물량이 감소하거나 그 밖에 대통령령으로 정하는 사유인 ① 종합보세구역의 지정요청자가 지정취소를 요청한 경우, ② 종합보세구역의 지정요건이 소멸한 경우 종합보세구역을 존속시킬 필요가 없다고 인정될 때에는 종합보세구역의 지정을 취소할 수 있다(법 제204조제1항).

2) 종합보세기능 수행의 중지

세관장은 종합보세사업장의 운영인이 다음에 해당하는 경우에는 6개월의 범위에서 운영인의 종합보세기능의 수행을 중지시킬 수 있다(법 제204조제2항).

1. 제175조(운영인의 결격사유) 각 호의 어느 하나에 해당하게 된 경우
2. 운영인이 수행하는 종합보세기능과 관련하여 반입·반출되는 물량이 감소하거나 그 밖에 대통령령으로 정하는 사유인 ① 1년동안 계속하여 외국물품의 반입·반출실적이 없는 경우, ② 운영인이 설비유지의무를 위반한 경우

표 8-5 보세구역의 종류별 설치목적 등

<table>
<tr><th colspan="2">보세구역의 종류 및 지정</th><th>개념</th><th>설치·운영 기간</th><th colspan="2">목 적</th></tr>
<tr><td rowspan="2">지정 보세 구역</td><td>지정 장치장</td><td rowspan="2">국가·지자체·공항(항만)시설관리 법인의 자가 소유 또는 관리하는 토지·건물 기타의 시설을 세관장이 지정</td><td></td><td rowspan="2">–통관편의
–행정상 공공의 목적</td><td>통관하고자 하는 물품의 일시장치</td></tr>
<tr><td>세관 검사장</td><td></td><td>통관하고자 하는 물품의 검사</td></tr>
<tr><td rowspan="5">특허 보세 구역 (세관장)</td><td>보세창고</td><td rowspan="5">사인의 토지, 건물 중 신청시 세관장이 특허</td><td>10년</td><td colspan="2">외국물품이나 통관을 하려는 물품을 장치</td></tr>
<tr><td>보세공장</td><td>10년 내(신청인이 신청한 기간</td><td colspan="2">내(외)국물품을 원료 또는 재료제조·가공하거나 이와 비슷한 작업</td></tr>
<tr><td>보세 전시장</td><td>전시기간＋외국물품 반출입에 필요한 기간</td><td colspan="2">박람회, 전람회, 견본품, 전시회 등의 운영을 위하여 외국물품을 장치·전시하거나 사용</td></tr>
<tr><td>보세 건설장</td><td>보세건설에 필요한 기간</td><td colspan="2">산업시설의 건설에 사용되는 외국물품인 기계류 설비품이나 공사용장비를 장치·사용하여 해당 건설공사</td></tr>
<tr><td>보세 판매장</td><td>5년내(신청인이 신청한 기간)
(개정2014.1.1.)</td><td colspan="2">외국으로 반출하거나 제88조(외교관면세)제1항1호부터 4호까지에 따라 관세의 면제를 받을 수 있는 자가 사용하는 것을 조건으로 외국물품을 판매</td></tr>
<tr><td colspan="2">종합보세구역 (관세청장)</td><td>특정지역 중 관세청장이 지정</td><td></td><td colspan="2">특허보세구역에서 수행되는 기능 중 둘이상의 기능을 복합적으로 수행할 수 있는 지역</td></tr>
</table>

제5절 유치 및 처분(법 제206조~제212조)

1. 유치 및 예치(법 제206조)

유치는 수출입요건이 갖추어지지 않은 여행자 휴대품이나 우리나라와 외국 간을 왕래하는 운송수단에 종사하는 승무원의 휴대품 수입통관을 일시보류하고 세관장이 관리하는 장소에서 그 물품을 일시 보관하는 것을 말한다.

예치란 위의 휴대품으로서 수입할 의사가 없는 물품에 대하여 그 여행자 또는 승무원이 세관장에게 신고하여 그 물품을 입국지 관할세관에 일시 보관시키는 것을 말한다.

1) 유치 및 예치 물품

여행자의 휴대품, 우리나라와 외국간을 왕래하는 운송수단에 종사하는 승무원의 휴대품은 제226조에 따라 필요한 허가・승인・표시 또는 그 밖의 조건이 갖추어지지 아니한 것은 세관장이 이를 유치할 수 있다(법 제206조제1항).

2) 유치의 해제 및 일시예치

(1) 유치품의 해제

제1항에 따라 유치한 물품은 해당 사유가 해소되었거나 반송하는 경우에만 유치를 해제한다(법 제206조제2항).

(2) 일시 예치

제1항이 각 호의 어느 하나에 해당하는 물품으로서 수입할 의사가 없는 물품은 세관장에게 신고하여 일시 예치시킬 수 있다(법 제206조제3항).

3) 유치 및 예치 물품의 보관(법 제207조)

제206조에 따라 유치하거나 예치한 물품은 세관장이 관리하는 장소에 보관한다. 다만, 세관장이 필요하다고 인정할 때에는 그러하지 아니하다(법 제207조제1항).

제206조에 따라 유치하거나 예치한 물품에 관하여는 제160조제4항부터 제6항까지,

제170조 및 제208조부터 제212조까지의 규정을 준용한다(법 제207조제2항).

세관장은 유치되거나 예치된 물품의 원활한 통관을 위하여 필요하다고 인정될 때에는 제2항에 따라 준용되는 제209조에도 불구하고 관세청장이 정하는 바에 따라 해당 물품을 유치하거나 예치할 때에 유치기간 또는 예치기간 내에 수출・수입 또는 반송하지 아니하면 매각한다는 뜻을 통고할 수 있다(법 제207조제3항).[전문개정 2010.12.30.]

2. 장치기간 경과물품의 매각

1) 매각대상 및 매각절차(법 제208조)

(1) 매각대상

세관장은 보세구역에 반입한 외국물품의 장치기간이 지나면 그 사실을 공고한 후 해당 물품을 매각할 수 있다. 다만, 다음에 해당하는 물품은 기간이 지나기 전이라도 공고한 후 매각할 수 있다(법 제208조제1항).

1. 살아 있는 동식물
2. 부패하거나 부패할 우려가 있는 것
3. 창고나 다른 외국물품에 해를 끼칠 우려가 있는 것
4. 기간이 지나면 사용할 수 없게 되거나 상품가치가 현저히 떨어질 우려가 있는 것
5. 관세청장이 정하는 물품 중 화주가 요청하는 것

장치기간이 지난 물품이 제1항 각 호의 어느 하나에 해당하는 물품으로서 급박하여 공고할 여유가 없을 때에는 매각한 후 공고할 수 있다(법 제208조제2항).

매각된 물품의 질권자나 유치권자는 다른 법령에도 불구하고 그 물품을 매수인에게 인도하여야 한다(법 제208조제3항).

2) 매각대행기관의 대행대상물품

세관장은 제1항에 따른 매각을 할 때 다음 각 호의 어느 하나에 해당하는 경우에는 대통령령으로 정하는 기관("매각대행기관")에 이를 대행하게 할 수 있다(법 제208조제4항). 이에 따라 매각대행기관이 대행하는 매각에 필요한 사항은 대통령령으로 정한다(법 제208조제8항).

1. 신속한 매각을 위하여 사이버몰(컴퓨터 등과 정보통신설비를 이용하여 재화 등을 거래할 수

있도록 설정된 가상의 영업장) 등에서 전자문서를 통하여 매각하려는 경우

2. 매각에 전문지식이 필요한 경우

3. 그 밖에 특수한 사정이 있어 직접 매각하기에 적당하지 아니하다고 인정되는 경우

제4항에 따라 매각대행기관이 대행하는 매각에 필요한 사항은 대통령령으로 정한다(법 제208조제8항).

(1) 매각대행기관(법 시행령 제220조)

법 제208조제4항의 규정에 의하여 세관장이 장치기간경과물품의 매각을 대행하게 할 수 있는 기관은 다음 각 호의 의 기관·법인 또는 단체 중에서 관세청장이 지정하는 기관·법인 또는 단체("매각대행기관")로 한다.〈개정 2006.5.22, 2014.3.24.〉

1. 「금융회사부실자산 등의 효율적 처리 및 한국자산관리공사의 설립에 관한 법률」에 의하여 설립된 한국자산관리공사
2. 「한국보훈복지의료공단법」에 의하여 설립된 한국보훈복지의료공단
3. 관세청장이 정하는 기준에 따라 전자문서를 통한 매각을 수행할 수 있는 시설 및 시스템 등을 갖춘 것으로 인정되는 법인 또는 단체
4. 삭제〈2002.1.23.〉

(2) 화주 등에 대한 매각대행의 통지(법 시행령 제221조)

① 세관장은 법 제208조제4항의 규정에 의하여 장치기간경과물품의 매각을 대행하게 하는 때에는 매각대행의뢰서를 매각대행기관에 송부하여야 한다.

② 세관장은 제1항의 규정에 의한 매각대행의 사실을 화주 및 물품보관인에게 통지하여야 한다.

(3) 매각대형기관의 장

제4항에 따라 매각대행기관이 매각을 대행하는 경우(매각대금의 잔금처리를 대행하는 경우를 포함)에는 매각대행기관의 장을 세관장으로 본다(법 제208조제5항).

(4) 수수료의 지급

세관장은 매각대행기관이 매각을 대행하는 경우에는 매각대행에 따른 실비 등을 고려하여 기획재정부령으로 정하는 바에 따라 수수료를 지급할 수 있다(법 제208조제6항).

그림 8-2. 매각절차

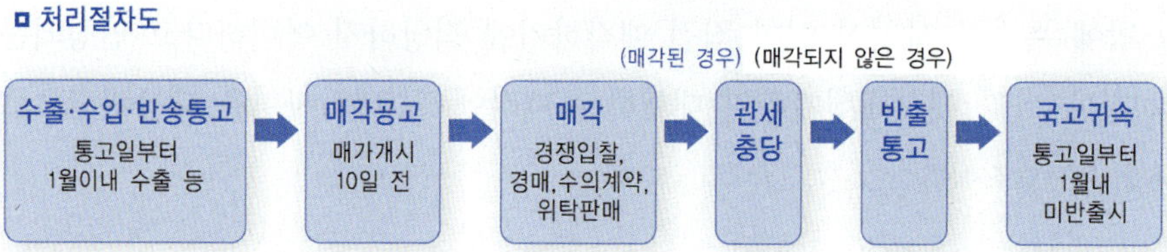

자료: 관세청

3. 통고(법 제209조)

세관장은 제208조제1항에 따라 장치기간 경과물품을 매각하려면 그 회주 등에게 통고일 부터 1개월 내에 해당 물품을 수출·수입 또는 반송할 것을 통고하여야 한다.

화주 등이 분명하지 아니하거나 그 소재가 분명하지 아니하여 통고를 할 수 없을 때에는 공고로 이를 갈음할 수 있다(법 제209조제1항~2항).

4. 매각방법(법 제210조)

제208조에 따른 매각은 일반경쟁입찰·지명경쟁입찰·수의계약·경매 및 위탁판매의 방법으로 하여야 한다(법 제201조제1항).

1) 경쟁입찰

경쟁입찰의 방법으로 매각하려는 경우 매각되지 아니하였을 때에는 5일 이상의 간격을 두어 다시 입찰에 붙일 수 있으며, 그 예정가격은 최초 예정가격의 100분의 10 이내의 금액을 입찰에 붙일 때마다 줄일 수 있다. 이 경우에 줄어들 예정가격 이상의 금액을 제시하는 응찰자가 있을 때에는 대통령령으로 정하는 바에 따라 그 응찰자가 제시하는 금액으로 수의계약으로 매각 할 수 있다(법 제201조제2항).〈개정 2016.12.20.〉

2) 경매 또는 수의계약

다음 각 호의 어느 하나에 해당하는 경우에는 경매나 수의계약으로 매각할 수 있다(법

제201조제3항).〈개정 2016.12.20.〉

1. 2회 이상 경쟁입찰에 붙여도 매각되지 아니한 경우
2. 매각물품의 성질 · 형태 · 용도 등을 고려할 때 경쟁입찰의 방법으로 매각할 수 없는 경우

3) 위탁판매

제3항에 따른 방법으로도 매각되지 아니한 물품과 대통령령으로 정하는 물품은 위탁판매의 방법으로 매각할 수 있다(법 제201조제4항).

4) 매각된 물품의 과세가격

제1항부터 제4항까지에 따라 매각된 물품에 대한 과세가격은 제30조부터 제35조까지의 규정에도 불구하고 제2항(경쟁입찰)에 따른 최초 예정가격을 기초로 하여 과세가격을 산출하며, 매각할 물품의 예정가격의 산출방법과 위탁판매에 관한 사항은 대통령령으로 정하고, 경매절차에 관하여는 「국세징수법」을 준용한다(법 제201조제5항~6항).

5) 매각의 공고

세관장은 제1항(일반경쟁입찰 · 지명경쟁입찰 · 수의계약 · 경매 및 위탁판매의 방법)에 따라 매각할 때에는 매각 물건, 매각 수량, 매각 예정가격 등을 매각 시작 10일 전에 공고하여야 한다(법 제201조제7항).[전문개정 2010.12.30.]

관세법 시행령[시행 2017.7.26.] [대통령령 제28211호, 2017.7.26., 타법개정]

제222조(매각방법 등)

① 법 제210조제2항의 규정에 의한 예정가격의 체감은 제2회 경쟁입찰 때부터 하되, 그 체감한도액은 최초예정가격의 100분의 50으로 한다. 다만, 관세청장이 정하는 물품을 제외하고는 최초예정가격을 기초로 하여 산출한 세액이하의 금액으로 체감할 수 없다.

② 응찰가격 중 다음 회의 입찰에 체감될 예정가격보다 높은 것이 있는 때에는 응찰가격의 순위에 따라 법 제210조제2항의 규정에 의한 수의계약을 체결한다. 단독응찰자의 응찰가격이 다음 회의 입찰시에 체감될 예정가격보다 높은 경우 또는 공매절차가 종료한 물품을 최종 예정가격이상의 가격으로 매수하려는 자가 있는 때에도 또한 같다.

③ 제2항의 경우 수의계약을 체결하지 못하고 재입찰에 부친 때에는 직전입찰에서의 최고응찰가격을 다음 회의 예정가격으로 한다.<개정 2017.3.27.>

④ 제2항의 규정에 의하여 수의계약을 할 수 있는 자로서 그 체결에 응하지 아니하는 자는 당해 물품에 대한 다음 회 이후의 경쟁입찰에 참가할 수 없다.

⑤ 법 제210조제4항에서 "대통령령으로 정하는 물품"이란 다음 각 호의 어느 하나에 해당하는 물품중에서 관세청장이 신속한 매각이 필요하다고 인정하여 위탁판매대상으로 지정한 물품을 말한다.<개정 2011.4.1.>

1. 부패하거나 부패의 우려가 있는 물품
2. 기간경과로 사용할 수 없게 되거나 상품가치가 현저히 감소할 우려가 있는 물품
3. 공매하는 경우 매각의 효율성이 저하되거나 공매에 전문지식이 필요하여 직접 공매하기에 부적합한 물품

⑥ 법 제210조제4항의 규정에 의하여 위탁판매하는 경우 판매가격은 당해 물품의 최종예정가격(제5항의 규정에 해당하는 물품은 제7항의 규정에 의하여 산출한 가격을 말한다)으로 하고, 위탁판매의 장소·방법·수수료 기타 필요한 사항은 관세청장이 정한다.

⑦ 법 제210조의 규정에 의하여 매각한 물품의 예정가격과 매각된 물품의 과세가격은 관세청장이 정하는 바에 의하여 산출한다.

⑧ 법 제210조의 규정에 의하여 매각한 물품으로 다음 각호의 1에 해당하는 물품은 수출하거나 외화를 받고 판매하는 것을 조건으로 매각한다. 다만, 제2호의 물품으로서 관세청장이 필요하다고 인정하는 물품은 주무부장관 또는 주무부장관이 지정하는 기관의 장과 협의하여 수입하는 것을 조건으로 판매할 수 있다.

1. 법률에 의하여 수입이 금지된 물품
2. 기타 관세청장이 지정하는 물품

⑨ 법 제210조제3항제2호에서 "매각물품의 성질·형태·용도 등을 고려할 때 경쟁입찰의 방법으로 매각할 수 없는 경우"란 다음 각 호의 어느 하나에 해당하는 경우를 말한다.<개정 2011.4.1.>

1. 부패·손상·변질 등의 우려가 현저한 물품으로서 즉시 매각하지 아니하면 상품가치가 저하할 우려가 있는 경우
2. 물품의 매각예정가격이 50만원미만인 경우
3. 경쟁입찰의 방법으로 매각하는 것이 공익에 반하는 경우

5. 잔금처리(법 제211조)

세관장은 제210조에 따른 매각대금을 그 매각비용, 관세, 각종 세금의 순으로 충당하고, 잔금이 있을 때에는 이를 화주에게 교부한다. 이에 따른 잔금의 교부는 관세청장이 정하는 바에 따라 일시 보류할 수 있다(법 제211조제1항, 제5항).

제208조에 따라 매각하는 물품의 질권자나 유치권자는 해당 물품을 매각한 날부터 1개월 이내에 그 권리를 증명하는 서류를 세관장에게 제출하여야 한다(법 제211조제2항).

세관장은 제208조에 따라 매각된 물품의 질권자나 유치권자가 있을 때에는 그 잔금을 화주에게 교부하기 전에 그 질권이나 유치권에 의하여 담보된 채권의 금액을 질권자나 유치권자에게 교부한다. 이에 따라 질권자나 유치권자에게 공매대금의 잔금을 교

부하는 경우 그 잔금액이 질권이나 유치권에 의하여 담보된 채권액보다 적고 교부받을 권리자가 2인 이상인 경우에는 세관장은 「민법」이나 그 밖의 법령에 따라 배분할 순위와 금액을 정하여 배분하여야 한다(법 제211조제3항~4항).

제208조제4항에 따라 매각대행기관이 매각을 대행하는 경우에는 매각대행기관이 제1항부터 제5항까지의 규정에 따라 매각대금의 잔금처리를 대행할 수 있다(법 제211조제6항).[전문개정 2010.12.30.]

6. 국고귀속(법 제212조)

세관장은 제210조에 따른 매각되지 아니한 물품에 대하여는 그 물품의 화주 등에게 장치 장소로부터 지체 없이 반출할 것을 통고하여야 하며, 통고일부터 1개월 내에 해당 물품이 반출되지 아니하는 경우에는 소유권을 포기한 것으로 보고 이를 국고에 귀속시킬 수 있다(법 제212조제1항~2항).[전문개정 2010.12.30.]

제9장 운 송

제1절 보세운송(법 제213조~제220조)

"보세운송"이란 외국으로부터 수입하는 화물을 입항지세관 관할 보세구역에서 통관하지 않고 세관장에게 신고하거나 승인을 얻어 외국물품 상태 그대로 다른 보세구역으로 운송하는 것을 말한다. 이러한 보세운송은 수입화물에 대한 관세가 유보된 상태에서 운송되는 것이므로 운송인 및 운송통로 등에 제약이 따른다.

1. 보세운송의 신고(법 제213조)

1) 보세운송의 장소

외국물품은 다음의 장소 간에 한정하여 외국물품 그대로 운송할 수 있다. 다만, 제248조에 따라 수출신고가 수리된 물품은 해당 물품이 장치된 장소에서 다음의 장소로 운송할 수 있다(법 제213조제1항).

1. 개항
2. 보세구역
3. 제156조에 따라 허가된 장소
4. 세관관서
5. 통관역
6. 통관장
7. 통관우체국

2) 보세운송신고(반송절차에 관한 고시 제10조)

① 반송물품에 대한 보세운송 신고는 보세운송업자의 명의로 하여야 한다.

② 반송물품의 보세운송은 이 고시에서 정하는 것을 제외하고는 「보세운송에 관한 고시」 제3장의 수입보세운송 규정을 준용한다.

③ 반송물품의 보세운송기간은 7일로 지정한다. 다만, 세관장은 부득이한 사유로 보세운송 신고인으로부터 보세운송기간 연장승인 신청이 있는 경우에는 물품의 성질, 중량, 운송수단, 운송거리 등을 고려하여 보세운송 기간연장을 승인할 수 있다.

④ 활어, 냉장 또는 냉동화물 등 특수한 경우에는 사전에 세관장의 승인을 얻어 보세운송 업체가 아닌 일반업체의 운송수단으로 보세운송할 수 있다.

3) 보세운송의 신고 및 승인

제1항에 따라 보세운송을 하려는 자는 관세청장이 정하는 바에 따라 세관장에게 보세운송의 신고를 하여야 한다. 다만, 물품의 감시 등을 위하여 필요하다고 인정하여 대통령령으로 정하는 경우에는 세관장의 승인을 받아야 한다(법 제213조제2항).

(1) 보세운송 승인물품

법 제213조제2항 단서의 규정에 의하여 보세운송의 승인을 얻어야 하는 경우는 다음 각 호의 어느 하나에 해당하는 물품을 운송하고자 하는 경우를 말한다(법 시행령 제226조3항).〈개정 2006.5.22, 2014.12.9.〉

1. 보세운송된 물품 중 다른 보세구역 등으로 재보세운송하고자 하는 물품
2. 「검역법」, 「식물방역법」, 「가축전염병예방법」 등에 따라 검역을 요하는 물품
3. 「위험물안전관리법」에 따른 위험물

3의2. 「화학물질관리법」에 따른 유해화학물질

4. 비금속설
5. 화물이 국내에 도착된 후 최초로 보세구역에 반입된 날부터 30일이 경과한 물품
6. 통관이 보류되거나 수입신고수리가 불가능한 물품
7. 법 제156조의 규정에 의한 보세구역외 장치허가를 받은 장소로 운송하는 물품
8. 귀석·반귀석·귀금속·한약재·의약품·향료 등과 같이 부피가 작고 고가인 물품

9. 화주 또는 화물에 대한 권리를 가진 자가 직접 보세운송 하는 물품
10. 법 제236조의 규정에 의하여 통관지가 제한되는 물품
11. 적하목록상 동일한 화주의 선하증권 단위의 물품을 분할하여 보세운송 하는 경우 그 물품
12. 불법 수출입의 방지 등을 위하여 세관장이 지정한 물품
13. 법 및 법에 의한 세관장의 명령을 위반하여 관세범으로 조사를 받고 있거나 기소되어 확정판결을 기다리고 있는 보세운송업자 등이 운송하는 물품

보세운송 승인물품 중 관세청장이 보세운송승인대상으로 하지 아니하여도 화물관리 및 불법 수출입의 방지에 지장이 없다고 판단하여 정하는 물품에 대하여는 신고만으로 보세운송할 수 있다(법 시행령 제226조4항).

1. (　　)에 들어갈 내용으로 옳은 것은? (2017년 관세사 1차 기출)

> 화물이 국내에 도착한 후 최초로 보세구역에 반입된 날부터 (　　)일이 경과한 물품을 보세운송하고자 하는 경우에는 세관장의 승인을 받아야 한다.

① 7　② 10　③ 14　④ 20　⑤ 30

2. 관세법에 규정된 보세운송에 관한 다음 설명 중 옳은 것은?
(2013년 제32회 국제무역사 기출)

① 관세법은 외국물품을 국내에서 그대로 운송을 할 수 있는 장소를 따로 한정하고 있지는 않다.
② 외국물품을 보세운송을 할 때는 어떤 물품이거나 미리 세관장의 허가 또는 승인을 받아야 한다.
③ 보세운송 출발지와 도착지가 서로 다른 세관 관할일 경우 보세운송 도착보고는 도착지 관할 세관장에게 하여야 한다.
④ 보세운송은 화주 또는 화주로부터 해당 업무를 위탁받은 관세사만이 가능하다.

1-⑤ 2-③

4) 물품의 검사

세관공무원은 감시・단속을 위하여 필요하다고 인정될 때에는 관세청장이 정하는 바에 따라 보세운송을 하려는 물품을 검사할 수 있다(법 제213조제3항).

5) 보세운송절차의 생략

수출신고가 수리된 물품은 관세청장이 따로 정하는 것을 제외하고는 보세운송절차를 생략한다(법 제213조제4항).

6) 준용

보세운송의 신고·승인 및 검사에 대하여는 제247조(검사장소)와 제250조(신고의 취하 및 각하)를 준용한다(법 제213조제5항).

2. 보세운송의 신고인(법 제214조)

제213조제2항에 따른 신고 또는 승인신청은 화주, 관세사등, 보세운송을 업으로 하는 자("보세운송업자")의 명의로 하여야 한다.[전문개정 2010.12.30.]

3. 보세운송 보고(법 제215조)

제213조제2항에 따라 보세운송의 신고를 하거나 승인을 받은 자는 해당 물품이 운송 목적지에 도착하였을 때에는 관세청장이 정하는 바에 따라 도착지의 세관장에게 보고하여야 한다.

4. 보세운송통로(법 제216조)

1) 보세운송통로의 제한

세관장은 보세운송 물품의 감시·단속을 위하여 필요하다고 인정될 때에는 관세청장이 정하는 바에 따라 운송통로를 제한할 수 있다(법 제216조제1항).

2) 보세운송의 기간

보세운송은 관세청장이 정하는 기간 내에 끝내야 한다. 다만, 세관장은 재해나 그 밖의 부득이한 사유로 필요하다고 인정될 때에는 그 기간을 연장할 수 있다(법 제216조제2항).

보세운송물품은 신고수리(승인)일로부터 해상화물은 10일, 항공화물은 5일까지 목적지에 도착 하여야 한다. 다만, 세관장은 선박 또는 항공기 입항전에 보세운송신고를 하는 때에는 입항예정일 및 하선(기)장소 반입기간을 고려하여 5일 이내의 기간을 추가할 수 있다(보세운송에 관한 고시 제6조).

5. 보세운송기간 경과 시의 징수(법 제217조)

제213조제2항에 따라 신고를 하거나 승인을 받아 보세운송 하는 외국물품이 지정된 기간 내에 목적지에 도착하지 아니한 때에는 즉시 그 관세를 징수한다. 다만, 해당 물품이 재해 기타 부득이한 사유로 인하여 망실되었거나 미리 세관장의 승인을 얻어 폐기한 때에는 그러하지 아니하다.

6. 보세운송의 담보(법 제218조)

세관장은 제213조에 따른 보세운송의 신고를 하거나 승인을 받으려는 물품에 대하여 관세의 담보를 제공하게 할 수 있다.

7. 조난물품의 운송(법 제219조)

재해나 그 밖의 부득이한 사유로 선박 또는 항공기로부터 내려진 외국물품은 그 물품이 있는 장소로부터 제213조제1항 각 호의 장소로 운송될 수 있으며 이에 따른 운송에 관하여는 제215조부터 제218조까지의 규정을 준용한다(법 제219조제1항, 제4항).

조난물품인 외국물품을 운송하려는 자는 보세운송 승인을 받아야 한다. 다만, 긴급한 경우에는 세관공무원이나 국가경찰공무원(세관공무원이 없는 경우로 한정)에게 신고하여야 한다. 이때 조난물품의 긴급으로 신고를 받은 국가경찰공무원은 지체 없이 그 내용을 세관공무원에게 통보하여야 한다(법 제219조제2항~3항).

8. 간이보세운송(법 제220조)

세관장은 보세운송을 하려는 물품의 성질과 형태, 보세운송업자의 신용도 등을 감안하여 관세청장이 정하는 바에 따라 보세운송업자 또는 물품을 지정하여 보세운송 신고절차의 간소화, 검사의 생략, 담보제공의 면제 등의 조치를 할 수 있다.

1. 관세법상 보세운송에 관한 설명으로 옳지 않은 것은? (2016년 관세사 1차 기출)

① 보세운송을 하려는 자는 관세청장이 정하는 바에 따라 세관장에게 보세운송의 신고를 하여야한다. 다만, 물품의 감시 등을 위하여 필요하다고 인정하여 대통령령으로 정하는 경우에는 세관장의 승인을 받아야 한다.

② 세관공무원은 감시・단속을 위하여 필요하다고 인정될 때에는 관세청장이 정하는 바에 따라 보세운송을 하려는 물품을 검사할 수 있다.

③ 수출신고가 수리된 물품은 관세청장이 따로 정하는 것을 제외하고는 보세운송절차를 생략한다.

④ 세관장은 보세운송 물품의 감시・단속을 위하여 필요하다고 인정될 때에는 관세청장이 정하는 바에 따라 운송통로를 제한할 수 있다

⑤ 보세운송은 관세청장이 정하는 기간 내에 끝내야 한다. 다만, 세관장은 재해나 그 밖의 부득이한 사유로 필요하다고 인정될 때에는 그 기간을 연장할 수 있다.

1–⑤

제2절 내국운송

1. 내국운송의 신고(법 제221조)

내국물품을 외국무역선이나 외국무역기로 운송하려는 자는 대통령령으로 정하는 바[1]에 따라 세관장에게 내국운송의 신고를 하여야 한다. 이에 따른 내국운송에 관하여는 제215조(보세운송보고), 제216조(보세운송통로), 제246조(물품의 검사), 제247조(검사장소) 및 제250조(신고의 취하 및 각하)를 준용한다(법 제221조제1항~2항).

---

1) 관세법 시행령 제230조(내국운송의 신고) 제226조의 규정은 법 제221조의 규정에 의한 신고에 관하여 이를 준용한다.

제3절 보세운송업자 등(법 제222조~제225조)

1. 보세운송업자 등의 등록 및 보고(법 제222조)

다음 각 호의 어느 하나에 해당하는 자("보세운송업자등")는 대통령령으로 정하는 바에 따라 관세청장이나 세관장에게 등록하여야 하며 이에 따른 등록의 기준·절차 등에 관하여 필요한 사항은 대통령령으로 정한다. 또한 제1항에 따른 보세운송업자 등록에 따른 등록의 유효기간은 3년으로 하되, 대통령령으로 정하는 바에 따라 갱신할 수 있다. 다만, 관세청장이나 세관장은 제255조의2제7항에 따른 안전관리 기준의 준수 정도 측정·평가 결과가 우수한 자가 등록을 갱신하는 경우에는 유효 기간을 2년의 범위에서 연장하여 정할 수 있다.〈신설 2014.1.1., 2015.12.15.〉(법 제222조제1항~2항, 5항). 〈개정 2011.7.25.〉

1) 보세운송업자의 등록

1. 보세운송업자
2. 보세화물을 취급하려는 자로서 다른 법령에 따라 화물운송의 주선을 업으로 하는 자(화물운송주선업자)
3. 외국무역선·외국무역기 또는 국경출입차량에 물품을 하역하는 것을 업으로 하는 자
4. 외국무역선·외국무역기 또는 국경출입차량에 선용품, 기용품, 차량용품, 선박·항공기 또는 철도차량 안에서 판매할 물품, 용역 등을 공급하는 것을 업으로 하는 자
5. 개항 안에 있는 보세구역에서 물품이나 용역을 제공하는 것을 업으로 하는 자
6. 외국무역선·외국무역기 또는 국경출입차량을 이용하여 상업서류나 그 밖의 견본품 등을 송달하는 것을 업으로 하는 자

관세청장이나 세관장은 필요하다고 인정할 때는 보세운송업자 등에게 그 영업에 관하여 보고를 하게 하거나 장부 또는 그 밖의 서류를 제출하도록 명할 수 있으며, 화물운송주선업자에게 제225조(보세화물 취급 선박회사 등의 신고 및 보고)제2항에 따라 해당 업무에 관하여 보고하게 할 수 있다(법 제222조제3항~4항).

표 9-1 보고 및 제출

	보고 및 제출인	보고 및 제출
관세청장이나 세관장	보세운송업자등	필요하다고 인정할 때는 그 영업에 관하여 보고를 하게 하거나 장부 또는 그 밖의 서류를 제출하도록 명할 수 있다.
	화물운송주선업자	세관장은 통관의 신속을 기하고 보세화물의 관리절차를 간소화하기 위하여 필요하다고 인정할 때에는 해당 업무에 관하여 보고하게 할 수 있다.

2. 보세운송업자 등의 등록요건(법 제223조)

1) 보세운송업자 등의 등록요건

보세운송업자 등은 다음 각 호의 요건을 갖춘 자이어야 한다.〈개정 2014.12.23.〉

1. 제175조(운영인의 결격사유)에 해당하지 아니할 것
2. 「항만운송사업법」등 관련 법령에 의한 면허·허가·지정 등을 받거나 등록을 하였을 것
3. 관세 및 국세의 체납이 없을 것
4. 보세운송업자 등의 등록이 취소(제175조제1호부터 제3호까지의 어느 하나에 해당하여 등록이 취소된 경우는 제외)된 후 2년이 경과될 것 등 각 호의 요건을 갖춘 자이어야 한다.〈개정 2014.12.23.〉

2) 보세운송업자 등의 명의대여 등의 금지(법 제223조의2)

보세운송업자 등은 다른 사람에게 자신의 성명·상호를 사용하여 보세운송업자 등의 업무를 하게 하거나 그 등록증을 빌려주어서는 아니 된다.[본조신설 2014.1.1.]

3. 보세운송업자 등 행정제재(법 제224조)

1) 등록의 취소 및 업무정지 등

세관장은 보세운송업자 등이 다음에 해당하는 경우에는 등록의 취소, 6개월의 범위에서의 업무정지 또는 그 밖에 필요한 조치를 할 수 있다. 다만, 제1호 및 제2호에 해당하는 경우에는 등록을 취소하여야 한다(법 제224조제1항).〈개정 2011.12.31., 2013.1.1.,

2014.1.1., 2014.12.23.〉

(1) 등록의 취소

1. 거짓이나 그 밖의 부정한 방법으로 등록을 한 경우
2. 제175조(운영인의 결격사유)에 해당하는 경우

(2) 6개월의 범위에서의 업무정지 또는 그 밖에 필요한 조치

1. 「항만운송사업법」 등 관련 법령에 따라 면허・허가・지정・등록 등이 취소되거나 사업정지처분을 받은 경우
2. 그 임직원 및 사용인을 포함한 보세운송업자 등이 보세운송업자등의 업무와 관련하여 관세법이나 관세법에 따른 명령을 위반한 경우
3. 보세운송업자 등(그 임직원 및 사용인을 포함)이 보세운송업자 등의 업무와 관련하여 「조세범 처벌법」 제4조제4항에 따른 과태료를 부과 받은 경우

2) 과징금의 부과

세관장은 제1항에 따른 업무정지가 그 이용자에게 심한 불편을 주거나 공익을 해칠 우려가 있을 경우에는 보세운송업자 등에게 업무정지처분을 갈음하여 해당 업무유지에 따른 매출액의 100분의 3 이하의 과징금을 부과할 수 있다. 이 경우 매출액 산정, 과징금의 금액 및 과징금의 납부기한 등에 관하여 필요한 사항은 대통령령으로 정한다. 이에 따른 과징금을 납부하여야 할 자가 납부기한까지 납부하지 아니한 경우 과징금의 징수에 관하여는 제26조를 준용한다(법 제224조제2항~3항). 〈신설 2014.12.23.〉[전문개정 2010.12.30.]

4. 보세운송업자 등의 등록의 효력상실(법 제224조의2)

다음 각 호의 어느 하나에 해당하면 제222조제1항에 따른 보세운송업자 등의 등록은 그 효력을 상실한다.

1. 보세운송업자 등이 폐업한 경우
2. 보세운송업자 등이 사망한 경우(법인인 경우에는 해산된 경우)
3. 제222조제5항에 따른 등록의 유효기간이 만료된 경우
4. 제224조제1항에 따라 등록이 취소된 경우[본조신설 2017.12.19.]

5. 보세화물취급 선박회사 등의 신고 및 보고(법 제225조)

1) 보세화물취급 선박회사 등의 신고

보세화물을 취급하는 선박회사 또는 항공사, 그 업무를 대행하는 자를 포함하여 대통령령으로 정하는 바에 따라 세관장에게 신고하여야 한다. 신고인의 주소 등 대통령령으로 정하는 중요한 사항을 변경한 때에도 또한 같다(법 제225조제1항).〈개정 2011.7.25.〉

2) 보세화물취급 선박회사 등의 보고

세관장은 통관의 신속을 기하고 보세화물의 관리절차를 간소화하기 위하여 필요하다고 인정할 때에는 대통령령으로 정하는 바에 따라 선박회사 또는 항공사로 하여금 해당 업무에 관하여 보고하게 할 수 있다(법 제225조제2항).〈개정 2011.7.25.〉

제10장 통 관

관세법상 통관은 수출통관, 수입통관, 반송통관으로 구분된다. 관세법 제2조13항 "통관이란 이 법의 규정에 따른 절차를 이행하여 물품을 수출·수입 또는 반송하는 것을 말한다"라고 정의하고 있다. 즉, "통관"이란 수출 및 반송 또는 수입하려는 화물을 일정한 장소에서 또는 일정한 장소에 운반하여 들여온 다음, 관할 세관에 수출신고 수리를 받아 외국무역선(기)에 물품을 적재하거나 세관장에게 수입신고를 하고 수입신고필증을 받아 국내에서 인수할 때까지의 모든 절차를 말한다.

화물을 수출입 하려고 할 때는 원칙적으로 보세구역에 반입하고[1], 세관에 수출입신고를 한 뒤 관세법에 따라 필요한 세관의 검사를 거쳐야 한다. 또한, 「관세법」, 「외국환거래법」, 「대외무역법」의 수출입공고, 통합공고 대상화물에 따른 각종 법규에 따라 허가·승인, 요건확인 등을 필요로 하는 화물에서는 절차에 따른 요건확인 및 허가와 승인을 받아야 한다. 수입화물 중 과세대상물품은 수입신고의 절차를 거쳐 관세 등을 내지 않으면 원칙적으로 국내에 반입할 수 없다. 우편물, 여행자의 휴대품 또는 별송품 등에 대하여는 특수성을 고려하여 간이한 통관절차를 밟을 수 있다.

1) 일반 수출의 경우 화물의 소재지 관할 세관에 수출신고를 할 수 있게 함으로써 반드시 보세구역에 반입하지 않아도 되나 단, 반송수출의 경우에는 반드시 보세구역에 반입 후 반송신고를 하여야 한다.

제1절 통관의 개요(법 제226조~제228조)

1. 통관요건

1) 허가·승인 등의 증명 및 확인(법 제226조)

수출입에 있어서 법령이 정하는 바에 의하여 허가·승인·표시 기타 조건의 구비를 요하는 물품은 세관장에게 그 허가·승인·표시 기타 조건을 구비한 것임을 증명하여야 한다. 이에 따른 증명에 관하여는 제245조제2항을 준용한다. 또한 통관을 할 때 허가·승인·표시·기타 구비조건에 대한 세관장의 확인이 필요한 수출입물품에 대하여는 다른 법령에도 불구하고 그 물품과 확인방법, 확인절차, 그 밖에 필요한 사항을 대통령령으로 정하는 바에 따라 미리 공고하여야 한다(법 제226조제1항~3항).

2) 의무이행의 요구(법 제227조)

세관장은 다른 법령에 따라 수입 후 특정한 용도로 사용하여야 하는 등의 의무가 부가되어 있는 물품에 대하여는 문서로써 해당 의무를 이행할 것을 요구할 수 있다. 이에따라 의무의 이행을 요구받은 자는 대통령령으로 정하는 특별한 사유가 없으면 해당 물품에 대하여 부가된 의무를 이행하여야 한다(법 제227조제1항~2항).[전문개정 2010.12.30.]

3) 통관표지(법 제228조)

세관장은 관세보전을 위하여 필요하다고 인정할 때에는 대통령령으로 정하는 바에 따라 수입하는 물품에 통관표지를 첨부할 것을 명할 수 있다.

(1) 통관표지의 첨부(법 시행령 제235조)

① 세관장은 다음 각호의 1에 해당하는 물품에 대하여는 관세보전을 위하여 법 제228조의 규정에 의한 통관표지의 첨부를 명할 수 있다.

1. 관세의 감면 또는 용도세율의 적용을 받은 물품
2. 관세의 분할납부승인을 얻은 물품
3. 부정수입물품과 구별하기 위하여 관세청장이 지정하는 물품

② 통관표지 첨부대상, 통관표지의 종류, 첨부방법 등에 관하여 필요한 사항은 관세청장이 정한다.

제2절 원산지의 확인 등(법 제229조~제233조)

1. 원산지 확인기준(법 제229조)

이 법, 조약, 협정 등에 따라 관세의 부과·징수, 수출입물품의 통관, 제233조제3항[2]의 확인요청에 따른 조사 등을 위하여 원산지를 확인할 때에는 다음에 해당하는 나라를 원산지로 한다.〈개정 2014.1.1.〉 제1항 각 호를 적용할 물품의 범위, 구체적 확인 기준 등에 관하여 필요한 사항은 기획재정부령으로 정한다(법 제229조제1항~2항).

1. 해당 물품의 전부를 생산·가공·제조한 나라
2. 해당 물품이 2개국 이상에 걸쳐 생산·가공 또는 제조된 경우에는 그 물품의 본질적 특성을 부여하기에 충분한 정도의 실질적인 생산·가공·제조과정이 최종적으로 수행된 나라

제1항과 제2항에도 불구하고 조약·협정 등의 시행을 위하여 원산지 확인 기준 등을 따로 정할 필요가 있을 때에는 기획재정부령으로 원산지 확인 기준 등을 따로 정한다(법 제229조제3항).

1) 원산지결정기준

(1) 일반물품의 원산지결정기준

법 제229조제1항제1호의 규정에 의하여 원산지를 인정하는 물품은 다음 각호와 같다(법 시행규칙 제74조제1항, 완전생산기준).

1. 당해 국가의 영역에서 생산된 광산물과 식물성 생산물
2. 당해 국가의 영역에서 번식 또는 사육된 산 동물과 이들로부터 채취한 물품
3. 당해 국가의 영역에서의 수렵 또는 어로로 채집 또는 포획한 물품
4. 당해 국가의 선박에 의하여 채집 또는 포획한 어획물 기타의 물품
5. 당해 국가에서의 제조·가공의 공정 중에 발생한 부스러기

2) 세관장은 제232조의2에 따라 원산지증명서가 발급된 물품을 수입하는 국가의 권한 있는 기관으로부터 원산지증명서 및 원산지증명서 확인자료의 진위 여부, 정확성 등의 확인을 요청받은 경우 등 필요하다고 인정되는 경우에는 제232조의2제2항 각 호의 어느 하나에 해당하는 자를 대상으로 서면조사 또는 현지조사를 할 수 있다.〈개정 2014.1.1.〉

6. 당해 국가 또는 그 선박에서 제1호 내지 제5호의 물품을 원재료로 하여 제조·가공한 물품

1. 다음 중 관세법상 물품의 원산지를 대한민국으로 볼 수 없는 것은?
(2017년 제40회 국제무역사 1급 기출)

① 대한민국 선박에 의하여 공해상에서 채집 또는 포획한 어획물
② 대한민국에서 제조·가공의 공정 중에 발생한 부스러기
③ 대한민국의 제작자가 홍콩에서 촬영한 영화용 필름
④ 미국산 소를 6개월 이내에 대한민국에서 도축한 고기

1-④

(2) 실질적 변경 기준

① 세번(HS Code) 변경기준: 법 제229조제1항제2호의 규정에 의하여 2개국 이상에 걸쳐 생산·가공 또는 제조("생산")된 물품의 원산지는 당해 물품의 생산과정에 사용되는 물품의 품목분류표상 6단위 품목번호와 다른 6단위 품목번호의 물품을 최종적으로 생산한 국가로 한다(법 시행규칙 제74조제2항). 〈개정 2016.3.9.〉

② 부가가치 및 가공공정 기준: 관세청장은 제2항의 규정에 의하여 6단위 품목번호의 변경만으로 법 제229조 1항제2호의 규정에 의한 본질적 특성을 부여하기에 충분한 정도의 실질적인 생산과정을 거친 것으로 인정하기 곤란한 품목에 대하여는 주요공정·부가가치 등을 고려하여 품목별로 원산지기준을 따로 정할 수 있다(관세법 시행규칙 제74조제3항).

관세청장은 제3항에 따른 품목별 원산지기준을 정하는 때에는 기획재정부장관 및 해당 물품의 관계부처의 장과 협의하여야 한다(법 시행규칙 제74조제5항).

(3) 세번변경기준의 인정 제외

다음 각호의 1에 해당하는 작업이 수행된 국가는 원산지로 인정하지 아니한다(법 시행규칙 제74조제4항).

1. 운송 또는 보세구역장치 중에 있는 물품의 보존을 위하여 필요한 작업
2. 판매를 위한 물품의 포장개선 또는 상표표시 등 상품성 향상을 위한 개수작업
3. 단순한 선별·구분·절단 또는 세척작업

4. 재포장 또는 단순한 조립작업

5. 물품의 특성이 변하지 않는 범위 안에서의 원산지가 다른 물품과의 혼합작업

6. 가축의 도축작업

(4) **직접운송원칙**(법 시행규칙 제76조)

법 제229(원산지 확인기준)에 따라 원산지를 결정할 때 해당 물품이 원산지가 아닌 국가를 경유하지 아니하고 직접 우리나라에 운송·반입된 물품인 경우에만 그 원산지로 인정한다. 다만, 다음 〈표 10-1〉에 해당하는 물품인 경우에는 우리나라에 직접 반입한 것으로 본다.

표 10-1 직접운송의 충족요건

직접운송의 충족요건	
다음 각 목의 요건을 모두 충족하는 물품일 것	가. 지리적 또는 운송 상의 이유로 단순 경유한 것 나. 원산지가 아닌 국가에서 관세당국의 통제하에 보세구역에 장치된 것 다. 원산지가 아닌 국가에서 하역, 재선적 또는 그 밖에 정상상태를 유지하기 위하여 요구되는 작업 외의 추가적인 작업을 하지 아니한 것
박람회·전시회 및 그 밖에 이에 준하는 행사에 전시하기 위하여 원산지가 아닌 국가로 수출되어 해당 국가 관세 당국의 통제하에 전시목적에 사용된 후 우리나라로 수출된 물품일 것 [전문개정 2012.2.28]	

(5) **특수물품의 원산지결정기준**(법 시행규칙 제75조)

제74조(일반물품 원산지결정기준)에도 불구하고 촬영된 영화용 필름, 부속품·예비부분품 및 공구와 포장용품은 다음 〈표 10-2〉의 구분에 따라 원산지를 인정한다. 〈개정 2011.4.1., 2016.3.9.〉

표 10-2 특수물품의 원산지 결정기준

특수물품의 원산지결정기준	
촬영된 영화용 필름	그 제작자가 속하는 국가
기계·기구·장치 또는 차량에 사용되는 부속품·예비부분품 및 공구로서 기계·기구·장치 또는 차량과 함께 수입되어 동시에 판매되고 그 종류 및 수량으로 보아 통상 부속품·예비부분품 및 공구라고 인정되는 물품	당해 기계·기구 또는 차량의 원산지
포장용품	그 내용물품의 원산지. 다만, 품목분류표상 포장용품과 내용품을 각각 별개의 품목번호로 하고 있는 경우에는 그러하지 아니하다.

1. 관세법상 물품의 원산지 결정기준에 관한 설명으로 옳지 않은 것은?

(2017년 관세사 1차 기출)

① 당해 국가의 선박에 의하여 채집 또는 포획한 어획물 기타의 물품은 당해 국가를 원산지로 한다.

② 촬영된 영화용 필은 그 제작자가 속하는 국가가 원산지가 된다.

③ 기계 · 기구 · 장치 또는 차량에 사용되는 부속품 · 예비부분품 및 공구로서 기계 · 기구 · 장치 또는 차량과 함께 수입되어 동시에 판매되고 그 종류 및 수량으로 보아 통상 부속품 · 예비부분품 및 공구라고 인정되는 물품은 당해 기계 · 기구 · 장치 또는 차량의 원산지를 원산지로 인정한다.

④ 품목분류표상 포장용품과 내용품을 각각 별개의 품목번호로 하고 있는 경우에는 그 내용물품의 원산지를 포장용품의 원산지로 인정한다.

⑤ 법 제229(원산지 확인기준)에 따라 원산지를 결정할 때 해당 물품이 원산지가 아닌 국가를 경유하지 아니하고 직접 우리나라에 운송 · 반입된 물품인 경우에만 그 원산지로 인정한다.

1-④

2. 원산지 허위표시물품 등의 통관 제한(법 제230조)

1) 통관의 불허용

세관장은 법령에 따라 원산지를 표시하여야 하는 물품이 다음에 해당하는 경우에는 해당 물품의 통관을 허용하여서는 아니 된다. 다만, 그 위반사항이 경미한 경우에는 이를 보완 · 정정하도록 한 후 통관을 허용할 수 있다.

1. 원산지 표시가 법령에서 정하는 기준과 방법에 부합되지 아니하게 표시된 경우
2. 원산지 표시가 부정한 방법으로 사실과 다르게 표시된 경우
3. 원산지 표시가 되어 있지 아니한 경우

2) 품질등 허위 · 오인 표시물품의 통관 제한(법 제230조2)

세관장은 물품의 품질, 내용, 제조 방법, 용도, 수량("품질등")을 사실과 다르게 표시한 물품 또는 품질등을 오인(誤認)할 수 있도록 표시하거나 오인할 수 있는 표지를 부착한 물품으로서 「부정경쟁방지 및 영업비밀보호에 관한 법률」, 「식품위생법」, 「산업표준화

법」 등 품질 등의 표시에 관한 법령을 위반한 물품에 대하여는 통관을 허용하여서는 아니 된다.

1. **관세법상 원산지의 확인 등에 관한 설명으로 옳지 않은 것은?** (2017년 관세사 1차 기출)
   ① 해당 물품이 2개국 이상에 걸쳐 생산・가공 또는 제조된 경우에는 그 물품의 본질적 특성을 부여하기에 충분한 정도의 실질적인 생산・가공・제조과정이 최종적으로 수행된 나라를 원산지로 한다.
   ② 해당 물품이 2개국 이상에 걸쳐 생산・가공 또는 제조된 물품의 원산지는 당해 물품의 생산과정에 사용되는 물품의 품목분류표상 6단위 품목번호와 다른 6단위 품목번호의 물품을 최종적으로 생산한 국가로 한다.
   ③ 법령에 따라 워난지를 표시하여야 하는 물품의 원산지표시가 부정한 방법으로 사실과 다르게 표시된 경우 세관장은 해당 물품의 통관을 허용하여서는 아니 된다.
   ④ 세관장은 품질등을 오인(誤認)할 수 있도록 표시하거나 오인할 수 있는 표지를 부착한 물품으로서 「식품위생법」 등 품질 등의 표시에 관한 법령을 위반한 물품에 대하여는 통관을 허용하여서는 아니된다.
   ⑤ 판매를 위한 물품의 포장개선 또는 상표표시 등 상품성 향상을 위한 개수작업이나 재포장 또는 단순한 조립작업이 수행된 국가를 원산지로 인정한다.

1–⑤

3. 환적물품 등에 대한 유치 등(법 제231조)

1) 유치대상 물품

세관장은 외국물품의 제141조(일시양륙 등)에 따라 일시적으로 육지에 내려지거나 다른 운송수단으로 환적 또는 복합환적되는 외국물품 중 원산지를 우리나라로 허위표시한 물품은 유치할 수 있다.

유치하는 외국물품은 세관장이 관리하는 장소에 보관하여야 한다. 다만, 세관장이 필요하다고 인정할 때에는 그러하지 아니하다(법 제231조제1항~2항).

2) 통지 및 이행기간

세관장은 제1항에 따라 외국물품을 유치할 때에는 그 사실을 그 물품의 화주나 그 위임을 받은 자에게 통지하여야 한다.

세관장은 제3항에 따른 통지를 할 때에는 이행기간을 정하여 원산지 표시의 수정 등 필요한 조치를 명할 수 있다. 이 경우 지정한 이행기간 내에 명령을 이행하지 아니하면 매각한다는 뜻을 함께 통지하여야 한다(법 제231조제3항~4항).

3) 유치의 해제

세관장은 상기의 명령이 이행된 경우에는 유치대상 물품의 유치를 즉시 해제하여야 한다(법 제231조제5항).

4) 준용

세관장은 제4항 전단에 따른 명령이 이행되지 아니한 경우에는 이를 매각할 수 있다. 이 경우 매각 방법 및 절차에 관하여는 제160조(장치물품의 폐기) 제4항부터 제6항까지 및 제210조(매각방법)을 준용한다(법 제231조제6항).

4. 원산지증명서 등(법 제232조)

이 법, 조약, 협정 등에 따라 원산지확인이 필요한 물품을 수입하는 자는 해당 물품의 원산지를 증명하는 원산지증명서를 제출하여야 한다. 다만, 대통령령으로 정하는 물품의 경우에는 그러하지 아니하다(법 제232조제1항).

1) 원산지증명서 제출 생략물품(법 시행령 제236조2항; 원산지증명서의 제출 등)

1. 세관장이 물품의 종류 · 성질 · 형상 또는 그 상표 · 생산국명 · 제조자 등에 의하여 원산지를 확인할 수 있는 물품
2. 우편물(법 제258조제2항의 규정에 해당하는 것을 제외)
3. 과세가격(종량세의 경우에는 이를 법 제15조의 규정에 준하여 산출한 가격)이 15만원 이하인 물품
4. 개인에게 무상으로 송부된 탁송품 · 별송품 또는 여행자의 휴대품
5. 기타 관세청장이 관계행정기관의 장과 협의하여 정하는 물품

2) 편익관세의 배제

세관장은 제1항에 따라 원산지확인이 필요한 물품을 수입하는 자가 원산지증명서를 제출하지 아니하는 경우에는 관세법, 조약·협정 등에 따른 관세율을 적용할 때 일반특혜관세·국제협력관세 또는 편익관세를 배제하는 등 관세의 편익을 적용하지 아니할 수 있다(법 제232조제2항).

3) 확인자료의 제출

세관장은 원산지확인이 필요한 물품을 수입한 자로 하여금 제1항에 따라 제출받은 원산지증명서의 내용을 확인하기 위하여 필요한 자료("원산지증명서확인자료")를 제출하게 할 수 있다. 이 경우 원산지확인이 필요한 물품을 수입한 자가 정당한 사유 없이 원산지증명서확인자료를 제출하지 아니하는 때에는 세관장은 수입신고 시 제출 받은 원산지증명서의 내용을 인정하지 아니할 수 있다(법 제232조제3항).

세관장은 제3항에 따라 원산지증명서 확인자료를 제출한 자가 정당한 사유를 제시하여 그 자료를 공개하지 아니할 것을 요청한 경우에는 그 제출인의 명시적 동의 없이는 해당 자료를 공개하여서는 아니 된다(법 제232조제4항).

제1항부터 제4항까지의 규정들에도 불구하고 조약·협정 등의 시행을 위하여 원산지증명서 제출 등에 관한 사항을 따로 정할 필요가 있을 때에는 기획재정부령으로 정한다(법 제232조제5항). 〈신설 2011. 12. 31.〉[전문개정 2010. 12. 30.]

5. 원산지증명서의 발급 등(법 제232조의2)

이 법, 조약, 협정 등에 따라 관세를 양허 받을 수 있는 물품의 수출자가 원산지증명서의 발급을 요청하는 경우에는 세관장이나 그 밖에 원산지증명서를 발급할 권한이 있는 기관은 그 수출자에게 원산지증명서를 발급하여야 한다. 세관장은 제1항에 따라 발급된 원산지증명서의 내용을 확인하기 위하여 필요하다고 인정되는 경우에는 다음 각 호의 자로 하여금 원산지증명서확인자료(대통령령으로 정하는 자료로 한정)를 제출하게 할 수 있다. 이 경우 자료의 제출기간은 20일 이상으로서 기획재정부령으로 정하는 기간인 세관장으로부터 원산지증명서확인자료의 제출을 요구받은 날부터 30일 이내로 한다. 다만, 제출을 요구받은 자가 부득이한 사유로 그 기간에 원산지증명서확인자료를 제출하기 곤란할 때에는 그 기간을 30일의 범위에서 한 차례만 연장할 수 있다.[3](법 제232조의2제1항~2항)

[본조신설 2011.4.1.]

1. 원산지증명서를 발급받은 자
2. 원산지증명서를 발급한 자
3. 그 밖에 대통령령으로 정한 수출품의 생산자 또는 수출자

1. 관세법상 원산지증명서 등에 관한 설명으로 옳지 않은 것은? (2017년 관세사 1차 기출)

① 세관장은 원산지 확인이 필요한 물품을 수입하는 자가 원산지증명서를 제출하지 아니하는 경우에는 관세법, 조약·협정 등에 따른 관세율을 적용할 때 일반특혜관세·국제협력관세 또는 편익관세를 배제하는 등 관세의 편익을 적용하지 아니할 수 있다.

② 세관장은 원산지증명서확인자료를 제출한 자가 정당한 사유를 제시하여 그 자료를 공개하지 아니할 것을 요청한 경우에는 그 제출인의 명시적 동의 없이는 해당 자료를 공개하여서는 아니 된다

③ 과세가격이 20만원 이하인 물품은 원산지증명서를 제출하지 않아도 된다.

④ 세관장에게 제출하는 원산지증명서는 제출일부터 소급하여 1년 이내에 발행된 것이어야 한다.

⑤ 세관장에게 제출하는 원산지증명서에는 해당 수입물품의 품명, 수량, 생산지, 수출자 등 관세청장이 정하는 사항이 적혀 있어야 한다.

1-③

표 10-3 FTA별 원산지 증명방식 비교

구분	칠레	싱가포르	EFTA	아세안	인도	EU	페루	미국
발급방식	자율발급	기관발급	자율발급	기관발급	기관발급	자율발급	기관(5년), 자율발급	자율발급
발급자	수출자	싱가포르(세관) 한국(세관,상의, 자유무역관리원)	수출자	아세안(정부기관) 한국(세관, 상의)	인도(수출검사위원회) 한국(세관, 상의)	수출자	기관(페루:통상관광부, 한국: 세관, 상의)자율(수출자)	수출자, 생산자, 수입자
증명서식	통일증명서식	국가별 증명서식	송품장신고방식	AK서식	KIN서식	송품장신고방식	기관(통일증명서식) 자율(송품장신고방식)	서식없음 (한국:권고서식 제공)
유효기간	2년	1년	1년	6개월	1년	1년	1년	4년
사용언어	영어					한글, EU 당사국 언어	영어	영어, 한글
사용회수	1회 사용원칙							12개월 내에 포괄발급가능

3) 법 시행규칙 제77조(원산지증명서확인자료의 제출기간)

6. 원산지확인위원회(법 제232조의3)

다음 각 호의 사항을 심의하기 위하여 관세청에 원산지확인위원회를 둔다(법 제232조의3제1항).

1. 제229조제3항에 따른 원산지 확인 기준 충족 여부 확인
2. 제230조각 호에 따른 원산지 표시의 적정성 확인
3. 제232조제3항에 따른 원산지증명서의 내용 확인
4. 그 밖에 이 법 또는 「자유무역협정의 이행을 위한 관세법의 특례에 관한 법률」에 따른 원산지 확인 등과 관련하여 관세청장이 원산지확인위원회의 심의가 필요하다고 인정하여 회의에 부치는 사항

제1항에 따른 원산지확인위원회의 구성·운영과 그 밖에 필요한 사항은 대통령령으로 정한다(법 제232조의3제2항).[본조신설 2017.12.19.]

표 10-4 FTA 원산지증명서 발급방식

구분	기관발급	자율발급
정의	협정이 정하는 방법과 절차에 따라 원산지 국가의 관세당국 기타 발급권한이 있는 기관이 당해 물품에 대하여 원산지를 확인하여 발급하는 제도	협정이 정하는 방법과 절차에 따라 수출자가 당해 물품에 대하여 원산지를 확인하여 작성한 후 서명하여 사용하는 제도
대상협정	한-싱가포르, 한-아세안, 한-인도, 한-페루	한-칠레, 한-EFTA, 한-EU, 한-페루, 한-미
특이사항	▶한-EFTA: 스위스산 치즈는 연방농업청의 위임을 받은 4개 특산치즈 제조자가 발급 ▶한-페루: 발효이후 5년간(2016.7.31까지)기관발급 허용 ▶아세안 정부기관: ①브루나이(외교통상부) ②캄보디아(상무부) ③인도네시아(통상부) ④라오스(상공회의소, '12.7.1 변경) ⑤말레이시아(국제통상산업부) ⑥미얀마(상무부) ⑦필리핀(세관) ⑧싱가포르(세관) ⑨베트남(통상부) ⑩태국(상무부)	▶한-EU: 건당 수출금액이 6,000유로 초과시에는 원산지인증수출자만 자율발급 가능 ▶한-페루: 탁송화물의 총 가격이 미화2천불 초과인 경우 원산지인증수출자만 자율발급 가능

1. 관세법상 원산지의확인 등에 관한 설명으로 옳지 않은 것은? (2016년 관세사 1차 기출)

① 원산지표시 위반단속기관협의회의 구성·운영과 그 밖에 필요한 사항은 기획재정부령으로 정한다.

② 세관장은 일시적으로 육지에 내려지거나 다른 운송수단으로 환적 또는 복합환적되는 외국물품 중 원산지를 우리나라로 허위표시한 물품은 유치할 수 있다.

③ 세관장은 환적물품 등에 대한 유치 등에 따라 외국물품을 유치할 때에는 그 사실을 그 물품의 화주나 그 위임을 받은 자에게 통지하여야 한다.

④ 관세법, 조약, 협정 등에 따라 원산지확인이 필요한 물품을 수입하는 자는 해당 물품의 원산지를 증명하는 원산지증명서를 제출하여야 한다. 다만, 대통령령으로 정하는 물품의 경우에는 그러하지 아니하다.

⑤ 관세법, 조약, 협정 등에 따라 관세를 양허받을 수 있는 물품의 수출자가 원산지증명서의 발급을 요청하는 경우에는 세관장이나 그 밖에 원산지증명서를 발급할 권한이 있는 기관은 그 수출자에게 원산지증명서를 발급하여야 한다.

1-①

7. 원산지증명서 등의 확인요청 및 조사(법 제233조)

1) 원산지 증명서의 확인요청

세관장은 원산지증명서를 발급한 국가의 세관이나 그 밖에 발급권한이 있는 기관(외국세관 등)에 제232조제1항 및 제3항에 따라 제출된 원산지증명서 및 원산지증명서확인자료의 진위여부, 정확성 등의 확인을 요청할 수 있다. 이 경우 세관장의 확인요청은 해당 물품의 수입신고가 수리된 이후에 하여야 하며, 세관장은 확인을 요청한 사실 및 회신 내용과 그에 따른 결정 내용을 수입자에게 통보하여야 한다(법 제233조제1항). 〈개정 2013.1.1., 2014.1.1.〉

2) 납부세액의 차액을 부과·징수

제1항에 따라 세관장이 확인을 요청한 사항에 대하여 조약 또는 협정에서 다르게 규정한 경우를 제외하고 다음의 경우에는 일반특혜관세·국제협력관세 또는 편익관세를 적용하지 아니할 수 있다. 이 경우 세관장은 제38조의3제6항 및 제39조제2항에 따라 납부하여야 할 세액 또는 납부하여야 할 세액과 납부한 세액의 차액을 부과·징수하여야 한

다(법 제233조제2항).〈신설 2014.1.1., 2016.12.20.〉

1. 외국세관 등이 기획재정부령으로 정한 기간 이내에 그 결과를 회신하지 아니한 경우
2. 세관장에게 신고한 원산지가 실제 원산지와 다른 것으로 확인된 경우
3. 외국세관 등의 회신내용에 제229조에 따른 원산지증명서 및 원산지증명서확인자료를 확인하는 데 필요한 정보가 포함되지 아니한 경우

3) 서면조사 또는 현지조사

세관장은 원산지증명서가 발급된 물품을 수입하는 국가의 권한 있는 기관으로부터 원산지증명서 및 원산지증명서확인자료의 진위여부, 정확성 등의 확인을 요청받은 경우 등 필요하다고 인정되는 경우에는 원산지증명서를 발급받은 자, 원산지증명서를 발급한 자, 그 밖에 대통령령으로 정하는 자에 해당하는 자를 대상으로 서면조사 또는 현지조사를 할 수 있다(법 제233조제3항).〈개정 2014.1.1.〉

4) 법규의 적용 등

제1항에 따른 확인요청 및 제3항에 따른 조사에 필요한 사항은 대통령령으로 정한다.〈개정 2014.1.1.〉

제1항부터 제4항까지의 규정들에도 불구하고 조약·협정 등의 시행을 위하여 원산지증명서 확인요청 및 조사 등에 관한 사항을 따로 정할 필요가 있을 때에는 기획재정부령으로 정한다(법 제233조제4항~5항).〈신설 2011.12.31., 2014.1.1.〉[전문개정 2010.12.30.]

8. 수출입물품의 원산지정보 수집·분석(법 제233조의2)

1) 수출입물품의 원산지정보 수집·분석

관세청장은 이 법과 「자유무역협정의 이행을 위한 관세법의 특례에 관한 법률」 및 조약·협정 등에 따라 수출입물품의 원산지 확인·결정 또는 검증 등의 업무에 필요한 정보를 수집·분석할 수 있다(법 제233조의2제1항).

2) 업무의 위탁 및 위탁업무의 수행에 따른 경비의 지원

관세청장은 제1항에 따른 정보를 효율적으로 수집·분석하기 위하여 필요한 경우 대

통령령으로 정하는 업무의 일부를 대통령령으로 정하는 법인 또는 단체에 위탁할 수 있다. 이 경우 관세청장은 예산의 범위에서 위탁업무의 수행에 필요한 경비를 지원할 수 있다(법 제233조의2제2항). 〈개정 2013.1.1.〉

3) 법규의 적용 등

제1항에 따른 수출입물품의 원산지정보 수집・분석을 위하여 필요한 사항은 대통령령으로 정한다(법 제233조의2제3항).

9. 원산지표시위반단속기관협의회(법 제233조의3)

이 법, 「농수산물의 원산지표시에 관한 법률」 및 「대외무역법」에 따른 원산지표시 위반 단속업무에 필요한 정보교류 등 대통령령으로 정하는 사항을 협의하기 위하여 관세청에 원산지표시위반단속기관협의회를 둔다. 이에 따른 원산지표시위반단속기관협의회의 구성・운영과 그 밖에 필요한 사항은 대통령령으로 정한다(법 제233조의3제1항~2항). [본조신설 2014.1.1.]

1) 원산지표시위반단속기관협의회(법 시행령 제236조의9제1항)의 업무

1. 원산지표시 위반 단속업무에 필요한 정보교류에 관한 사항
2. 원산지표시 위반 단속업무와 관련된 인력교류에 관한 사항
3. 그 밖에 원산지표시 위반 단속업무와 관련되어 위원장이 회의에 부치는 사항 등이 있다.

2) 원산지표시위반단속기관협의회의 구성(법 시행령 제236조의9제2항)

협의회는 위원장 1명을 포함하여 25명 이내의 위원으로 구성한다.

제3절 통관의 제한(법 제234조~제238조)

1. 수출입의 금지(법 제234조)

다음 각 호의 어느 하나에 해당하는 물품은 수출하거나 수입할 수 없다.

1. 헌법질서를 문란하게 하거나 공공의 안녕질서 또는 풍속을 해치는 서적・간행물・도화, 영화・음반・비디오물・조각물 또는 그 밖에 이에 준하는 물품
2. 정부의 기밀을 누설하거나 첩보활동에 사용되는 물품
3. 화폐・채권이나 그 밖의 유가증권의 위조품・변조품 또는 모조품

2. 지식재산권

세계지식재산권기구(WIPO)의 설립협약 제3조에 의하면 "지식재산권"이란 문학, 예술 및 과학 작품・연출, 예술가의 공연 음반 및 방송・모든 분야에서의 인간 노력에 의한 발명・과학적 발견・공업의장・등록상표, 서비스표, 상호 및 기타명칭・부당경쟁에 대한 보호에 관한 권리, 공업, 과학, 문학 또는 예술 분야의 지적활동에서 발생하는 모든 권리를 포함한다고 정의하고 있다. 즉, 지식재산권이란 무형의 재산적 이익, 즉 저작・발명 등의 정신적・지능적 창조물을 독점적으로 이용하는 것을 내용으로 하는 권리를 말한다. 지식재산권은 특허, 실용신안, 의장, 상표 등에 관한 권리인 산업재산권[4](특허청), 문학・예술분야의 창작자와 음반제작가・방송사업자의 권리인 저작권(문화관광부), 컴퓨터프로그램(과학기술정보통신부), 영업비밀(특허청) 등의 신지식재산권[5]으로 크게 나눌 수 있다.

1) 지식재산권 보호(법 제235조)

다음 각 호의 어느 하나에 해당하는 지식재산권을 침해하는 물품은 수출하거나 수입할

---

4) 산업재산권 또는 공업소유권은 지식재산권 중 널리 산업에 이용되는 무형의 재화인 인간의 지적창조물과 산업의 질서유지를 위해 사용되는 식별표지를, 전통적인 유형적인 재산권과는 달리 별도의 무형적인 재산권으로 보호하는 권리를 말한다.

5) 신지식재산권은 반도체 배치설계나 온라인 디지털콘텐츠와 같이 전통적인 지식재산권의 범주에 속하지 않고 경제, 사회・문화의 변화나 과학기술의 발전에 따라 새로운 분야에서 출현하는 지식재산권을 따로 분류한 것을 말한다.

수 없다(법 제235조제1항).

1. 「상표법」에 따라 설정등록된 상표권
2. 「저작권법」에 따른 저작권과 저작인접권(저작권 등)
3. 「종자산업법」에 따라 설정등록된 품종보호권
4. 「농산물품질관리법」 또는 「수산물품질관리법」에 따라 등록되거나 조약・협정 등에 따라 보호대상으로 지정된 지리적표시권 또는 지리적표시(지리적표시권 등)
5. 「특허법」에 따라 설정등록된 특허권
6. 「디자인보호법」에 따라 설정등록된 디자인권

그림 10-1. 지식재산권의 보호

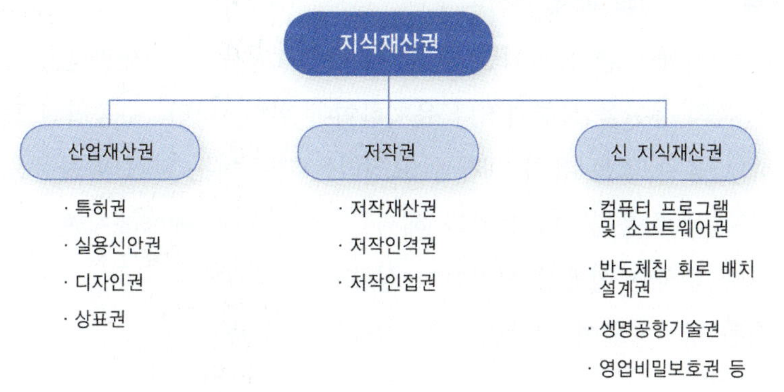

자료: 관세청

2) 지적재산권의 신고

관세청장은 지식재산권을 침해하는 물품을 효율적으로 단속하기 위하여 필요한 경우에는 해당 지식재산권을 관계 법령에 따라 등록 또는 설정등록한 자 등으로 하여금 해당 지식재산권에 관한 사항을 신고하게 할 수 있다(법 제235조제2항).

3) 통관의 보류 및 유치의 요청

세관장은 다음에 해당하는 물품이 신고된 지식재산권을 침해하였다고 인정될 때에는 그 지식재산권을 신고한 자에게 해당 물품의 수출입, 환적, 복합환적, 보세구역 반입, 보세운송 또는 외국물품의 일시양륙의 신고(수출입신고 등) 사실을 통보하여야 한다. 이 경우 통보를 받은 자는 세관장에게 담보를 제공하고 해당 물품의 통관 보류나 유치를 요청할 수 있다(법 제235조제3항).

1. 수출입신고된 물품
2. 환적 또는 복합환적 신고된 물품
3. 보세구역에 반입신고된 물품
4. 보세운송신고된 물품
5. 제141조제1호에 따라 일시양륙이 신고된 물품

제1항 각 호에 따른 지식재산권을 보호받으려는 자는 세관장에게 담보를 제공하고 해당 물품의 통관 보류나 유치를 요청할 수 있다(법 제235조제4항).

4) 통관 보류 및 유치의 해체

제3항 또는 제4항에 따른 통관의 보류 및 유치의 요청을 받은 세관장은 특별한 사유가 없으면 해당 물품의 통관을 보류하거나 유치하여야 한다. 다만, 수출입신고등을 한 자가 담보를 제공하고 통관 또는 유치 해제를 요청하는 경우에는 다음의 물품을 제외하고는 해당 물품의 통관을 허용하거나 유치를 해제할 수 있다(법 제235조제5항).

1. 위조하거나 유사한 상표를 부착하여 상표권을 침해하는 물품
2. 불법복제된 물품으로서 저작권 등을 침해하는 물품
3. 같거나 유사한 품종명칭을 사용하여 품종보호권을 침해하는 물품
4. 위조하거나 유사한 지리적표시를 사용하여 지리적표시권 등을 침해하는 물품
5. 특허로 설정등록된 발명을 사용하여 특허권을 침해하는 물품
6. 같거나 유사한 디자인을 사용하여 디자인권을 침해하는 물품

5) 법규의 적용 등

제2항부터 제5항까지의 규정에 따른 지식재산권에 관한 신고, 담보 제공, 통관의 보류 · 허용 및 유치 · 유치해제 등에 필요한 사항은 대통령령으로 정한다(법 제235조제6항).

6) 통관 보류 및 유치의 통보

세관장은 제3항 각 호에 따른 물품이 제1항 각 호의 어느 하나에 해당하는 지식재산권을 침해하였음이 명백한 경우에는 대통령령으로 정하는 바에 따라 직권으로 해당 물품의

통관을 보류하거나 해당 물품을 유치할 수 있다. 이 경우 세관장은 해당 물품의 수출입신고 등을 한 자에게 그 사실을 즉시 통보하여야 한다(법 제235조제7항).

그림 10-2. 상표권 등 침해물품 통관보류 절차(흐름도)

상표권 침해우려물품 통보	상표권신고인, 수출입신고자에게 통보(모사전송) 별지 제11호 또는 제12호 서식
↓ 7일 이내(부패우려물품 등은 5일 이내)	
통관보류 요청	통관보류요청서(별지 제13호 또는 제14호 서식) 담보제공(수출입물품의 과세가격의 100분의 120)
↓	
통관보류	보류요청인 및 수출입자에게 통보(별지 제15호 서식)
↓ 통보받은 후 10일 이내 제소 또는 가처분 결정사항 통보받은 경우	
보류기간 연장	보류요청인 및 수출입자에게 즉시 서면통지
↓	
통관허용 요청	수출입자 신청(별지 제17호 서식) 담보제공(수출입물품의 과세가격의 100분의 120) 요청사실을 관세청장 및 통관보류 요청인에게 통보
↓	
통관허용여부 심의	통관허용여부를 통관요청일로부터 7일 이내 결정 관계기관과 협의
↓	
수출입신고수리	「지식재산권 보호를 위한 수출입통관 사무처리에 관한 고시」 제17조제3항, 제20조제1항
↓	
담보해제	「지식재산권 보호를 위한 수출입통관 사무처리에 관한 고시」 제30조

자료: 관세행정 상담사례집 1권, 2015, p.174.

3. 통관물품 및 통관절차의 제한(법 제236조)

관세청장이나 세관장은 감시에 필요하다고 인정될 때에는 통관역 · 통관장 또는 특정한 세관에서 통관할 수 있는 물품을 제한할 수 있다.

4. 통관의 보류(법 제237조)

세관장은 다음에 해당하는 경우에는 해당 물품의 통관을 보류할 수 있다.〈개정 2015. 12.15., 2016.12.20.〉

1. 제241조 또는 제244조에 따른 수출 · 수입 또는 반송에 관한 신고서의 기재사항에 보완이 필요한 경우
2. 제245조에 따른 제출서류 등이 갖추어지지 아니하여 보완이 필요한 경우
3. 이 법에 따른 의무사항을 위반하거나 국민보건 등을 해칠 우려가 있는 경우
4. 제246조의3제1항에 따른 안전성 검사가 필요한 경우
5. 「국세징수법」 제30조의2에 따라 세관장에게 체납처분이 위탁된 해당 체납자가 수입하는 경우
6. 그 밖에 이 법에 따라 필요한 사항을 확인할 필요가 있다고 인정하여 대통령령으로 정하는 경우[전문개정 2010.12.30.]

5. 보세구역 반입명령(법 제238조)

관세청장이나 세관장은 ① 수출신고가 수리되어 외국으로 반출되기 전에 있는 물품, ② 수입신고가 수리되어 반출된 물품으로서 관세법에 따른 의무사항을 위반하거나 국민보건 등을 해칠 우려가 있는 물품은 대통령령으로 정하는 바에 따라 이를 보세구역으로 반입할 것을 명할 수 있다. 보세구역 반입명령을 받은 자는 해당 물품을 지정받은 보세구역으로 반입하여야 한다(법 제238조제1항~2항).

1. 다음 지식재산권 중 관세법상 보호 대상이 아닌 것은? (2013년 제32회 국제무역사 기출)
① 상표권 ② 저작권과 저작인접권 ③ 디자인권 ④ 영업권

1-④

제4절 통관의 예외 적용(법 제239조~제240조)

1. 수입으로 보지 아니하는 소비 또는 사용(법 제239조)

외국물품의 소비나 사용이 다음에 해당하는 경우에는 이를 수입으로 보지 아니한다.

1. 선용품 · 기용품 또는 차량용품을 운송수단 안에서 그 용도에 따라 소비하거나 사용하는 경우
2. 선용품 · 기용품 또는 차량용품을 관세청장이 정하는 지정보세구역에서 「출입국관리법」에 따라 출국심사를 마치거나 우리나라에 입국하지 아니하고 우리나라를 경유하여 제3국으로 출발하려는 자에게 제공하여 그 용도에 따라 소비하거나 사용하는 경우
3. 여행자가 휴대품을 운송수단 또는 관세통로에서 소비하거나 사용하는 경우
4. 관세법에서 인정하는 바에 따라 소비하거나 사용하는 경우

2. 수출입의 의제(법 제240조)

수출입물품에 대해서는 일정한 통관절차를 거쳐야만 수입 또는 수출이 되지만, 수출입되는 물품의 특수성과 관세행정상의 목적을 달성함에 지장이 없는 점을 감안하여 통관절차를 거치지 아니하고도 수출입이 이루어진 것으로 간주하고 관세 등을 따로 징수하지 않는 것을 수출입의 의제라고 한다.

다음 각 호의 어느 하나에 해당하는 외국물품은 관세법에 따라 적법하게 수입된 것으로 보고 관세 등을 따로 징수하지 아니한다(법 제240조제1항).

1. 체신관서가 수취인에게 내준 우편물

2. 관세법에 따라 매각된 물품

3. 관세법에 따라 몰수된 물품

4. 밀수출입 등, 밀수 전용 운반기구의 몰수, 범죄에 사용된 물품의 몰수등 또는 밀수출입에 해당하는 물품에 해당하여 관세법에 따른 통고처분으로 납부된 물품

5. 법령에 따라 국고에 귀속된 물품

6. 몰수를 갈음하여 추징된 물품

체신관서가 외국으로 발송한 우편물은 관세법에 따라 적법하게 수출되거나 반송된 것으로 본다(법 제240조제2항).

1. 관세법상 수출입의 의제 대상물품으로 옳지 않은 것은? (2016년 관세사 1차 기출)
① 관세법에 따라 몰수된 제품
② 법령에 따라 국고에 귀속된 물품
③ 체신관서가 수취인에게 내준 우편물
④ 관세법에 따라 매각된 물품
⑤ 여행자가 운송수단 또는 관세통로에서 소비한 휴대품

1–⑤

제5절 통관 후 유통이력 관리(법 제240조의2~제240조의3)

1. 통관 후 유통이력 관리의 개념

통관 후 유통이력관리란 외국수출자, 국내수입자, 유통업자, 최종판매자까지 특정 수입물품의 통관·유통 내역 및 경로를 추적(traceability)·관리하는 것을 말한다.

이는 국제100대 과제로 선정되어 추진하는 것으로서 그 필요성을 살펴보면 다음과 같다.

① 수입 후 원산지둔갑 판매행위로 인한 상거래질서 문란 및 선량한 생산자·소비자 피해 확산 방지

② 시중유통단계에서의 비식용물품의 식용둔갑, 불량수입먹거리 확산방지 등을 통한 국민 식생활 안전 확보

③ 국민건강 및 사회안전을 위한 범정부 정책의 차질 없는 집행을 위함이다.

1) 통관 후 유통이력 신고(법 제240조의2)

외국물품을 수입하는 자와 수입물품을 국내에서 거래하는 자(소비자에 대한 판매를 주된 영업으로 하는 사업자는 제외)는 사회안전 또는 국민보건을 해칠 우려가 현저한 물품 등으로서 관세청장이 지정하는 유통이력 신고물품에 대한 유통단계별 거래명세를 관세청장에게 신고하여야 한다(법 제240조의2제1항).

(1) 유통이력 신고의무자의 자료보관

제1항에 따라 유통이력 신고의 의무가 있는 자는 유통이력을 장부(전자적 기록방식을 포함)에 기록하고, 그 자료를 거래일부터 1년간 보관하여야 한다(법 제240조의2제2항).

(2) 유통이력 신고물품의 지정

관세청장은 유통이력 신고물품을 지정할 때 미리 관계 행정기관의 장과 협의하여야 한다(법 제240조의2 제3항).

(3) 유통이력신고자의 부담의 최소화

관세청장은 유통이력 신고물품의 지정, 신고의무 존속기한 및 신고대상 범위 설정 등을 할 때 수입물품을 내국물품에 비하여 부당하게 차별하여서는 아니 되며, 이를 이행하는 유통이력 신고의무자의 부담이 최소화 되도록 하여야 한다(법 제240조의2제4항).

(4) 법규의 적용 등

유통이력 신고물품별 신고의무 존속기한, 유통이력의 범위, 신고절차, 그 밖에 유통이력 신고에 필요한 사항은 관세청장이 정한다(법 제240조의2제5항).

2) 유통이력 조사(법 제240조의3)

관세청장은 제240조의2를 시행하기 위하여 필요하다고 인정할 때에는 세관공무원으로 하여금 유통이력 신고의무자의 사업장에 출입하여 영업 관계의 장부나 서류를 열람하여 조사하게 할 수 있다.

유통이력 신고의무자는 정당한 사유 없이 조사를 거부・방해 또는 기피하여서는 아니

된다. 유통이력 조사를 하는 세관공무원은 신분을 확인할 수 있는 증표를 지니고 이를 관계인에게 보여 주어야 한다(법 제240조의3제1항~3항).

1. **다음은 관세청장이 지정한 유통이력신고 대상 물품(샘플) 및 해당 제도와 관련된 신문기사 일부이다. 관세법상의 유통이력제도에 대한 설명 중 잘못된 것은?**

(2014년 제34회 국제무역사 기출)

유통이력신고 대상물품 (일부)

4. 복 어 : 금밀복 〈지정기간 : 2012.7.31.~2015.7.31.〉

연번	종류	품목번호	표준품명	비고
1	글밀복	0303.89-8000(냉동복어)	Lagocephalus Inermis	

> 수입산 유통 이력 신고 소홀 수산물 유통업체 2곳에 경고
> – 2014.5.16 00일보 기사 중 일부 발췌 –
> 부산지역 수산물 유통업체 2곳이 유통이력 신고 이행을 소홀히 해 세관으로부터 경고 처분을 받았다.
> 부산본부세관은 일본산 등 수입 수산물에 대한 원산지 표시 위반 사례가 잇따르고 있어 지난달 16일부터 지난 14일까지 수입 먹거리의 유통이력 신고이행 실태를 집중 점검했다. 세관은 수입 먹거리를 취급하는 부산지역 유통업체 3천여 곳 중 냉동조기, 가리비, 명태, 돔, 냉동갈치, 냉동꽁치 등 수입 수산물을 취급하는 35개 업체에 대해 유통이력 신고 이행 실태를 점검했다.
> ...... (이 하 생 략) ......

① 유통이력 신고제도는 관세청장이 지정하는 물품에 대해 유통단계별 거래명세를 관세청장에게 신고하도록 하는 제도로서 외국물품을 수입하는 자만이 그 의무를 부담한다.

② 유통이력 신고물품은 사회 안전 또는 국민보건을 해칠 우려가 현저한 물품등으로서 관세청장이 지정하는 물품을 말한다.

③ 유통이력 신고의 의무가 있는 자는 유통이력을 장부에 기록하고 그 자료를 거래일 부터 1년간 보관해야 한다.

④ 관세청장은 유통이력 신고물품의 지정, 신고대상 범위 설정 등을 할 때 수입물품을 내국물품에 비해 부당하게 차별해서는 아니되며, 이를 이행하는 신고의무자의 부담이 최소화되도록 하여야 한다.

2. 관세법상 통관 후 유통이력 관리에 관한 설명으로 옳지 않은 것은?

(2017년 관세사 1차 기출)

① 외국물품을 수입하는 자와 수입물품을 국내에서 거래하는 자(소비자에 대한 판매를 주된 영업으로 하는 사업자는 제외한다)는 사회안전 또는 국민보건을 해칠 우려가 현저한 물품 등으로서 관세청장이 지정하는 유통이력 신고물품에 대한 유통단계별 거래명세를 관세청장에게 신고하여야 한다.

② 유통이력 신고의 의무가 있는 자는 유통이력을 장부(전자적 기록방식을 포함)에 기록하고, 그 자료를 거래일부터 3년간 보관하여야 한다.

③ 관세청장은 유통이력 신고물품을 지정할 때 미리 관계 행정기관의 장과 협의하여야 한다.

④ 관세청장은 유통이력 신고물품의 지정, 신고의무 존속기한 및 신고대상 범위 설정 등을 할 때 수입물품을 내국물품에 비하여 부당하게 차별하여서는 아니 되며, 이를 이행하는 유통이력 신고의무자의 부담이 최소화 되도록 하여야 한다.

⑤ 유통이력 신고물품별 신고의무 존속기한, 유통이력의 범위, 신고절차, 그 밖에 유통이력 신고에 필요한 사항은 관세청장이 정한다.

1-① 2-⑤

제6절 통관절차 등의 국제협력〈신설 2014.12.23.〉

1. 무역원활화 기본계획의 수립 및 시행(법 제240조의4)

기획재정부장관은 「세계무역기구 설립을 위한 마라케쉬협정」에 따라 이 법 및 관련법에서 정한 통관 등 수출입 절차의 원활화 및 이와 관련된 국제협력의 원활화(무역원활화)를 촉진하기 위하여 다음 각 호의 사항이 포함된 무역원활화 기본계획(기본계획)을 수립·시행하여야 한다(법 제240조의4제1항).

1. 무역원활화 정책의 기본방향에 관한 사항
2. 무역원활화 기반시설의 구축과 운영에 관한 사항
3. 무역원활화의 환경조성에 관한 사항
4. 무역원활화와 관련된 국제협력에 관한 사항
5. 무역원활화와 관련된 통계자료의 수집·분석 및 활용방안에 관한 사항

6. 무역원활화 촉진을 위한 재원 확보 및 배분에 관한 사항

7. 그 밖에 무역원활화를 촉진하기 위하여 필요한 사항

기획재정부장관은 기본계획을 시행하기 위하여 대통령령으로 정하는 바에 따라 무역원활화에 관한 업무를 수행하는 기관 또는 단체에 필요한 지원을 할 수 있다(법 제240조의4제2항).[본조신설 2014.12.23.]

2. 상호주의에 따른 통관절차 간소화(법 제240조의5)

국제무역 및 교류를 증진하고 국가 간의 협력을 촉진하기 위하여 우리나라에 대하여 통관절차의 편익을 제공하는 국가에서 수입되는 물품에 대하여는 상호 조건에 따라 대통령령으로 정하는 바에 따라 간이한 통관절차를 적용할 수 있다.[본조신설 2014.12.23.]

3. 국가 간 세관정보의 상호 교환 등(법 제240조의6)

관세청장은 물품의 신속한 통관과 이 법을 위반한 물품의 반입을 방지하기 위하여 세계관세기구에서 정하는 수출입 신고항목 및 화물식별번호를 발급하거나 사용하게 할 수 있다. 관세청장은 세계관세기구에서 정하는 수출입 신고항목 및 화물식별번호 정보를 다른 국가와 상호 조건에 따라 교환할 수 있다(법 제240조의6 제1항~2항).

관세청장은 관세의 부과와 징수, 과세 불복에 대한 심리 및 형사소추를 위하여 수출입 신고자료 등 대통령령으로 정하는 사항을 대한민국 정부가 다른 국가와 관세행정에 관한 협력 및 상호지원에 관하여 체결한 협정과 국제기구와 체결한 국제협약에 따라 다른 법률에 저촉되지 아니하는 범위에서 다른 국가와 교환할 수 있다. 이에도 불구하고 관세청장은 상호주의 원칙에 따라 상대국에 수출입신고 자료 등을 제공하는 것을 제한할 수 있으며, 관세청장은 제3항에 따라 다른 국가와 수출입신고자료 등을 교환하는 경우 대통령령으로 정하는 바에 따라 이를 신고인 또는 그 대리인에게 통지하여야 한다(법 제240조의6제3항~5항).[본조신설 2014.12.23.]

제7절 수출 · 수입 및 반송(법 제241조~제255조의3)

1. 수출입 및 반송통관절차

1) 수입통관절차

"수입통관절차"란 외국으로부터 물품이 수입되어 보세구역에 장치된 후 관세의 부과 · 징수 및 수입신고 수리가 될 때까지의 절차로서 다음 [그림 10-3]와 같다.

수입통관절차는 수출과 비교하면 관세의 부과 · 징수, 감면, 분할납부 승인 등의 절차로 인하여 수출통관에 비하여 그 절차가 복잡하다.

그림 10-3. 수입통관 절차흐름도

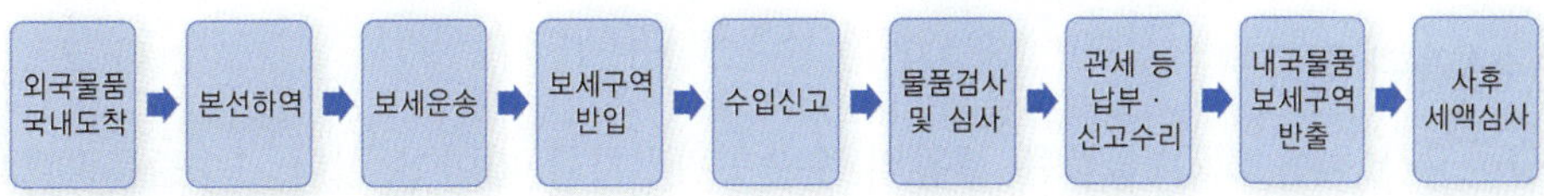

(1) 수입화물 관리 목적

세관은 국가 조세수입 확보, 밀수출 · 입 방지, 국민 생활 안전 등을 보호하기 위해 외국으로부터 우리나라로 수입되는 물품과 우리나라에서 외국으로 수출되는 물품을 관세 국경에서 통제하는 기능을 수행하기 위해 보세화물을 관리하고 있다.

수입화물관리는 크게 화물의 흐름에 따라 다음의 5단계로 업무처리를 하고 있다.

① 입항단계로서 외국무역선이 입항하면 선장이나 선박회사대리점이 세관장에게 입항보고와 함께 그 선박에 적재된 적하목록을 제출하게 한다.

② 선박회사는 물품을 하역하기 전에 세관장에게 하선신고를 하고 하역작업을 하게 한다.

③ 하역이 완료된 물품은 부두 내 또는 부두 밖에 있는 하선장소로 지정된 장소에 화물을 반입하여 각 화물의 목적지로 운송될 때까지 일시 대기하거나 수입통관을 한다.

④ 최초 반입된 보세구역 이외에서 통관하고자 하는 물품은 각 화물의 목적지 보세구

역까지 보세운송절차에 의해 운송한다.

⑤ 운송이 완료되면 내륙지 보세구역에 반입하여 수입통관절차가 완료될 때까지 보관하게 된다.

(2) 수입통관

"수입"이란 외국물품을 우리나라에 반입(보세구역을 경유하는 것은 보세구역으로부터 반입하는 것)하거나 우리나라에서 소비 또는 사용하는 것으로서 우리나라의 운송수단 안에서의 소비 또는 사용하는 것을 포함하며, 법 제239조에 따라 수입으로 보지 아니하는 소비 또는 사용에 해당하는 물품은 제외된다.

"수입통관"이란 수입하고자 하는 자가 우리나라에 수입될 물품을 세관장에게 수입신고하고, 세관장은 수입신고가 관세법 및 기타 법령에 따라 적법하고 정당하게 이루어지면 이를 신고수리하고 신고인에게 수입신고필증을 내주어 수입물품이 반출될 수 있도록 하는 일련의 과정을 말한다.

2) 수출통관 절차

수출하고자 하는 모든 물품은 세관의 수출통관절차를 밟아야 한다. "수출통관절차"란 수출하고자 하는 물품(내국물품)을 세관에 수출신고를 한 후 수출신고 수리를 받은 물품(외국물품)을 우리나라와 외국 간을 왕래하는 운송수단에 적재하기까지의 일련의 절차를 말하는 것으로 절차는 [그림 10-4]와 같다.

그림 10-4. 수출통관 흐름도

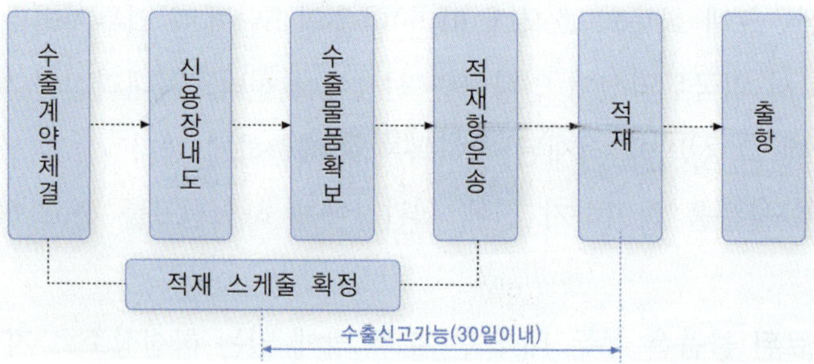

자료: 관세청 http://www.customs.go.kr/images/kr/entry/entry0302_01.gif

(1) 수출통관

"수출"이란 내국물품을 외국으로 반출함을 말하는 것으로서 수출하고자 하는 물품이 대외무역법 및 관계법령 등에 의하여 수출이 가능한 물품인지 아닌지의 확인 및 외국환거래법 등 관계법규에 의거 대금영수방법에 대하여도 제약이 없는지 사전 확인할 필요가 있다. 수출통관이란 내국물품을 외국물품화 하는 과정으로 수출하고자 하는 자는 물품의 소재지 관할세관장에게 당해 물품을 적재하기 전까지 수출신고를 하고 수리를 받아야 한다.

현재 수출신고는 EDI(Electronic Data Interchange) 방식 또는 인터넷을 통한 신고방식으로 신속하게 통관을 진행할 수 있으며, 신문 등 보도용품이나 카탈로그 등은 간이수출신고 절차에 따라 더욱 간소화된 방법으로 수출통관을 할 수 있다.

그림 10-5. 수출통관절차

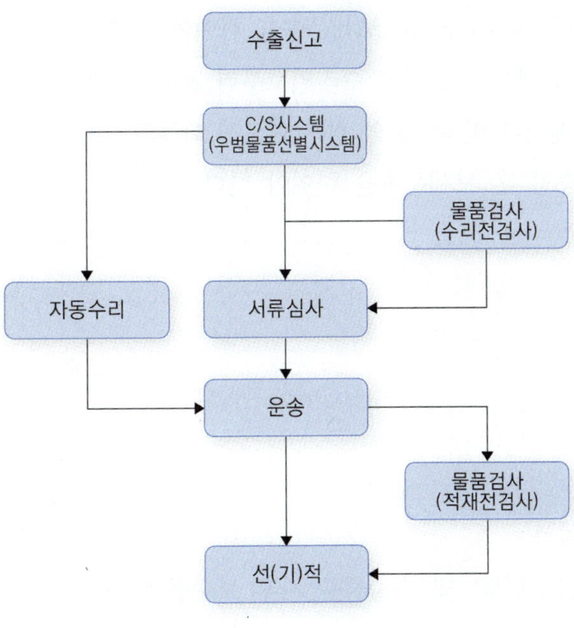

한편, 우편물이나 휴대탁송품의 적재 관리에 대하여는 별도의 절차를 규정하고 있으며, 또한, 우리나라 보세구역에 반입된 외국물품을 부득이한 사유 등으로 다시 외국으로 반송할 수 있으며, 이때의 통관절차는 반송신고 및 절차에 따른다.

3) 반송통관절차

"반송통관절차"란 외국으로부터 우리나라에 반입된 물품(외국물품)을 수입신고를 하지 않고 외국으로 되돌려 보내는 반송에 관련된 절차를 말한다.

(1) 반송통관

"반송"이란 외국으로부터 우리나라에 반입된 물품을 어떠한 사유로 인하여 수입신고를 하지 않고 외국으로 되돌려 보내는 것을 말한다. "반송신고"는 해당물품을 외국으로 반출하고자 하는 선박 또는 항공기 적재단위(B/L 또는 AWB)별로 하여야 한다. 반송신고서(수출신고서 서식을 사용하되, 서식 명은 반송신고서로 변경 사용)를 작성하여 세관에 신고하여야 하며, 반송물품의 이동에 대하여는 보세운송을 하여야 하고 반드시 적재확인을 받아야 한다. 즉, 수출화물의 경우 수출신고 수리일로부터 30일 이내 적재의무 기간이 있어 보세운송의 의무가 면제되나 반송수출의 경우 반드시 화물의 이동에는 보세구역 간에 보세운송의 신고 또는 승인 후 보세운송을 하여야 한다.

(2) 반송 대상물품

1. 단순반송물품
2. 통관보류물품
3. 위탁가공물품
4. 중계무역물품
5. 보세창고반입물품
6. 장기비축 수출용원재료 및 수출물품 사후 보수용품
7. 보세전시장반출물품
8. 보세판매장반출물품
9. 수출조건부 미군 불하물품

2. 신고

1) 수출 · 수입 또는 반송의 신고(법 제241조)

"신고"란 세관장에게 수출 · 입 또는 반송의 의사표시를 말하는 것으로 수입신고는 수출 및 반송신고와는 달리 그 수입신고시점에 과세물건이 확정된다.

물품을 수출 · 수입 또는 반송하려면 해당 물품의 품명 · 규격 · 수량 및 가격과 그 밖에 대통령령으로 정하는 사항을 세관장에게 신고하여야 한다(법 제241조제1항).

(1) 신고의 생략 또는 간이통관 신고물품

다음 각 호의 어느 하나에 해당하는 물품은 대통령령으로 정하는 바에 따라 제1항에 따른 신고를 생략하게 하거나 관세청장이 정하는 간소한 방법으로 신고하게 할 수 있다(법 제241조제2항). 〈개정 2014.12.23.〉

1. 휴대품 · 탁송품 또는 별송품
2. 우편물
3. 종교용품 · 자선용품 · 장애인용품 등의 면세, 정부용품, 특정물품, 소액물품 등의 면세물품, 여행자 휴대품, 이사물품 등의 면세물품 및 재수출면세물품
4. 국제운송을 위한 컨테이너(별표 관세율표 중 기본세율이 무세인 것)

(2) 반입장치 후 신고기간

수입하거나 반송하려는 물품을 지정장치장 또는 보세창고에 반입하거나 보세구역이 아닌 장소에 장치한 자는 그 반입일 또는 장치일부터 30일 이내(제243조제1항에 해당하는 물품은 관세청장이 정하는 바에 따라 반송신고를 할 수 있는 날부터 30일 이내)에 제1항에 따른 신고를 하여야 한다(법 제241조제3항).

(3) 신고지연 가산세의 징수

세관장은 대통령령으로 정하는 물품을 수입하거나 반송하는 자가 제3항에 따른 기간 내에 수입 또는 반송의 신고를 하지 아니한 경우에는 해당 물품 과세가격의 100분의 2에 상당하는 금액의 범위에서 대통령령으로 정하는 금액을 가산세로 징수한다(법 제241조제4항).

세관장은 다음 각 호의 어느 하나에 해당하는 경우에는 해당 물품에 대하여 납부할 세액(관세 및 내국세를 포함)의 100분의 20(제1호의 경우에는 100분의 40으로 하되, 반복적으로 자진신고를 하지 아니하는 경우 등 대통령령으로 정하는 사유에 해당하는 경우에는 100분의 60)에 상당하는 금액을 가산세로 징수한다(법 제241조제5항).〈개정 2014.12.23.〉

1. 여행자나 승무원이 제2항제1호에 해당하는 휴대품(제96조제1항제1호 및 제3호에 해당하는 물품은 제외)을 신고하지 아니하여 과세하는 경우
2. 우리나라로 거주를 이전하기 위하여 입국하는 자가 입국할 때에 수입하는 이사물품(제96조제1항제2호에 해당하는 물품은 제외)을 신고하지 아니하여 과세하는 경우

제3항에도 불구하고 전기·유류 등 대통령령으로 정하는 물품을 그 물품의 특성으로 인하여 전선이나 배관 등 대통령령으로 정하는 시설 또는 장치 등을 이용하여 수출·수입 또는 반송하는 자는 1개월을 단위로 하여 해당 물품에 대한 제1항의 사항을 대통령령으로 정하는 바에 따라 다음 달 10일까지 신고하여야 한다. 이 경우 기간 내에 수출·수입 또는 반송의 신고를 하지 아니하는 경우의 가산세 징수에 관하여는 제4항을 준용한다(법 제241조제6항).[전문개정 2010.12.30.]

표 10-5 가산세율

경과 기간	가산세율
신고기한이 경과한 날부터 20일내에 신고를 한 때	당해 물품의 과세가격의 1천분의 5
신고기한이 경과한 날부터 50일내에 신고를 한 때	당해 물품의 과세가격의 1천분의 10
신고기한이 경과한 날부터 80일내에 신고를 한 때	당해 물품의 과세가격의 1천분의 15
제1호 내지 제3호외의 경우	당해 물품의 과세가격의 1천분의 20
가산세액의 최대금액	500만원을 초과할 수 없다.
신고기한이 경과한 후 보세운송된 물품인 경우	보세운송신고를 한 때를 기준으로 제1항의 규정에 의한 가산세율을 적용하며 그 세액은 수입 또는 반송신고를 하는 때에 징수한다.
법 제241조제5항 각 호 외의 부분에서 "반복적으로 자진신고를 하지 아니하는 경우 등 대통령령으로 정하는 사유에 해당하는 경우"란 같은 여행자나 승무원에 대하여 그 여행자나 승무원의 입국일을 기준으로 소급하여 2년 이내에 2회 이상 법 제241조제5항제1호의 경우에 해당하는 사유로 가산세를 징수한 경우를 말한다.〈신설 2015.2.6.〉	

법 시행령 제247조(가산세율)

2) 수출·수입·반송 등의 신고인(법 제242조)

제241조(수출·수입 또는 반송의 신고), 제244조(입항전수입신고), 또는 제253조(수입신고전의 물품 반출)에 따른 신고는 화주 또는 관세사 등의 명의로 하여야 한다. 다만,

수출신고의 경우에는 화주에게 해당 수출물품을 제조하여 공급한 자의 명의로 할 수 있다.

(1) 수입신고인(수입통관 사무처리에 관한 고시 제5조)

수입신고나 반출신고는 관세사, 「관세사법」 제17조에 따른 관세법인, 「관세사법」 제19조에 따른 통관취급법인 등(관세사)이나 수입화주의 명의로 하여야 한다.

(2) 수출(반송)신고인(수출통관 사무처리에 관한 고시 제5조)

수출신고는 관세사, 「관세사법」 제17조에 따른 관세법인, 「관세사법」 제19조에 따른 통관취급법인(관세사) 또는 수출 화주의 명의로 하여야 한다.

반송은 적하목록, B/L, AWB상의 수하인 또는 당해물품의 화주(당해 물품의 처분권리를 취득한 자를 포함)가 할 수 있다.

질문 : 수출신고를 화주가 직접 할 수 있습니까?

답변 : 수출신고는 관세사, 관세법인, 통관취급법인, 수출화주 명의로 할 수 있다. 화주가 직접 수출신고를 하려고 하면 수출신고자 부호를 관할 세관에서 부여받아야 하며, 수출신고 방법은 EDI시스템을 통한 방법과 인터넷 통관포탈시스템(UNI-PASS)을 통한 방법 등 두 가지가 있다.

1) EDI 시스템을 통한 방법

한국무역정보통신(KTNET)을 통해 신고인 PC에 EDI전송 프로그램을 설치하여 수출신고하는 방법

2) 인터넷통관포탈시스템(UNI-PASS)를 통한 방법

인터넷통관포탈시스템(UNI-PASS)을 사용하기 위해서는 사용자 등록 및 공인인증서를 구비해야만 수출신고를 할 수 있다.

상기 질의응답에서도 알 수 있듯이 수출신고는 관세사 등과 수출화주명으로 할 수 있으며 이 경우 EDI시스템 및 UNI-PASS를 통하여 수출신고를 할 수 있다.

3) 신고의 요건(법 제243조)

제206조제1항제1호의 물품(예치된 여행자의 휴대물품) 중 관세청장이 정하는 물품은 관세청장이 정하는 바에 따라 반송방법을 제한할 수 있다.

제241조제1항에 따른 수입의 신고는 해당 물품을 적재한 선박이나 항공기가 입항된

후에만 할 수 있다.

제241조제1항에 따른 반송의 신고는 해당 물품이 이 법에 따른 장치 장소에 있는 경우에만 할 수 있다.

밀수출 등 불법행위가 발생할 우려가 높거나 감시단속상 필요하다고 인정하여 대통령령으로 정하는 물품은 관세청장이 정하는 장소에 반입한 후 제241조제1항에 따른 수출의 신고를 하게 할 수 있다.〈신설 2015.12.15.〉(법 제243조제1항~4항)[전문개정 2010.12.30.]

(1) **수입신고 방법**(수입통관 사무처리에 관한 고시 제10조)

수입신고를 하려는 자는 「국가관세종합정보망의 이용 및 운영등에 관한 고시」에 따라 인터넷통관포탈서비스 이용신청을 하고 세관장의 승인을 받아야 한다.

(2) **수입신고의 시기**

수입하려는 자는 출항전신고, 입항전신고, 보세구역 도착전신고, 보세구역 장치후신고 중에서 필요에 따라 신고방법을 선택하여 수입신고할 수 있다(수입통관사무처리에 관한 고시 제6조). 즉, 수입하려는 자는 우리나라에 수입될 물품을 선적한 선박(항공기)가 ① 출항하기 전 ② 입항하기 전 ③ 입항 후 물품이 보세구역에 도착하기 전 ④ 보세구역에 장치한 후 중에 선택하여 세관장에게 수입신고 하여야 한다. 이때 세관장은 수입신고가 관세법 및 기타 법령에 따라 적법하고 정당하게 이루어진 경우에 이를 신고수리하고 신고인이 세금을 납부 후 수입신고필증을 교부하여 수입물품이 반출될 수 있도록 해야 한다.

(3) **신고세관**(수입통관 사무처리에 관한 고시 제8조)

① 출항전신고나 입항전신고는 수입물품을 적재한 선박 등의 입항예정지를 관할하는 세관장에게 하여야 한다.

② 보세구역 도착전신고[6]는 해당물품이 도착할 보세구역을 관할하는 세관장에게 신고하여야 한다.

③ 보세구역 장치후신고[7]는 해당물품이 장치된 보세구역을 관할하는 세관장에게 신고하여야 한다.

---

6) 수입물품을 선(기)적한 선박 등이 입항하여 해당물품을 통관하기 위하여 반입하려는 보세구역(부두밖 컨테이너 보세창고와 컨테이너 내륙통관기지를 포함)에 도착하기 전에 수입신고하는 것을 말한다.

7) 수입물품을 보세구역에 장치한 후 수입신고하는 것을 말한다.

(4) 수입신고의 효력발생시점(수입통관 사무처리에 관한 고시 제11조)

수입신고의 효력발생시점은 전송된 신고자료가 통관시스템에 접수된 시점으로 한다. 다만, 제144조제1항에 따라 수작업에 의하여 신고하는 때에는 신고서가 통관지 세관에 접수된 시점으로 한다.

그림 10-6. 부두직통관절차(입항전수입신고)

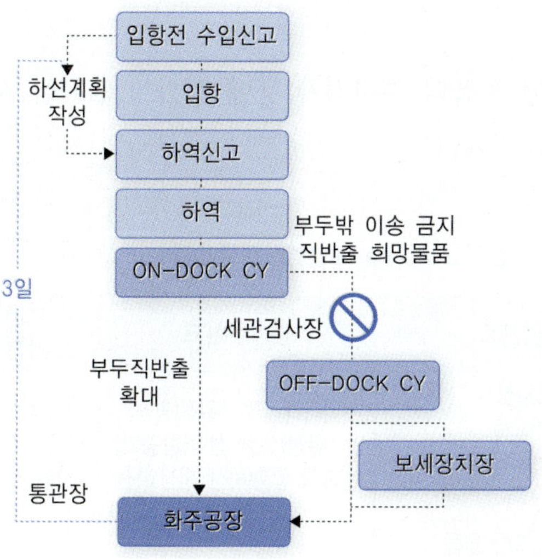

자료: 관세청

4) 입항전수입신고(법 제244조)

"입항전수입신고"란 수입물품을 선(기)적한 선박 등이 물품을 적재한 항구나 공항에서 출항한 후 입항(법 제140조에 따라 항공화물은 하기신고시점, 해상화물은 하선신고시점을 기준으로 한다.)하기 전에 수입신고하는 것을 말한다(수입통관사무처리에 관한 신고 제3조제2호).

① 수입하려는 물품의 신속한 통관이 필요할 때에는 제243조제2항에도 불구하고 대통령령으로 정하는 바에 따라 해당 물품을 적재한 선박이나 항공기가 입항하기 전에 수입신고를 할 수 있다. 이 경우 입항전수입신고가 된 물품은 우리나라에 도착한 것으로 본다.

② 세관장은 입항전수입신고를 한 물품에 대하여 제246조에 따른 물품검사의 실시를 결정하였을 때에는 수입신고를 한 자에게 이를 통보하여야 한다.

③ 검사대상으로 결정된 물품은 수입신고를 한 세관의 관할 보세구역(보세구역이 아닌 장소에 장치하는 경우 그 장소를 포함)에 반입되어야 한다. 다만, 세관장이 적재상태에서 검사가 가능하다고 인정하는 물품은 해당 물품을 적재한 선박이나 항공기에서 검사할 수 있다.

④ 검사대상으로 결정되지 아니한 물품은 입항 전에 그 수입신고를 수리할 수 있다.

⑤ 입항전수입신고가 수리되고 보세구역 등으로부터 반출되지 아니한 물품에 대하여는 해당 물품이 지정보세구역에 장치되었는지 여부에 관계없이 제106조제4항을 준용한다.

⑥ 입항전수입신고된 물품의 통관절차 등에 관하여 필요한 사항은 관세청장이 정한다.[전문개정 2010.12.30.]

표 10-6 우리나라의 수입신고 시기별 요건 및 관할세관

구분		출항전신고	입항전신고	보세구역 도착전 신고[8)]	보세구역 장치후 신고
신고시기		우리나라 입항 5일전(항공기는 1일전)으로 물품을 적재한 선박(항공기)의 적재항 출항 전	우리나라 입항 5일전(항공기는1일전)으로 선박(항공기) 출항 후 입항(하선[기]신고)전	입항 후 당해 물품이 반입될 보세구역 도착 전	당해물품의 보세구역 장치 후
신고대상 물품		· 항공기로 수입되는 물품 · 일본 · 중국 · 대만 · 홍콩으로부터 선박으로 수입되는 물품	제한 없음	제한 없음	제한 없음
신고세관		입항예정지 세관	입항예정지 세관	도착예정 보세구역 관할세관	장치물품 보세구역 관할세관
검사대상 여부 통보 시기		선박(항공기)이 출항하였음을 입증하는 자료제출(출항신고서/적하목록)하는 시점	수입신고일	수입신고일	수입신고일
신고 수리 시기	검사 생략	적하목록 제출 후	적하목록 제출 후	보세구역 도착보고 후	수입신고 후
	검사 대상	물품검사 종료 후	물품검사 종료 후	물품검사 종료 후	물품검사 종료 후

8) 보세구역도착전 신고건의 도착전 심사결재등록제 시행
'보세구역도착전 수입신고건에 대한 도착전 심사결재등록제'를 2014년 6월 23일부터 전국세관으로 확대시행되었다. 이에 '보세구역 도착전에 심사결재가 등록된 건'은 수입통관사무처리에 관한 고시 제35조제1항2호에 따라 보세구역도착보고(반입보고)가 되어야만 신고수리가 되는 것이므로 실제 보세구역에 도착없이 허위보고 및 허위도착보고(반입보고)하는 사례가 발생하지 않도록 화물관리에 만전을 기해야 한다.

1. 다음 중 관세법상 입항전수입신고제도에 대한 설명으로 잘못된 것은?

(2017년 제4회 국제무역사 1급 기출)

① 당해 물품을 전개한 항공기가 그 물품을 적재한 공항에서 출항하여 우리나라에 입항하기 1일 전부터 할 수 있다.

② 입항전수입신고가 수리된 물품이라도 보세구역에 반입되어야 우리나라에 도착한 것으로 본다.

③ 입항전수입신고가 된 물품이 검사대상으로 결정되지 아니하면 입항전에 수입신고를 수리할 수 있다.

④ 입항전수입신고가 된 물품이 검사대상으로 결정되면 수입신고를 한 세관의 관할 보세구역에 반입도어야 하나, 적재 상태에서 감사가 가능하다고 인정되는 경우 선박이나 항공기에서 검사할 수 있다.

1-②

(1) 출항전신고 및 입항전신고의 요건(수입통관 사무처리에 관한 고시 제7조)

출항전신고[9]나 입항전신고는 해당물품을 적재한 선박 등이 우리나라에 입항하기 5일 전 (항공기에 의한 경우에는 1일전)부터 할 수 있다(수입통관 사무처리에 관한 고시 제7조제1항).

(2) 출항전신고 및 입항전신고 제외 대상물품

제1항에도 불구하고 다음 각 호의 물품은 해당 선박 등이 우리나라에 입항한 후에 신고하여야 한다. 다만, 제1호의 물품으로서 해당 선박 등이 우리나라에 입항하는 날이 해당 법령의 시행일보다 빠른 경우에는 그러하지 아니하다(수입통관 사무처리에 관한 고시 제7조제2항).

1. 세율이 인상되거나 새로운 수입요건을 갖추도록 요구하는 법령이 적용되거나 적용될 예정인 물품
2. 농・수・축산물이나 그 가공품으로서 수입신고하는 때와 입항하는 때의 물품의 관세율표 번호 10단위가 변경되는 물품
3. 농・수・축산물이나 그 가공품으로서 수입신고하는 때와 입항하는 때의 과세 단위(수량이나 중량)가 변경되는 물품

9) 출항전신고는 항공기로 수입되는 물품이나 일본, 중국, 대만, 홍콩으로부터 선박으로 수입되는 물품을 선(기)적한 선박과 항공기(선박 등)가 해당물품을 적재한 항구나 공항에서 출항하기 전에 수입신고하는 것을 말한다(수입통관 사무처리에 관한 고시 제3조제1호).

5) 수출신고

(1) 신고의 시기(수출통관 사무처리에 관한 고시 제4조)

수출하려는 자는 해당 물품이 장치된 물품소재지를 관할하는 세관장에게 수출신고를 하여야 한다. 다만 제32조부터 제35조까지 별도로 정한 특수형태의 수출인 경우에는 해당 규정을 따른다.

(2) 수출신고의 기준(수출통관 사무처리에 관한 고시 제4조)

수출신고는 해당 물품을 외국으로 반출하려는 선박 또는 항공기의 적재단위(S/R 또는 S/O, B/L 또는 AWB)별로 하여야 한다. 다만, 제50조 및 제51조에서 별도로 정한 경우에는 그렇지 않다.

(3) 수출신고의 효력발생시점(수출통관 사무처리에 관한 고시 제8조)

수출신고의 효력발생시점은 전송된 신고자료가 통관시스템에 접수된 시점으로 한다.

6) 신고시의 제출서류(법 제245조)[10)]

(1) 수출입 및 반송신고 서류의 제출

제241조 또는 제244조에 따른 수출・수입 또는 반송의 신고를 하는 자는 과세가격결정자료 외에 대통령령으로 정하는 다음의 서류를 제출하여야 한다(법 제245조제1항). 〈개정 2013.8.13.〉[대통령령 제23602호, 2012.2.2., 일부개정]

1. 선하증권 사본 또는 항공화물운송장 사본,
2. 원산지증명서(제236조제1항이 적용되는 경우로 한정)
3. 기타 참고서류 등

(가) 수입신고시 제출서류

신고인은 서류제출대상으로 선별된 수입신고건에 대하여는 수입신고서에 다음의 서류를 스캔 등의 방법으로 전자 이미지화하거나 무역서류의 전자제출을 이용하여 통관시스

---

10) 관세청에서는 수입신고 시 세관에 제출해야 하는 서류를 전자적인 방식 또는 전자이미지화하여 전송할 수 있도록 시스템을 구축하고 있다. 수입통관사무처리에 관한 고시 제14조제1항에서 말하는 무역서류란 송품장, 선하증권(항공화물운송장을 포함), 원산지증명서, 포장명세서를 말한다.

템에 전송하는 것을 원칙으로 한다(수입통관사무처리에 관한 고시 제15조제1항).

1. 송품장. 다만, 잠정가격으로 수입신고 할 때 송품장이 해외에서 도착하지 아니한 경우에는 계약서(송품장은 확정가격신신고시 제출)
2. 가격신고서(해당물품에 한함)
3. 선하증권(B/L)부본이나 항공화물운송장(AWB)부본
4. 포장명세서[포장박스별로 품명(규격) · 수량을 기재해야 하며, 세관장이 필요 없다고 인정하는 경우는 제외]
5. 원산지증명서(해당물품에 한함)
6. 「관세법 제226조에 따른 세관장 확인물품 및 확인방법 지정고시」 제3조에 따른 수입요건 구비서류(해당물품에 한함)
7. 관세감면(분납)용도세율적용신청서(별지 제9호 서식)(해당물품에 한함)
8. 합의에 의한 세율적용 승인(신청)서(별지 제29호 서식)
9. 「지방세법 시행령」 제71조에 따른 담배소비세 납세담보확인서(해당물품에 한함)
10. 할당 · 양허관세 및 세율추천 증명서류 및 종축 · 치어의 번식 · 양식용 해당세율 증명서류(동 내용을 전산으로 확인할 수 없는 경우에 한함)전자서류는 원본으로 본다. 다만, 제출한 서류가 위변조된 것으로 확인될 때에는 원본으로서의 효력을 상실한다.

(나) 종이서류의 제출(수입통관 사무처리에 관한 고시 제15조제2항).

1. 킴벌리프로세스증명서 제출대상물품(원본)
2. 일시수입통관증서(A.T.A Carnet)에 의한 일시수입물품(원본)
3. SOFA협정 적용대상물품(원본)
4. 법 제38조제2항 단서에 따른 사전세액심사 대상물품[11]
5. 부과고지 대상물품
6. 신고수리전 반출대상물품
7. 제1호에서 제6호 이외의 경우로 첨부서류가 20매를 초과하는 경우. 다만 신고인이 원하는 경우 전자문서로 제출할 수 있다.

---

11) 다만, 다음 각 목의 어느 하나에 해당하는 물품은 제외한다.
「부가가치세법」 제27조제1호 · 제2호와 제15호(같은 법 시행령 제56조제22호 해당물품에 한함) 해당물품, 특급탁송물품으로서 소액면세대상물품, 감면대상 물품, 재수입면세대상 물품, 수출입물품의 포장용품, 개성공업지구로부터 반입되는 임가공물품, 규칙 제8조제5호에 따라 관세청장이 정하는 물품 중 농축수산물을 제외한 물품, 관세를 분할납부하려는 물품, 관세를 체납하고 있는 자가 신고하는 물품

8. 전산장애 등으로 첨부서류 전송시스템을 이용할 수 없는 경우
9. 관세청장이나 세관장이 종이서류 제출이 필요하다고 인정하는 경우

제2항에 따라 종이서류를 제출하는 경우에는 원본이나 수입화주가 원본대조필한 사본(원본 제출대상은 제외)을 제출하여야 한다. 다만, 세관장이 필요로 하는 경우 신고수리전이거나 신고수리 후 원본의 제출을 요구할 수 있다(수입통관 사무처리에 관한 고시 제15조제3항).

세관장은 제1항과 제2항에 따른 제출서류 중 신고수리전까지 제출할 수 없는 부득이한 사유가 있거나 신고성실도 등을 감안하여 신고수리후에 제출하여도 통관관리에 지장이 없다고 세관장이 인정하는 경우에는 신고수리후에 제출하게 할 수 있다. 다만, 다음 각 호의 서류는 신고수리전에 제출하여야 한다(수입통관 사무처리에 관한 고시 제15조제4항).

1. 킴벌리프로세스 증명서
2. 수입요건 구비서류
3. 관세감면(분납)/용도세율 적용신청서
4. 「지방세법 시행령」 제71조에 따른 담배소비세 납세담보확인서
5. 할당 · 양허관세 세율추천 증명서류 및 종축 · 치어의 번식 · 양식용 해당세율 증명서류

전자서류는 원본으로 본다. 다만, 제출한 서류가 위변조된 것으로 확인될 때에는 원본으로서의 효력을 상실한다(수입통관 사무처리에 관한 고시 제15조제5항).

(2) 신고서류의 생략

제1항에 따라 서류를 제출하여야 하는 자가 해당 서류를 관세사 등에게 제출하고, 관세사 등이 해당 서류를 확인한 후 제241조 또는 제244조에 따른 수출 · 수입 또는 반송에 관한 신고를 하는 때에는 해당 서류의 제출을 생략하게 하거나 해당 서류를 수입신고 수리 후에 제출하게 할 수 있다. 제2항에 따라 서류의 제출을 생략하게 하거나 수입신고 수리 후에 서류를 제출하게 하는 경우 세관장이 필요하다고 인정하여 신고인에게 관세청장이 정하는 장부나 그 밖의 관계 자료의 제시 또는 제출을 요청하면 신고인은 이에 따라야 한다(법 제245조제2항~3항). [전문개정 2010.12.30.]

3. 물품의 검사

"물품의 검사"란 수출입 신고된 물품 이외에 은닉된 물품이 있는지와 수출입신고사항과 현품의 일치 여부를 확인하는 것을 말한다. 수출입물품의 검사목적은 신고서에 기재된 물품과 수출입물품에 대한 현품확인 및 과세가격과 세율을 확정, 관세 등 환급금 산출의 확정 등을 정확히 하고 밀수품이 수입되는 것 등을 발견하기 위함이다. 이러한 물품의 검사는 통관절차에 있어서 현품확인 및 과세확정에 따른 가장 핵심이 되는 부분이다.

1) 물품의 검사(법 제246조)

세관공무원은 수출·수입 또는 반송하고자 하는 물품에 대하여 검사를 할 수 있다. 관세청장은 검사의 효율을 거두기 위하여 검사대상, 검사범위, 검사방법 등에 관하여 필요한 기준을 정할 수 있다. 화주는 수입신고를 하고자 하는 물품에 대하여 수입신고전에 관세청장이 정하는 바에 의하여 확인을 할 수 있다(법 제246조제1항~3항).

(1) 검사대상 수입물품(수입통관 사무처리에 관한 고시 제28조)

① 수입신고물품 중 검사대상은 수입신고자료 접수 시 통관시스템에 의해 선별하거나, 제21조에 따른 신고서처리방법 결정시 세관공무원에 의해 선별한다. 다만, 제6장에 따라 수입신고전물품반출신고하는 물품은 제131조에 따른 반출신고시 검사대상을 선별한다.

② 제1항을 운영함에 있어 다음 각 호의 어느 하나에 해당하는 경우에는 검사비율을 낮게 운영할 수 있다.

1. 관세청장이 따로 정하는 기준에 의하여 법규준수도가 높다고 인정된 업체가 수입하는 물품
2. 제13조제3항에서 정하는 수입업체 평가등급이 A이거나 B등급인 업체 중 검사적 발실적이 없는 업체가 수입하는 물품
3. 최근 2년간 법 위반사실과 체납사실이 없는 「외국인투자촉진법」에 따른 외국인투자기업이 수입하는 물품

③ 제1항을 적용할 때에는 다음 각 호의 기준에 따라 검사비율을 차등 적용할 수 있다.

1. 수입신고되는 물품의 공급망에 속한 당사자의 성실도
2. 수입물품의 종류, 원산지, 적출국 등 수입신고물품과 관련된 특성

(2) 검사방법(수입통관 사무처리에 관한 고시 제32조)

① 검사대상물품은 전량검사, 발췌검사, 분석검사나 과학장비에 의한 검사 방법으로 검사를 실시한다.

② 다음 각 호의 어느 하나에 해당하는 물품에 대하여는 2인 이상의 검사자를 지정하여 검사를 실시할 수 있다.

1. 우범성 정보가 있는 물품
2. 전량검사 대상물품이거나 기타 수량과다 등으로 과장이 복수검사를 지시한 경우

(3) 검사대상 수출물품(수출통관 사무처리에 관한 고시 제17조)

① 수출신고물품에 대한 검사는 생략한다. 다만, 제16조제1항에 따라 물품을 확인할 필요가 있는 경우에는 물품검사를 할 수 있다.

② 수출물품의 검사는 신고수리 후 적재지에서 검사하는 것을 원칙으로 한다.

③ 세관장은 제2항에도 불구하고 적재지 검사가 부적절하다고 판단되는 물품이나 반송물품, 계약상이물품, 재수출물품 및 원상태수출물품, 국제우편 운송 수출물품 등은 신고지 세관에서 물품검사를 실시할 수 있다.

④ 신고인은 적재지검사 대상물품을 수출신고한 이후 적재지가 변경되는 경우에는 물품검사 이전에 수출신고를 정정하여야 한다.

⑤ 적재지 관할 세관장은 필요하다고 인정되는 경우 물품검사 생략대상으로 수출신고수리된 물품에 대하여도 컨테이너검색기검사 등의 검사를 실시할 수 있다.

⑥ 세관장은 수출물품의 효율적인 검사를 위하여 필요한 경우 포장명세서 등 관계자료의 제출을 요구할 수 있다.

⑦ 세관장은 제3항에 따른 신고지검사를 완료한 수출물품에 대하여 봉인조치를 하거나 보세운송을 통하여 적재지 보세구역으로 운송하도록 할 수 있다.

⑧ 세관장은 제2항 및 제3항에 따른 물품검사가 완료되고 적재지 보세구역에 반입된 물품이 제45조에 따른 적재 목적 이외의 사유로 반출되는 경우 해당물품이 적재지 보세구역에 재반입된 때 물품검사를 다시 할 수 있다.

(4) 검사대상 반송물품

「수출통관 사무처리에 관한 고시」에서 검사대상으로 선별되었거나 사회관심 품목등 소비재와 정상 수출입을 가장한 부정무역의 우려가 있는 물품 등 세관장이 필요하다고

인정하는 경우에는 검사할 수 있다.

검사담당세관공무원은 물품검사를 할 때에 반송신고물품이 당초 반입된 물품의 품명, 규격 등과 일치하는지 여부를 확인하여야 하며 마약류 등 불법부정 물품의 혼재 또는 은닉 여부에 특히 유의하여 검사를 하여야 한다.

2) 물품의 검사에 따른 손실보상(제246조의2)

관세청장 또는 세관장은 제246조에 따른 세관공무원의 적법한 물품검사로 인하여 물품에 손실이 발생한 경우 그 손실을 입은 자에게 보상(손실보상)하여야 한다. 이에 따른 손실보상의 기준, 보상금액에 관한 사항은 대통령령으로 정한다.

손실보상의 지급절차 및 방법, 그 밖에 필요한 사항은 관세청장이 정한다(법 제246조의2 제1항~3항). [본조신설 2015.12.15.]

3) 물품에 대한 안전성 검사(제246조의3)

세관장은 중앙행정기관의 장과 협의하여 제226조에 따른 세관장의 확인이 필요한 수출입물품 등 다른 법령에서 정한 물품의 성분·품질 등에 대한 안전성 검사를 할 수 있다. 안전성 검사에 필요한 정보교류 등 대통령령으로 정하는 사항을 협의하기 위하여 관세청에 수출입물품안전관리기관협의회를 둔다. 수출입물품안전관리기관협의회의 구성·운영과 그 밖에 필요한 사항은 대통령령으로 정한다.

안전성 검사의 방법·절차 등에 관하여 필요한 사항은 관세청장이 정한다(법 제246조의3 제1항~4항). [본조신설 2015.12.15.]

제246조의3(물품에 대한 안전성 검사)

① 관세청장은 중앙행정기관의 장의 요청을 받아 세관장으로 하여금 제226조에 따른 세관장의 확인이 필요한 수출입물품 등 다른 법령에서 정한 물품의 성분·품질 등에 대한 안전성 검사(안전성 검사)를 하게 할 수 있다.<개정 2017.12.19.>

② 중앙행정기관의 장은 제1항에 따라 안전성 검사를 요청하는 경우 관세청장에게 해당 물품에 대한 안전성 검사 방법 등 관련 정보를 제공하여야 한다.<신설 2017.12.19.>

③ 관세청장은 제1항에 따라 중앙행정기관의 장의 안전성 검사 요청을 받은 경우 해당 안전성 검사를 위하여 필요한 인력 및 설비 등을 고려하여 안전성 검사 대상 물품을 지정하여야 하고, 그 결과를 해당 중앙행정기관의 장에게 통보하여야 한다.<신설 2017.12.19.>

④ 관세청장은 세관장에게 제3항에 따라 지정된 안전성 검사 대상 물품의 안전성 검사에 필요한 자체 검사 설비를 지원하는 등 원활한 안전성 검사를 위한 조치를 취하여야 한다.<신설 2017.12.19.>
⑤ 세관장은 제3항에 따라 안전성 검사 대상 물품으로 지정된 물품에 대하여 중앙행정기관의 장과 협력하여 안전성 검사를 실시하여야 한다.<신설 2017.12.19.>
⑥ 관세청장은 안전성 검사 결과 불법 · 불량 · 유해 물품으로 확인된 물품의 정보를 관세청 인터넷 홈페이지를 통하여 공개할 수 있다.<신설 2017.12.19.>
⑦ 안전성 검사에 필요한 정보교류 등 대통령령으로 정하는 사항을 협의하기 위하여 관세청에 수출입물품안전관리기관협의회를 둔다.<개정 2017.12.19.>
⑧ 제7항에 따른 수출입물품안전관리기관협의회의 구성 · 운영과 그 밖에 필요한 사항은 대통령령으로 정한다.<개정 2017.12.19.>
⑨ 제1항부터 제8항까지에서 규정한 사항 외에 안전성 검사의 방법 · 절차 등에 관하여 필요한 사항은 관세청장이 정한다.<개정 2017.12.19.>
[본조신설 2015.12.15.][시행일 : 2018.7.1.] 제246조의3

4) 검사장소(법 제247조)

제186조제1항 또는 제246조에 따른 검사는 제155조제1항에 따라 장치할 수 있는 장소에서 한다. 다만, 수출하려는 물품은 해당 물품이 장치되어 있는 장소에서 검사한다. 그럼에도 불구하고 세관장은 효율적인 검사를 위하여 부득이하다고 인정될 때에는 관세청장이 정하는 바에 따라 해당 물품을 보세구역에 반입하게 한 후 검사할 수 있다.

검사 장소가 지정장치장이나 세관검사장이 아닌 경우 신고인은 기획재정부령으로 정하는 바에 따라 수수료를 납부하여야 한다. 다만, 보세창고의 경우 신고인이 운영인과 다른 경우에는 수수료를 납부하지 아니한다(법 제247조제1항~3항).

(1) 검사수수료(법 시행규칙 제78조: 검사수수료)

수출물품에 대한 검사의 경우에는 기본수수료를 면제한다.〈개정 2012.2.28.〉

검사수수료는 다음 계산식에 따른다.

[기본수수료(시간당 기본수수료 2천원 × 해당 검사에 걸리는 시간)] + 실비상당액(세관과 검사장소와의 거리 등을 고려하여 관세청장이 정하는 금액)

5) 검사방법

검사대상물품은 전량검사, 발췌검사, 분석검사나 과학장비에 의한 검사 방법으로 검사를 실시한다. 이때 우범성 정보가 있는 물품, 전량검사 대상물품이거나 기타 수량과다 등으로 과장이 복수검사를 지시한 경우에 해당하는 물품에 대하여는 2인 이상의 검사자를 지정하여 검사를 실시할 수 있다.

6) 임시개청

"임시개청"이란 공휴일이나 세관의 개청시간외에 수입통관절차, 보세운송절차 및 입출항절차를 취하고자 하는 경우 세관장에게 미리 통보하는 민원사무를 말한다. 이때는 부득이한 경우를 제외하고는 「공무원복무규정」에 따른 공무원의 근무시간 내에 사무의 종류 및 시간과 사유 등을 기재한 임시개청신청(통보)서(별지 제28서식)에 의하여 세관장에게 전자문서로 미리 통보하여야 한다(수입통관 사무처리에 관한 고시 제34조제1항).

임시개청의 처리기간은 즉시(근무시간 내 3시간)이며, 수수료는 기본료(평일 4,000원, 공휴일 12,000원) + 시간당수수료, 수출은 수입의 1/4을 적용하며 누구나 신청 가능하다.

4. 신고의 처리

1) 신고의 수리(법 제248조)

세관장은 제241조 또는 제244조(입항전수입신고, 수출・수입 및 반송)에 따른 신고가 관세법에 따라 적합하게 이루어졌을 때에는 이를 지체 없이 수리하고 신고인에게 신고필증을 발급하여야 한다. 다만, 제327조제2항(전자신고 등)에 따라 국가관세종합정보망의 전산처리설비를 이용하여 신고를 수리하는 경우에는 관세청장이 정하는 바에 따라 신고인이 직접 전산처리설비를 이용하여 신고필증을 발급받을 수 있다(제248조제1항).

2) 담보의 제공

세관장은 관세를 납부하여야 하는 물품에 대하여는 제241조 또는 제244조에 따른 신고를 수리할 때에 다음 각 호의 어느 하나에 해당하는 자에게 관세에 상당하는 담보의 제공을 요구할 수 있다(법 제248조제2항).

1. 이 법 또는 「수출용원재료에 대한 관세 등 환급에 관한 특례법」 제23조를 위반하여 징역형의 실형을 선고받고 그 집행이 끝나거나(집행이 끝난 것으로 보는 경우를 포함) 면제된 후 2년이 지나지 아니한 자
2. 이 법 또는 「수출용원재료에 대한 관세 등 환급에 관한 특례법」 제23조를 위반하여 징역형의 집행유예를 선고받고 그 유예기간 중에 있는 자

3. 제269조부터 제271조까지, 제274조, 제275조의2, 제275조의3 또는 「수출용 원재료에 대한 관세 등 환급에 관한 특례법」 제23조에 따라 벌금형 또는 통고처분을 받은 자로서 그 벌금형을 선고받거나 통고처분을 이행한 후 2년이 지나지 아니한 자
4. 제241조 또는 제244조에 따른 수입신고일을 기준으로 최근 2년간 관세 등 조세를 체납한 사실이 있는 자
5. 수입실적, 수입물품의 관세율 등을 고려하여 대통령령으로 정하는 관세채권의 확보가 곤란한 경우에 해당하는 자

세관장은 수입신고한 내용을 심사한 후 법 제248조(신고의 수리)에 따라 신고수리하는 것을 원칙으로 한다. 다만, 출항전신고, 입항전신고, 보세구역 도착전신고 물품에 대하여는 다음 각 호에 따른 요건이 완료된 때 신고수리 한다(수입통관 사무처리에 관한 고시 제35조제1항).

1. 출항전신고나 입항전신고 물품은 「보세화물 입출항 하선 하기 및 적재에 관한 고시」에 따른 적하목록 심사가 완료된 때. 다만, 수입신고전에 적하목록 심사가 완료된 때에는 수입신고 심사가 완료된 때
2. 보세구역 도착전 신고물품은 법 제215조에 따라 보세운송 도착보고된 때(하역절차에 따라 하역장소로 반입되는 때에는 법 제157조에 따라 반입신고된 때)

세관장이 수입통관 사무고시 제28조(검사대상)에 따라 검사대상으로 선별하거나 「보세화물 입출항 하선(기) 및 적재에 관한 고시」에 따라 관리대상화물로 선별한 경우에는 해당 물품검사가 종료된 후에 수리한다(수입통관 사무처리에 관한 고시 제35조제2항).

(1) 수입신고의 수리

검사대상으로 결정되지 아니한 물품은 입항전에 그 수입신고를 수리할 수 있다.

(2) 수출신고의 수리

수출신고의 수리는 다음의 구분에 의한 신고서 처리방법에 따른다.

① 자동수리대상: 통관시스템에서 자동으로 신고수리

"자동수리"란 수출신고를 하면 별도의 세관 심사없이 수출통관시스템에서 자동으로 즉시 신고수리하는 것을 말한다.

② 심사대상: 심사후 수리

"심사"란 신고된 세번과 신고가격 등 신고사항의 적정여부, 법령에 의한 수출요건

의 충족여부 등을 확인하기 위하여 관련 서류나 분석결과를 검토하는 것을 말한다.

③ 검사대상: 검사후 수리. 다만, 적재지검사대상은 수출물품을 적재하기 전에 검사를 받는 조건으로 신고를 수리할 수 있다.

(3) 반송신고의 수리

세관장은 반송신고 물품에 대하여 신고사항 및 신고서류에 이상이 없는 때와 물품검사를 하는 경우 신고사항과 현품이 일치하는 등 이상이 없는 때에 검사결과 이상유무를 수출통관시스템에 등록하고 신고를 수리하여야 한다.

또한 세관장은 반송신고를 수리한 때에는 세관특수청인에 관한 규정(기획재정부 훈령)에 따른 세관특수청인을 전자적으로 날인한 반송신고필증을 교부한다. 이 경우 보세운송을 요하지 아니하는 물품 중 검역 등 수입검사 불합격 물품과 부정유출우려가 많은 사회관심품목 등 세관장이 필요하다고 인정하는 경우에는 반송신고필증 사본을 적재 확인업무 담당과에 즉시 송부하여야 한다.

표 10-7 신고서처리기간의 시점계산일

신고의 종류	검사유무	시점계산일
출항전신고나 입항전신고 물품	검사가 생략되는 물품	적하목록심사완료일
	검사가 생략되는 물품으로서 수입신고전에 적하목록 심사완료된 때	수입신고일
출항전신고, 입항전신고, 보세구역 도착전신고물품	검사대상으로 선별된 물품	해당물품의 검사장소 반입일
보세구역 도착전신고물품	검사생략물품	반입하려는 보세구역 도착일
보세구역 장치후신고물품		수입신고일
제30조에 따라	선상에 적재한 상태로 검사할 물품	수입신고일

(4) 신고수리시 담보의 제공

세관장은 관세를 납부하여야 하는 물품에 대하여는 입항전수입신고, 수출 · 수입 및 반송에 따른 신고를 수리할 때에 다음에 해당하는 자에게 관세에 상당하는 담보의 제공을 요구할 수 있다(제248조제2항).

1. 관세법 또는 「수출용원재료에 대한 관세 등 환급에 관한 특례법」 제23조를 위반하여 징역형의 실형을 선고받고 그 집행이 끝나거나(집행이 끝난 것으로 보는 경우를 포함) 면제된 후 2년이 지나지 아니한 자

2. 관세법 또는 「수출용원재료에 대한 관세 등 환급에 관한 특례법」 제23조를 위반하여 징역형의 집행유예를 선고받고 그 유예기간 중에 있는 자
3. 밀수출입죄, 관세포탈죄, 미수범 등 밀수품의 취득죄, 체납처분면탈죄 또는 「수출용원재료에 대한 관세 등 환급에 관한 특례법」 제23조에 따라 벌금형 또는 통고처분을 받은 자로서 그 벌금형을 선고받거나 통고처분을 이행한 후 2년이 지나지 아니한 자
4. 수출·수입 또는 반송의 신고 또는 입항전수입신고에 따른 수입신고일을 기준으로 최근 2년간 관세 등 조세를 체납한 사실이 있는 자
5. 수입실적, 수입물품의 관세율 등을 고려하여 대통령령으로 정하는 다음의 관세채권의 확보가 곤란한 경우에 해당하는 자
   ⓐ 최근 2년간 계속해서 수입실적이 없는 자
   ⓑ 파산, 청산 또는 개인회생절차가 진행 중인 자
   ⓒ 수입실적, 자산, 영업이익, 수입물품의 관세율 등을 고려할 때 관세채권 확보가 곤란한 경우로서 관세청장이 정하는 요건에 해당하는 자

세관장은 법 제248조제2항과 「관세 등에 대한 담보제공과 정산제도 운영에 관한 고시」에 따라 관세 등에 상당하는 담보를 제공하여야 하는 물품에 대하여는 담보가 제공된 경우에 수입신고를 수리한다. 관세 등의 수납여부 확인은 수납기관에서 전자문서로 전송한 영수필통지에 의한다. 다만, 전자문서로 전송할 수 없는 수납기관에 관세 등을 납부한 경우에는 수납기관에서 우송한 영수필통지서에 의하여 확인하며, 이때 담당세관공무원은 통관시스템에 수납사항을 등록하여야 한다.(수입통관 사무처리에 관한 고시 제36조제1항~2항)

(5) 반출의 금지

신고수리 전에는 운송수단, 관세통로, 하역통로 또는 관세법에 따른 장치 장소로부터 신고 된 물품을 반출하여서는 아니 된다(법 제248조제3항).

3) 신고사항의 보완(법 제249조)

세관장은 ① 수출·수입 또는 반송에 관한 신고서의 기재사항이 갖추어지지 아니한 경우나 ② 신고 시의 제출서류가 갖추어지지 아니한 경우에는 수출·수입 또는 반송 및

입항전 수입신고에 따른 신고가 수리되기 전까지 이를 보완하게 할 수 있다. 다만, 미비된 사항이 경미하고 신고수리 후에 보완이 가능하다고 인정되는 경우에는 신고수리 후 이를 보완하게 할 수 있다.

(1) **보완요구**(수입통관 사무처리에 관한 고시 제25조제1항)

① 신고서 항목의 기재사항이 미비된 경우

② 신고서 심사결과 첨부서류가 누락되었거나 증빙자료의 보완이 필요한 경우

③ P/L신고를 서류제출신고로 변경하고자 하는 경우

(2) **통관보류**(수입통관 사무처리에 관한 고시 제26조1호~5호)

세관장은 심사결과 수입물품이 다음에 해당하는 경우에는 해당 물품의 통관을 보류할 수 있으며 통관을 보류한 경우 이를 통관시스템에 입력한다.

① 신고서 기재사항 또는 신고 시에 제출서류 등 중요한 사항이 미비되어 보완이 필요한 경우

② 관세법의 규정에 의한 의무사항을 위반하거나 국민보건 등을 위해할 우려가 있는 경우

③ 관세범칙혐의로 고발의뢰하거나 조사하는 경우

④ 관세법 제230조의2(품질등 허위 · 오인 표시물품의 통관 제한)에 따른 품질 등의 허위 · 오인표시물품

⑤ 기타 통관심사결과 신고수리의 요건을 구비하는데 오랜 시일이 걸리는 경우

4) 신고수리의 효력발생시점

통관시스템을 통하여 신고인에게 신고수리가 되었음을 통보한 시점으로 한다. 다만, 제144조제1항에 따라 수작업에 의하여 신고수리하는 때에는 신고인에게 신고필증을 교부한 시점으로 한다(수입통관 사무처리에 관한 고시 제35조제4항).

5) 신고필증[12]의 교부

세관장은 수입신고를 수리한 때에는 세관특수청인을 전자적으로 날인한 신고필증을

12) 수입신고필증에는 위변조 방지를 위하여 세관특수청인, 워터마크(관세청 로고), 발행일련번호, 2차원 바코드, 복사본표시마크 등 다양한 장치가 마련되어 있다.

신고인(관세사 등)에게 교부한다. 다만, 각 호의 사유가 있을 때에는 해당 각호의 방법으로 교부한다.

1. 부득이한 사정으로 신고필증을 전자적으로 교부할 수 없는 경우: 수입신고서에 세관특수청인을 직접 날인하여 교부
2. 신고물품의 규격수가 50개를 초과하여 전산으로 입력하지 않고 신고서 및 신고필증에 상세내역사항을 별도의 붙임서류로 첨부하여 신고하는 경우: 세관특수청인을 전자적으로 날인한 신고필증과 붙임서류의 경계면에 신고서 처리담당자 인장을 날인하여 교부

신고서를 정정하는 때에는 신고필증을 다시 교부한다. 이 경우 세관장은 제출한 증빙자료를 수입·납세신고정정신청서(별지 제6호 서식)와 함께 보관하여야 한다. 교부된 신고필증이 통관시스템에 보관된 전자문서의 내용과 상이한 경우에는 통관시스템에 보관된 전자문서의 내용을 원본으로 한다(수입통관 사무처리에 관한 고시 제37조제1항~3항).

6) 신고의 취하 및 각하(법 제250조)

일반적으로 신고의 취하란 당사자가 결정한 법률행위를 취소하는 행위이고, 각하는 결정의 기관에서 신청행위에 결함이 있거나 하여 보완이 되지 않을 때 처리를 취소시키는 것을 말한다.

이 법 제250조제1항에서는 '신고'는 정당한 이유가 있는 경우에만 세관장의 승인을 받아 취하할 수 있다. 다만, 수입 및 반송의 신고는 운송수단, 관세통로, 하역통로 또는 관세법에 규정된 장치 장소에서 물품을 반출한 후에는 취하할 수 없다"라고 규정하고 있다. '신고의 각하'는 신고의 요건을 갖추지 못하였거나 허위 기타 부정한 방법으로 신고한 경우에 세관장의 직권으로 신고수리 전에 처리를 취소하는 것이다.

(1) 신고의 취하

수출·수입 또는 반송의 신고를 수리한 후 신고의 취하를 승인한 때에는 신고수리의 효력이 상실된다(법 제250조제2항).

(가) 수입신고의 취하(수입통관 사무처리에 관한 고시 제18조)

수입신고를 취하하려는 자는 "수입신고취하승인(신청)서(별지 제6-2호 서식)"에 수입신고 취하신청내용을 기재하여 통관지세관장에게 전송하여야 한다.

수입신고취하신청(승인)서를 접수한 세관장은 다음에 해당하는 경우에 한하여 수입신고취하를 승인하여야 한다. 이에 따른 수입신고취하 승인으로 수입신고나 수입 신고 수리의 효력은 상실한다.

1. 수입계약 내용과 상이한 물품, 오송물품, 변질·손상물품 등을 해외공급자 등에게 반송하기로 한 경우
2. 재해 기타 부득이한 사유로 수입물품이 멸실되거나 세관의 승인을 얻어 폐기하고자 하는 경우
3. 통관보류, 통관요건 불합격, 수입금지물품 등의 사유로 반송 또는 폐기하고자 하는 경우
4. 기타 위의 사항에 준하는 정당한 이유가 있다고 인정되는 경우

※ 정당한 신고취하 사유에 해당하지 않는 사례
① 경기불황 등에 따른 업체의 자금사정
② 감면신청, 할당관세 추천서 및 용도세율 신청서 제출 누락
③ 낮은 세율 적용을 위한 신고취하
④ 국내 판매 계약취소 등으로 인한 국내 판로 미확보 등

(나) 수출신고의 취하

수출신고를 취하하려는 자는 별지 제2호 서식의 수출신고취하승인(신청)서에 신고취하 신청내역을 기재하여 통관지세관장에게 전송하여야 한다. 수출신고취하신청(승인)서를 접수한 세관장은 정당한 이유가 있는 경우에 한정하여 수출신고취하를 승인하여야 한다. 이에 따라 수출신고의 취하를 승인하였을 때 수출신고 또는 수출신고수리의 효력은 상실된다.

(다) 반송신고의 취하

① 해외공급자 또는 해외구매자가 반송을 거부한 때: 해당 물품에 대한 반송거부를 증명할 수 있는 서류제출 및 처리계획
② 재해 기타 부득이한 사유로 반송대상 물품이 멸실되었거나 세관장의 승인을 얻어 폐기하고자 하는 경우: 멸실확인서 또는 멸각승인서 사본
③ 그 밖에 세관장이 타당하다고 인정하는 경우: 반송신고수리 세관장은 관할지 이외의 보세구역에 장치되어 있는 물품을 신고취하 승인을 하려는 경우에는 신고취하

대상물품이 장치된 보세구역을 관할하는 세관장에게 물품의 소재여부를 확인한 후 승인하여야 한다.

(라) 승인의 통보 및 승인서의 교부

세관장은 신청자가 신청한 정정・취하신청을 승인한 때에는 승인내역을 신청인에게 전산통보 할 수 있다. 신청자는 세관장으로부터 통보받은 내용과 일치하는 정정・취하승인서를 출력하여 화주에게 교부할 수 있다.

(2) 신고의 각하

세관장은 제241조 및 제244조(수출・수입 또는 반송의 신고 또는 입항전수입신고)의 신고가 그 요건을 갖추지 못하였거나 부정한 방법으로 신고되었을 때에는 해당 수출・수입 또는 반송의 신고를 각하할 수 있다(법 제250조제3항).

(가) 수입신고의 각하

다음의 경우에는 세관장은 신고를 각하할 수 있다(수입통관 사무처리에 관한 고시 제19조제1항~2항).

1. 사위(詐僞) 기타 부정한 방법으로 신고한 경우
2. 멸각, 폐기, 공매・경매낙찰, 몰수확정, 국고귀속이 결정될 경우
3. 제7조에 따른 출항전 신고 또는 입항전 신고의 요건을 갖추지 아니한 경우
4. 출항전 신고 또는 입항전 신고한 화물이 도착하지 아니한 경우
5. 기타 수입신고의 형식적 요건을 갖추지 못한 경우

세관장은 신고를 각하한 때에는 즉시 그 사실을 신고인에게 통보하고 통관시스템에 등록하여야 한다.

(나) 수출신고의 각하

세관장은 ① 거짓 또는 그 밖의 부정한 방법으로 신고한 경우 ② 그 밖에 수출신고의 형식적 요건을 갖추지 못한 경우에는 수출신고를 각하할 수 있다. 이 경우 세관장은 즉시 통관시스템에 등록하고 그 사실을 신고인에게 통보하여야 한다(2001.1.12. 개정).

(다) 직권 정정

신고내역이 잘못된 경우나 분석결과가 수출신고내역과 다른 경우는 신고내역을 정정할 수 있다.

7) 수출신고 및 반송신고수리물품의 적재 등(법 제251조)

(1) 수출신고 수리물품의 적재 기간

수출신고가 수리된 물품은 수출신고가 수리된 날부터 30일 이내에 운송수단에 적재하여야 한다. 다만, 기획재정부령으로 정하는 바에 따라 1년의 범위에서 적재기간의 연장승인을 받은 것은 그러하지 아니하다. 세관장은 위의 기간을 초과하는 물품에 대하여는 대통령령이 정하는 바에 의하여 수출신고의 수리를 취소할 수 있다(법 제251조제1항~2항).

수출신고가 수리된 물품의 수출 시기는 외국으로 떠나는 운송수단에 적재된 순간부터이다. 과거에 수출화물에 대하여 선적항과 수출신고면허지가 다른 경우 면허지에서 선적지까지 보세운송을 하여야 하였으나, 현행 수출신고수리일로부터 30일 이내에 운송수단에 적재됨으로써 선적이 확인됨으로 수출신고가 수리된 화물의 보세운송의무는 면제되었다.

(2) 반송물품의 적재확인(반송절차에 관한 고시 제11조)

반송신고수리 세관장은 반송신고수리물품이 수리일로부터 30일을 경과하였을 때에는 적재여부를 확인하여 적재하지 아니한 경우에는 국외반출 또는 취하하도록 기간을 정하여 법 제263조에 따른 명령을 하여야 한다.

(3) 수출신고수리의 취소(법 시행령 제255조)

① 세관장은 법 제251조제2항의 규정에 의하여 우리나라와 외국간을 왕래하는 운송수단에 적재하는 기간을 초과하는 물품에 대하여 수출신고의 수리를 취소하여야 한다. 다만, 다음 각호의 1에 해당하는 경우에는 그러하지 아니하다.

1. 신고의 취하 및 각하의 규정에 의한 신고취하의 승인신청이 정당한 사유가 있다고 인정되는 경우
2. 수출신고가 수리된 물품은 수출신고가 수리된 날부터 30일 이내에 운송수단에 적재하여야 한다는 규정에 의한 적재기간연장승인의 신청이 정당한 사유가 있다고 인정되는 경우
3. 세관장이 수출신고의 수리를 취소하기 전에 당해 물품의 적재를 확인한 경우
4. 기타 세관장이 수출신고가 수리된 물품은 수출신고가 수리된 날부터 30일 이내에 운송수단에 적재하여야 한다는 규정에 의한 기간내에 적재하기 곤란하다고

인정하는 경우

② 세관장은 수출신고의 수리를 취소하는 때에는 즉시 신고인에게 그 내용을 통지하여야 한다.

1. 물품의 수출입 통관을 위한 각종 신고에 대한 설명이다. 설명이 가장 옳지 않은 것은? (2014년 33회 국제무역사 기출)

① 대외무역법에 규정된 바에 따라 수출승인을 받은 물품이라도 관세법에 의한 수출신고를 하여야 한다.

② 대외무역법에 의해 수입승인이 면제되는 물품이라도 관세법에 규정된 수입신고를 하여야 한다.

③ 대외무역법에 의해 산업통상자원부장관이 고시한 통합공고에 따라 허가, 승인 등의 '요건확인'을 받았다 하더라도 관세법에 규정된 바에 따라 수출입신고를 하여야 한다.

④ 외국에서 외국으로 인도하는 물품이지만 그 대가를 국내에서 외화로 영수하는 것이라면 관세법에 규정된 바에 따라 수출신고를 하여야 한다.

1-④

제8절 통관절차의 특례(법 제252조~제255조의3)

일국의 관세영역을 넘나드는 수출입 물품의 통관은 정상적인 통관절차에 의하는 것이 원칙이다. 즉 수입의 경우 수입물품의 보세구역 반입, 수입신고, 심사 및 검사, 관세의 부과·징수와 수입신고 수리필의 과정을 거쳐서 내국물품이 외국물품화 되는 복잡한 절차와 과정을 거쳐야 한다. 그러나 수출입 물품의 특수성 또는 형태의 특수성에 의하여 통관절차를 간소화하여야 하는 경우가 있다. 관세법 제252조부터 제255조까지는 이러한 특수성에 따른 통관절차의 특례에 대한 사항을 법으로 규정하고 있다. 다음 [그림 10-7]은 이러한 통관절차의 특례에 의하여 물품을 통관하는 경우이다.

그림 10-7. 통관절차의 특례

- 통관절차의 특례
  - 수입신고수리전 반출(법 제252조)
  - 수입신고전 물품반출(법 제253조)
  - 전자상거래물품 등의 특별통관(제254조)
  - 탁송품 등의 특별통관법(제542조제2항)
  - 수출입안전관리 우수공인 업체(법 제255조제2항)

1. 수입신고수리전 반출

"수입신고수리전 반출"이란 수입신고는 하였으나 그 형식적 요건의 내용확인 또는 기타 사유로 그 신고의 수리가 지연되는 반면 그 물품을 빨리 수입해야 할 때에 그 신고의 수리를 하기 전에 그 물품을 반출할 수 있도록 세관장이 승인하여 그 물품을 반출시켜 수입하게 한 후에 그 신고를 수리하는 것을 말한다. 수입통관에 곤란한 사유가 없는 물품에 대하여는 수입신고수리 전 반출을 허용한다.

수입신고를 한 물품을 신고의 수리에 따른 세관장의 수리 전에 해당 물품이 장치된 장소로부터 반출하려는 자는 납부하여야 할 관세에 상당하는 담보를 제공하고 세관장의 승인을 받아야 한다. 다만, 정부 또는 지방자치단체가 수입하거나 담보를 제공하지 아니하여도 관세의 납부에 지장이 없다고 인정하여 대통령령으로 정하는 물품에 대하여는 담보의 제공을 생략할 수 있다(법 제252조).

1) 수입신고수리전 반출(수입통관 사무처리에 관한 고시 제38조)

수입통관에 곤란한 사유가 없는 물품으로서 다음에 해당하는 경우에는 법 제252조에 따라 세관장이 신고수리전반출을 승인할 수 있다.

1. 완성품의 세번으로 수입신고수리 받고자 하는 물품이 미조립상태로 분할선적 수입

된 경우

2. 「조달사업에 관한 법률」에 따른 비축물자로 신고된 물품으로서 실수요자가 결정되지 아니한 경우
3. 사전세액심사 대상물품(부과고지물품을 포함한다)으로서 세액결정에 오랜 시간이 걸리는 경우
4. 품목분류나 세율결정에 오랜 시간이 걸리는 경우
5. 수입신고 시 「관세법 시행령」 제236조제1항제1호에 따라 원산지증명서를 세관장에게 제출하지 못한 경우

제1항에 따른 신고수리전 반출을 승인 받고자 하는 자는 세관장에게 수입신고수리전 반출승인(신청)서(별지 제3호 서식)에 신고수리전 반출신청내용을 기재하여 전송하여야 한다. 신고수리전 반출하려는 자는 납부하여야 할 관세 등에 상당하는 담보를 제공하여야 한다(수입통관 사무처리에 관한 고시 제38조제1할~2항).

2) 담보제공의 생략물품(법 시행령 제256조제3항)

다음에 해당하는 물품에 대해서는 법 제252조 단서에 따라 담보의 제공을 생략할 수 있다. 다만, 제2호 및 제3호의 물품을 수입하는 자 중 관세 등의 체납, 성실신고 등의 사유로 담보 제공을 생략하는 것이 타당하지 아니하다고 관세청장이 인정하는 자가 수입하는 물품에 대해서는 담보를 제공하게 할 수 있다.〈신설 2011.4.1.〉

1. 국가, 지방자치단체, 「공공기관의 운영에 관한 법률」 제4조에 따른 공공기관, 「지방공기업법」 제49조에 따라 설립된 지방공사 및 같은 법 제79조에 따라 설립된 지방공단이 수입하는 물품
2. 법 제90조제1항제1호 및 제2호에 따른 기관이 수입하는 물품
3. 최근 2년간 법 위반(관세청장이 법 제270조·제276조 및 제277조에 따른 처벌을 받은 자로서 재범의 우려가 없다고 인정하는 경우 제외) 사실이 없는 수출입자 또는 신용평가기관으로부터 신용도가 높은 것으로 평가를 받은 자로서 관세청장이 정하는 자가 수입하는 물품
4. 수출용원재료 등 수입물품의 성질, 반입사유 등을 고려할 때 관세채권의 확보에 지장이 없다고 관세청장이 인정하는 물품
5. 거주 이전(移轉)의 사유, 납부할 세액 등을 고려할 때 관세채권의 확보에 지장이 없다고 관세청장이 정하여 고시하는 기준에 해당하는 자의 이사물품

3) 수입신고수리전 반출 물품의 관세부과

세관장은 신고수리전 반출기간 중에 관세부과 제척기간이 도래하는 물품이 있는 경우 제척기간 도래 전에 법 제39조제1항제3호에 따라 수입화주나 비축물자 수입자에게 해당 관세를 부과하여야 한다(수입통관 사무처리에 관한 고시 제38조제4항).

2. 수입신고전의 물품 반출(법 제253조)

수입하고자 하는 외국물품 중에는 수입에 필요한 과세자료 · 선하증권 등을 구비하는데 시일이 소요되는 반면 긴급히 수입하여 사용하여야 할 원재료와 같은 물품이 있는 등 이러한 특별한 사정이 있을 때에는 세관장에게 그 수입하고자 하는 물품의 품명 · 규격 · 수량 및 가격을 기재한 신고서를 제출하여야 한다.

1) 담보의 제공

수입하려는 물품을 수입신고 전에 운송수단, 관세통로, 하역통로 또는 관세법에 따른 장치 장소로부터 즉시 반출하려는 자는 대통령령으로 정하는 바에 따라 세관장에게 즉시 반출신고를 하여야 한다. 이 경우 세관장은 납부하여야 하는 관세에 상당하는 담보를 제공하게 할 수 있다(법 제253조제1항).

2) 수입신고 전 물품반출 신고서의 제출

수입하고자 하는 물품을 수입신고 전에 즉시 반출하고자 하는 자는 당해 물품의 품명 · 규격 · 수량 및 가격을 기재한 신고서를 제출하여야 한다(법 시행령 제257조제1항).

3) 즉시반출을 할 수 있는 자 및 물품(법 시행령 제257조제2항)

즉시반출을 할 수 있는 자 및 물품은 다음에 해당하는 것 중 법 제226조제2항의 규정에 의한 구비조건의 확인에 지장이 없는 경우로서 세관장이 지정하는 것에 한한다.

1. 관세 등의 체납이 없고 최근 3년동안 수출입실적이 있는 제조업자 또는 외국인투자자가 수입하는 시설재 또는 원부자재
2. 삭제〈2010.3.26.〉
3. 기타 관세 등의 체납우려가 없는 경우로서 관세청장이 정하는 물품

4) 수입신고의 시기와 관세 부과 · 징수

즉시반출신고를 하고 반출을 하는 자는 즉시반출신고를 한 날부터 10일 이내에 제241조(수출 · 수입 또는 반송의 신고)에 따른 수입신고를 하여야 한다.

세관장은 수입신고전의 물품을 반출한 자가 즉시반출신고를 한 날로부터 10일의 기간 내에 수입신고를 하지 아니하는 경우에는 관세를 부과 · 징수한다.

즉시반출신고를 한 날로부터 10일 이내에 수입신고를 하지 아니하는 경우에는 해당 물품에 대한 관세의 100분의 20에 상당하는 금액을 가산세로 징수하고, 수입신고전의 물품반출에 따른 지정을 취소할 수 있다(법 제253조제2항~5항).

1. 관세법상 수입신고 전의 물품반출에 관한 설명으로 옳은 것은?(2016년 관세사 1차 기출)

① 수입하려는 물품을 수입신고 전에 운송수단, 관세통로, 하역통로 또는 관세법에 따른 장치 장소로부터 즉시 반출하려는 자는 대통령령으로 정하는 바에 따라 세관장에게 즉시반출신고를 하여야 한다.

② 세관장은 즉시반출신고를 하고 반출을 하는 자에게 납부하여야 하는 관세에 상당하는 담보를 제공하게 할 수 있다.

③ 수입신고전 즉시반출신고를 하고 반출을 하는 자는 즉시반출신고를 한 날부터 10일 이내에 수입신고를 하여야 한다.

④ 세관장은 수입신고전 즉시반출을 한 자가 정해진 기간 이내에 수입신고를 하지 아니하는 경우에는 해당 물품에 대한 관세의 100분의 20에 상당하는 금액을 가산세로 징수한다.

⑤ 수입하고자 하는 물품을 수입신고 전에 즉시 반출하고자 하는 자는 당해 물품의 품명 · 규격 · 수량 및 가격을 기재한 신고서를 제출하여야 한다.

1-④

3. 전자상거래물품 등의 특별통관(법 제254조)

"전자상거래"란 물품의 주문, 대금결제 등 거래의 전부 또는 일부가 전자문서에 의하여 처리되는 상거래를 말한다.

관세청장은 전자문서로 거래되는 수출입물품에 대하여 대통령령으로 정하는 바에 따라 수출입신고, 물품검사 등 통관에 필요한 사항을 따로 정할 수 있다(법 제254조).

법 제254조의 규정에 의하여 관세청장은 전자문서로 거래되는 수출입 물품에 대하여는 다음 각호의 사항을 따로 정할 수 있다(법 시행령 제258조).

1. 특별통관 대상 거래물품 또는 업체
2. 수출입신고 방법 및 절차
3. 관세 등에 대한 납부방법
4. 물품검사방법
5. 기타 관세청장이 필요하다고 인정하는 사항

4. 탁송품의 특별통관(법 제254조의2)

1) 수입신고의 생략

탁송품으로서 자가(自家)사용물품 또는 면세되는 상용견품 중 물품가격이 미화 150달러 이하인 물품(관세법 시행령 제79조의2, 개정 2015.12.1)은 제222조제1항제5호에 따라 관세청장 또는 세관장에게 등록한 탁송품 운송업자는 다음 사항이 적힌 통관목록을 세관장에게 제출함으로써 제241조제1항(수출·수입 또는 반송의 신고)에 따른 수입신고를 생략할 수 있다(법 제254조의2제1항).〈개정 2013.1.1.〉

1. 물품의 송하인 및 수하인의 성명, 주소, 국가
2. 물품의 품명, 수량, 중량 및 가격
3. 탁송품의 통관목록에 관한 것으로 운송업자명, 선박편명 또는 항공편명, 선하증권번호 및 그 밖에 관세청장이 정하는 사항(법 시행규칙 제79조의2, 탁송품의 특별통관)

2) 통관목록의 제출

"통관목록"이란 법 제254조의2제1항에 따라 특송업체가 특송물품의 품명·가격 등이 고시에서 정한 사항을 기재한 목록을 말한다.[13)]

탁송품 운송업자는 통관목록을 사실과 다르게 제출하여서는 아니 된다(법 제254조의2제2항).

탁송품 운송업자는 제출한 통관목록에 적힌 수하인의 주소지(제241조제1항에 따른 수입신고를 한 탁송품의 경우에는 수입신고서에 적힌 납세의무자의 주소지)가 아닌 곳에 탁송품을 배송하거나 배송하게 한 경우(「우편법」 제31조 단서에 해당하는 경우는 제외)에는 배송한 날이 속하는 달의 다음달 15일까지 실제 배송한 주소지를 세관장에게 제출하여야 한다(법 제254

13) 「특송물품 수입통관 사무처리에 관한 고시」 제2조제3항)

조의2제3항).〈신설 2014.1.1., 2017.12.19.〉

세관장은 탁송품 운송업자가 상기의 사항을 위반하거나 이 법에 따라 통관이 제한되는 물품을 국내에 반입하는 경우에는 탁송품의 특별통관절차의 적용을 배제할 수 있다(법 제254조의2제4항).〈개정 2014.1.1.〉

관세청장 또는 세관장은 탁송품에 대하여 세관공무원으로 하여금 검사하게 하여야 하며, 탁송품의 통관목록의 제출시한, 실제 배송지의 제출, 물품의 검사 등에 필요한 사항은 관세청장이 정하여 고시한다(법 제254조의2제5항).〈개정 2011.12.31., 2014.1.1.〉

3) 물품의 반입

세관장은 관세청장이 정하는 절차에 따라 별도로 정한 지정장치장에서 탁송품을 통관하여야 한다. 다만, 세관장은 탁송품에 대한 감시・단속에 지장이 없다고 인정하는 경우 탁송품을 해당 탁송품 운송업자가 운영하는 보세창고 또는 시설(「자유무역지역의 지정 및 운영에 관한 법률」 제11조에 따라 입주계약을 체결하여 업체가 해당 자유무역지역에서 운영하는 시설에 한정)에서 통관할 수 있다(법 제254조의2제6항).〈신설 2013.1.1., 2014.1.1., 2016.1.27.〉 제6항 단서에 따라 탁송품 운송업자가 운영하는 보세창고 또는 시설에서 통관하는 경우 그에 필요한 탁송품 검사설비 기준, 설비이용 절차, 설비이용 유효기간 등에 관하여 필요한 사항은 대통령령[14]으로 정한다(법 제254조의2제7항).〈신설 2013.1.1., 2014.1.1.〉[전문개정 2010.12.30.]

5. 수출입 안전관리 우수 공인업체(법 제255조의2)

관세청장은 수출입물품의 제조・운송・보관 또는 통관 등 무역과 관련된 자가 시설, 서류 관리, 직원 교육 등에서 이 법 또는 「자유무역협정의 이행을 위한 관세법의 특례에 관한 법률」 등 수출입에 관련된 법령에 따른 의무 또는 절차와 재무 건전성 등 대통령령으로 정하는 안전관리 기준을 충족하는 경우 수출입 안전관리 우수업체로 공인할 수 있

---

14) 제258조의2(탁송품의 검사설비) ① 법 제254조의2 제5항 단서에 따라 세관장이 탁송품 운송업자가 운영하는 보세창고 또는 시설(이하 이 조부터 제258조의4까지에서 '자체시설'이라 한다)에서 탁송품을 통관하는 경우 탁송품 운송업자가 갖추어야 할 검사설비는 다음 각 호와 같다.
1. X-Ray 검색기
2. 자동분류기
3. 세관직원전용 검사장소
② 제1항에 따른 검사설비의 세부기준은 관세청장이 고시로 정한다. [본조신설 2013.2.15.]

다(법 제 255조의2제1항). 〈개정 2014.12.23.〉

1) 수출입 안전관리 기준 등(법 시행령 제259조의2)

1. 「관세법」, 「자유무역협정의 이행을 위한 관세법의 특례에 관한 법률」, 「대외무역법」 등 수출입에 관련된 법령을 성실하게 준수하였을 것
2. 관세 등 영업활동과 관련한 세금을 체납하지 않는 등 재무 건전성을 갖출 것
3. 수출입물품의 안전한 관리를 확보할 수 있는 운영시스템, 거래업체, 운송수단 및 직원교육체계 등을 갖출 것
4. 그 밖에 세계관세기구에서 정한 수출입 안전관리에 관한 표준 등을 반영하여 관세청장이 정하는 기준을 갖출 것

2) 안전관리 우수업체의 공인심사

관세청장은 수출입 안전관리 우수업체로 공인받으려고 심사를 요청한 자에 대하여 대통령령으로 정하는 절차에 따라 심사하여야 한다. 이 경우 관세청장은 대통령령으로 정하는 기관이나 단체에 안전관리 기준 충족 여부를 심사하게 할 수 있다(법 제 255조의2제2항).

3) 통관절차상의 혜택

수출입 안전관리 우수공인업체에 대하여는 관세청장이 정하는 바에 따라 통관절차상의 혜택을 제공할 수 있다. 관세청장은 다른 국가의 수출입 안전관리 우수 공인업체에 대하여 상호 조건에 따라 통관절차상의 혜택을 제공할 수 있다(법 제 255조의2제3항~4항).

4) 공인의 취소

관세청장은 수출입 안전관리 우수 공인업체가 ① 안전관리 기준을 충족하지 못하게 되는 경우나 ② 공인 심사요청을 거짓으로 한 경우에는 공인을 취소할 수 있다(법 제 255조의2제5항).

5) 지원사업

관세청장은 「중소기업기본법」 제2조에 따른 중소기업 중 수출입물품의 제조·운송·보관 또는 통관 등 무역과 관련된 기업을 대상으로 수출입 안전관리 우수업체로 공인공인을 받거나 유지하는 데에 필요한 상담·교육 등의 지원사업을 할 수 있다. 〈개정

2014.1.1.〉[전문개정 2010.12.30.]

관세청장은 수출입 안전관리 우수 공인업체로 공인받기 위한 신청 여부에 관계없이 수출입물품의 제조·운송·보관 또는 통관 등 무역과 관련된 자를 대상으로 제1항에 따른 안전관리 기준을 준수하는 정도를 대통령령으로 정하는 절차에 따라 측정·평가하고, 그 결과를 대통령령으로 정하는 바에 따라 해당 업체의 지원 및 관리 등에 활용할 수 있다(법 제 255조의2제6항~7항). 〈신설 2014.12.23.〉[전문개정 2010.12.30.][제목개정 2014.12.23.]

5) 공인의 유효기간

수출입 안전관리 우수업체 공인의 유효기간은 5년으로 하되, 대통령령으로 정하는 바에 따라 갱신할 수 있다(법 제 255조의2제8항). 〈신설 2015.12.15.〉

제9절 우편물의 통관(법 제256조~법 제260조)

1. 통관우체국(법 제256조)

서신을 제외한 수출·수입 또는 반송하고자 하는 우편물은 통관우체국을 경유하여야 하며 통관우체국은 체신관서 중에서 관세청장이 지정한다(법 제256조제1항~2항).

국제우편물 수입통관 사무처리에 관한 고시」 제4조에 따른 통관우체국은 국제우편물류센터와 부산국제우체국이다.

2. 우편물의 검사(법 제257조)

통관우체국의 장이 서신을 제외한 수출·수입 또는 반송하려는 우편물을 접수하였을 때에는 세관장에게 우편물목록을 제출하고 해당 우편물에 대한 검사를 받아야 한다. 다만, 관세청장이 정하는 우편물에 대하여는 이를 생략할 수 있다.

3. 우편물통관에 대한 결정과 통지 및 납세절차

1) 우편물통관에 대한 결정(법 제258조)

통관우체국의 장은 세관장이 우편물에 대하여 수출・수입 또는 반송을 할 수 없다고 결정한 때에는 그 우편물을 발송하거나 수취인에게 내줄 수 없다.

우편물이 「대외무역법」제11조(수출입의 제한 등)에 따른 수출입의 승인을 받은 것이거나 그 밖에 대통령령으로 정하는 기준에 해당하는 것일 때에는 해당 우편물의 수취인이나 발송인은 제241조(수출・수입 또는 반송)에 따른 신고를 하여야 한다.

(1) 수출입신고대상 우편물(법 시행령 제261조제1항)

1. 법령에 따라 수출입이 제한되거나 금지되는 물품
2. 법 제226조(허가・승인 등의 증명 및 확인)에 따라 세관장의 확인이 필요한 물품
3. 판매를 목적으로 반입하는 물품 또는 대가를 지급하였거나 지급하여야 할 물품(통관허용여부 및 과세대상여부에 관하여 관세청장이 정한 기준에 해당하는 것으로 한정)
4. 가공무역을 위하여 우리나라와 외국간에 무상으로 수출입하는 물품 및 그 물품의 원・부자재
5. 그 밖에 수출입신고가 필요하다고 인정되는 물품으로서 관세청장이 정하는 금액을 초과하는 물품

2) 세관장의 통지(법 제259조)

세관장은 우편물통관에 대한 결정을 한 경우 그 결정사항을, 관세를 징수하려는 경우에는 그 세액을 통관우체국의 장에게 통지하여야 한다. 이때 통지를 받은 통관우체국의 장은 우편물의 수취인이나 발송인에게 그 결정사항을 통지하여야 한다(법 제259조제1항~2항).

3) 우편물의 납세절차(법 제260조)

통관우체국의 장으로부터 우편물통관에 대한 결정사항을 통지 받은 자는 대통령령[15)] 으로 정하는 바에 따라 해당 관세를 수입인지 또는 금전으로 납부하여야 한다.

---

15) 제263조(우편물에 관한 납세절차) 법 제260조제1항의 규정에 의하여 관세를 납부하고자 하는 자는 제262조제2항의 경우에는 세관장에게, 기타의 경우에는 체신관서에 각각 금전으로 이를 납부하여야 한다.

체신관서는 관세를 징수하여야 하는 우편물은 관세를 징수하기 전에 수취인에게 내줄 수 없다(법 제260조제1항~2항).

4. 우편물의 반송

우편물에 대한 관세의 납세의무는 해당 우편물이 반송되면 소멸한다(법 제261조).

제11장 세관공무원의 자료 제출요청 등

제1절 세관장 등의 과세자료 요청 등(법 제262조~제264조)

1. 운송수단의 출발 중지 등(법 제262조)

관세청장이나 세관장은 관세법 또는 관세법에 따른 명령을 집행하기 위하여 필요하다고 인정될 때에는 운송수단의 출발을 중지시키거나 그 진행을 정지시킬 수 있다.[전문개정 2010.12.30.]

2. 서류의 제출 또는 보고 등의 명령(법 제263조)

관세청장이나 세관장은 이 법, 「수출용원재료에 대한 관세 등 환급에 관한 특례법」 또는 이 법에 따른 명령을 집행하기 위하여 필요하다고 인정될 때에는 물품 · 운송수단 또는 장치장소에 관한 서류의 제출 · 보고 또는 그 밖에 필요한 사항을 명하거나, 세관공무원으로 하여금 수출입자 · 판매자 또는 그 밖의 관계자에 대하여 관계 자료를 조사하게 할 수 있다.[전문개정 2010.12.30.]

3. 과세자료의 요청(법 제264조, 264조의9)

관세청장은 국가기관 및 지방자치단체 등 관계기관에 대하여 관세의 부과 · 징수 및

통관에 관계되는 자료 또는 통계를 요청할 수 있다.[전문개정 2013.8.13.]

1) 과세자료제출기관의 범위(법 제264조의2)

제264조(자료의 요청)에 따른 과세자료를 제출하여야 하는 과세자료제출기관 등은 다음과 같다.〈개정 2014.1.1., 2016.12.20.〉

1. 「국가재정법」 제6조에 따른 중앙관서(중앙관서의 업무를 위임받거나 위탁받은 기관을 포함)와 그 하급행정기관 및 보조기관
2. 지방자치단체(지방자치단체의 업무를 위임받거나 위탁받은 기관과 지방자치단체조합을 포함)
3. 공공기관, 정부의 출연・보조를 받는 기관이나 단체, 「지방공기업법」에 따른 지방공사・지방공단 및 지방자치단체의 출연・보조를 받는 기관이나 단체
4. 「민법」 외의 다른 법률에 따라 설립되거나 국가 또는 지방자치단체의 지원을 받는 기관이나 단체로서 그 업무에 관하여 제1호나 제2호에 따른 기관으로부터 감독 또는 감사・검사를 받는 기관이나 단체, 그 밖에 공익 목적으로 설립된 기관이나 단체 중 대통령령으로 정하는 기관이나 단체
5. 「여신전문금융업법」에 따른 신용카드업자와 여신전문금융업협회
6. 「금융실명거래 및 비밀보장에 관한 법률」 제2조제1호에 따른 금융회사 등 [본조신설 2013.8.13.]

2) 과세자료의 범위(법 제264조의3)

과세자료제출기관이 제출하여야 하는 과세자료는 다음에 해당하는 자료로서 관세의 부과・징수와 통관에 직접적으로 필요한 자료로 한다(법 제264조의3제1항).〈개정 2014.1.1.〉

1. 수입하는 물품에 대하여 관세 또는 내국세 등을 감면받거나 낮은 세율을 적용받을 수 있도록 허가, 승인, 추천 등을 한 경우 그에 관한 자료
2. 과세자료제출기관이 법률에 따라 신고받거나 제출받아 보유하고 있는 자료 중 제27조(가격신고), 제38조(신고납부), 제241조(수출・수입 또는 반송의 신고)에 따른 신고내용의 확인 또는 제96조(여행자 휴대품 및 이사물품 등의 면세)에 따른 관세 감면 여부의 확인을 위하여 필요한 자료
3. 제226조(허가・승인 등의 증명 및 확인)에 따라 허가・승인・표시 또는 그 밖의 조건을 증명할 필요가 있는 물품에 대하여 과세자료제출기관이 허가 등을 갖추었

음을 확인하여 준 경우 그에 관한 자료

4. 이 법에 따라 체납된 관세 등의 징수를 위하여 필요한 자료
5. 제264조의2(과세자료제출기관의 범위) 제1호에 따른 중앙관서 중 중앙행정기관 외의 기관이 보유하고 있는 자료로서 관세청장이 관세의 부과·징수와 통관에 필요한 최소한의 범위에서 해당 기관의 장과 미리 협의하여 정하는 자료
6. 거주자의 「여신전문금융업법」에 따른 신용카드등의 대외지급(물품구매 내역에 한한다) 및 외국에서의 외국통화 인출 실적

과세자료의 구체적인 범위는 과세자료제출기관별로 대통령령으로 정한다(법 제264조의3제2항).[본조신설 2013.8.13.]

3) 과세자료의 제출방법(법 제264조의4)

과세자료제출기관의 장은 분기별로 분기만료일이 속하는 달의 다음 달 말일까지 대통령령으로 정하는 바에 따라 관세청장 또는 세관장에게 과세자료를 제출하여야 한다. 다만, 과세자료의 발생빈도와 활용시기 등을 고려하여 대통령령으로 정하는 바에 따라 그 과세자료의 제출시기를 달리 정할 수 있다. 이에 따라 과세자료제출기관의 장이 과세자료를 제출하는 경우에는 그 기관이 접수하거나 작성한 자료의 목록을 함께 제출하여야 한다. 과세자료의 목록을 제출받은 관세청장 또는 세관장은 이를 확인한 후 제출받은 과세자료에 누락이 있거나 보완이 필요한 경우 그 과세자료를 제출한 기관에 대하여 추가하거나 보완하여 제출할 것을 요청할 수 있다.

과세자료의 제출서식 등 제출방법에 관하여 그 밖에 필요한 사항은 기획재정부령으로 정한다.[본조신설 2013.8.13.](법 제264조의4제1항~4항)

4) 과세자료의 수집에 관한 협조(법 제264조의5)

관세청장 또는 세관장으로부터 제264조의3(과세자료의 범위)에 따른 과세자료의 제출을 요청받은 기관 등의 장은 다른 법령에 특별한 제한이 있는 경우 등 정당한 사유가 없으면 이에 협조하여야 한다. 관세청장 또는 세관장은 제264조의 3에 따른 자료 외의 자료로서 관세의 부과·징수 및 통관을 위하여 필요한 경우에는 해당 자료를 보유하고 있는 과세자료제출기관의 장에게 그 자료의 수집에 협조하여 줄 것을 요청할 수 있다(법 제264조의5제1항~2항). [본조신설 2013.8.13.]

5) 과세자료의 관리 및 활용 등(법 제264조의6)

관세청장은 이 법에 따른 과세자료의 효율적인 관리와 활용을 위한 전산관리 체계를 구축하는 등 필요한 조치를 마련하여야 하며 또한 이 법에 따른 과세자료의 제출・관리 및 활용 상황을 수시로 점검하여야 한다(법 제264조의6제1항~2항). [본조신설 2013.8.13.]

6) 과세자료제출기관의 책임 등(법 제264조의7)

과세자료제출기관의 장은 그 소속 공무원이나 임직원이 이 법에 따른 과세자료의 제출 의무를 성실하게 이행하는지를 수시로 점검하여야 한다.

관세청장은 과세자료제출기관 또는 그 소속 공무원이나 임직원이 이 법에 따른 과세자료의 제출 의무를 이행하지 아니하는 경우 그 기관을 감독 또는 감사・검사하는 기관의 장에게 그 사실을 통보하여야 한다.[본조신설 2013.8.13.](법 제264조의7제1항~2항)

7) 비밀유지의무(법 제264조의8)

관세청 및 세관 소속 공무원은 제264조(과세자료의 요청), 제264조의2부터 제264조의5까지의 규정에 따라 제출받은 과세자료를 타인에게 제공 또는 누설하거나 목적 외의 용도로 사용하여서는 아니 된다. 다만, 제116조제1항 단서 및 같은 조제2항에 따라 제공하는 경우에는 그러하지 아니하다.

관세청 및 세관 소속 공무원은 제1항을 위반하는 과세자료의 제공을 요구받으면 이를 거부하여야 한다.

과세자료를 제공받은 자는 이를 타인에게 제공 또는 누설하거나 목적 외의 용도로 사용하여서는 아니 된다.[본조신설 2013.8.13.](법 제264조의8제1항~2항)

8) 과세자료 비밀유지의무 위반에 대한 처벌(법 제264조의9)

제264조의8(비밀유지의무) 제1항 또는 제3항을 위반하여 과세자료를 타인에게 제공 또는 누설하거나 목적 외의 용도로 사용한 자는 3년 이하의 징역 또는 1천만원 이하의 벌금에 처하며, 이에 따른 징역과 벌금은 병과할 수 있다(법 제264조의9제1항~2항).[본조신설 2013.8.13.]

1. 관세법상 세관공무원 자료 제출 요청 등에 관한 설명으로 옳지 않은 것은?

(2016년 관세사 1차 기출)

① 과세자료의 구체적인 범위는 과세자료제출기관별로 대통령령으로 정한다.

② 과세자료제출기관의 장은 그 소속 공무원이나 임직원이 이 법에 따른 과세자료의 제출 의무를 성실하게 이행하는지를 수시로 점검하여야 한다.

③ 관세청장은 국가기관 및 지방자치단체 등 관계 기간 등에 대하여 관세의 부과·징수 및 통관에 관계되는 자료 또는 통계를 요청할 수 있다.

④ 과세자료 비밀유지의무를 위반한 자는 4년 이하의 징역 또는 2천만원 이하의 벌금에 처하며, 이에 따른 징역과 벌금은 병과할 수 없다.

⑤ 관세청장은 이 법에 따른 과세자료의 효율적인 관리와 활용을 위한 전산관리체계를 구축하는 등 필요한 조치를 마련하여야 한다.

1-④

제2절 세관공무원의 물품검사 등(법 제265조~제268조)

1. 물품 또는 운송수단 등에 대한 검사 등(법 제265조)

세관공무원은 관세법 또는 관세법에 따른 명령 및 대한민국이 체결한 조약 및 일반적으로 승인된 국제법규에 따른 의무를 위반한 행위를 방지하기 위하여 필요하다고 인정될 때에는 물품, 운송수단, 장치장소 및 관계 장부·서류를 검사 또는 봉쇄하거나 그 밖에 필요한 조치를 할 수 있다.〈개정 2011.12.31.〉[전문개정 2010.12.30.]

2. 장부 또는 자료의 제출 등(법 제266조)

1) 장부 또는 관계 자료의 제출의 요구

세관공무원은 관세법에 따른 직무를 집행하기 위하여 필요하다고 인정될 때에는 수출입업자·판매업자 또는 그 밖의 관계자에 대하여 질문하거나 문서화·전산화된 장부, 서류 등 관계 자료 또는 물품을 조사하거나, 그 제시 또는 제출을 요구할 수 있다(법 제266조제1항).〈개정 2011.12.31.〉

2) 증명자료의 구비

상설영업장을 갖추고 외국에서 생산된 물품을 판매하는 자로서 기획재정부령으로 정하는 기준에 해당하는 자는 해당 물품에 관하여 「부가가치세법」 제16조에 따른 세금계산서나 수입사실 등을 증명하는 자료를 영업장에 갖춰 두어야 한다(법 제266조제2항). 〈개정 2013.6.7.〉

(1) 자료를 갖춰 두어야 하는 영업장(법 시행규칙 제80조)

자료를 갖춰 두어야 하는 영업장이란 다음에 해당하는 상설영업장을 갖추고 외국에서 생산된 물품을 판매하는 자를 말한다. 〈개정 2005.2.11., 2008.12.31, 2011.4.1.〉

1. 백화점
2. 최근 1년간 수입물품의 매출액이 5억원 이상인 수입물품만을 취급하거나 수입물품을 할인판매하는 상설영업장
3. 통신판매하는 자로서 최근 1년간 수입물품의 매출액이 10억원 이상인 상설영업장
4. 관세청장이 정하는 물품을 판매하는 자로서 최근 1년간 수입물품의 매출액이 전체 매출액의 30퍼센트를 초과하는 상설영업장
5. 상설영업장의 판매자 또는 그 대리인이 최근 3년 이내에 「관세법」 또는 「관세사법」 위반으로 처벌받은 사실이 있는 경우 그 상설영업장 [제목개정 2011.4.1.]

3) 영업에 관한 보고(법 제266조3)

관세청장이나 세관장은 관세법 또는 관세법에 따른 명령을 집행하기 위하여 필요하다고 인정될 때에는 상설영업장의 판매자나 그 밖의 관계인으로 하여금 대통령령으로 정하는 바에 따라 영업에 관한 보고를 하게 할 수 있다(법 제266조제3항).

(1) 영업에 관한 보고사항(법 시행령 제264조)

① 판매물품의 품명 · 규격 및 수량

② 수입대상국과 생산국 또는 원산지

③ 수입가격 또는 구입가격

④ 수입자 또는 구입처

⑤ 구입일자, 당해 영업장에의 반입일자

⑥ 판매일자

1. A사는 해외 각국에서 물품을 수입하여 할인 판매하는 상설영업장으로, 최근 1 년간 수입물품의 매출액은 10억원 상당이었다. 다음 중 관세법의 규정에 따라 A사가 영업장에 의무적으로 비치해 두어야 하는 것은? (2013년 제32회 국제무역사 기출)

① 할인 판매하는 물품 수입통관시 납부한 부가가치세의 세금계산서
② 할인 판매한 물품 구매자의 인적사항
③ 할인 판매와 관련한 회계장부
④ 할인 판매한 물품에 대한 부가가치세의 납세증명서

1–①

3. 종기의 휴대 및 사용(법 제267조)

관세청장이나 세관장은 직무를 집행하기 위하여 필요하다고 인정될 때에는 그 소속 공무원에게 무기를 휴대하게 할 수 있다. 세관공무원은 그 직무를 집행할 때 특히 자기나 다른 사람의 생명 또는 신체를 보호하고 공무집행에 대한 방해 또는 저항을 억제하기 위하여 필요한 상당한 이유가 있는 경우 그 사태에 응하여 부득이하다고 판단될 때에는 총기를 사용할 수 있다(법 제267조제1항, 제3항).

제1항 및 제3항에서 '무기'란 「총포·도검·화약류 등의 안전관리에 관한 법률」에 따른 총포(권총 또는 소총에 한정), 도검, 분사기 또는 전자충격기를 말한다(법 제267조제2항). 〈신설 2017.12.19.〉

4. 관계 기관의 장에 대한 원조 요구(법 제267조의2)

세관공무원은 해상에서 직무를 집행하기 위하여 필요하다고 인정될 때에는 다음 각 호의 어느 하나에 해당하는 자에게 협조를 요청할 수 있다(법 제267조의2제1항). 〈개정 2014.11.19., 2017.7.26.〉

1. 육군·해군·공군의 각 부대장
2. 국가경찰관서의 장
3. 해양경찰관서의 장

협조 요청을 받은 자는 밀수 관련 혐의가 있는 선박에 대하여 추적감시 또는 진행정지

명령을 하거나 세관공무원과 협조하여 해당 선박에 대하여 검문·검색을 할 수 있으며, 이에 따르지 아니하는 경우 강제로 그 선박을 정지시키거나 검문·검색을 할 수 있다(법 제267조의2제2항). [전문개정 2010.12.30.]

5. 명예세관원(법 제268조)

1) 명예세관원의 위촉

관세청장은 밀수감시단속 활동의 효율적인 수행을 위하여 필요한 경우에는 수출입 관련 분야의 민간종사자 등을 명예세관원으로 위촉하여 ① 공항·항만에서의 밀수 감시, ② 정보 제공과 밀수 방지의 홍보활동을 하게 할 수 있으며, 명예세관원의 자격요건, 임무, 그 밖에 필요한 사항은 기획재정부령으로 정한다(법 제268조제1항~2항).

2) 명예세관원의 자격요건 등(법 시행규칙 제80조의2제1항)

1. 수출입물품과 같은 종류의 물품을 생산·유통·보관 및 판매하는 등의 업무에 종사하는 사람 및 관련단체의 임직원
2. 소비자 관련단체의 임직원
3. 관세행정 발전에 기여한 공로가 있는 사람
4. 수출입물품의 유통에 관심이 있고 명예세관원의 임무를 성실히 수행할 수 있는 사람 중에서 위촉한다.

3) 명예세관원의 임무(법 시행규칙 제80조의2제2항)

1. 세관의 조사·감시 등 관세행정과 관련한 정보제공
2. 밀수방지 등을 위한 홍보 활동 지원 및 개선 건의
3. 세관직원을 보조하여 공항, 항만 또는 유통단계의 감시 등 밀수단속활동 지원
4. 세관직원을 보조하여 원산지 표시 위반, 지식재산권 침해 등에 대한 단속활동 지원

관세청장은 필요한 경우 명예세관원에게 활동경비 등을 지급할 수 있으며 명예세관원의 위촉·해촉, 그 밖에 필요한 사항은 관세청장이 정한다(법 시행령 제80조의2제3항~4항). [본조신설 2012.2.28.]

1. 관세법상 세관공무원 자료 제출 요청 등에 관한 설명으로 옳지 않은 것은?

(2017년 관세사 1차 기출)

① 관세청장이나 세관장은 관세법 또는 관세법에 따른 명령을 집행하기 위하여 필요하다고 인정될 때에는 운송수단의 출발을 중지시키거나 그 진행을 정지시킬 수 있다.

② 관세청장이나 세관장은 관세법 또는 관세법에 따른 명령을 집행하기 위하여 필요하다고 인정될 때에는 물품·운송수단 또는 장치장소에 관한 서류의 제출·보고 또는 그 밖에 필요한 사항을 명하거나, 세관공무원으로 하여금 수출입자·판매자 또는 그 밖의 관계자에 대하여 관계 자료를 조사하게 할 수 있다.

③ 관세청장이나 세관장은 세관의 조사·감시 등 관세행정과 관련한 정보제공 및 관계자료 조사를 위하여 명예세관원을 위촉할 수 있으나 그 활동에 대하여 활동경비를 지급하지 못한다.

④ 세관공무원은 관세법 또는 관세법에 따른 명령을 위반한 행위를 방지하기 위하여 필요하다고 인정될 때에는 물품, 운송수단, 장치장소 및 관계 장부·서류를 검사 또는 봉쇄하거나 그 밖에 필요한 조치를 할 수 있다.

⑤ 세관공무원은 관세법에 따른 직무를 집행하기 위하여 필요하다고 인정될 때에는 수출입업자·판매업자 또는 그 밖의 관계자에 대하여 질문하거나 문서화·전산화된 장부, 서류 등 관계 자료 또는 물품을 조사하거나, 그 제시 또는 제출을 요구할 수 있다.

1-③

제12장 벌 칙

제1절 벌 칙(법 제268조의2~제282조)

1. 관세범의 처벌

관세법에 위배되는 행위를 함으로써 성립되는 범죄를 관세범죄라고 한다.

"관세범"이란 관세법 또는 관세법에 따른 명령을 위반하는 행위로서 관세법에 따라 형사처분되거나 통고처분되는 것을 말한다.

관세법에서는 전자문서 위조 · 변조, 밀수출입, 관세포탈, 가격조작죄, 부정수출입, 부정감면죄, 부정환급제, 밀수품 취득, 기타 관세법령 위반 등의 행위를 한 자를 관세범으로 규정하고 이러한 죄를 범한 자와 미수범에 대하여 징역, 벌금, 과태료, 몰수, 추징, 징역과 벌금의 병과 등 각종 벌칙을 규정하고 있다. 또한, 「관세법」에서는 대외무역법과 마찬가지로 양벌규정을 두어 사용인(법인의 임원 · 직원 또는 사용인)이 본인(법인)의 업무에 관하여 관세법령에서 규정한 벌칙에 위반되는 행위를 한때에는 그 행위자를 처벌하는 외에 본인도 처벌하도록 하고 있다.

1) 미수범 등의 처벌

신설된 법규의 주 내용으로서 미수범 등의 처벌에 있어서는 다음과 같다.

(1) 교사자나 방조자

교사자나 방조자의 처벌은 그 점을 알고 밀수출입죄 및 관세포탈죄 등의 규정에 의한 행위를 교사하거나 방조한 자는 정범에 준하여 처벌한다.

(2) 예비를 한 자와 미수범

전자문서위조·변조 등과 밀수출입죄 및 관세포탈죄 등의 죄를 범할 목적으로 그 예비를 한 자와 미수범은 본죄에 준하여 처벌한다.

(3) 밀수출입 내지 미수범 등

밀수출입 내지 미수범 등 및 밀수품의 취득죄 등의 죄를 범한 자는 정상에 의하여 징역과 벌금을 병과할 수 있다.

제2절 벌칙조항(법 제268조의2항~제282조)

1. 전자문서 위조·변조죄 등(법 제268조의2)

1) 1년 이상 10년 이하의 징역 또는 1억원 이하의 벌금	제327조의4제1항을 위반하여 국가관세종합정보망이나 전자문서중계사업자의 전산처리설비에 기록된 전자문서 등 관련 정보를 위조 또는 변조하거나 위조 또는 변조된 정보를 행사한 자
2) 5년 이하의 징역 또는 5천만원 이하의 벌금	① 국가관세종합정보망의 구축 및 운영에 따른 지정을 받지 아니하고 국가관세종합정보망을 운영하거나 전자문서중계사업자의 지정을 위반하여 관세청장의 지정을 받지 아니하고 전자문서중계업무를 행한 자 ② 전자문서등 관련 정보에 관한 보안을 위반하여 국가관세종합정보망 또는 전자문서중계사업자의 전산처리설비에 기록된 전자문서 등 관련 정보를 훼손하거나 그 비밀을 침해한 자 ③ 전자문서 등 관련 정보에 관한 보안에 있어 비밀의 누설 또는 도용의 법률을 위반하여 업무상 알게 된 전자문서 등 관련 정보에 관한 비밀을 누설하거나 도용한 국가관세종합정보망 운영사업자 또는 전자문서중계사업자의 임직원 또는 임직원이었던 사람

2. 밀수출입죄(법 제269조)〈개정 2014.12.23.〉

7년 이하의 징역 또는 7천만원 이하의 벌금	제234조(수출입의 금지)의 각 호의 물품을 수출하거나 수입한 자
5년 이하의 징역 또는 관세액의 10배와 물품원가 중 높은 금액 이하에 상당하는 벌금	① 제241조(수출·수입 또는 반송의 신고)나 제244조(입항전수입신고)에 따른 신고를 하지 아니하고 물품을 수입한 자. 다만, 수입신고전의 물품 반출에 따른 반출신고를 한 자는 제외한다. ② 제241조(수출·수입 또는 반송의 신고)제1항·제2항 또는 제244조(입항전수입신고)제1항에 따른 신고를 하였으나 해당 수입물품과 다른 물품으로 신고하여 수입한 자
3년 이하의 징역 또는 물품원가 이하에 상당하는 벌금	① 제241조(수출·수입 또는 반송)의 신고나 제244조(입항전수입신고)에 따른 신고를 하지 아니하고 물품을 수출하거나 반송한 자 ② 제241조(수출·수입 또는 반송)에 따른 신고를 하였으나 해당 수출물품 또는 반송물품과 다른 물품으로 신고하여 수출하거나 반송한 자

3. 관세포탈죄 등(법 제270조)

3년 이하의 징역 또는 포탈한 관세액의 5배와 물품원가 중 높은 금액 이하에 상당 하는 벌금. 이 경우 제1호의 물품원가는 전체 물품 중 포탈한 세액의 전체 세액에 대한 비율에 해당하는 물품만의 원가로 한다. 〈개정 2015.12.15.〉	제241조(수출·수입 또는 반송의 신고)제1항·제2항 또는 제244조(입항전수입신고)제1항에 따른 수입신고를 한 자 중 다음에 해당하는 자. 이 경우 제①의 물품원가는 전체 물품 중 포탈한 세액의 전체 세액에 대한 비율에 해당하는 물품만의 원가로 한다.〈개정 2015.12.15.〉 ① 세액결정에 영향을 미치기 위하여 과세가격 또는 관세율 등을 거짓으로 신고하거나 신고하지 아니하고 수입한 자 ② 세액결정에 영향을 미치기 위하여 거짓으로 서류를 갖추어 제86조제1항·제3항에 따른 사전심사·재심사 및 제87조제3항에 따른 사전심사를 신청한 자 ③ 법령에 따라 수입이 제한된 사항을 회피할 목적으로 부분품으로 수입하거나 주요 특성을 갖춘 미완성·불완전한 물품이나 완제품을 부분품으로 분할하여 수입한 자
3년 이하의 징역 또는 3천만원 이하의 벌금	제241조(수출·수입 또는 반송의 신고)제1항·제2항 또는 제244조(입항전수입신고)제1항나에 따른 수입신고를 한 자 중 법령에 따라 수입에 필요한 허가·승인·추천·증명 또는 그 밖의 조건을 갖추지 아니하거나 부정한 방법으로 갖추어 수입한 자
1년 이하의 징역 또는 2천만원 이하의 벌금	241조(수출·수입 또는 반송의 신고)제1항·제2항에 따른 수출신고를 한 자 중 법령에 따라 수출에 필요한 허가·승인·추천·증명 또는 그 밖의 조건을 갖추지 아니하거나 부정한 방법으로 갖추어 수출한 자
3년 이하의 징역에 처하거나, 감면받거나 면탈한 관세액의 5배 이하에 상당하는 벌금	부정한 방법으로 관세를 감면받거나 관세를 감면받은 물품에 대한 관세의 징수를 면탈한 자
3년 이하의 징역 또는 환급받은 세액의 5배 이하에 상당하는 벌금	부정한 방법으로 관세를 환급받은 자. 이 경우 세관장은 부정한 방법으로 환급받은 세액을 즉시 징수한다.

4. 가격조작죄(법 제270조의2)

다음의 신청 또는 신고를 할 때 부당하게 재물이나 재산상 이득을 취득하거나 제3자로 하여금 이를 취득하게 할 목적으로 물품의 가격을 조작하여 신청 또는 신고한 자에게 가격조작죄가 적용된다.

2년 이하의 징역 또는 물품원가와 5천만원 중 높은 금액 이하의 벌금	① 보정신청(제38조의2제1항 · 제2항) ② 수정신고(제38조의3제1항) ③ 제241조제1항 · 제2항에 따른 신고 ④ 제244조제1항에 따른 신고[전문개정 2014.1.1.]

5. 미수범 등(법 제271조)

종 류	처벌
① 그 정황을 알면서 제269조(밀수출입죄) 및 제270조(관세포탈죄)에 따른 행위를 교사하거나 방조한 자	정범에 준하여 처벌한다.
② 전자문서의 제268조의2(위 · 변조죄), 제269조(밀수출입죄), (관세포탈죄)의 미수범	본죄에 준하여 처벌한다.
③ 제268조의2(위 · 변조죄), 제269조(밀수출입죄), 제270조(관세포탈죄)를 범할 목적으로 그 예비를 한 자	본죄의 2분의 1을 경감하여 처벌한다.

6. 밀수 전용 운반기구의 몰수(법 제272조)

제269조(밀수출입죄)에 전용(專用)되는 선박 · 자동차나 그 밖의 운반기구는 그 소유자가 범죄에 사용된다는 정황을 알고 있고, 다음 각 호의 어느 하나에 해당하는 경우에는 몰수한다.

1. 범죄물품을 적재하거나 적재하려고 한 경우
2. 검거를 기피하기 위하여 권한 있는 공무원의 정지명령을 받고도 정지하지 아니하거나 적재된 범죄물품을 해상에서 투기 · 파괴 또는 훼손한 경우
3. 범죄물품을 해상에서 인수 또는 취득하거나 인수 또는 취득하려고 한 경우
4. 범죄물품을 운반한 경우

7. 범죄에 사용된 물품의 몰수 등(법 제273조)

① 제269조에 사용하기 위하여 특수한 가공을 한 물품은 누구의 소유이든지 몰수하거나 그 효용을 소멸시킨다.

② 제269조에 해당되는 물품이 다른 물품 중에 포함되어 있는 경우 그 물품이 범인의 소유일 때에는 그 다른 물품도 몰수할 수 있다.

8. 밀수품의 취득죄 등(법 제274조)

3년 이하의 징역 또는 물품원가 이하에 상당하는 벌금	다음에 해당되는 물품을 취득 · 양도 · 운반 · 보관 또는 알선하거나 감정한 자 ① 밀수출입죄에 해당되는 물품 ② 제270조(관세포탈죄) 제1항제3호, 같은 조제2항 및 제3항에 해당되는 물품
미수범	본죄에 준하여 처벌한다.
본죄의 2분의 1을 감경하여 처벌	제1항에 규정된 죄를 범할 목적으로 그 예비를 한 자

9. 징역과 벌금의 병과(법 제275조)

제269조부터 제271조까지 및 제274조의 죄를 범한 자는 정상(情狀)에 따라 징역과 벌금을 병과할 수 있다.

1. 관세법상 정상(情狀)에 따라 징역과 벌금을 병과 할 수 있는 범죄가 아닌 것은?
   ① 체납처분면탈죄 ② 관세포탈죄 ③ 가격조작죄
   ④ 밀수출입죄 ⑤ 밀수품의 취득죄

1-③

10. 체납처분면탈죄 등(법 제275조의2)

3년 이하의 징역 또는 3천만원 이하의 벌금	① 납세의무자 또는 납세의무자의 재산을 점유하는 자가 체납처분의 집행을 면탈할 목적 또는 면탈하게 할 목적으로 그 재산을 은닉·탈루하거나 거짓 계약을 하였을 때 ② 압수물건의 보관자 또는 「국세징수법」 제38조에 따른 압류물건의 보관자가 그 보관한 물건을 은닉·탈루, 손괴 또는 소비하였을 때
2년 이하의 징역 또는 2천만원 이하의 벌금	제1항과 제2항의 사정을 알고도 이를 방조하거나 거짓 계약을 승낙한 자

1. (　)에 들어갈 내용이 순서대로 옳은 것은? (2016년 관세사 1차 기출)

> 납세의무자 또는 납세의무자의 재산을 점유하는 자가 체납처분의 집행을 면탈할 목적 또는 면탈하게 할 목적으로 그 재산을 은닉·탈루하거나 거짓계약을 하였을 때에는 (　)년 이하의 징역 또는 (　)천만원 이하의 벌금에 처한다.

① 1, 2　② 1, 3　③ 2, 2　④ 3, 3　⑤ 3, 5

1-④

11. 타인에 대한 명의대여죄(법 제275조의3)

1년 이하의 징역 또는 1천만원 이하의 벌금	내국세를 포함한 관세의 회피 또는 강제집행의 면탈을 목적으로 타인에게 자신의 명의를 사용하여 신고납부에 따른 납세신고를 할 것을 허락한 자

1. 관세법상 벌칙에 관한 설명으로 옳은 것은? (2016년 관세사 1차 기출)

① 관세의 회피 또는 강제집행의 면탈을 목적으로 타인에게 자신의 명의를 사용하여 납세세고를 할 것을 허락한 자는 3년 이하의 징역 또는 3천만원 이하의 벌금에 처한다.

② 체납처분면탈의 사정을 알고도 이를 방조하거나 거짓계약을 승낙한 자년 2년이하의 징역 또는 2천만원이하의 벌금에 처한다.

③ 밀수출입죄에 해당되는 물품이 다른 물품 중에 포함되어 있는 경우 그 물품이 범

인의 소유일 때에는 그 다른 물품을 몰수할 수 없다.

④ 부정한 방법으로 관세를 감면받거나 관세를 감면받은 물품에 대한 관세의 징수를 면탈한 자는 5년이상의 징역에 처하거나, 감면받거나 면탈한 관세액의 5배이상에 상당하는 벌금에 처한다.

⑤ 부정한 방법으로 관세를 환급받은 자는 5년 이상의 징역 또는 환급받은 세액의 5배 이상에 상당하는 벌금에 처한다. 이 경우 세관장은 부정한 방법으로 환급받은 세액을 즉시 징수한다.

1-②

12. 허위신고죄 등(법 제276조)

물품원가 또는 2천만원 중 높은 금액 이하의 벌금 〈개정 2013.1.1., 2013.8.13., 2014.1.1.〉	① 종합보세사업장의 설치·운영에 관한 신고를 하지 아니하고 종합보세기능을 수행한 자 ② 세관장의 중지조치를 위반하여 종합보세기능을 수행한 자 ③ 보세구역 반입명령에 대하여 반입대상 물품의 전부 또는 일부를 반입하지 아니한 자 ④ 수출·수입 또는 반송의 신고 및 입항전 수입신고에 따른 신고를 할 때 신고사항을 신고하지 아니하거나 허위신고를 한 자 ⑤ 보정신청 또는 수정신고를 할 때, 입항전신고를 할 때 수출·수입 또는 반송의 신고에 따른 사항을 허위로 신청하거나 신고한 자(관세법 제276조의2, 제276조제2항제4호의2 신설) ⑥ 신고수리 전에 장치장소로부터 반출금지를 위반한 자
2천만원 이하의 벌금 다만, 과실로 제2호, 제3호, 제4호까지의 규정에 해당하게 된 경우에는 300만원 이하의 벌금에 처한다. 〈개정 2011.7.25., 2011.12.31., 2013.1.1., 2014.12.23., 2017.12.19.〉	① 부정한 방법으로 적하목록을 작성하였거나 제출한 자 ② 제12조(신고서류의 보관기간)(제277조제4항제2호에 해당하는 경우는 제외한다), 제98조(재수출감면세) 제2항, 제109조(다른 법령 등에 따른 감면물품의 관세징수) 제1항(제277조제3항제3호에 해당하는 경우는 제외한다), 제134조(개항 등에의 출입) 제1항, 제136조(출항절차)제2항, 제148조(관세통로)제1항, 제149조(국경출입차량의 도착절차), 제222조(간이 보세운송)제1항(제146조제1항에서 준용하는 경우를 포함한다) 또는 제225조(보세화물 취급 선박회사 등의 신고 및 보고)제1항 전단을 위반한 자 ③ 제83조(용도세율의 적용)제2항, 제88조(외교관용 물품 등의 면세)제2항, 제97조(재수출면세)제2항 및 제102조(관세감면물품의 사후관리)제1항을 위반한 자. 다만, 제277조(과태료)제4항제3호에 해당하는 자는 제외한다. ③의2 제174조제1항에 따른 특허보세구역의 설치·운영에 관한 특허를 받지 아니하고 특허보세구역을 운영한 자 ④ 제227조(의무 이행의 요구)에 따른 세관장의 의무이행 요구를 이행하지 아니한 자 ⑤ 제38조제3항(수정 및 경정) 후단에 따른 자율심사 결과를 거짓으로 작성하여 제출한 자 ⑥ 제178조(반입정지 등과 특허의 취소)제2항제1호·제5호 및 제224조(보세운송업자등의 행정제재)제1항제1호에 해당하는 자

1천만원 이하의 벌금 다만, 과실로 제②부터 제④호까지의 규정에 해당하게 된 경우에는 200만원 이하의 벌금에 처한다. 〈개정 2011.12.31., 2013.1.1.〉	① 세관공무원의 질문에 대하여 거짓의 진술을 하거나 그 직무의 집행을 거부 또는 기피한 자 ② 제135조(입항절차)제1항(제146조제1항에서 준용하는 경우 포함)에 따른 입항보고를 거짓으로 하거나 제136조(출항절차)제1항(제146조제1항에서 준용하는 경우 포함)에 따른 출항허가를 거짓으로 받은 자 ③ 제135조(입항절차)제1항(제146조제1항에서 준용하는 경우를 포함하며 제277조(과태료) 제3항제4호에 해당하는 자는 제외한다), 제136조(출항절차) 제1항(제146조제1항에서 준용하는 경우를 포함한다), 제137조(간이입출항절차)의2 제1항 각호 외의 부분 후단(제277조제3항제4호에 해당하는 자는 제외한다), 제140조(물품의 하역) 제1항 · 제2항 · 제4항(제146조제1항에서 준용하는 경우를 포함한다), 제141조(외국물품의 일시양륙 등) 제1호 · 제3호(제146조제1항에서 준용하는 경우를 포함한다), 제142조(항외하역) 제1항(제146조제1항에서 준용하는 경우를 포함한다), 제144조(외국무역선의 내항선으로의 전환 등) (제146조제1항에서 준용하는 경우를 포함한다), 제150조(국경출입차량의 출발절차), 제151조(물품의 하역 등) 또는 제213조(보세운송의 신고) 제2항을 위반한 자 ④ 제135조(입항절차) 제2항(제146조제1항에서 준용하는 경우를 포함하며 제277조제3항제4호에 해당하는 자는 제외한다), 제200조(반출입물품의 범위 등) 제3항, 제203조(종합보세구역에 대한 세관의 관리 등) 제1항 또는 제262조(운송수단의 출발 중지 등)에 따른 관세청장 또는 세관장의 조치를 위반하거나 검사를 거부 · 방해 또는 기피한 자 ⑤ 부정한 방법으로 제248조(신고의 수리) 제1항 단서에 따른 신고필증을 발급받은 자 ⑥ 서류의 제출 · 보고 또는 그 밖에 필요한 사항에 관한 명령을 이행하지 아니하거나 거짓의 보고를 한 자 ⑦ 세관장 또는 세관공무원의 조치를 거부 또는 방해한 자 ⑧ 세관공무원의 장부 또는 자료의 제시요구 또는 제출요구를 거부한 자[시행일 : 2012.3.1.] 제276조제2항제2호 환승전용내항기에 관한 규정
500만원 이하의 벌금	제165조제2항을 위반한 자〈신설 2013.1.1.〉[전문개정 2010.12.30.] 제276조제2항제2호 환승전용내항기에 관한 규정[시행일 : 2012.3.1.]

표 12-1 대외무역범죄

구분	위반내용	처 벌
원산지표시 위반	원산지 거짓 · 오인 표시, 원산지 표시 손상 · 변경, 원산지 미표시	국산 가장 수출 · 판매 -5년 이하의 징역 또는 1억원이하 벌금 -과징금 · 과태료
	(사례) 김○○는 남성 모조성기를 세관 신고없이 밀반입하려다 적발	
수출입 가격조작	외화도피를 위해 수출입 물품 가격을 조작	5년 이하 징역 또는 수출입 물품 가격의 3배 이하 벌금
	(사례) 박○○는 해외에 비자금을 조성하기 위해 수입가격을 고가로 조작	
전략물자 불법수출입	전략물자의 국제적 확산을 목적으로 허가없이 전략물자 수출, 허가없이 상황허가품목을 수출	7년 이하의 징역 또는 수출물품 가격의 5배
	허가없이 전략물자 수출, 부정하게 전략물자 수출허가 취득, 허가없이 상황허가품목을 수출	5년 이하의 징역 또는 수출물품 가격의 3배
	(사례) 이○○는 군용 무전기 등 전략물자를 방위사업청 허가없이 불법수출	

1. (　　) 안에 들어갈 내용이 순서대로 옳은 것은? (2014년 관세사 1차 기출)

> 입항전수입신고를 한 자 중 법령에 따라 수입에 필요한 허가 · 승인 · 추천 · 증명 또는 그 밖의 조건을 갖추지 아니하거나 부정한 방법으로 갖추어 수입한 자는 (　) 의 징역 또는 (　)이하의 벌금에 처한다.

① 1년, 1천만원　② 2년, 2천만원　③ 3년, 2천만원
④ 3년 3천만원　⑤ 5년 5천만원

2. 다음에 열거한 범죄를 저지른 관세범에 대해 관세법상 규정된 징역 처벌을 한다고 할 때 그 처벌 기준 규정이 가장 엄격한 것은? (2013년 제32회 국제무역사 기출)

① 관세의 회피 목적으로 타인에게 자신의 명의를 대여한 자
② 모조품(模造品)인 화폐를 수출한 자
③ 수입이 제한되는 물품을 수입하면서 해당 수입물품과 다른 물품으로 신고하여 수입한 자
④ 세액결정에 영향을 미치기 위하여 과세가격을 거짓으로 신고하여 수입한 자

1–④ 2–②

13. 과태료(법 제277조)

"과태료"란 국가 또는 지방자치단체가 일정한 행정상의 질서위반행위에 대한 제재인 행정질서벌로서 형법상의 형벌이 아닌 금전벌의 일종으로 의무위반에 대한 사후적 제재수단의 개념이다.

1) 1억원 이하의 과태료

제37조의4 제1항에 따라 자료제출을 요구받은 특수관계에 있는 자가 제10조(천재지변 등으로 인한 기한의 연장)에서 정하는 정당한 사유 없이 제37조의4제3항에서 정한 기한까지 자료를 제출하지 아니하거나 거짓의 자료를 제출하는 경우 이 경우 제276조는 적용되지 아니한다(법 제277조제1항). 〈신설 2013.1.1., 2014.12.23., 2016.12.20.〉

2) 1천만원 이하의 과태료 부과(법 제277조제2항)〈개정 2011.12.31., 2013.1.1., 2015.12.15.〉

1. 제139조(외국 기착의 보고)(제146조제1항에서 준용하는 경우를 포함), 제143조(선용품

및 기용품의 하역 등)제1항(제146조제1항에서 준용하는 경우를 포함), 제152조(도로차량의 국경출입)제1항, 제155조(물품의 장치)제1항, 제156조(보세구역 외 장치의 허가)제1항, 제159조(해체・절단 등의 작업)제2항, 제160조(장치물품의 폐기)제1항, 제161조(견본품 반출)제1항, 제186조(보세공장 사용신고 등)제1항(제205조에서 준용하는 경우를 포함), 제192조(보세건설장 사용전수입신고)(제205조에서 준용하는 경우를 포함), 제200조(종합보세구역의 반출입범위등)제1항, 제201조(운영인의 물품관리)제1항・제3항, 제219조(조난물품의 운송)제2항 또는 제266조(장부 또는 자료의 제출)제2항을 위반한 자

2. 제187조(보세공장외 작업허가)제1항(제89조제4항에서 준용하는 경우를 포함) 또는 제195조(보세건설장외 작업허가)제1항에 따른 허가를 받지 아니하거나 제202조(설비의 유지의무등)제2항에 따른 신고를 하지 아니하고 보세공장・보세건설장・종합보세구역 또는 지정공장 외의 장소에서 작업을 한 자

3) 500만원 이하의 과태료 부과(법 제277조제3항)〈개정 2013.1.1., 2017.12.19.〉

1. 유통이력신고 물품의 유통이력을 신고하지 아니하거나 거짓으로 신고한 자
2. 통관 후 유통이력신고 장부기록 자료를 보관하지 아니한 자(법 제277조제3항)
3. 제243조(신고의 요건)제4항을 위반하여 관세청장이 정하는 장소에 반입하지 아니하고 제241조제1항에 따른 수출의 신고를 한 자

4) 200만원 이하의 과태료 부과(법 제277조제4항)〈개정 2011.7.25., 2011.12.31., 2013.1.1.〉

1. 특허보세구역의 특허사항을 위반한 운영인
2. 제38조(신고납부)제3항(자율심사), 제83조(용도세율의 적용)제1항, 제107조(관세의 분할납부)제3항, 제140조(물품의 하역)제3항, 제157조(물품의 반입・반출)제1항, 제158조(수입신고수리물품의 반출)제2항・제4항, 제172조(물품에 대한 보관책임)제3항, 제194조(보세건설물품의 가동 제한)(제205조에서 준용하는 경우를 포함), 제198조(종합보세사업장의 설치・운영에 관한 신고 등)제3항, 제199조(종합보세구역에의 물품의 반입・반출)제1항, 제202조(설비의 유지의무 등)제1항, 제214조(보세운송의 신고인), 제215조(보세운송 의무보고)[제219조(조난물품의 운송)제4항 및 제221조(내국운송의 신고)제2항에서 준용하는 경우를 포함], 제216조(보세운송 통로)제2항(제219조제4항 및 제221조제2항에서 준용하는 경우를 포함), 제221조(내국운송의 신고)제

1항, 제222조(보세운송업자등의 등록 및 보고)제3항, 제225조(보세화물 취급 선박회사 등의 신고 및 보고)제1항 후단 또는 제251조(수출신고수리물품의 적재 등)제1항을 위반한 자

3. 제83조(용도세율의 적용)제2항, 제88조(외교관용 물품 등의 면세)제2항, 제97조(재수출면세)제2항, 제102조(관세감면물품의 사후관리)제1항 및 제109조(다른 법령 등에 따른 감면물품의 관세징수)제1항을 위반한 자 중 해당 물품을 직접 수입한 경우 관세를 감면받을 수 있고 수입자와 동일한 용도에 사용하려는 자에게 양도한 자
4. 제135조(입항절차)제1항 · 제2항 또는 제137조(간이 입출항절차)의2제1항 각 호 외의 부분 후단을 위반한 자 중 과실로 여객명부 또는 승객예약자료를 제출하지 아니한 자
5. 제159조(해체 · 절단 등의 작업)제4항, 제180조(특허보세구역의 설치 · 운영에 관한 감독 등)제3항(제205조에서 준용하는 경우를 포함한다), 제196조(보세판매장)제2항, 제216조(보세운송통로)제1항(제219조제4항 및 제221조[내국운송의 신고) 제2항에서 준용하는 경우를 포함한다], 제222조(보세운송업자등의 등록 및 보고)제4항, 제225조(보세화물 취급 선박회사 등의 신고 및 보고)제2항, 제228조(통관표지) 또는 제266조(장부 또는 자료의 제출 등)제3항에 따른 관세청장 또는 세관장의 조치를 위반한 자
6. 제321조(세관의 업무시간 · 물품취급시간)제2항제2호를 위반하여 운송수단에서 물품을 취급한 자

5) 100만원 이하의 과태료 부과(법 제277조제5항)〈개정 2011.12.31., 2013.1.1., 2014.1.1., 2015.12.15.〉

1. 적재물품과 일치하지 아니하는 적하목록을 작성하였거나 제출한 자. 다만, 다음 각 목의 어느 하나에 해당하는 자가 투입 및 봉인한 것이어서 적하목록을 제출한 자가 해당 적재물품의 내용을 확인하는 것이 불가능한 경우에는 해당 적하목록을 제출한 자는 제외한다.
   가. 제276조제3항제1호(부정한 방법으로 적하목록을 작성하였거나 제출한 자)에 해당하는 자
   나. 적재물품을 수출한 자
   다. 다른 선박회사 · 항공사 및 화물운송주선업자

2. 신고서류의 보관기간을 위반하여 신고필증을 보관하지 아니한 자
3. 잠정가격의 확정가격 신고를 하지 아니한 자
4. 제107조(관세의 분할납부)제4항, 제108조(담보 제공 및 사후관리)제2항, 제138조(재해나 그 밖의 부득이한 사유로 인한 면책)제2항·제4항, 제141조(외국물품의 일시양륙 등)제2호, 제157조(물품의 반입·반출)의2, 제162조(물품취급자에 대한 단속), 제179조(특허의 효력상실 및 승계)제2항, 제182조(특허의 효력상실 시 조치 등)제1항(제205조에서 준용하는 경우를 포함), 제183조(보세창고) 제2항·제3항, 제184조(장치기간이 지난 내국물품)(제205조에서 준용하는 경우를 포함), 제185조(보세공장)제2항(제205조에서 준용하는 경우를 포함), 제245조(신고 시의 제출서류)제3항 또는 제254조(전자상거래물품 등의 특별통관)의2제2항 및 제3항을 위반한 자
5. 제160조(장치물품의 폐기)제4항(제207조제2항에서 준용하는 경우를 포함)에 따른 세관장의 명령을 이행하지 아니한 자
6. 제177조(장치기간)제2항(제205조에서 준용하는 경우를 포함), 제180조(특허보세구역의 설치·운영에 관한 감독 등)제4항(제205조에서 준용하는 경우를 포함) 또는 제249조(신고사항의 보완)에 따른 세관장의 명령이나 보완조치를 이행하지 아니한 자
7. 제180조(특허보세구역의 설치·운영에 관한 감독 등)제1항(제205조에서 준용하는 경우를 포함)·제2항(제89조제4항에서 준용하는 경우를 포함), 제193조(보세전시장 반입물품의 장치 제한)(제205조에서 준용하는 경우를 포함) 또는 제203조(종합보세구역에 대한 세관의 관리 등)제2항에 따른 세관장의 감독·검사·보고지시 등에 응하지 아니한 자

제1항부터 제4항까지의 규정에 따른 과태료는 세관장이 부과·징수한다(법 제277조 제6항). 〈개정 2013.1.1., 2014.1.1.〉[전문개정 2010.12.30.]

14. 금품 수수 및 공여(법 제277조의2)

① 세관공무원이 그 직무와 관련하여 금품을 수수(收受)하였을 때에는 「국가공무원법」 제82조에 따른 징계절차에서 그 금품 수수액의 5배 내의 징계부가금 부과 의결을 징계위원회에 요구하여야 한다.
② 징계대상 세관공무원이 제1항에 따른 징계부가금 부과 의결 전후에 금품 수수를

이유로 다른 법률에 따라 형사처벌을 받거나 변상책임 등을 이행한 경우(몰수나 추징을 당한 경우를 포함)에는 징계위원회에 감경된 징계부가금 부과 의결 또는 징계부가금 감면을 요구하여야 한다.

③ 제1항 및 제2항에 따른 징계부가금 부과 의결 요구에 관하여는 「국가공무원법」 제78조제4항을 준용한다. 이 경우 "징계 의결 요구"를 "징계부가금 부과 의결 요구"로 본다.

④ 제1항에 따라 징계부가금 부과처분을 받은 자가 납부기간 내에 그 부가금을 납부하지 아니한 때에는 징계권자는 국세체납처분의 예에 따라 징수할 수 있다.

⑤ 세관장은 세관공무원에게 금품을 공여한 자에 대해서는 그 금품 상당액의 2배 이상 5배 내의 과태료를 부과한다. 다만, 「형법」 등 다른 법률에 따라 형사처벌을 받은 경우에는 과태료를 부과하지 아니하고, 과태료를 부과한 후 형사처벌을 받은 경우에는 과태료 부과를 취소한다.[본조신설 2017.12.19.]

1. 관세법상 세관장이 세액심사시 특수관계에 있는 자가 수입하는 물품의 과세가격의 적정성을 심사하기 위하여 해당 특수관계자에게 과세가격결정자료의 제출을 요구한 때, 자료제출을 요구받은 특수관계에 있는 자가 거짓의 자료를 제출하는 경우에 과태료의 범위는?

(2014년 관세사 1차 기출)

① 3천만원 이하 ② 5천만원 이하 ③ 1억원 이하
④ 3억원 이하 ⑤ 5억원 이하

1-③

15. 「형법」 적용의 일부 배제(법 제278조)

관세법에 따른 벌칙에 위반되는 행위를 한 자에게는 「형법」 제38조제1항제2호[1] 중 벌금경합에 관한 제한가중규정을 적용하지 아니한다.[전문개정 2010.12.30.]

1) 각 죄에 정한 형이 사형 또는 무기징역이나 무기금고 이외의 동종의 형인 때에는 가장 중한 죄에 정한 장기 또는 다액에 그 2분의 1까지 가중하되 각 죄에 정한 형의 장기 또는 다액을 합산한 형기 또는 액수를 초과할 수 없다. 단 과료와 과료, 몰수와 몰수는 병과 할 수 있다.

16. 양벌 규정(법 제279조)

1) 양벌규정의 의의

법인의 대표자나 법인 또는 개인의 대리인, 사용인, 그 밖의 종업원이 그 법인 또는 개인의 업무에 관하여 제11장에서 규정한 벌칙(제277조의 과태료는 제외)에 해당하는 위반행위를 하면 그 행위자를 벌하는 외에 그 법인 또는 개인에게도 해당 조문의 벌금형을 과(科)한다. 다만, 법인 또는 개인이 그 위반행위를 방지하기 위하여 해당 업무에 관하여 상당한 주의와 감독을 게을리 하지 아니한 경우에는 그러하지 아니하다(법 제279조제1항).

(1) 양벌규정 대상의 개인

개인은 다음에 해당하는 사람으로 한정한다(법 제279조제2항).

1. 특허보세구역 또는 종합보세사업장의 운영인
2. 수출(「수출용원재료에 대한 관세 등 환급에 관한 특례법」 제4조에 따른 수출등을 포함) · 수입 또는 운송을 업으로 하는 사람
3. 관세사
4. 개항 안에서 물품 및 용역의 공급을 업으로 하는 사람
5. 제327조의2제1항에 따른 국가관세종합정보망 운영사업자 및 제327조의3 제3항에 따른 전자문서중계사업자

17. 몰수 · 추징(법 제282조)

1) 몰수

제269조제1항(수출입물품의 금지물품을 수출하거나 수입한자)의 경우에는 그 물품을 몰수한다. 밀수출입죄 또는 밀수품을 취득한 경우에는 범인이 소유하거나 점유하는 그 물품을 몰수한다. 다만, 제269조제2항의 경우로서 다음 각 호의 어느 하나에 해당하는 물품은 몰수하지 아니할 수 있다(법 제282조제1항~2항). 〈개정 2013.1.1.〉

1. 보세구역에 물품의 반입 · 반출에 따라 신고를 한 후 반입한 외국물품
2. 보세구역외 장치의 허가에 따라 세관장의 허가를 받아 보세구역이 아닌 장소에 장치한 외국물품

2) 추징

제1항과 제2항에 따라 몰수할 물품의 전부 또는 일부를 몰수할 수 없을 때에는 그 몰수할 수 없는 물품의 범칙 당시의 국내도매가격에 상당한 금액을 범인으로부터 추징한다. 다만, 제274조(밀수품의 취득제등) 제1항제1호 중 제269조(밀수입죄)제2항의 물품을 감정한 자는 제외한다. 제279조(양벌규정)의 개인 및 법인은 몰수·추징의 규정을 적용할 때에는 이를 범인으로 본다(법 제282조제3항~4항).

제13장 조사와 처분

제1절 조사와 처분(법 제283조~제289조)

1. 관세범(법 제283조)

이 법에서 "관세범"이란 관세법 또는 관세법에 따른 명령을 위반한 행위로서 관세법에 따라 형사처벌되거나 통고처분되는 것을 말하며, 관세범에 관한 조사 · 처분은 세관공무원이 한다.(법 제283조제1항~2항).

2. 공소의 요건(법 제284조)

관세범에 관한 사건에 대하여는 관세청장이나 세관장의 고발이 없으면 검사는 공소를 제기할 수 없다.

다른 기관이 관세범에 관한 사건을 발견하거나 피의자를 체포하였을 때에는 즉시 관세청이나 세관에 인계하여야 한다(법 제284조제1항~2항).

3. 관세범에 관한 서류 및 조사처분에 관한 서류

1) 관세범에 관한 서류(법 제285조)

관세범에 관한 서류에는 연월일을 적고 서명날인하여야 한다.

2) 조사처분에 관한 서류(법 제286조)

관세범의 조사와 처분에 관한 서류에는 장마다 간인(間印)하여야 한다(법 제286조제1항).

문자를 추가하거나 삭제할 때와 난의 바깥에 기입할 때에는 날인(捺印)하여야 하며, 문자를 삭제할 때에는 그 문자 자체를 그대로 두고 그 글자수를 적어야 한다(법 제286조제2항~3항).

표 13-1 관세범죄

구분	위반 내용	처 벌
금지품 수출입	수출입금지품(음란물, 위조 화폐·채권 등)을 수출	– 10년 이하 징역 또는 2천만원 이하 벌금 – 금지품 몰수·추징
	밀반입하려다 적발	
밀수출	수입신고를 하지 않거나, 신고한 물품과 다른 물품을 수입	– 5년 이하 징역 또는 관세액 10배와 물품원가 중 높은 금액 이하의 벌금 – 밀수품 몰수·추징
	(사례) 박○○는 다이아몬드를 전자제품 속에 숨겨 밀수입하려다 적발	
밀수입	수출(반송)신고를 하지 않거나, 신고한 물품과 다른 물품을 수출	– 3년 이하 징역 또는 물품원가 이하 벌금 – 밀수품 몰수·추징
	(사례) 장○○는 절도차량을 차량부품으로 위장하여 밀수출하려다 적발	
관세포탈	과세가격 또는 관세율을 허위로 신고하거나 신고하지 않고 수입	3년 이하 징역 또는 포탈한 관세 5배와 물품원가 중 높은 금액 이하의 벌금
	(사례) 정○○는 고추를 수입하면서 실제가격보다 저가로 신고하여 관세포탈	
부정감면	부정하게 관세를 감면받거나, 관세감면 물품의 관세 징수를 면탈	3년 이하 징역 또는 감면받은(면탈한) 관세액의 5배 이하 벌금
	(사례) 최○○는 제품생산용 기계를 연구개발용품인 것처럼 꾸며 관세를 부정감면	
부정환급	부정한 방법으로 관세를 환급	3년 이하 징역 또는 환급받은 세액의 5배 이하 벌금
	(사례) 이○○는 수출용원재료로 수입한 건고추를 불법유출하고, 대신 국내 저질재료로 고추가루를 생산·수출하여 수입 시 납부한 관세를 부정환급	
부정수출입	수입에 필요한 조건을 갖추지 않거나 부정하게 갖추어 수출입 또는 수입이 제한된 완제품을 부분품으로 분할수입	(부정수입)3년 이하 징역 또는 3천만원이하 벌금 (부정수출)1년 이하 징역 또는 2천만원이하 벌금 (분할수입)3년 이하 징역 또는 물품원가 이하 벌금
	(사례) 노○○는 식약청 허가를 받지 않고 치과용 의료기기를 부정수입	
밀수품 취득등	밀수품(혹은 부정수출입 물품)을 취득·양여·운반·보관·알선·감정	– 3년이하 징역 또는 물품원가 이하 벌금 – 밀수품 몰수·추징
	(사례) 김○○는 보따리상들이 밀수입한 고추, 담배 등을 수집·판매	

자료: http://www.customs.go.kr

4. 조서의 서명(법 제287조)

관세범에 관한 서류에 서명날인하는 경우 본인이 서명할 수 없을 때에는 다른사람에게 대서하게 하고 도장을 찍어야 한다. 이 경우 도장을 지니지 아니하였을 때에는 손도장을 찍어야 한다. 다른 사람에게 대서하게 한 경우에는 대서자가 그 사유를 적고 서명날인하여야 한다(법 제287조제1항~2항).

5. 서류의 송달

1) 송달방법(법 제288조)

관세범에 관한 서류는 인편이나 등기우편으로 송달한다.

2) 서류송달 시의 수령증(법 제289조)

관세범에 관한 서류를 송달하였을 때에는 수령증을 받아야 한다.

제2절 조 사(법 제290조~제310조)

1. 관세범의 조사(법 제290조)

세관공무원은 관세범이 있다고 인정할 때에는 범인, 범죄사실 및 증거를 조사하여야 한다.

2. 조사(법 제291조)

세관공무원은 관세법 조사에 필요하다고 인정할 대에는 피의자 · 증인 또는 참고인을 조사할 수 있다.

3. 조서 작성(법 제292조)

세관공무원이 피의자·증인 또는 참고인을 조사하였을 때에는 조서를 작성하여야 한다. 조서는 세관공무원이 진술자에게 읽어주거나 열람하게 하여 기재 사실에 서로 다른 점이 있는지 물어보아야 한다. 진술자가 조서내용의 증감 변경을 청구한 경우에는 그 진술을 조서에 적어야 한다. 조서에는 연월일과 장소를 적고 ① 조사를 한 사람, ② 진술자, ③ 참여자가 함께 서명날인 하여야 한다(법 제292조제1항~4항).

4. 조서의 대용(법 제293조)

현행범인에 대한 조사로서 긴급히 처리할 필요가 있을 때에는 그 주요 내용을 적은 서면으로 조서를 대신할 수 있다. 서면조서에는 연월일시와 장소를 적고 조사를 한 사람과 피의자가 이에 서명날인을 하여야 한다(법 제293조제1항~2항).

5. 출석 요구(법 제294조)

세관공무원이 관세범 조사에 필요하다고 인정할 때에는 피의자·증인 또는 참고인의 출석을 요구할 수 있다. 세관공무원이 관세범 조사에 필요하다고 인정할 때에는 지정한 장소에 피의자·증인 또는 참고인의 출석이나 동행을 명할 수 있다.

피의자·증인 또는 참고인에게 출석 요구를 할 때에는 출석요구서를 발급하여야 한다(법 제294조제1항~3항).

6. 사법경찰권(법 제295조)

세관공무원은 관세범에 관하여 「사법경찰관리의 직무를 수행할 자와 그 직무범위에 관한 법률」에서 정하는 바에 따라 사법경찰관리의 직무를 수행한다.

7. 수색 · 압수영장(법 제296조)

관세법에 따라 수색 · 압수를 할 때에는 관할 지방법원 판사의 영장을 받아야 한다. 다만, 긴급한 경우에는 사후에 영장을 발급받아야 한다.

소유자 · 점유자 또는 보관자가 임의로 제출한 물품이나 남겨 둔 물품은 영장없이 압수할 수 있다(법 제296조제1항~2항).

8. 현행범의 체포 및 인도

1) 현행범의 체포(법 제297조)

세관공무원이 관세법의 현행범인을 발견하였을 때에는 즉시 체포하여야 한다.

2) 현행범의 인도(법 제298조)

관세법의 현행범인이 그 장소에 있을 때에는 누구든지 체포할 수 있으며 이에 따라 범인을 체포한 자는 지체 없이 세관공무원에게 범인을 인도하여야 한다(법 제298조제1항~2항).

9. 압수물품의 국고귀속(법 제299조)

1) 압수물품의 공고

세관장은 제269조, 제270조제1항부터 제3항까지 및 제272조부터 제274조까지의 규정에 해당되어 압수된 물품에 대하여 그 압수일부터 6개월 이내에 해당 물품의 소유자 및 범인을 알 수 없는 경우에는 해당 물품을 유실물로 간주하여 유실물 공고를 하여야 한다(법 제299조제1항).

2) 국고귀속

공고일부터 1년이 지나도 소유자 및 범인을 알 수 없는 경우에는 해당 물품은 국고에 귀속된다(법 제299조제2항).

10. 검증수색 및 신변수색

1) 검증수색(법 제300조)

세관공무원은 관세범 조사에 필요하다고 인정할 때에는 선박 · 차량 · 항공기 · 창고 또는 그 밖의 장소를 검증하거나 수색할 수 있다.

2) 신변수색 등(법 제301조)

세관공무원은 범죄사실을 증명하기에 충분한 물품을 피의자가 신변(身邊)에 은닉하였다고 인정될 때에는 이를 내보이도록 요구하고, 이에 따르지 아니하는 경우에는 신변을 수색할 수 있다. 여성의 신변을 수색할 때에는 성년의 여성을 참여시켜야 한다(법 제301조제1항~2항).

1. **관세법상 조사와 처분에 관한 설명으로 옳지 않은 것은?** (2017년 관세사 1차 기출)
   ① 관세법에 관한 조사 · 처분은 세관공무원이 한다.
   ② 관세범에 관한 사건에 대하여는 관세청장이나 세관장의 고발이 없더라도 필요한 경우 검사는 세관장에게 통보하고 공소를 제기할 수 있다.
   ③ 사법경찰관리의 직무를 행하는 세관공무원이 범령에 의하여 피의자를 구속하는 때에는 세관관서 · 국가경찰관서 또는 고도관서에 유치하여야 한다.
   ④ 세관공무원은 관세법 조사에 필요하다고 인정할 때에는 선박 · 차량 · 하아공기 · 창고 또는 그 밖의 장소를 검증하거나 수색할 수 있다.
   ⑤ 세관공무원은 범죄사실을 증명하기에 충분한 물품을 피의자가 신변에 은닉하였다고 인정될 때에는 이를 내보이도록 요구하고, 이에 따르지 아니하는 경우에는 신변을 수색할 수 있다.

2. **관세법상 관세법의 조사에 관한 설명으로 옳지 않은 것은?** (2016년 관세사 1차 기출)
   ① 세관공무원은 관세범이 있다고 인정할 때에는 범인, 범죄사실 및 증거를 조사하여야 한다.
   ② 세관공무원은 관세범 조사에 필요하다고 인정할 때에는 피의자 · 증인 또는 참고인의 출석을 요구할 수 있다.
   ③ 세관공무원은 범죄사실을 증명하기에 충분한 물품을 피의자가 신변(身邊)에 은닉하였다고 인정될 때에는 이를 내보이도록 요구하고, 이에 따르지 아니하는 경우에는 신변을 수색할 수 있다.
   ④ 세관공무원은 관세범 조사에 의하여 발견한 물품이 범죄의 사실을 증명하기에 충분하거나 몰수하여야 하는 것으로 인정되더라도 이를 압수할 수 없다.
   ⑤ 압수물품은 편의에 따라 소지자나 시 · 군 · 읍 · 면사무소에 보관시킬 수 있다.

1-② 2-④

11. 참여(법 제302조)

세관공무원이 수색을 할 때에는 다음에 해당하는 사람을 참여시켜야 한다. 다만, 이들이 모두 부재중일 때에는 공무원을 참여시켜야 한다(법 제302조2제1항).

1. 선박 · 차량 · 항공기 · 창고 또는 그 밖의 장소의 소지인 · 관리인
2. 동거하는 친척이나 고용된 사람
3. 이웃에 거주하는 사람

제1항제2호 및 제3호에 따른 사람은 성년자이어야 한다(법 제302조2제2항).

12. 압수와 보관(법 제303조)

1) 압수

세관공무원은 관세법 조사에 의하여 발견한 물품이 범죄의 사실을 증명하기에 충분하거나 몰수하여야 하는 것으로 인정될 때에는 이를 압수할 수 있으며, 압수물품은 편의에 따라 소지자나 시 · 군 · 읍 · 면사무소에 보관시킬 수 있다(법 제303조제1항~2항).

2) 보관 및 공탁

관세청장이나 세관장은 압수물품이 다음에 해당하는 경우에는 피의자나 관계인에게 통고한 후 매각하여 그 대금을 보관하거나 공탁할 수 있다. 다만, 통고할 여유가 없을 때에는 매각한 후 통고하여야 한다. 이에 따른 통고 및 매각에 관하여는 제160조제5항 및 제326조를 준용한다(법 제303조제3항~4항). [전문개정 2010.12.30.]

1. 부패 또는 손상되거나 그 밖에 사용할 수 있는 기간이 지날 우려가 있는 경우
2. 보관하기가 극히 불편하다고 인정되는 경우
3. 처분이 지연되면 상품가치가 크게 떨어질 우려가 있는 경우
4. 피의자나 관계인이 매각을 요청하는 경우

13. 압수물품의 폐기(법 제304조)

관세청장이나 세관장은 압수물품 중 다음에 해당하는 것은 피의자나 관계인에게 통고한 후 폐기할 수 있다. 다만, 통고할 여유가 없을 때에는 폐기한 후 즉시 통고하여야 한다. 이에 따른 통고에 관하여는 제160조제5항을 준용한다(법 제3240조제1항~2항).

1. 사람의 생명이나 재산을 해칠 우려가 있는 것
2. 부패하거나 변질된 것
3. 유효기간이 지난 것
4. 상품가치가 없어진 것

14. 압수조서 등의 작성(법 제305조)

검증 · 수색 또는 압수를 하였을 때에는 조서를 작성하여야 한다. 이의 작성에 따른 검증 · 수색 또는 압수조서에 관하여는 제292조제2항및 제3항을 준용하며, 현행범인에 대한 수색이나 압수로서 긴급한 경우의 조서작성에 관하여는 제293조를 준용한다(법 제305조제1항~3항).

15. 야간집행의 제한(법 제306조)

해 진 후부터 해 뜨기 전까지는 검증 · 수색 또는 압수를 할 수 없다. 다만, 현행범인 경우에는 그러하지 아니하다. 이미 시작한 검증 · 수색 또는 압수는 계속할 수 있다(법 제306조제1항~2항).

16. 조사 중 출입금지(법 제307조)

세관공무원은 피의자 · 증인 또는 참고인에 대한 조사 · 검증 · 수색 또는 압수 중에는 누구를 막론하고 그 장소에의 출입을 금할 수 있다.[전문개정 2010.12.30.]

17. 신분 증명 및 경찰관의 원조(법 제308조~309조)

1) 신분의 증명(법 제308조)

세관공무원은 조사·검증·수색 또는 압수를 할 때에는 제복을 착용하거나 그 신분을 증명할 증표를 지니고 그 처분을 받을 자가 요구하면 이를 보여 주어야 한다. 세관공무원이 제복을 착용하지 아니한 경우로서 그 신분을 증명하는 증표제시 요구에 응하지 아니하는 경우에는 처분을 받을 자는 그 처분을 거부할 수 있다(법 제308조제1항~2항).

2) 경찰관의 원조(법 제309조)

세관공무원은 조사·검증·수색 또는 압수를 할 때 필요하다고 인정하는 경우에는 국가 경찰공무원의 원조를 요구할 수 있다.

18. 조사 결과의 보고(법 제310조)

세관공무원은 조사를 종료하였을 때에는 관세청장이나 세관장에게 서면으로 그 결과를 보고하여야 하며, 세관공무원은 이에 따른 보고를 할 때에는 관계 서류를 함께 제출하여야 한다(법 제310조제1항~2항). [전문개정 2010.12.30.]

제3절 처 분 (법 제311조~제319조)

1. 통고처분(법 제311조)

"통고처분"이란 정식재판에 갈음하여 절차의 간이·신속에 주안점을 두고 행정청이 일정한 벌금 또는 과료에 상당하는 금액의 납부를 명하는 준사법적 행정행위로 현행법상 조세범, 관세법, 교통사범 등에 적용된다.

관세청장이나 세관장은 관세범의 조사결과 범죄의 확증을 얻은 때에는 그 이유를 명시하고 다음에 해당하는 금액 또는 물품을 납부할 것을 통고할 수 있다(법 제311조제1항). 〈개

정 2015.12.15.〉

1. 벌금에 상당하는 금액
2. 몰수에 해당하는 물품
3. 추징금에 해당하는 금액

관세청장이나 세관장은 통고처분을 받은 자가 벌금 또는 추징금에 상당한 금액을 예납하고자 하는 때에는 이를 예납시킬 수 있다(법 제311조제2항).

통고가 있는 때에는 공소의 시효는 정지된다(법 제311조제3항).

벌금에 상당하는 금액의 부과기준은 대통령령으로 정한다(법 제311조제4항).〈신설 2015.12.15.〉

(1) 통고처분(관세법 시행령 제270조의2)

① 법 제311조제1항제1호에 따른 벌금에 상당하는 금액은 해당 벌금 최고액의 100분의 20으로 한다. 다만, 별표 4에 해당하는 범죄로서 해당 물품의 원가가 해당 벌금의 최고액 이하인 경우에는 해당 물품 원가의 100분의 20으로 한다.

② 관세청장이나 세관장은 관세범이 조사를 방해하거나 증거물을 은닉・인멸・훼손한 경우 등 관세청장이 정하여 고시하는 사유에 해당하는 경우에는 제1항에 따른 금액의 100분의 50 범위에서 관세청장이 정하여 고시하는 비율에 따라 그 금액을 늘릴 수 있다.

③ 관세청장이나 세관장은 관세범이 조사 중 해당 사건의 부족세액을 자진하여 납부한 경우, 심신미약자인 경우 또는 자수한 경우 등 관세청장이 정하여 고시하는 사유에 해당하는 경우에는 제1항에 따른 금액의 100분의 50 범위에서 관세청장이 정하여 고시하는 비율에 따라 그 금액을 줄일 수 있다.

④ 관세범이 제2항 및 제3항에 따른 사유에 2가지 이상 해당하는 경우에는 각각의 비율을 합산하되, 합산한 비율이 100분의 50을 초과하는 경우에는 100분의 50으로 한다.[본조신설 2016.2.5.],

2. 즉시 고발(법 제312조)

관세청장이나 세관장은 범죄의 정상이 징역형에 처해질 것으로 인정될 때에는 제311조제1항에도 불구하고 즉시 고발하여야 한다.

3. 압수물품의 반환(법 제313조)

① 관세청장이나 세관장은 압수물품을 몰수하지 아니할 때에는 그 압수물품이나 그 물품의 환가대금(換價代金)을 반환하여야 한다. 압수물품을 몰수하지 않은 물품에 대하여 관세가 미납된 경우에는 반환 받을 자로부터 해당 관세를 징수한 후 그 물품이나 그 환가대금을 반환하여야 한다.

② 압수물품이나 그 환가대금을 반환 받을 자의 주소 및 거소가 분명하지 아니하거나 그 밖의 사유로 반환할 수 없을 때에는 그 요지를 공고하여야 한다(법 제313조제2항).

③ 공고를 한 날부터 6개월이 지날 때까지 반환의 청구가 없는 경우에는 그 물품이나 그 환가대금을 국고에 귀속시킬 수 있다.

4. 통고서의 작성 및 송달

1) 통고서의 작성(법 제314조)

통고처분을 할 때에는 통고서를 작성하여야 한다. 이에 따른 통고서에는 다음의 사항을 적고 처분을 한 자가 서명날인을 하여야 한다.

1. 처분을 받을 자의 성명, 나이, 성별, 직업 및 주소
2. 벌금에 상당한 금액, 몰수에 해당하는 물품 또는 추징금에 상당한 금액
3. 범죄사실
4. 적용 법조문
5. 이행 장소
6. 통고처분 연월일

2) 통고서의 송달(법 제315조)

통고처분의 고지는 통고서를 송달하는 방법으로 하여야 한다.

5. 통고의 불이행과 고발(법 제316조)

관세범인이 통고서의 송달을 받았을 때에는 그 날부터 15일 이내에 이를 이행하여야

하며, 이 기간 내에 이행하지 아니하였을 때에는 관세청장이나 세관장은 즉시 고발하여야 한다. 다만, 15일이 지난 후 고발이 되기 전에 관세범인이 통고처분을 이행한 경우에는 그러하지 아니하다. 〈개정 2013.1.1.〉[전문개정 2010.12.30.]

6. 일사부재리(법 제317조)

관세범인이 통고의 요지를 이행하였을 때에는 동일사건에 대하여 다시 처벌을 받지 아니한다.

7. 무자력 고발(법 제318조)

관세청장이나 세관장은 다음의 경우에는 제311조제1항에도 불구하고 즉시 고발하여야 한다.

1. 관세범인이 통고를 이행할 수 있는 자금능력이 없다고 인정되는 경우
2. 관세범인의 주소 및 거소가 분명하지 아니하거나 그 밖의 사유로 통고를 하기 곤란하다고 인정되는 경우

8. 준 용(법 제319조)

관세범에 관하여는 관세법에 특별한 규정이 있는 것을 제외하고는 「형사소송법」을 준용한다.

제14장 보 칙

1. 가산세의 세목(법 제320조)

관세법에 따른 가산세는 관세의 세목으로 한다.

2. 세관의 업무 및 물품취급시간(법 제321조)

세관의 업무시간, 보세구역과 운송수단에 있어서의 물품의 취급시간은 대통령령으로 정하는 바에 따른다(법 제321조제1항).

표 14-1 세관의 개청시간과 보세구역 및 운송수단의 물품취급시간

세관의 개청시간 및 운송수단의 물품취급시간	「국가공무원 복무규정」에 의한 공무원의 근무시간. 다만, 항공기·선박 등이 상시 입·출항하는 등 세관의 업무특성상 필요한 경우에 세관장은 관세청장의 승인을 얻어 부서별로 근무시간을 달리 정할 수 있다.
보세구역의 물품취급시간	24시간. 다만, 감시·단속을 위하여 필요한 경우 세관장은 그 시간을 제한할 수 있다.

자료: 법 시행령 제274조 개청시간과 물품취급시간.〈개정 2004.8.30., 2006.5.22.〉

다음 각 호의 어느 하나에 해당하는 자는 대통령령으로 정하는 바에 따라 세관장에게 미리 통보하여야 한다(법 제321조제2항).

1. 세관의 업무시간이 아닌 때에 통관절차·보세운송절차 또는 입출항절차를 밟으려는 자
2. 운송수단의 물품취급시간이 아닌 때에 물품을 취급하려는 자

사전통보를 한 자는 기획재정부령으로 정하는 바에 따라 수수료를 납부하여야 한다(법 제321조제3항).

(1) 개청시간 및 물품취급시간외 통관절차 등에 관한 수수료(법 시행규칙 제81조)

수수료를 계산함에 있어서 관세청장이 정하는 물품의 경우 여러 건의 수출입물품을 1건으로 하여 통관절차·보세운송절차 또는 입출항절차를 신청하는 때에는 이를 1건으로 한다.

표 14-2 개청시간 및 물품취급시간외 통관절차 등에 관한 수수료

개청시간	수수료			비교
기본수수료	4천원[1]			휴일: 12,000원
오전 6시부터 오후 6시까지	기본수수료 4천원	+	1시간당 3천원	
오후 6시부터 오후 10시까지			1시간당 4천8백원	
오후 10시부터 그 다음날 오전 6시까지			1시간당 7천원	

법 시행규칙 제81조

개청시간	수수료			비교
기본수수료	2천원[2]			휴일: 6,000원
오전 6시부터 오후 6시까지	기본수수료 1천원	+	1시간당 1천5백원	
오후 6시부터 오후 10시까지			1시간당 2천4백원	
오후 10시부터 그 다음날 오전 6시까지			1시간당 3천6백원	

3. 통계 및 증명서의 작성 및 교부(법 제322조)

1) 열람 또는 교부

관세청장은 다음의 사항에 관한 통계를 작성하고 그 열람이나 교부를 신청하는 자가 있으면 이를 열람하게 하거나 교부하여야 한다(법 제322조제1항).

1. 수출하거나 수입한 화물에 관한 사항

---

1) 다만, 수출물품의 통관절차 또는 출항절차에 관한 수수료는 수입물품의 통관절차 또는 출항절차에 관한 수수료의 4분의 1에 상당하는 금액으로 한다. 〈개정 2003.2.14.〉

2) 다만, 수출물품의 통관절차 또는 출항절차에 관한 수수료는 수입물품의 통관절차 또는 출항절차에 관한 수수료의 4분의 1에 상당하는 금액으로 한다. 〈개정 2003.2.14.〉

2. 입항하거나 출항한 외국무역선 및 외국무역기에 관한 사항
3. 그 밖에 외국무역과 관련하여 관세청장이 필요하다고 인정하는 사항

2) 공표

관세청장은 제1항(열람 또는 교부신청)에 따라 통계를 집계하고 대통령령으로 정하는 바에 따라 정기적으로 그 내용을 공표할 수 있다(법 제322조제2항).

3) 열람 또는 교부의 신청

통계 외 통관 관련 세부 통계자료를 열람하거나 교부받으려는 자는 사용 용도 및 내용을 구체적으로 밝혀 관세청장에게 신청할 수 있다. 이 경우 관세청장은 대통령령으로 정하는 경우를 제외하고는 이를 열람하게 하거나 교부하여야 한다(법 제322조제3항).

(1) 교부방법

관세청장은 통계 및 통계자료를 전산처리가 가능한 전달매체에 기록하여 교부하거나 전산처리설비를 이용하여 교부할 수 있다. 이 경우 교부할 수 있는 통계의 범위와 그 절차는 관세청장이 정한다(법 제322조제4항).

4) 대행기관의 지정

관세청장은 통계, 통계자료 및 통계의 작성 및 교부 업무를 대행할 대행기관을 지정하여 그 업무를 대행하게 할 수 있다. 이 경우 관세청장은 통계작성을 위한 기초자료를 대행기관에 제공하여야 한다(법 제322조제5항). 〈개정 2011.12.31.〉

5) 수수료의 납부 및 승인

(1) 수수료의 납부

세관사무에 관한 증명서와 통계, 통계자료 통계를 교부받으려는 자는 기획재정부령으로 정하는 바에 따라 관세청장에게 수수료를 납부하여야 한다. 다만, 대행기관이 업무를 대행하는 경우에는 대행기관이 정하는 수수료를 해당 대행기관에 납부하여야 한다(법 제322조제6항). 〈개정 2011.12.31.〉

(2) 수수료의 승인 및 수입

대행기관은 수수료를 정할 때에는 기획재정부령(상기 동일)으로 정하는 바에 따라 관세청장의 승인을 받아야 한다. 승인을 받은 사항을 변경하려는 경우에도 또한 같다(법 제322조제7항). 〈신설 2011.12.31.〉

대행기관이 수수료를 징수한 경우 그 수입은 해당 대행기관의 수입으로 한다(법 제322조제8항). 〈신설 2011.12.31.〉

수수료 징수에 따른 증명서 중 수출·수입 또는 반송에 관한 증명서는 해당 물품의 수출·수입 또는 반송 신고의 수리일부터 5년 내의 것에 관하여 발급한다(법 제322조제9항). 〈개정2011.12.31.〉

4. 세관설비의 사용(법 제323조)

물품장치나 통관을 위한 세관설비를 사용하려는 자는 기획재정부령으로 정하는 사용료를 납부하여야 한다.

표 14-3 세관설비사용료(법 시행규칙 제83조)〈개정 2010.3.30.〉

기본사용료		형 태	금 액
12,000원	+	토지	분기마다 1제곱미터당 780원
		건물	분기마다 1제곱미터당 1,560원

5. 포 상(법 제324조)

1) 포상의 대상자

관세청장은 다음에 해당하는 사람에게는 대통령령으로 정하는 바에 따라 포상할 수 있다(법 제324조제1항).

1. 관세범을 세관이나 그 밖의 수사기관에 통보하거나 체포한 자로서 공로가 있는 사람
2. 범죄물품을 압수한 사람으로서 공로가 있는 사람
3. 관세법이나 다른 법률에 따라 세관장이 관세 및 내국세 등을 추가 징수하는 데에 공로가 있는 사람

4. 관세행정의 개선이나 발전에 특별히 공로가 있는 사람

2) 포상금의 지급

관세청장은 체납자의 은닉재산을 신고한 사람에게 대통령령으로 정하는 바에 따라 10억원의 범위에서 포상금을 지급할 수 있다. 다만 은닉재산의 신고를 통하여 징수된 금액이 2천만원 미만인 경우 또는 공무원이 그 직무와 관련하여 은닉재산을 신고한 경우에는 포상금을 지급하지 아니한다(법 제324조제2항). 〈개정 2013.1.1.〉

1. 관세법의 규정에 따라 체납자의 은닉재산을 신고한 자에 대하여 지급되는 포상금의 한도는? (2013년 제32회 국제무역사 기출)

① 10억원　　② 20억원　　③ 30억원　　④ 50억원

1-①

3) 은닉재산

"은닉재산"이란 체납자가 은닉한 현금·예금·주식이나 그 밖에 재산적 가치가 있는 유형·무형의 재산을 말한다. 다만, 다음 각 호의 어느 하나에 해당하는 재산은 제외한다(법 제324조제3항).

1. 「국세징수법」 제30조에 따른 사해행위 취소소송의 대상이 되어 있는 재산
2. 세관공무원이 은닉 사실을 알고 조사를 시작하거나 체납처분 절차를 진행하기 시작한 재산
3. 그 밖에 체납자의 은닉재산을 신고받을 필요가 없다고 인정되는 재산으로서 대통령령으로 정하는 것

은닉재산의 신고자의 성명과 주소를 적고 서명하거나 날인한 문서로 하여야 한다(법 제324조제4항).

(1) 포상방법(법 시행령 제277조)

① 포상은 관세청장이 정하는 바에 의하여 포상장 또는 포상금을 수여하거나 포상장과 포상금을 함께 수여할 수 있다.

② 관세청장이 포상금의 수여기준을 정하는 경우 포상금의 수여대상자가 공무원인 때

에는 공무원에게 수여하는 포상금총액을 그 공로에 의한 실제 국고수입액의 100분의 25 이내로 하여야 한다. 다만, 1인당 수여액을 100만원 이하로 하는 때에는 그러하지 아니하다.〈개정 2001.12.31.〉

③ 공로자 중 관세범을 세관, 그 밖의 수사기관에 통보한 자와 체납자의 은닉재산을 신고한 자에 대하여는 관세청장이 정하는 바에 의하여 익명으로 포상할 수 있다. 〈개정 2007.4.5.〉

④ 체납자의 은닉재산을 신고한 자에 대하여는 은닉재산의 신고를 통하여 징수된 금액("징수금액")에 다음의 지급률을 곱하여 계산한 금액을 포상금으로 지급할 수 있다. 다만, 10억원을 초과하는 부분은 지급하지 아니한다.〈신설 2007.4.5., 2013.2.15., 2014.3.5.〉

징수금액	지급률
2천만원 이상 2억원 이하	100분의 15
2억원 초과 5억원 이하	3천만원 + 2억원을 초과하는 금액의 100분의 10
5억원 초과	6천만원 + 5억원을 초과하는 금액의 100분의 5

⑤ 법 제324조제2항 단서에서 "대통령령으로 정하는 금액"이란 2천만원을 말한다. 〈신설 2007.4.5, 2011.4.1.〉

⑥ 법 제324조제3항제3호에서 "대통령령으로 정하는 것"이란 체납자 본인의 명의로 등기된 국내소재 부동산을 말한다.〈신설 2007.4.5, 2011.4.1.〉

⑦ 은닉재산을 신고한 자에 대한 포상금은 재산은닉 체납자의 체납액에 해당하는 금액을 징수한 후 지급한다.〈신설 2007.4.5.〉

(2) 공로심사(법 시행령 제278조)

관세청장 또는 세관장은 공로자의 공로사실을 조사하여 포상할 필요가 있다고 인정되는 자에 대하여 포상할 수 있으며,〈개정 2009.2.4.〉 관세청장 또는 세관장은 포상을 받을 만한 공로가 있는 자에게 공정하게 포상의 기회를 부여하여야 한다. 포상에 필요한 공로의 기준·조사방법과 그 밖에 필요한 사항은 관세청장이 정한다. 다만, 동일한 공로에 대하여 이중으로 포상할 수 없다.〈개정 2009.2.4.〉

(3) 권한의 위임 및 위탁(법 시행령 제288조)

위임자	수임자	위임내용
관세청장	세관장	포상에 관한 권한
	관세평가분류원장	과세환율의 결정 가산 또는 공제하는 금액의 결정 제33조제1항제1호 및 제2호에 따른 금액의 결정 과세가격 결정방법의 사전심사 품목분류사전심사 환율의 결정
	세관장 또는 관세평가분류원장	수출입 안전관리 우수 공인업체 심사

위탁자	수탁자	수탁내용
세관장	화물관리인	법 제329조제3항의 규정에 의하여 법 제209조제1항의 규정에 의한 통고의 권한
	보세구역운영인 또는 화물관리인	법 제329조제3항의 규정에 의하여 법 제215조의 규정에 의한 보세운송의 도착보고의 수리에 관한 권한
	법인의 장	법 제329조제3항에 따라 법 제165조제2항에 따른 보세사의 등록과 법 제222조제1항제1호에 따른 보세운송업자의 등록에 관한 권한
관세청장	제32조에 따라 설립된 사단법인 중 지식재산권 보호업무에 전문성이 있다고 인정되어 관세청장이 지정·고시하는 법인	제329조제4항 전단에 따라 법 제235조제2항에 따른 지식재산권의 신고에 관한 업무
제5항부터 제8항까지의 규정에 따라 업무의 위탁을 받은 자에 대한 지휘·감독에 관한 사항은 관세청장이 정한다. 〈개정 2010.3.26.〉		

6. 편의 제공(법 제325조)

이 법에 따라 물품의 운송·장치 또는 그 밖의 취급을 하는 자는 세관공무원의 직무집행에 대하여 편의를 제공하여야 한다.

7. 몰수품 등의 처분(법 제326조)

세관장은 관세법에 따라 몰수되거나 국고에 귀속된 몰수품을 공매 또는 그 밖의 방법으로 처분할 수 있다. 세관장은 제1항에도 불구하고 몰수품 등이 농산물인 경우로서 국내시장의 수급조절과 가격안정을 도모하기 위하여 농림수산식품부장관이 요청할 때에는 대통령령으로 정하는 바에 따라 몰수품 등을 농림수산식품부장관에게 이관할 수 있다(법 제326조제1항, 제6항).

몰수품 등의 공매에 관하여는 제210조(매각방법)을 준용한다. 다만, 관세청장이 정하는 물품은 경쟁입찰에 의하지 아니하고 수의계약이나 위탁판매의 방법으로 매각할 수 있다. 세관장은 관세청장이 정하는 기준에 해당하는 몰수품 등을 처분하려면 관세청장의 지시를 받아야 한다(법 제326조제2항~3항).

세관장은 몰수품 등에 대하여 대통령령으로 정하는 금액의 범위에서 몰수 또는 국고귀속 전에 발생한 보관료 및 관리비를 지급할 수 있으며, 세관장은 몰수품등의 매각대금에서 매각에 든 비용과 제4항에 따른 보관료 및 관리비를 직접 지급할 수 있다(법 제326조제5항~항).

1) 몰수농산물의 이관 등(법 시행령 제282조의2)

① 세관장은 공매 그 밖의 방법으로 처분할 수 있는 몰수품 등이 농산물('몰수농산물')인 경우에는 관세청장이 정하는 바에 따라 농림축산식품부장관에게 이를 통보하여야 한다.〈개정 2008.2.29, 2013.3.23.〉

② 통보를 받은 농림축산식품부장관이 몰수농산물을 이관받고자 하는 경우에는 통보받은 날부터 20일 이내에 관세청장이 정하는 바에 따라 이관요청서를 세관장에게 제출하여야 한다.〈개정 2008.2.29, 2013.3.23.〉

③ 기한 내에 이관요청서를 제출하지 아니하는 경우에는 공매 또는 그 밖의 방법으로 처분할 수 있다.〈개정 2008.2.29, 2013.3.23.〉

④ 농림축산식품부장관의 요청에 따라 이관하는 몰수농산물에 대한 보관료 및 관리비는 관세청장이 정하는 바에 따라 농림축산식품부장관이 지급하여야 한다.〈개정 2008.2.29, 2013.3.23.〉[본조신설 2004.3.29.]

2) 몰수품 등에 대한 보관료 등의 지급기준(법 시행령 제283조)

"대통령령으로 정하는 금액"이란 통상적인 물품의 보관료 및 관리비를 감안하여 관세청장이 정하여 고시하는 금액을 말한다. 이 경우 해당 물품의 매각대금에서 보관료 및 관리비를 지급하는 경우에는 매각대금에서 매각비용을 공제한 금액을 초과하여 지급할 수 없다.〈개정 2002.12.30, 2011.4.1.〉[시행 2014.7.1.] [대통령령 제25224호, 2014.3.5., 일부개정]

8. 국가관세종합정보망(법 제327조)

1) 국가관세종합정보망의 구축 및 운영

① 관세청장은 전자통관의 편의를 증진하고, 외국 세관과의 세관정보 교환을 통하여 수출입의 원활화와 교역안전을 도모하기 위하여 전산처리설비와 데이터베이스에 관한 국가관세종합정보망을 구축·운영할 수 있다.

② 세관장은 관세청장이 정하는 바에 따라 국가관세종합정보망의 전산처리설비를 이용하여 관세법에 따른 신고·신청·보고·납부 등과 법령에 따른 허가·승인 또는 그 밖의 조건을 갖출 필요가 있는 물품의 증명 및 확인신청 등 전자신고 등을 하게 할 수 있다.

③ 세관장은 관세청장이 정하는 바에 따라 국가관세종합정보망의 전산처리설비를 이용하여 전자신고 등의 승인·허가·수리 등에 대한 교부·통지·통고 등 전자송달을 할 수 있다.

④ 전자신고 등을 할 때에는 관세청장이 정하는 바에 따라 관계 서류를 국가관세 종합정보망의 전산처리설비를 이용하여 제출하게 하거나, 그 제출을 생략하게 하거나 간소한 방법으로 하게 할 수 있다.

⑤ 제2항에 따라 이행된 전자신고 등은 관세청장이 정하는 국가관세종합정보망의 전산처리설비에 저장된 때에 세관에 접수된 것으로 보고, 전자송달은 송달받을 자가 지정한 컴퓨터에 입력된 때(관세청장이 정하는 국가관세종합정보망의 전산처리설비에 저장하는 경우에는 저장된 때)에 그 송달을 받아야 할 자에게 도달된 것으로 본다.

⑥ 전자송달은 대통령령으로 정하는 바에 따라 송달을 받아야 할 자가 신청하는 경우에만 한다.

⑦ 제5항에도 불구하고 국가관세종합정보망의 전산처리설비의 장애로 전자송달이 불가능한 경우, 그 밖에 대통령령으로 정하는 사유가 있는 경우에는 교부·인편 또는 우편의 방법으로 송달할 수 있다.

⑧ 제6항에 따라 전자송달할 수 있는 대상의 구체적 범위·송달방법 등에 관하여 필요한 사항은 대통령령으로 정한다.

2) 전자송달(시행령 제285조의2)

전자송달을 받고자 하는 자는 관세청장이 정하는 바에 따라 전자송달에 필요한 설비를 갖추고 다음의 사항을 기재한 신청서를 관할세관장에게 제출하여야 한다(시행령 제285조의2제1항).〈개정 2009.2.4.〉

1. 성명 · 주민등록번호 등 인적사항
2. 주소 · 거소 또는 영업소의 소재지
3. 전자우편주소[법 제327조제5항에 따라 관세청장이 정하는 국가관세종합정보망의 전산처리설비(전산처리설비)의 경우에는 사용자확인기호를 이용하여 접근할 수 있는 곳을 말한다]
4. 서류중 전자송달을 받고자 하는 서류의 종류
5. 그 밖의 필요한 사항으로서 관세청장이 정하는 것

(1) 대통령령으로 정하는 사유〈개정 2009.2.4., 2011.4.1.〉

법 제327조제7항에서 “대통령령으로 정하는 사유”란 다음 각 호의 어느 하나에 해당하는 경우를 말한다(법 시행령 제285조의2제2항).〈개정 2009.2.4, 2011.4.1.〉

1. 정전, 프로그램의 오류 그 밖의 부득이한 사유로 인하여 금융기관 또는 체신관서의 전산처리장치의 가동이 정지된 경우
2. 전자송달을 받으려는 자의 전산처리설비 이용권한이 정지된 경우
3. 그 밖의 전자송달이 불가능한 경우로서 관세청장이 정하는 경우

(2) 전자송달 할 수 있는 서류

납부서 · 납세고지서 · 환급통지서 및 그 밖에 관세청장이 정하는 서류로 한다(법 시행령 제285조의2 제3항).〈개정 2009.2.4..〉

관세청장은 서류중 납부서 · 납세고지서 · 환급통지서 및 관세청장이 따로 정하는 서류를 전자송달하는 경우에는 전산처리설비에 저장하는 방식으로 이를 송달하여야 한다. 이때 서류외의 서류를 전자송달하는 경우에는 전자송달을 받고자 하는 자가 지정한 전자우편주소로 이를 송달하여야 한다(법 시행령 제285조의2제4항~5항).

3) 국가관세종합정보망 운영사업자의 지정 등(법 제327조의2)

관세청장은 국가관세종합정보망을 효율적으로 운영하기 위하여 대통령령으로 정하는 기준과 절차에 따라 국가관세종합정보망의 전부 또는 일부를 운영하는 자인 국가관세종

합정보망 운영사업자를 지정할 수 있다. 다음 각 호의 어느 하나에 해당 하는 자는 제1항에 따른 지정을 받을 수 없다(법 제327조의2제1항~2항).

1. 제175조제2호부터 제5호까지의 어느 하나에 해당하는 자
2. 제4항에 따라 지정이 취소된 날부터 2년이 지나지 아니한 자
3. 제1호 또는 제2호에 해당하는 사람이 임원으로 재직하는 법인

(1) 지정기준 및 지정절차(법 시행령 제285조의3)

국가관세종합정보망 운영사업자의 지정기준은 다음과 같다. 다만, 국가관세종합정보망의 유지·보수 업무만을 담당하는 국가관세종합정보망 운영사업자의 경우에는 제1항의 기준을 적용하지 아니한다(법 시행령 제285조의3제1항).〈개정 2010.3.26.〉

1. 「민법」 제32조에 따라 설립된 비영리법인 또는 「정부출연연구기관 등의 설립·운영 및 육성에 관한 법률」에 따른 정부출연연구기관일 것
2. 전산정보처리시스템의 구축 및 운영에 관한 경험을 보유할 것
3. 그 밖에 관세청장이 정하는 설비 및 기술인력 등의 기준을 보유할 것

이의 지정을 받으려는 자 및 지정받은 사항을 변경할 때에도 관세청장이 정하는 서류를 갖추어 관세청장에게 신청하여야 한다. 관세청장이 국가관세종합정보망 운영사업자를 지정한 때에는 해당 신청인에게 지정증을 교부하고, 그 사실을 관계행정기관의 장 및 관세업무 관련 기관의 장에게 통지하여야 한다(법 시행령 제285조의3제2항~3항).[본조신설 2009.2.4.] [종전 제285조의3은 제285조의4로 이동〈2009.2.4.〉]

(2) 운영재원의 지원

관세청장은 국가관세종합정보망을 효율적으로 운영하기 위하여 필요한 경우 국가관세종합정보망 운영사업자에게 그 운영에 필요한 재원을 지원할 수 있다(법 제327조의2제3항).

(3) 지정의 취소 및 정지

관세청장은 지정을 받은 국가관세종합정보망 운영사업자가 다음에 해당하는 경우에는 그 지정을 취소하거나 1년 이내의 기간을 정하여 국가관세종합정보망 운영사업의 전부 또는 일부의 정지를 명할 수 있다. 다만, 제1호 및 제2호에 해당하는 경우에는 그 지정을 취소하여야 한다(법 제327조의2제4항).

1. 제2항 각호의 어느 하나에 해당한 경우

2. 거짓이나 그 밖의 부정한 방법으로 제1항에 따른 지정을 받은 경우
3. 제1항에 따른 기준에 미달하게 된 경우
4. 제7항에 따른 관세청장의 지도·감독을 위반한 경우

(4) 과징금의 부과

① 과징금의 부과 금액: 관세청장은 업무정지가 그 이용자에게 심한 불편을 주거나 공익을 해칠 우려가 있는 경우에는 업무정지처분을 갈음하여 1억원 이하의 과징금을 부과할 수 있다.

② 법규의 적용 등: 과징금을 부과하는 위반행위의 종류와 위반 정도 등에 따른 과징금의 금액 등에 관하여 필요한 사항은 대통령령으로 정한다.
과징금을 납부하여야 할 자가 납부기한까지 이를 납부하지 아니한 경우에는 담보 등이 없는 경우의 관세징수(관세법 제26조)를 준용한다(법 제327조의2 제5항~6항).

(5) 지도감독

관세청장은 국가관세종합정보망 운영사업에 관하여 국가관세종합정보망 운영사업자를 지도·감독하여야 한다(법 제327조의2 제7항).

9. 전자문서중계사업자의 지정 등(법 제327조의3)

「전기통신사업법」 제2조제8호에 따른 전기통신사업자로서 전자신고 등 및 전자송달을 중계하는 업무인 전자문서중계업무를 수행하려는 자는 대통령령으로 정하는 기준과 절차에 따라 관세청장의 지정을 받아야 한다.

1) 전자문서중계사업자의 지정절차(시행령 제285조의5)

전자문서중계사업자의 지정을 받고자 하는 자 및 지정받은 사항을 변경하고자 할 때는 관세청장이 정하는 서류를 갖추어 관세청장에게 신청하여야 한다.〈개정2009.2.4.〉 관세청장은 이에 따라 지정을 한 때에는 당해 신청인에게 지정증을 교부하고, 그 사실을 관계행정기관의 장 및 관세업무 관련기관의 장에게 통지하여야 한다.〈개정 2009.2.4.〉[본조신설 2002.12.30.][제285조의4에서 이동, 종전 제285조의5는 제285조의6으로 이동 〈2009.2.4.〉]

2) 전자문서중계사업자의 지정기준(시행령 제285조의4)

전자문서중계사업자의 지정기준은 다음과 같다. 〈개정 2006.5.22, 2009.2.4, 2012.2.2.〉

1. 「상법」상 주식회사로서 납입자본금이 10억원 이상일 것
2. 정부, 「공공기관의 운영에 관한 법률」 제4조에 따른 공공기관 및 비영리법인을 제외한 동일인이 의결권있는 주식총수의 100분의 15를 초과하여 소유하거나 사실상 지배하지 아니할 것
3. 전자문서중계사업을 영위하기 위한 설비와 기술인력을 보유할 것

3) 전자문서중계사업자의 지정을 받을 수 없는 자(법 제327조의3제2항)

1. 제175조제2호부터 제5호까지의 어느 하나에 해당하는 자
2. 제3항에 따라 지정이 취소된 날부터 2년이 지나지 아니한 자
3. 제1호 또는 제2호에 해당하는 자를 임원으로 하는 법인

4) 재원의 지원

관세청장은 국가관세종합정보망을 효율적으로 운영하기 위하여 필요한 경우 국가관세종합정보망 운영사업자에게 그 운영에 필요한 재원을 지원할 수 있다(법 제327조의3제3항).

5) 지정의 취소 및 정지

관세청장은 전자문서중계사업자의 지정을 받은 자가 다음에 해당하는 경우에는 그 지정을 취소하거나 1년 이내의 기간을 정하여 전자문서중계업무의 전부 또는 일부의 정지를 명할 수 있다. 다만, 제1호 및 제2호에 해당하는 경우에는 그 지정을 취소하여야 한다(법 제327조의3제3항). 〈개정 2014.1.1.〉

1. 제2항 각 호의 어느 하나에 해당한 경우
2. 거짓이나 그 밖의 부정한 방법으로 지정을 받은 경우
3. 제1항에 따른 기준에 미달하게 된 경우
4. 제7항에 따른 관세청장의 지도·감독을 위반한 경우
5. 제327조의4제3항을 위반하여 업무상 알게 된 전자문서상의 비밀과 관련 정보에 관한 비밀을 누설하거나 도용한 경우

6) 과징금의 부과

관세청장은 업무정지가 그 이용자에게 심한 불편을 주거나 그 밖에 공익을 해칠 우려가 있는 경우에는 업무정지처분을 갈음하여 1억원 이하의 과징금을 부과할 수 있다. 이 경우 과징금을 부과하는 위반행위의 종류와 위반 정도 등에 따른 과징금의 금액 등에 관하여 필요한 사항은 대통령령으로 정한다. 이에 따른 과징금을 납부하여야 할 자가 납부기한까지 이를 납부하지 아니한 경우에는 제26조를 준용한다(법 제327조의3제5항~6항).

7) 지도감독

관세청장은 전자문서중계사업에 관하여 전자문서중계사업자를 지도・감독하여야 한다(법 제327조의3제7항).

10. 전자문서 등 관련 정보에 관한 보안(법 제327조의4)

① 누구든지 국가관세종합정보망 또는 전자문서중계사업자의 전산처리설비에 기록된 전자문서 등 관련 정보를 위조 또는 변조하거나 위조 또는 변조된 정보를 행사하여서는 안 된다.

② 누구든지 국가관세종합정보망 또는 전자문서중계사업자의 전산처리설비에 기록된 전자문서 등 관련 정보를 훼손하거나 그 비밀을 침해하여서는 안 된다.

③ 국가관세종합정보망 운영사업자 또는 전자문서중계사업자의 임직원이거나, 임직원이었던 자는 업무상 알게 된 전자문서상의 비밀과 관련 정보에 관한 비밀을 누설하거나 도용하여서는 안 된다.

④ 삭제[3]〈2016.12.20.〉

1) 전자문서의 표준(법 제327조5)

관세청장은 제240조의6에 따른 국가 간 세관정보의 원활한 상호 교환을 위하여 세계관세기구 등 국제기구에서 정하는 사항을 고려하여 전자신고 등 및 전자송달에 관한 전자문서의 표준을 정할 수 있다.〈개정 2017.12.19.〉[전문개정 2010.12.30.]

---

3) 국가관세종합정보망 운영사업자 또는 전자문서중계사업자의 임직원은 「형법」이나 그 밖의 법률에 따른 벌칙을 적용할 때에는 공무원으로 본다.

11. 청 문(법 제328조)

세관장은 다음에 해당하는 처분을 하려면 청문을 하여야 한다.〈개정 2011.12.31., 2014.12.23.〉

1. 자율관리보세구역 지정의 취소
2. 보세사 등록의 취소 및 업무정지
3. 지정보세구역 지정의 취소
4. 화물관리인 지정의 취소
5. 물품반입 등의 정지 및 운영인 특허의 취소
6. 종합보세구역 지정의 취소
7. 종합보세기능의 수행 중지
8. 보세운송업자 등의 등록 취소 및 업무정지
9. 수출입 안전관리 우수업체 공인의 취소
10. 국가관세종합정보망 운영사업자 및 전자문서중계사업자 지정의 취소 및 사업·업무의 전부 또는 일부의 정지

12. 권한의 위임 및 위탁 등(법 제329조)

① 이 법에 따른 관세청장이나 세관장의 권한은 대통령령으로 정하는 바에 그 권한의 일부를 세관장이나 그 밖의 소속 기관의 장에게 위임할 수 있다.

② 세관장은 대통령령으로 정하는 바에 따라 제257조부터 제259조까지의 규정에 따른 권한을 체신관서의 장에게 위탁할 수 있다.

③ 세관장은 대통령령으로 정하는 바에 따라 제157조, 제158조제2항, 제159조제2항, 제165조제2항, 제209조, 제213조제2항(보세운송신고의 접수만 해당한다)·제3항, 제215조, 제222조제1항제1호, 및 제246조제1항에 따른 권한을 다음 각 호의 자에게 위탁할 수 있다.

1. 통관질서의 유지와 수출입화물의 효율적인 관리를 위하여 설립된 비영리법인
2. 화물관리인
3. 운영인

4. 제222조에 따라 등록한 보세운송업자

④ 관세청장은 대통령령으로 정하는 바에 따라 제235조제2항에 따른 지식재산권의 신고에 관한 업무의 일부(신고서의 접수 및 보완 요구만 해당)를 지식재산권 보호업무와 관련된 단체에 위탁할 수 있다. 이 경우 관세청장은 예산의 범위에서 위탁업무의 수행에 필요한 경비를 지원할 수 있다.

⑤ 관세청장 또는 세관장은 대통령령으로 정하는 바에 따라 제265조에 따른 물품 또는 운송수단 등에 대한 검사 등에 관한 업무의 일부(개항을 출입하는 자가 휴대하는 물품 및 개항을 출입하는 자가 사용하는 운송수단에 대한 검사에 관한 업무에 한정)를 대통령령으로 정하는 법인 또는 단체에 위탁할 수 있다. 이 경우 관세청장 또는 세관장은 예산의 범위에서 위탁업무의 수행에 필요한 경비를 지원할 수 있다.〈신설 2017.12.19.〉

[전문개정 2010.12.30.]

13. 벌칙 적용에서 공무원 의제(제330조)

다음 각 호에 해당하는 사람은 「형법」 제127조 및 제129조부터 제132조까지의 규정을 적용할 때에는 공무원으로 본다.〈개정 2017.12.19.〉

1. 제208조제4항에 따라 대행 업무에 종사하는 사람
2. 제233조의2 제2항에 따라 위탁받은 업무에 종사하는 사람
3. 제255조의2 제2항 후단에 따라 안전관리 기준 충족 여부를 심사하는 사람
4. 제322조제5항에 따라 대행 업무에 종사하는 사람
5. 제327조의2 제1항에 따른 국가관세종합정보망 운영사업자
6. 제327조의3 제3항에 따른 전자문서중계사업자
7. 제329조제2항부터 제5항까지의 규정에 따라 위탁받은 업무에 종사하는 사람
8. 다음 각 목의 위원회의 위원 중 공무원이 아닌 사람

   가. 제45조제1항에 따른 관세체납정리위원회

   나. 제85조제2항에 따른 관세품목분류위원회

   다. 제116조의2 제2항에 따른 관세정보공개심의위원회

   라. 제124조제1항에 따른 관세심사위원회

   마. 제176조의3 제1항에 따른 보세판매장 특허심사위원회

   바. 제232조의3 제1항에 따른 원산지확인위원회[본조신설 2016.12.20.]

부록 1. 수출용 원재료에 대한 관세 등 환급에 관한 특례법
(약칭: 관세환급특례법)

[시행 2018.7.1.] [법률 제15226호, 2017.12.19., 일부개정]

제1조(목적) 이 법은 수출용 원재료(原材料)에 대한 관세, 임시수입부가세(臨時輸入附加稅), 개별소비세, 주세(酒稅), 교통·에너지·환경세, 농어촌특별세 및 교육세의 환급을 적정하게 함으로써 능률적인 수출 지원과 균형 있는 산업발전에 이바지하기 위하여 「관세법」, 「임시수입부가세법」, 「개별소비세법」, 「주세법」, 「교통·에너지·환경세법」, 「농어촌특별세법」, 「교육세법」, 「국세기본법」 및 「국세징수법」에 대한 특례를 규정함을 목적으로 한다. [전문개정 2011.7.14.]

제2조(정의) 이 법에서 사용하는 용어의 뜻은 다음과 같다.

1. "관세등"이란 관세, 임시수입부가세, 개별소비세, 주세, 교통·에너지·환경세, 농어촌특별세 및 교육세를 말한다.
2. "수출등"이란 관세법」, 「임시수입부가세법」, 「개별소비세법」, 「주세법」, 「교통·에너지·환경세법」, 「농어촌특별세법」 및 「교육세법」("「관세법」 등")의 규정에도 불구하고 제4조 각 호의 어느 하나에 해당하는 것을 말한다.)
3. "수출물품"이란 수출등의 용도에 제공되는 물품을 말한다.
4. "소요량"이란 수출물품을 생산(수출물품을 가공·조립·수리·재생 또는 개조하는 것을 포함)하는 데에 드는 원재료의 양으로서 생산과정에서 정상적으로 발생되는 손모량(損耗量)을 포함한 것을 말한다.
5. "환급"이란 제3조에 따른 수출용원재료를 수입하는 때에 납부하였거나 납부할 관세등을 「관세법」 등의 규정에도 불구하고 이 법에 따라 수출자나 수출물품의 생산자에게 되돌려 주는 것을 말한다.
6. "정산"이란 제5조제2항에 따라 제3조에 따른 수출용원재료에 대하여 일정 기간별로 일괄납부(一括納付)할 관세등과 제16조제3항에 따라 지급이 보류된 환급금을 상계(相計)하는 것을 말한다. [전문개정 2011.7.14.]

제3조(환급대상 원재료) ① 관세등을 환급받을 수 있는 원재료("수출용원재료")는 다음 각 호의 어느 하나에 해당하는 것으로 한다.<개정 2017.12.19.>

1. 수출물품을 생산한 경우: 다음 각 목의 어느 하나에 해당하는 것으로서 소요량을 객관적으로 계산할 수 있는 것
   가. 해당 수출물품에 물리적 또는 화학적으로 결합되는 물품
   나. 해당 수출물품을 생산하는 공정에 투입되어 소모되는 물품. 다만, 수출물품 생산용 기계·기구 등의 작동 및 유지를 위한 물품 등 수출물품의 생산에 간접적으로 투입되어 소모되는 물품은 제외한다.
   다. 해당 수출물품의 포장용품
2. 수입한 상태 그대로 수출한 경우: 해당 수출물품

② 국내에서 생산된 원재료와 수입된 원재료가 동일한 질(質)과 특성을 갖고 있어 상호 대체 사용이 가능하여 수출물품의 생산과정에서 이를 구분하지 아니하고 사용되는 경우에는 수출용원재료가 사용된 것으로 본다.[전문개정 2011.7.14.]

제4조(환급대상 수출등) 수출용원재료에 대한 관세등을 환급받을 수 있는 수출등은 다음 각 호의 어느 하나에 해당하는 것으로 한다.

1. 「관세법」에 따라 수출신고가 수리(受理)된 수출. 다만, 무상으로 수출하는 것에 대하여는 기획재정부령으로 정하는 수출로 한정한다.
2. 우리나라 안에서 외화를 획득하는 판매 또는 공사 중 기획재정부령으로 정하는 것
3. 「관세법」에 따른 보세구역 중 기획재정부령으로 정하는 구역 또는 「자유무역지역의 지정 및 운영에 관한 법률」에 따른 자유무역지역의 입주기업체에 대한 공급
4. 그 밖에 수출로 인정되어 기획재정부령으로 정하는 것 [전문개정 2011.7.14.]

제5조(수출용원재료에 대한 관세등의 징수) ① 세관장은 수입하는 수출용원재료에 대하여는 「관세법」 등의 규정에도 불구하고 수입하는 때에 해당 관세등을 징수한다.

② 세관장은 「관세법」 등의 규정에도 불구하고 수출용원재료를 수입하는 자가 신청하는 경우에는 그 원재료에 대한 관세등을 6개월의 범위에서 대통령령으로 정하는 일정 기간("일괄납부기간")별로 일괄납부하게 할 수 있다. 이 경우 관세등의 납부기한은 해당 일괄납부기간이 끝나는 날이 속하는 달의 다

음 달 15일까지로 한다.

③ 수출용원재료가 내국신용장(內國信用狀)이나 그 밖에 기획재정부령으로 정하는 이와 유사한 서류("내국신용장등")에 의하여 거래되는 것으로서 관세청장이 제2항에 따른 관세등의 일괄납부 및 제7조에 따른 정산이 가능하다고 인정하는 경우에는 「관세법」 등의 규정에도 불구하고 내국신용장등에 의하여 수출용원재료를 공급하는 것을 수출로, 공급받는 것을 수입으로 볼 수 있다.

④ 관세청장은 제2항에 따른 관세등의 일괄납부에 필요한 기준과 절차를 정할 수 있다.

[전문개정 2011.7.14.]

제6조(담보의 제공) ① 제5조제2항에 따라 관세등을 일괄납부하려는 자("관세등의 일괄납부업체")는 대통령령으로 정하는 바에 따라 일괄납부하려는 세액에 상당하는 금액의 담보를 제공하여야 한다.

② 세관장은 대통령령으로 정하는 바에 따라 관세채권의 확보에 지장이 없다고 인정하여 지정한 신용담보업체("신용담보업체")에 대하여는 제1항에도 불구하고 담보제공을 생략하게 할 수 있다. 이 경우 세관장은 담보제공 없이 일괄납부할 수 있는 세액에 대한 한도액을 정하여야 한다. <개정 2014.1.1.>

③ 세관장은 신용담보업체가 제2항 전단에 따른 신용담보업체의 지정 기준에 적합하지 아니하게 되는 등 대통령령으로 정하는 사유가 발생하는 경우에는 신용담보업체의 지정을 취소하여야 한다. <신설 2014.1.1.>[전문개정 2011.7.14.]

제7조(수출용원재료에 대한 관세등과 환급액의 정산) ① 세관장은 대통령령으로 정하는 바에 따라 관세등의 일괄납부업체가 제5조제2항에 따라 일괄납부하여야 할 관세등과 제16조제3항에 따라 지급이 보류된 환급금을 정산하고, 대통령령으로 정하는 날까지 관세등의 일괄납부업체에 그 정산 결과를 통지("정산통지")하여야 한다.

② 세관장은 제1항에 따른 정산 결과 징수하여야 할 관세등이 있는 경우에는 제1항에 따른 통지기한까지 「관세법」 제39조제3항에 따라 납세고지(納稅告知)를 하여야 한다.

③ 제2항에 따른 납세고지를 받은 관세등의 일괄납부업체는 일괄납부기간이 끝나는 날이 속하는 달의 다음 달 15일까지 관세등을 납부하여야 한다.

④ 세관장은 제1항에 따른 정산 결과 지급하여야 할 환급금이 있는 경우에는 제16조제1항 및 제4항에 따라 해당 금액을 즉시 지급하여야 한다.

⑤ 세관장은 정산통지를 한 후 정산금액에 과부족(過不足)이 있는 것을 알았을 때에는 이를 경정(更正)할 수 있다.[전문개정 2011.7.14.]

제8조(직권정산) ① 세관장은 대통령령으로 정하는 사유가 발생한 경우에는 관세등의 채권 확보를 위하여 제5조제2항 후단에 따른 납부기한이 도래하지 아니한 관세등과 제16조제3항에 따라 지급이 보류된 환급금을 즉시 정산["직권정산"(職權精算)]하여야 한다. 이 경우 대통령령으로 정하는 바에 따라 제5조제2항에 따른 관세등의 일괄납부를 제한할 수 있다.

② 세관장은 직권정산한 결과 지급하여야 할 환급금이 있는 경우에는 즉시 제16조에 따라 환급금을 지급하여야 한다.

③ 세관장은 직권정산한 결과 징수하여야 할 관세등이 있는 경우에는 「관세법」 제39조제3항에 따라 납세고지를 하여야 한다. 이 경우 납세고지를 받은 자는 그 고지를 받은 날부터 10일 내에 해당 세액을 세관장에게 납부하여야 한다.

④ 세관장은 담보를 제공한 관세등의 일괄납부업체로서 제3항의 납세고지를 받은 자가 해당 관세등을 납부하지 아니한 경우에는 그 담보물을 해당 관세등에 충당하여야 한다.

[전문개정 2011.7.14.]

제9조(관세등의 환급) ① 세관장은 물품이 수출등에 제공된 경우에는 대통령령으로 정하는 날부터 소급하여 2년 이내에 수입된 해당 물품의 수출용원재료에 대한 관세등을 환급한다. 다만, 수출등에 제공되는 데에 장기간이 소요되는 물품으로서 대통령령으로 정하는 물품에 대하여 대통령령으로 정하는 불가피한 수출등의 지연사유가 있는 경우에는 소급하여 3년 이내에 수입된 해당 물품의 수출용원재료에 대한 관세등을 환급한다. <개정 2015.12.15.>

② 수출용원재료가 내국신용장등에 의하여 거래되고, 그 거래가 직전의 내국신용장등에 의한 거래(직전의 내국신용장등에 의한 거래가 없는 경우에는 수입을 말한다)가 있은 날부터 대통령령으로 정하는 기간에 이루어진 경우에는 해당 수출용원재료가 수입된 날부터 내국신용장등에 의한 최후의 거래가 있은 날까지의 기간은 제1항에 따른 기간에 산입(算入)하지 아니한다. 다만, 수출용원재료가 수입된 상태 그대로 거래된 경우에는 그러하지 아니하다. [전문개정 2011.7.14.]

제10조(환급금의 산출 등) ① 환급신청자는 대통령령으로 정하는 바에 따라 수출물품에 대한 원재료의 소요량을 계산한 서류("소요량계산서")를 작성하고 그 소요량계산서에 따라 환급금을 산출(算出)한다.

② 관세청장은 제1항에도 불구하고 소요량 계산업무의 간소화 등을 위하여 필요하다고 인정하는 경우에는 수출물품별 평균 소요량 등을 기준으로 한 표준 소요량을 정하여 고시하고, 환급신청자로 하여금 이를 선택적으로 적용하게 할 수 있다.

③ 수출용원재료를 사용하여 생산되는 물품이 둘 이상인 경우에는 생산되는 물품의 가격을 기준으로 관세청장이 정하는 바에 따라 관세등을 환급한다.

④ 관세청장은 다음 각 호의 어느 하나에 해당하는 경우로서 수출용원재료를 수입할 때에 납부하는 세액보다 관세등을 환급할 때 현저히 과다 또는 과소 환급이 발생할 우려가 있다고 인정되는 경우(제2호에 해당하는 경우 수입된 원재료에 제1호 각 목의 사유가 있으면 그 사유도 함께 고려되어야 한다)에는 기획재정부령으로 정하는 바에 따라 환급받을 수 있는 수입신고필증의 유효기간을 제9조제1항에서 정한 기간보다 짧게 정하여 환급하게 하거나, 업체별 수출용원재료의 재고 물량과 수출입 비율 등을 기준으로 하여 환급에 사용할 수 있는 수출용원재료의 물량을 정하여 환급하게 할 수 있다. <개정 2014.1.1., 2015.12.15.>

1. 수출용원재료(수입된 원재료의 경우로 한정)에 대하여 다음 각 목의 어느 하나에 해당하는 사유가 있는 경우
   가. 관세율 변동
   나. 수입가격 변동

다. 둘 이상의 관세율 적용

2. 국내에서 생산된 원재료와 수입된 원재료가 제3조제2항에 해당하여 수출용원재료가 되는 경우로서 각 원재료가 생산과정에서 수출물품과 국내공급 물품에 구분하지 아니하고 사용되는 경우 [전문개정 2011.7.14.]

제10조의2(소요량 사전심사의 신청 등) ① 관세등을 환급받으려는 자는 제14조에 따른 환급신청을 하기 전에 제10조제1항에 따라 산정한 소요량 및 소요량 계산방법의 적정 여부를 세관장에게 미리 심사("소요량 사전심사")하여 줄 것을 신청할 수 있다.

② 제1항에 따라 소요량 사전심사의 신청을 받은 세관장은 대통령령으로 정하는 기간 내에 산정한 소요량 및 소요량 계산방법의 적정 여부를 심사한 후 그 결과를 신청인에게 통지하여야 한다. 다만, 제출 자료의 미비 등으로 심사가 곤란한 경우에는 그 사실을 통지하고 소요량 사전심사를 거절하거나 제출 자료를 보정하게 할 수 있다.

③ 제2항 본문에 따라 소요량 사전심사 결과를 통지받은 자는 통지 결과에 이의가 있는 경우 그 결과를 통지받은 날부터 30일 내에 세관장에게 재심사를 신청할 수 있다. 이 경우 재심사의 기간 및 결과의 통지에 관하여는 제2항을 준용한다.

④ 세관장은 관세등을 환급받으려는 자가 제2항 또는 제3항에 따라 통지된 소요량 사전심사 결과를 적용하여 제14조에 따른 환급신청을 한 경우에는 그 통지된 내용에 따라 소요량을 계산하여 환급하여야 한다.

⑤ 제2항 또는 제3항에 따라 통지받은 소요량 사전심사 결과의 유효기간은 통지를 받은 날부터 1년으로 한다. 다만, 소요량 사전심사의 근거가 되는 사실관계 또는 상황의 변경이 있는 등 대통령령으로 정하는 사유가 있는 경우에는 그 사유가 있는 날부터 해당 소요량 사전심사 결과는 그 효력을 잃는다.

⑥ 제1항부터 제5항까지에서 규정한 사항 외에 소요량 사전심사의 절차 및 방법, 그 밖에 소요량 사전심사에 필요한 사항은 대통령령으로 정한다. [본조신설 2017.12.19.]

제11조(평균세액증명) ① 세관장은 수출용원재료에 대한 관세등의 환급업무를 간소화하기 위하여 필요하다고 인정하는 경우에는 대통령령으로 정하는 바에 따라 수출용원재료를 수입(내국신용장등에 의한 매입을 포함)하는 자의 신청에 의하여 그가 매월 수입한 수출용원재료의 품목별 물량과 단위당 평균세액을 증명하는 서류("평균세액증명서")를 발행할 수 있다. 이 경우 해당 수출용원재료에 대하여는 수입한 날이 속하는 달의 1일에 수입된 것으로 보아 이 법을 적용한다.

② 제1항에도 불구하고 세관장은 다음 각 호의 어느 하나에 해당하는 자 중 관세청장이 정하는 기준에 해당되는 자로 하여금 대통령령으로 정하는 바에 따라 평균세액증명서를 발급하게 할 수 있다.

1. 수출용원재료를 수입한 자
2. 관세사(제1호에 해당하는 자로부터 위임받은 자로 한정)

③ 제1항이나 제2항제2호에 따라 세관장 또는 관세사로부터 평균세액증명서를 발급받은 자나 제2항제1호에 따라 평균세액증명서를 발급한 자가 평균세액증명서에 기재된 수출용원재료와 「관세법」 제50조제1항의 관세율표상 10단위 품목분류가 동일한 물품으로서 수출등에 제공할 목적 외의 목적으로 수입한 물품에 대하여는 평균세액증명서에 기재된 수출용원재료에 대한 관세등의 환급이 끝난 경우에만 관세등을 환급할 수 있다. 이 경우 물품별 환급액은 그 물품이 수입된 달의 평균세액증명서에 기재된 수출용원재료의 평균세액(수입된 달의 평균세액증명서에 기재된 수출용원재료가 없는 경우에는 해당 물품이 수입된 달부터 소급하여 최초로 그 물품과 품명이 같은 수출용원재료가 수입된 달의 평균세액증명서에 기재된 수출용원재료의 평균세액을 말한다)을 초과할 수 없다. [전문개정 2011.7.14.]

제12조(기초원재료납세증명 등) ① 세관장은 수출용원재료가 내국신용장등에 의하여 거래된 경우(제5조제3항을 적용받는 경우는 제외) 관세등의 환급업무를 효율적으로 수행하기 위하여 대통령령으로 정하는 바에 따라 제조·가공 후 거래된 수출용원재료에 대한 납부세액을 증명하는 서류("기초원재료납세증명서")를 발급하거나 수입된 상태 그대로 거래된 수출용원재료에 대한 납부세액을 증명하는 서류("수입세액분할증명서")를 발급할 수 있다.

② 제1항에도 불구하고 세관장은 다음 각 호의 어느 하나에 해당하는 자 중 관세청장이 정하는 기준에 해당되는 자로 하여금 대통령령으로 정하는 바에 따라 기초원재료납세증명서 또는 수입세액분할증명서를 발급하게 할 수 있다.

1. 내국신용장등에 의하여 물품을 공급한 자
2. 관세사(제1호에 해당하는 자로부터 위임받은 자로 한정)

③ 제1항이나 제2항에 따라 기초원재료납세증명서 또는 수입세액분할증명서를 발급할 때 증명하는 세액은 제10조에 따른 환급금 산출방법에 따르며, 증명세액의 정확 여부의 심사에 대하여는 제14조제2항 및 제3항을 준용한다. [전문개정 2011.7.14.]

제13조(정액환급률표) ① 관세청장은 단일(單一) 수출용원재료에 의하여 둘 이상의 제품이 동시에 생산되는 등 생산공정(生産工程)이 특수한 수출물품과 중소기업 수출물품에 대한 관세등의 환급 절차를 간소화하기 위하여 필요하다고 인정하는 경우에는 대통령령으로 정하는 바에 따라 수출용원재료에 대한 관세등의 평균 환급액 또는 평균 납부세액 등을 기초로 수출물품별로 정액환급률표(定額還給率表)를 정하여 고시할 수 있다.

② 제1항에 따라 정액환급률표에 정하여진 금액은 해당 물품을 생산하는 데 드는 수출용원재료를 수입한 때에 납부하는 관세등으로 보아 환급한다.

③ 제1항에 따라 정액환급률표를 적용받을 수 있는 자는 대통령령으로 정하는 바에 따라 관세청장에게 정액환급률표를 정하여 고시할 것을 요청할 수 있다.

④ 관세청장은 수출구조, 원재료 수입구조, 관세율 및 환율의 변동 등으로 정액환급률표에 고시된 환급액이 많거나 적어 정액환급률표를 적용하는 것이 부적당하다고 인정하는 경우에는 그 적용을 중지하거나 정액환급률표의 전부 또는 일부를 조정하여 고시할 수 있다. [전문개정 2011.7.14.]

제14조(환급신청) ① 관세등을 환급받으려는 자는 대통령령으로 정하는 바에 따라 물품이 수출등에 제공된 날부터 2년 이내에

관세청장이 지정한 세관에 환급신청을 하여야 한다. 다만, 수출등에 제공된 수출용원재료에 대한 관세등의 세액에 대하여 다음 각 호의 어느 하나에 해당하는 사유가 있은 때에는 그 사유가 있은 날부터 2년 이내에 환급신청을 할 수 있다. <개정 2011.12.31.>

1. 「관세법」 제38조의2에 따른 보정(補正)
2. 「관세법」 제38조의3에 따른 수정 또는 경정
3. 제21조에 따른 환급금액이나 과다환급금액의 징수 또는 자진신고 · 납부

② 세관장은 제1항에 따른 환급신청을 받았을 때에는 환급신청서의 기재 사항과 이 법에 따른 확인 사항 등을 심사하여 환급금을 결정하되, 환급금의 정확 여부에 대하여는 대통령령으로 정하는 바에 따라 환급 후에 심사할 수 있다.

③ 세관장은 제2항에도 불구하고 과다 환급의 우려가 있는 경우로서 환급한 후에 심사하는 것이 부적당하다고 인정되어 기획재정부령으로 정하는 경우에는 환급하기 전에 이를 심사하여야 한다. [전문개정 2011.7.14.]

제15조(전산처리설비의 이용) ① 세관장은 관세청장이 정하는 바에 따라 전산처리설비를 이용하여 이 법에 따른 신고, 납부, 신청 등("전자신고등")을 하게 하거나 통지, 납세고지, 교부, 발급, 지정, 승인 등("전자송달")을 할 수 있다.

② 제1항에 따라 전자신고등을 할 때에는 관세청장이 정하는 바에 따라 관계 서류를 전산처리설비를 이용하여 제출하게 할 수 있으며, 그 제출을 생략하거나 간단한 방법으로 하게 할 수 있다.

③ 제1항에 따라 한 전자신고등은 관세청장이 정하는 전산처리설비에 입력된 때에 세관에 접수된 것으로 보며, 전자송달은 송달받을 자가 미리 지정한 컴퓨터에 입력된 때나 송달받을 자의 신청에 의하여 관세청장이 정하는 전산처리설비에 입력된 때에 그 송달을 받아야 할 자에게 도달된 것으로 본다.

④ 제1항에 따른 전자송달에 관하여는 「관세법」 제327조제6항부터 제8항까지의 규정을 준용한다. [전문개정 2011.7.14.]

제16조(환급금의 지급) ① 이 법에 따른 관세등의 환급금은 「국가재정법」 제17조에도 불구하고 「한국은행법」에 따른 한국은행("한국은행")이 환급금의 지급을 결정한 세관장의 소관 세입금계정에서 지급한다. 이 경우 지급 절차는 대통령령으로 정한다.

② 관세청장은 제1항에 따른 세관장의 소관 세입금계정에 부족이 있는 경우에는 대통령령으로 정하는 바에 따라 세관장 소관 세입금계정 간의 조정을 한국은행에 요청할 수 있다.

③ 제1항에도 불구하고 세관장은 관세등의 일괄납부업체가 환급신청하여 결정된 환급금은 그 환급금 결정일이 속하는 일괄납부기간별로 제7조제1항에 따라 정산하는 날까지 지급을 보류한다.

④ 세관장은 환급신청자가 세관에 납부하여야 할 다음 각 호의 금액이 있는 경우에는 결정한 환급금을 다음 각 호의 순서에 따른 금액에 우선 충당할 수 있으며, 충당하고 남은 금액은 그 신청자에게 지급하여야 한다. <개정 2011.12.31., 2016.12.27.>

1. 체납된 관세등(부가가치세를 포함)과 가산금, 가산세 및 체납처분비
2. 「관세법」 제28조제4항에 따라 잠정가격을 기초로 신고납부한 세액과 확정된 가격에 따른 세액의 차액으로서 징수하여야 하는 금액

⑤ 세관장은 결정한 환급금을 제4항제2호의 금액에 충당할 때에는 환급신청자의 충당 신청을 받아 충당한다. 이 경우 충당된 세액의 충당 신청을 한 날에 해당 세액을 납부한 것으로 본다. <신설 2016.12.27.> [전문개정 2011.7.14.]

제17조(환급의 제한) ① 수출물품의 생산에 국산 원재료의 사용을 촉진하기 위하여 필요하다고 인정되는 경우에는 제9조에도 불구하고 대통령령으로 정하는 바에 따라 환급을 제한할 수 있다.

② 제1항에 따라 환급을 제한하는 물품과 그 제한 비율은 기획재정부령으로 정한다.

[전문개정 2011.7.14.]

제18조(용도 외 사용 시 관세등의 징수) ① 세관장은 제4조제2호의 용도에 제공되어 관세등을 환급받은 물품이 그 용도에 제공된 날부터 3년의 범위에서 관세청장이 정하는 기간에 관세등을 환급받은 용도 외에 사용된 경우에는 그 용도 외에 사용한 자로부터 환급받은 관세등을 즉시 징수한다. 다만, 재해 등 부득이한 사유로 멸실(滅失)되었거나 미리 세관장의 승인을 받아 없애버린 경우에는 그러하지 아니하다.

② 제4조제3호의 용도에 제공되어 관세등을 환급받은 물품은 「관세법」 등을 적용할 때 외국물품으로 본다. [전문개정 2011.7.14.]

제19조(환급을 갈음하는 관세등의 세율 인하) ① 수출등에 제공되는 물품의 생산에 주로 사용하기 위하여 수입되는 물품에 대하여는 그 수출등에 제공되는 비율을 고려하여 관세등의 세율을 인하할 수 있다.

② 제1항에 따라 관세등의 세율을 인하하는 물품과 세율은 대통령령으로 정한다.

③ 제1항에 따라 관세등의 세율이 인하된 물품에 대하여는 이 법에 따른 관세등의 일괄납부 및 환급을 하지 아니한다. [전문개정 2011.7.14.]

제20조(서류의 보관 및 제출 등) ① 이 법에 따른 관세등의 환급에 관한 서류로서 대통령령으로 정하는 서류는 환급등의 신청일부터 5년의 범위에서 대통령령으로 정하는 기간 동안 보관하여야 한다.

② 제1항에 따른 서류는 관세청장이 정하는 바에 따라 마이크로필름, 광디스크, 그 밖의 자료보존 매체에 의하여도 보관할 수 있다.

③ 관세청장이나 세관장은 제14조에 따른 환급금의 정확 여부를 심사하는 데 필요하다고 인정하는 경우에는 환급받은 자, 수출용원재료 수입자, 내국신용장등에 의한 수출용원재료의 공급자, 그 밖에 이와 관련된 자에게 제1항에 따른 서류나 그 밖의 관계 자료의 제출을 요구할 수 있다. [전문개정 2011.7.14.]

제21조(과다환급금의 징수 등) ① 세관장은 제16조에 따라 지급한 환급금이 다음 각 호의 어느 하나에 해당하는 경우에는 그 환급금액 또는 과다환급금액을 「관세법」 제47조제1항에 따

라 관세등을 환급받은 자(기초원재료납세증명서 또는 수입세액분할증명서를 발급받은 자를 포함)로부터 징수한다.

1. 이 법에 따라 환급받아야 할 금액보다 과다하게 환급받은 경우
2. 제12조에 따른 기초원재료납세증명서 또는 수입세액분할증명서에 관세등의 세액을 과다하게 증명받은 경우로서 그 기초원재료납세증명서 또는 수입세액분할증명서가 환급 등에 이미 사용되어 수정·재발급이 불가능한 경우
3. 선적(船積)이나 기적(機積)을 하지 아니하고 관세등을 환급받은 경우. 다만, 해당 금액을 징수하기 전에 선적되거나 기적된 경우에는 그러하지 아니하다.
4. 제13조제1항에 따른 정액환급률표를 적용할 수 없는 물품에 대하여 정액환급률표에 따라 환급받은 경우

② 제1항에 따라 환급금액 또는 과다환급금액을 징수할 때에는 환급한 날의 다음 날부터 징수결정을 하는 날까지의 기간에 대하여 대통령령으로 정하는 이율에 따라 계산한 금액을 환급금액 또는 과다환급금액에 가산하여야 한다. 다만, 「관세법」 제28조에 따라 잠정가격을 기초로 신고납부한 세액과 확정된 가격에 따른 세액의 차액으로 인하여 환급금액 또는 과다환급금액을 징수하는 경우에는 가산하지 아니한다. <개정 2011.12.31.>

③ 제1항과 제2항에 따라 환급금액 또는 과다환급금액 및 이에 가산하여야 할 금액을 징수하려는 경우에는 미리 관세등을 환급받은 자에게 그 내용을 서면으로 통지하여야 한다. 이 경우 「관세법」 제118조를 준용한다.

④ 관세등을 환급받은 자 또는 제7조제1항에 따른 정산통지를 받은 자는 제1항 각 호의 어느 하나에 해당하는 사실을 알았을 때 또는 정산통지를 받은 후 납부하여야 할 관세등이 부족하게 정산된 사실을 알았을 때에는 대통령령으로 정하는 바에 따라 세관장에게 그 사실을 자진신고하고 그 환급금액 또는 과다환급금액이나 관세등을 납부할 수 있다. 다만, 다음 각 호의 어느 하나에 해당하는 경우는 제외한다.

1. 제3항에 따라 세관장이 환급금액 또는 과다환급금액에 대한 징수 내용을 서면으로 통지한 경우
2. 「관세법」 제114조제1항 본문에 따라 관세조사의 통지를 한 경우
3. 「관세법」 제114조제1항 단서에 따라 조사의 통지를 하지 아니하고 같은 법 제110조제2항 각 호의 어느 하나에 해당하는 조사를 시작한 경우

⑤ 제4항에 따라 환급금액 또는 과다환급금액이나 관세등을 납부할 때에는 대통령령으로 정하는 기간 및 이율 등에 따라 계산하는 금액을 환급금액 또는 과다환급금액이나 관세등에 가산하여 납부하여야 한다. 다만, 「관세법」 제28조에 따라 잠정가격을 기초로 신고납부한 세액과 확정된 가격에 따른 세액의 차액으로 인하여 환급금액 또는 과다환급금액이나 관세등을 납부하는 경우에는 가산하지 아니한다. <개정 2011.12.31.>

⑥ 제1항제1호에 따라 환급받아야 할 금액보다 과다하게 환급받은 경우에 해당하여 제2항 또는 제5항에 따라 과다환급금액에 가산한 금액("가산금액")을 납부한 자는 그 가산금액 중 다음 각 호의 어느 하나에 해당하는 금액에 대하여 제14조제1항 단서에서 정하는 기간 이내에 지급을 신청할 수 있다. 이 경우 다음 각 호의 가산금액의 지급신청 및 지급은 제14조 및 제16조제1항·제2항·제4항을 준용한다. <신설 2014.1.1.>

1. 제14조제1항제3호에 해당하는 사유로 환급신청을 하는 경우 그 환급분에 해당하는 가산금액
2. 제14조제1항제3호에 해당하는 사유로 환급을 이미 받은 경우 그 환급분에 해당하는 가산금액

⑦ 제6항에 따른 지급신청이 거짓이나 그 밖의 부정한 방법으로 과다하게 환급을 받은 사유로 인하여 납부한 가산금액과 관련된 경우에는 세관장은 그 가산금액을 지급하지 아니할 수 있다. <신설 2014.1.1.> [전문개정 2011.7.14.]

제22조(과소환급금의 환급) ① 세관장은 제16조에 따라 지급한 환급금이 이 법에 따라 환급하여야 할 금액보다 과소(過少)하게 환급된 사실을 알았을 때에는 지체 없이 해당 과소환급금을 지급하여야 한다.

② 제1항에 따라 과소환급금을 지급할 때에는 환급한 날의 다음 날부터 과소환급금의 지급을 결정하는 날까지의 기간에 대하여 제21조제2항에 따라 대통령령으로 정한 이율로 계산한 금액을 과소환급금에 가산하여야 한다. [전문개정 2011.7.14.]

제23조(벌칙) ① 거짓이나 그 밖의 부정한 방법으로 관세등을 환급받은 자는 3년 이하의 징역 또는 환급받은 세액의 5배 이하에 상응하는 벌금에 처한다.

② 다음 각 호의 어느 하나에 해당하는 자는 3년 이하의 징역 또는 2천만원 이하의 벌금에 처한다. <개정 2014.1.1.>

1. 제10조제1항에 따른 소요량계산서를 거짓으로 작성한 자
2. 거짓이나 그 밖의 부정한 방법으로 제12조제1항 또는 제2항에 따라 세관장 또는 관세사로부터 기초원재료납세증명서 또는 수입세액분할증명서를 발급받은 자
3. 제12조제2항에 따라 기초원재료납세증명서 또는 수입세액분할증명서를 발급하는 자로서 기초원재료납세증명서 또는 수입세액분할증명서를 거짓으로 발급한 자

③ 정당한 사유 없이 제20조제1항을 위반한 자는 2천만원 이하의 벌금에 처한다.

④ 정당한 사유 없이 제20조제3항에 따라 관세청장이나 세관장이 요청한 서류나 그 밖의 관계 자료를 제출하지 아니한 자는 1천만원 이하의 벌금에 처한다.

⑤ 세관장은 제1항이나 제2항에 해당하는 자에 대하여는 그가 환급받은 관세등을 즉시 징수한다. [전문개정 2011.7.14.]

제23조의2(미수범 등) ① 그 정황을 알면서 제23조제1항 또는 제2항에 따른 행위를 교사하거나 방조한 자는 정범(正犯)에 준하여 처벌한다.

② 제23조제1항의 미수범은 본죄에 준하여 처벌한다.

③ 제23조제1항의 죄를 범할 목적으로 예비를 한 자에게는 본죄에 정한 형의 2분의 1을 감경하여 처벌한다. [본조신설 2015.12.15.]

제23조의3(징역과 벌금의 병과) 제23조제1항 또는 제2항의 죄를 범한 자에게는 정상(情狀)에 따라 징역과 벌금을 병과할 수 있다. [본조신설 2015.12.15.]

제23조의4(「형법」 적용의 일부 배제) 이 법에 따른 벌칙에 해당하는 행위를 한 자에게는 「형법」 제38조제1항제2호 중 벌금

경합에 관한 제한가중규정을 적용하지 아니한다. [본조신설 2015.12.15.]

제23조의5(양벌규정) 법인의 대표자나 법인 또는 개인의 대리인, 사용인, 그 밖의 종업원이 그 법인 또는 개인의 업무에 관하여 제23조의 위반행위를 하면 그 행위자를 벌하는 외에 그 법인 또는 개인에게도 해당 조문의 벌금형을 과(科)한다. 다만, 법인 또는 개인이 그 위반행위를 방지하기 위하여 해당 업무에 관하여 상당한 주의와 감독을 게을리하지 아니한 경우에는 그러하지 아니하다. [본조신설 2015.12.15.]

제24조(조사와 처분) 제23조제1항부터 제4항까지의 규정에 해당하는 자에 대하여는 「관세법」 제283조부터 제319조까지의 규정을 적용한다. [전문개정 2011.7.14.]

부 칙 <제15226호, 2017.12.19.>

이 법은 2018년 7월 1일부터 시행한다. 다만, 제3조제1항제1호의 개정규정은 2018년 1월 1일부터 시행한다.

기출문제로 보는 관세환급특례법에 대한 이해

1. 다음 보기에 열거한 것 중 관세등의 환급대상이 될 수 있는 수출용원재료에 해당하는 것을 모두 기재한 것은? (제34회 국제무역사 기출문제)

가. 수출물품 생산에 소요된 범용성 부분품(HS품목분류를 기준) 나. 해당 수출물품의 포장용품 다. 수출물품을 직접 생산하는 기계에 주입되어 사용된 윤활유 라. 해당 수출물품 생산에 사용된 수공구(수출물품 생산과정에서 손모됨)

① 가 ② 가, 나 ③ 가, 나, 다 ④ 가, 나, 다, 라

2. 다음 보기와 같은 경우 A사가 B사에게 제공해야 하는 관세 등의 환급과 관련된 서류는 무엇인가? (34회 국제무역사 기출문제)

가. A사는 수지(resin)를 중에서 수입한 다음 플르사틱 부품을 제조하여 B사에게 납품한다. 나. A사는 B사로부터 구매확인서를 교부받았다. 다. B사는 A사로부터 구매한 플라스틱 부품을 사용하여 생산한 기계를 FTA협정국인 터키로 수출한다.

① 기초원재료납세증명서 ② 분할증명서 ③ 원산지확인서 ④ 내국신용장

3. 수출물품에 대한 관세 등의 환급과 관련하여 운영되고 있는 간이정액환급제도에 대한 설명 중 올바른 것은? (34회 국제무역사 기출문제)

① 개별환급 방법으로 관세 등을 환급받는 업체라 하더라도 일정금액 이하의 소액수출의 경우 간이정액환급방법으로 관세 등의 환급이 가능하다.

② 수입물품을 수입한 상태 그대로 수출한다면 그 물품을 수출하는 주체가 누구인지를 불문하고 간이정액환급 방법으로 관세 등을 환급받는 것은 불가능하다.

③ 간이정액환급률표는 수출에 따른 환급액 산출에는 적용할 수 있지만 수출용원재료의 국내거래에 따른 기초원재료납세증명서 발급에는 적용할 수 없다.

④ 간이정액환급률표는 수출자의 소재지를 관할하는 세관장이 해당 물품의 평균환급액 또는 평균납부세액을 기초로 하여 작성한다.

4. 수출물품 생산에 국산 원재료의 사용을 촉진하기 위하여 필요하다고 인정되는 경우 적용하는 관세 등의 환급을 제한하는 내용에 대한 설명이다. 올바른 것은? (34회 국제무역사 기출문제)

① 원재료가 HS 품목분류상 덤핑방지관세가 부과되는 품목에 해당될지라도 해당 원재료의 원산지 또는 수출자가 달라 수출용원재료로 수입시 덤핑방지관세가 실제로 부과되지 않은 것이라면 해당 수출용원재료를 사용해 생산한 물품을 수출한 경우 관세 등의 환급은 제한되지 않는다.

② 국산원재료의 사용을 촉진할 목적으로 관세 등의 환급을 제한하는 것은 개별환급과 간이정액환급에 관계없이 모두 적용된다.
③ 국산원재료의 사용을 촉진할 목적으로 환급을 제한하는 물품과 그 제한비율은 관세청장이 정한다.
④ 관계행정기관의 장 또는 이해관계인은 관세청장에게 수출물품 생산에 국산원재료의 사용을 촉진하기 위해 필요하다고 인정하는 경우 관세 등의 환급을 제한해 주도록 요청할 수 있다.

1-② 2-① 3-② 4-①

질문 : 보세공장 내 · 외국물품 원재료를 납품해도 환급이 가능한가요?

1) 관련 규정 :
- 환급특례법 제4조, 환급특례법 시행규칙 제2조3항
- 수출용원재료에 대한 관세 등 환급사무처리에 관한 고시

2) 답변
- 관세법에 따른 보세구역 중 기획재정부령이 정하는 구역 또는 '자유무역지역의 지정 및 운영에 관한 법률'에 따른 자유무역지역의 입주기업체에 공급하는 경우 환급특례법 제4조제3항에 따른 환급대상 수출등에 해당된다.
- 환급대상 수출물품을 반입하고 반입확인서(수출갈음서류 : 2-3호 서식을 발급받아야 한다.) 환급대상 수출물품 반입(적재)확인서를 전자문서로 작성하여 관세청 신청서(별지 제2-3호 서식)에 다음 각호의 1에 해당하는 서류를 첨부하여 반입장소를 관할하는 세관장에게 신청, 즉시심사인 경우에는 서류제출을 하지 않을 수 있다.
- 제출서류
  내국신용장 또는 구매확인서, 수출신용장 또는 수출계약서, 매매계약서(세관장이 법 제4조제3호 및 규칙 제2조제3할 각호에서 정한 목적으로 거래된 것임을 인정한 것)

– 부산경남본부세관수출과 – 2011무엇이든 물어보세요. 2011

부록 2. 자유무역협정의 이행을 위한 관세법의 특례에 관한 법률
(약칭: 자유무역협정(FTA) 관세법)

[시행 2016.7.1.] [법률 제13625호, 2015.12.29., 전부개정]

제1장 총　칙

제1조(목적) 이 법은 우리나라가 체약상대국과 체결한 자유무역협정의 이행을 위하여 필요한 관세의 부과·징수 및 감면, 수출입물품의 통관 등 「관세법」의 특례에 관한 사항과 자유무역협정에 규정된 체약상대국과의 관세행정(關稅行政) 협조에 필요한 사항을 규정함으로써 자유무역협정의 원활한 이행과 국민경제의 발전에 이바지함을 목적으로 한다.

제2조(정의) ① 이 법에서 사용하는 용어의 뜻은 다음과 같다.

1. "자유무역협정"이란 우리나라가 체약상대국(締約相對國)과 관세의 철폐, 세율의 연차적인 인하 등 무역의 자유화를 내용으로 하여 체결한 「1994년도 관세 및 무역에 관한 일반협정」 제24조에 따른 국제협정과 이에 준하는 관세의 철폐 또는 인하에 관한 조약·협정을 말한다.
2. "체약상대국"이란 우리나라와 자유무역협정("협정")을 체결한 국가(국가연합·경제공동체 또는 독립된 관세영역을 포함)를 말한다.
3. "체약상대국의 관세당국"이란 체약상대국의 관세 관련 법령이나 협정(관세분야만 해당)의 이행을 관장하는 당국을 말한다.
4. "원산지"란 관세의 부과·징수 및 감면, 수출입물품의 통관 등을 할 때 협정에서 정하는 기준에 따라 물품의 생산·가공·제조 등이 이루어진 것으로 보는 국가를 말한다.
5. "원산지증빙서류"란 우리나라와 체약상대국 간의 수출입물품의 원산지를 증명하는 서류("원산지증명서")와 그 밖에 원산지 확인을 위하여 필요한 서류·정보 등을 말한다.
6. "협정관세"란 협정에 따라 체약상대국을 원산지로 하는 수입물품에 대하여 관세를 철폐하거나 세율을 연차적으로 인하하여 부과하여야 할 관세를 말한다.

② 제1항에 규정된 것 외의 용어에 관하여는 이 법에서 특별히 정한 경우를 제외하고는 「관세법」 제2조에서 정하는 바에 따른다.

제3조(다른 법률과의 관계) ① 이 법은 「관세법」에 우선하여 적용한다. 다만, 이 법에서 정하지 아니한 사항에 대해서는 「관세법」에서 정하는 바에 따른다.

② 이 법 또는 「관세법」이 협정과 상충되는 경우에는 협정을 우선하여 적용한다.

제2장 협정관세의 적용

제4조(협정관세) ① 협정관세의 연도별 세율, 적용기간, 적용수량 등은 협정에서 정하는 관세의 철폐비율, 인하비율, 수량기준 등에 따라 대통령령으로 정한다.

② 협정관세에 관하여는 「관세법」 제83조 및 제84조를 준용한다.

제5조(세율 적용의 우선순위) ① 협정관세의 세율이 「관세법」 제50조에 따른 적용세율과 같거나 그보다 높은 경우에는 「관세법」 제50조에 따른 적용세율을 우선하여 적용한다.

② 제1항에도 불구하고 「관세법」 제51조, 제57조, 제63조, 제65조, 제67조의2 및 제68조에 따른 세율은 협정관세의 세율보다 우선하여 적용한다.

제6조(협정관세의 적용요건) 협정관세는 다음 각 호의 요건을 모두 충족하는 수입물품에 대하여 적용한다.

1. 해당 수입물품이 협정에 따른 협정관세의 적용대상일 것
2. 제7조에 따라 결정된 해당 수입물품의 원산지가 해당 체약상대국일 것
3. 해당 수입물품에 대하여 제8조 또는 제9조에 따라 협정관세의 적용을 신청할 것

제7조(원산지결정기준) ① 협정 및 이 법에 따른 협정관세의 적용, 수출입물품의 통관 등을 위하여 물품의 원산지를 결정할 때에는 협정에서 정하는 바에 따라 다음 각 호의 어느 하나에 해당하는 국가를 원산지로 한다.

1. 해당 물품의 전부를 생산·가공 또는 제조한 국가
2. 해당 물품이 둘 이상의 국가에 걸쳐 생산·가공 또는 제조된 경우에는 다음 각 목의 어느 하나에 해당하는 국가
   가. 해당 물품의 품목번호(「통일상품명 및 부호체계에 관한 국제협약」에 따른 품목분류표상의 품목번호를 말한다. 이하 같다)가 그 물품의 생산·가공 또는 제조에 사용되는 재료 또는 구성물품의 품목번호와 일정 단위 이상 다른 경우 해당 물품을 최종적으로 생산·가공 또는 제조한 국가
   나. 해당 물품에 대하여 일정 수준 이상의 부가가치를 창

출한 국가

다. 해당 물품의 생산·가공 또는 제조의 주요 공정을 수행한 국가

3. 그 밖에 해당 물품이 협정에서 정한 원산지 인정 요건을 충족시킨 국가

② 제1항에 따라 원산지로 결정된 경우에도 해당 물품이 생산·가공 또는 제조된 이후에 원산지가 아닌 국가를 경유하여 운송되거나 원산지가 아닌 국가에서 선적(船積)된 경우에는 그 물품의 원산지로 인정하지 아니한다. 다만, 해당 물품이 원산지가 아닌 국가의 보세구역에서 운송 목적으로 환적(換積)되었거나 일시적으로 보관되었다고 인정되는 경우에는 그러하지 아니하다.

③ 제2항에도 불구하고 협정에서 직접 운송의 요건 등에 관하여 다르게 규정한 경우에는 협정에서 정하는 바에 따른다.

④ 제1항부터 제3항까지의 규정에 따른 원산지결정기준과 관련한 물품의 범위, 적용 방법 및 품목별 원산지결정기준과 그 밖에 필요한 사항은 기획재정부령으로 정한다.

제8조(협정관세의 적용신청 등) ① 협정관세를 적용받으려는 자("수입자")는 수입신고의 수리 전까지 대통령령으로 정하는 바에 따라 세관장에게 협정관세의 적용을 신청하여야 한다.

② 제1항에 따라 협정관세의 적용을 신청할 때에 수입자는 원산지증빙서류를 갖추고 있어야 하며, 세관장이 요구하면 제출하여야 한다. 다만, 세관장은 대통령령으로 정하는 물품에 대해서는 원산지증빙서류 제출을 요구할 수 없다.

③ 세관장은 수입자가 제2항 본문에 따라 요구받은 원산지증빙서류를 제출하지 아니하거나 수입자가 제출한 원산지증빙서류만으로 해당 물품의 원산지를 인정하기가 곤란한 경우에는 제35조에 따라 협정관세를 적용하지 아니할 수 있다.

④ 세관장은 제1항에 따른 협정관세의 적용신청을 받은 경우에는 수입신고를 수리한 후에 심사한다. 다만, 관세채권을 확보하기가 곤란하거나 수입신고를 수리한 후 원산지 및 협정관세 적용의 적정 여부를 심사하는 것이 부적당하다고 인정하여 기획재정부령으로 정하는 물품은 수입신고를 수리하기 전에 심사한다.

제9조(협정관세 사후적용의 신청) ① 수입신고의 수리 전까지 제8조에 따른 협정관세의 적용신청을 하지 못한 수입자는 해당 물품의 수입신고 수리일부터 1년 이내에 대통령령으로 정하는 바에 따라 협정관세의 적용을 신청할 수 있다.

② 수입자는 제1항에 따른 신청을 할 때에 원산지증빙서류를 제출하여야 한다.

③ 제1항에 따라 협정관세의 적용을 신청한 수입자는 대통령령으로 정하는 바에 따라 해당 물품에 대하여 이미 납부한 세액의 보정(補正)을 신청하거나 경정(更正)을 청구할 수 있다. 이 경우 보정신청이나 경정청구를 받은 세관장은 그 신청이나 청구를 받은 날부터 2개월 이내에 협정관세의 적용 및 세액의 보정이나 경정 여부를 신청인 또는 청구인에게 통지하여야 한다.

④ 세관장은 제3항에 따라 보정을 신청하거나 경정을 청구한 세액을 심사한 결과 타당하다고 인정하면 대통령령으로 정하는 바에 따라 그 세액을 보정하거나 경정하고 납부한 세액과 납부하여야 할 세액의 차액을 환급하여야 한다.

⑤ 제3항 및 제4항에 따른 세액의 보정·경정 및 환급에 관하여는 「관세법」 제38조의2제1항·제2항, 제38조의3제2항 후단, 같은 조제3항·제4항, 제46조, 제47조 및 제48조를 준용한다.

제3장 원산지증명

제10조(원산지증명) ① 수입자는 협정관세를 적용받으려는 수입물품에 대하여 협정 및 이 법에서 정하는 바에 따라 원산지를 증명하여야 한다.

② 수출자 및 생산자는 체약상대국에서 협정관세를 적용받으려는 수출물품에 대하여 협정 및 이 법에서 정하는 바에 따라 원산지증빙서류를 작성하거나 발급받아야 한다.

제11조(원산지증명서 작성·발급 등) ① 원산지증명서는 다음 각 호의 어느 하나에 따라 작성·발급하여야 한다.

1. 협정에서 정하는 방법과 절차에 따라 기획재정부령으로 정하는 기관이 해당 물품에 대하여 원산지를 확인하여 발급할 것
2. 협정에서 정하는 방법과 절차에 따라 수출자·생산자 또는 수입자가 자율적으로 해당 물품에 대한 원산지를 확인하여 작성·서명할 것

② 제1항제1호에 따른 원산지증명서를 발급받으려는 자는 기획재정부령으로 정하는 금액과 방법 등에 따라 수수료를 납부하여야 한다.

③ 관세청장은 원산지증명서 발급의 적정성 확인 또는 효율적 관리를 위하여 필요한 경우에는 제1항제1호에 따라 원산지증명서를 발급하는 기관에 대하여 기획재정부령으로 정하는 바에 따라 자료제출 요구를 하거나 지도·감독(원산지증명서 발급을 담당하는 직원에 대한 교육을 포함)을 할 수 있다.

④ 원산지증명서의 기재사항, 기재방법, 유효기간, 그 밖에 필요한 사항은 대통령령으로 정한다.

제12조(원산지인증수출자 인증) ① 관세청장 또는 세관장은 수출물품에 대한 원산지증명능력 등 대통령령으로 정하는 요건을 충족하는 수출자를 원산지인증수출자로 인증할 수 있다.

② 제1항에 따라 인증을 받은 수출자(이하 "원산지인증수출자"라 한다)는 협정에서 정하는 범위에서 제11조제1항제2호에 따라 해당 물품에 대하여 자율적으로 원산지를 증명할 수 있으며, 기획재정부령으로 정하는 바에 따라 원산지증명에 관하여 간소한 절차를 적용받을 수 있다.

③ 관세청장 또는 세관장은 원산지인증수출자가 제1항의 요건을 충족하지 못하는 경우에는 그 인증을 취소할 수 있다.

④ 원산지인증수출자 인증 및 그 취소의 절차, 인증유효기간과 그 밖에 필요한 사항은 기획재정부령으로 정한다.

제13조(중소기업의 원산지증명 지원) 관세청장은 「중소기업기본법」 제2조에 따른 중소기업에 해당하는 수출자, 생산자 또는 수출물품이나 수출물품의 생산에 사용되는 재료를 공급하는 자를 대상으로 다음 각 호의 사항에 관한 지원사업을 할 수 있다.

1. 원산지결정기준에 관한 상담 및 교육
2. 원산지증명서의 작성 및 발급 등 원산지증명 절차에 관한 상담 및 교육
3. 그 밖에 원산지증명의 지원에 관한 사항으로서 대통령령으로 정하는 사항

제14조(원산지증빙서류의 수정 통보) ① 수출자 또는 생산자가 체약상대국의 협정관세를 적용받을 목적으로 원산지증빙서류를 작성·제출한 후 해당 물품의 원산지에 관한 내용에 오류가 있음을 알았을 때에는 협정에서 정하는 바에 따라 기획재정부령으로 정하는 기간 이내에 그 사실을 세관장 및 원산지증빙서류를 제출받은 체약상대국의 수입자에게 각각 통보하여야 한다. 이 경우 세관장은 그 사실을 관세청장이 정하는 바에 따라 체약상대국의 관세당국에 통보하여야 한다.

② 수입자는 체약상대국의 물품에 대한 원산지증빙서류를 작성한 자나 해당 물품에 대한 수입신고를 수리한 세관장으로부터 원산지증빙서류의 내용에 오류가 있음을 통보받은 경우로서 그 오류로 인하여 납세신고한 세액 또는 신고납부한 세액에 과부족(過不足)이 있을 때에는 기획재정부령으로 정하는 기간 이내에 세액정정·세액보정 신청, 수정신고 또는 경정청구를 하여야 한다. 이 경우 세액정정, 세액보정, 수정신고 또는 경정에 관하여는 「관세법」 제38조, 제38조의2 및 제38조의3을 준용한다.

제15조(원산지증빙서류 등의 보관) 수입자·수출자 및 생산자는 협정 및 이 법에 따른 원산지의 확인, 협정관세의 적용 등에 필요한 것으로서 원산지증빙서류 등 대통령령으로 정하는 서류를 5년의 범위에서 대통령령으로 정하는 기간(협정에서 정한 기간이 5년을 초과하는 경우에는 그 기간) 동안 보관하여야 한다.

제16조(원산지증빙서류 등의 제출) ① 관세청장 또는 세관장은 협정에서 정하는 범위에서 원산지의 확인, 협정관세의 적용 등에 관한 심사를 하는 데 필요하다고 인정하는 경우에는 다음 각 호의 어느 하나에 해당하는 자에게 제15조에 따른 서류의 제출을 요구할 수 있다.

1. 수입자
2. 수출자 또는 생산자(체약상대국에 거주하는 수출자 및 생산자를 포함)
3. 그 밖에 원산지 또는 협정관세 적용의 적정 여부 등을 확인하기 위하여 필요한 자로서 기획재정부령으로 정하는 자

② 제1항에 따라 서류 제출을 요구받은 자는 20일 이상의 기간으로서 기획재정부령으로 정하는 기간 이내에 이를 제출하여야 한다.

제4장 원산지 조사

제17조(원산지에 관한 조사) ① 관세청장 또는 세관장은 수출입물품의 원산지 또는 협정관세 적용의 적정 여부 등에 대한 확인이 필요하다고 인정하는 경우에는 협정에서 정하는 범위에서 대통령령으로 정하는 바에 따라 다음 각 호의 어느 하나에 해당하는 자를 대상으로 필요한 서면조사 또는 현지조사를 할 수 있다.

1. 수입자
2. 수출자 또는 생산자(체약상대국에 거주하는 수출자 및 생산자를 포함)
3. 원산지증빙서류 발급기관
4. 제16조제1항제3호의 자

② 관세청장 또는 세관장은 제1항에 따라 체약상대국에 거주하는 수출자·생산자 또는 제1항제4호에 해당하는 자 중 체약상대국에 거주하는 자("체약상대국의 조사대상자")를 대상으로 현지조사를 하는 경우에는 그 조사를 시작하기 전에 체약상대국의 조사대상자에게 조사 사유, 조사 예정기간 등을 통지하여 동의를 받아야 한다.

③ 제2항에 따른 통지를 받은 체약상대국의 조사대상자는 관세청장 또는 세관장이 통지한 예정 조사기간에 조사를 받기가 곤란한 경우에는 대통령령으로 정하는 바에 따라 그 통지를 한 관세청장 또는 세관장에게 조사의 연기를 신청할 수 있다.

④ 관세청장 또는 세관장은 제2항에 따른 통지를 받은 체약상대국의 조사대상자가 20일 이상의 기간으로서 기획재정부령으로 정하는 기간 이내에 그 동의 여부를 통보하지 아니하거나 동의하지 아니한 경우에는 현지조사를 할 수 없다.

⑤ 관세청장 또는 세관장은 제1항에 따라 체약상대국의 조사대상자를 대상으로 서면조사 또는 현지조사를 할 때에는 수입자 및 체약상대국의 관세당국에 그 사실을 서면으로 통지하여야 한다. 이 경우 체약상대국의 관세당국에 대한 통지는 협정에서 정하는 경우에만 한다.

⑥ 관세청장 또는 세관장은 제1항에 따른 서면조사 또는 현지조사를 마치면 조사 결과와 그에 따른 결정 내용을 기획재정부령으로 정하는 기간 이내에 조사대상자(체약상대국의 조사대상자가 생산 또는 수출한 물품을 수입한 자를 포함) 및 체약상대국의 관세당국에 서면으로 통지하여야 한다. 이 경우 체약상대국의 관세당국에 대한 통지는 협정에서 정하는 경우에만 한다.

⑦ 제6항에 따른 통지 내용에 이의가 있는 조사대상자(체약상대국의 조사대상자가 생산 또는 수출한 물품을 수입한 자를 포함)는 조사 결과를 통지받은 날부터 30일 이내에 대통령령으로 정하는 바에 따라 관세청장 또는 세관장에게 이의를 제기할 수 있다.

⑧ 제1항에 따라 조사를 받는 조사대상자의 조력을 받을 권리에 관하여는 「관세법」 제112조를 준용한다.

⑨ 세관공무원은 제1항에 따라 조사를 하는 때에는 필요한 최소한의 범위에서 조사를 하여야 하며, 다른 목적을 위하여 조사권을 남용해서는 아니 된다.

제18조(체약상대국의 요청에 따른 원산지 조사) ① 관세청장 또는 세관장은 체약상대국의 관세당국으로부터 우리나라의 수출물품에 대한 원산지증빙서류의 진위 여부와 그 정확성 등에 관한 확인을 요청받은 경우에는 협정에서 정하는 범위에서 대통령령으로 정하는 바에 따라 다음 각 호의 어느 하나에 해당하는 자를 대상으로 원산지 확인에 필요한 서면조사 또는 현지조사를 할 수 있다.

1. 수출자 또는 생산자
2. 원산지증빙서류 발급기관
3. 제16조제1항제3호의 자

② 제1항에 따른 조사에 관하여는 제17조제6항부터 제9항까지를 준용한다.

제19조(체약상대국에 대한 원산지 확인 요청) ① 관세청장 또는 세관장은 체약상대국에서 수입된 물품과 관련하여 협정에서 정하는 범위에서 원산지 또는 협정관세 적용의 적정 여부 등에 대한 확인에 필요하다고 인정하는 경우에는 원산지증빙서류의 진위 여부와 그 정확성 등에 관한 확인을 체약상대국의 관세당국에 요청할 수 있다.

② 관세청장 또는 세관장은 제1항에 따라 확인을 요청한 사실을 수입자에게 알려야 하며, 체약상대국의 관세당국으로부터 확인 결과를 통보받은 때에는 그 회신 내용과 그에 따른 결정 내용을 수입자에게 알려야 한다.
③ 제1항 및 제2항에 따른 원산지 확인 요청의 방법·절차와 그 밖에 필요한 사항은 대통령령으로 정한다.

제20조(원산지에 관한 체약상대국의 조사) ① 체약상대국의 관세당국은 협정에서 정하는 범위에서 수출자·생산자를 대상으로 수출물품에 대한 원산지 확인에 필요한 현지조사를 하는 경우에는 그 조사를 시작하기 전에 조사대상자에게 조사 사유, 조사 예정기간 등을 통지하여 조사대상자의 동의를 받아야 한다.
② 제1항에 따라 조사를 받는 조사대상자의 조력을 받을 권리에 관하여는 「관세법」 제112조를 준용한다.

제21조(원산지 조사 기간 중 협정관세의 적용 보류) ① 세관장은 제17조에 따른 원산지 조사를 하는 경우 또는 제19조에 따른 원산지 확인 요청을 한 경우에는 기획재정부령으로 정하는 기간 동안 조사대상자가 추가로 수입하는 동종동질(同種同質)의 물품에 대하여 대통령령으로 정하는 바에 따라 협정관세의 적용을 보류할 수 있다. 이 경우 그 보류 대상은 해당 조사대상 물품의 동일한 수출자 또는 생산자로부터 수입하는 물품으로 한정한다.
② 세관장은 원산지 조사를 한 결과 수입자가 신고한 내용이 제7조의 원산지결정기준을 충족한 것으로 확인되는 경우에는 제1항에 따라 협정관세를 적용받지 못한 물품에 대한 세액을 경정하고 납부한 세액과 납부하여야 할 세액의 차액을 환급하여야 한다. 이 경우 세액의 경정 및 환급에 관하여는 「관세법」 제38조의3, 제46조 및 제48조를 준용한다.
③ 세관장은 수입자가 담보를 제공하고 제1항에 따른 협정관세 적용 보류의 해제를 요청하는 경우에는 이를 해제할 수 있다.
④ 제1항부터 제3항까지의 규정에 따른 협정관세의 적용 보류 및 그 해제의 절차·방법, 담보제공과 그 밖에 필요한 사항은 대통령령으로 정한다.

제5장 무역피해 구제를 위한 관세조치

제22조(긴급관세조치) ① 기획재정부장관은 협정에서 정하는 범위에서 체약상대국을 원산지로 하는 특정 물품의 수입증가로 인하여 같은 종류의 물품 또는 직접적인 경쟁관계에 있는 물품을 생산하는 국내 산업의 심각한 피해 또는 국내 시장의 교란이 발생하거나 발생할 우려("심각한 피해등")가 있다고 대통령령으로 정하는 조사를 통하여 확인한 경우에는 그 심각한 피해등을 구제하기 위하여 필요한 범위에서 해당 물품에 대하여 대통령령으로 정하는 바에 따라 협정관세의 연차적인 인하 적용을 중지하거나 세율을 인상하는 등의 조치("긴급관세조치")를 할 수 있다.
② 긴급관세조치에 관하여는 「관세법」 제65조제2항부터 제4항까지 및 제7항과 제67조를 준용한다.
③ 기획재정부장관은 협정에서 정하는 바에 따라 체약상대국을 원산지로 하는 동일 물품에 대하여 제1항에 따른 긴급관세조치와 「관세법」 제65조에 따른 긴급관세를 부과하는 조치를 동시에 적용할 수 없다.
④ 기획재정부장관은 제1항에 따른 긴급관세조치를 1년을 초과하여 적용하는 경우에는 일정한 기간의 간격을 두고 점진적으로 완화하는 조치를 취하여야 한다. 다만, 대통령령으로 정하는 체약상대국 외의 국가에 대해서는 예외로 할 수 있다.
⑤ 긴급관세조치의 대상 물품, 세율, 적용기간, 적용수량과 그 밖에 필요한 사항은 협정에서 정하는 범위에서 기획재정부령으로 정한다.

제23조(잠정긴급관세조치) ① 기획재정부장관은 제22조제1항에 따른 조사가 시작된 물품에 대하여 그 조사기간에 발생하는 심각한 피해등을 방지하지 아니하는 경우 회복하기 어려운 피해가 발생하거나 발생할 우려가 있다고 판단하면 조사가 끝나기 전에 심각한 피해등을 구제하거나 방지하기 위하여 협정에서 정하는 범위에서 대통령령으로 정하는 바에 따라 잠정적으로 긴급관세조치("잠정긴급관세조치")를 할 수 있다.
② 잠정긴급관세조치에 관하여는 「관세법」 제65조제4항·제7항 및 제66조제2항·제3항을 준용한다.
③ 잠정긴급관세조치의 대상 물품, 세율, 적용기간, 적용수량과 그 밖에 필요한 사항은 협정에서 정하는 범위에서 기획재정부령으로 정한다.

제24조(특정 농림축산물에 대한 특별긴급관세조치) ① 기획재정부장관은 체약상대국과의 협정에 따라 양허(讓許)한 특정 농림축산물의 수입물량이 일정한 물량("기준발동물량")을 초과하면 그 농림축산물에 대하여 대통령령으로 정하는 바에 따라 양허한 세율을 초과하여 관세를 부과하는 조치("특정 농림축산물에 대한 특별긴급관세조치")를 할 수 있다.
② 특정 농림축산물에 대한 특별긴급관세조치의 대상물품, 기준발동물량, 세율, 적용기간 및 적용방법 등은 협정에서 정하는 범위에서 대통령령으로 정한다.

제25조(「관세법」의 긴급관세 부과특례 등) ① 기획재정부장관은 「관세법」 제65조제1항에도 불구하고 대통령령으로 정하는 체약상대국을 원산지로 하는 물품의 수입증가가 같은 종류의 물품이나 직접적인 경쟁관계에 있는 물품을 생산하는 국내 산업이 받는 심각한 피해 또는 심각한 피해를 받을 우려의 실질적인 원인이 아닌 것으로 조사를 통하여 확인되면 협정에서 정하는 범위에서 그 물품을 「관세법」 제65조제1항에 따른 긴급관세의 부과대상물품에서 제외할 수 있다.
② 기획재정부장관 「관세법」 제68조에도 불구하고 대통령령으로 정하는 체약상대국을 원산지로 하는 농림축산물에 대해서는 협정에서 정하는 범위에서 「관세법」 제68조에 따른 농림축산물에 대한 특별긴급관세 부과대상에서 제외할 수 있다.

제26조(체약상대국의 조치에 대한 대항조치) ① 정부는 우리나라를 원산지로 하는 특정 물품에 대하여 체약상대국 정부가 다음 각 호의 어느 하나에 해당하는 조치("체약상대국의 조치")를 하는 경우에는 체약상대국 정부와 해당 조치에 대한 체약상대국의 적절한 보상방법 등에 관하여 협의를 할 수 있다.
1. 협정에 따라 긴급관세조치 또는 잠정긴급관세에 해당하는 조치를 하는 경우
2. 협정에 따른 관세철폐 또는 관세인하 등 관세양허 의무를 이행하지 아니하거나 지연하는 경우

② 제1항에 따른 보상방법 등에 관하여 협정에서 다르게 규

정하지 아니하는 한 협의가 이루어지지 아니하거나 협의 개시일부터 30일 이내에 합의가 이루어지지 아니하는 경우에는 협정에서 정하는 바에 따라 체약상대국의 조치에 상응하는 수준의 대항조치를 할 수 있다.

③ 제2항에 따른 대항조치는 체약상대국의 조치에 대응하는 것으로서 필요한 범위로 한정하며, 그 시기・내용과 그 밖에 필요한 사항은 대통령령으로 정한다.

제27조(덤핑방지관세 협의 등) ① 정부는 체약상대국으로부터 수입된 물품에 대하여 「관세법」 제51조에 따른 덤핑방지관세의 부과 요청을 받으면 국내 산업의 피해를 조사하기 전에 체약상대국 정부에 그 사실을 통보하고 협의할 수 있다.

② 제1항에 따른 국내 산업의 피해조사, 통보・협의 및 그 밖에 필요한 사항은 협정에서 정하는 범위에서 대통령령으로 정한다.

제28조(상계관세 협의 등) ① 정부는 체약상대국으로부터 수입된 물품에 대하여 「관세법」 제57조에 따른 상계관세의 부과 요청을 받으면 국내 산업의 피해를 조사하기 전에 체약상대국 정부에 그 사실을 통보하고 협의할 수 있다.

② 제1항에 따른 국내 산업의 피해조사, 통보・협의 및 그 밖에 필요한 사항은 협정에서 정하는 범위에서 대통령령으로 정한다.

제6장 통관특례 및 관세상호협력

제29조(통관 절차의 특례) 관세청장은 협정에서 정하는 범위에서 대통령령으로 정하는 바에 따라 체약상대국으로부터 수입되는 물품에 관하여 신속하고 간이한 통관 절차를 적용할 수 있다.

제30조(일시수입물품 등에 대한 관세의 면제) ① 체약상대국에서 수입되는 것으로서 다음 각 호의 어느 하나에 해당하는 물품은 협정에서 정하는 범위에서 그 원산지에 관계없이 관세를 면제할 수 있다.

1. 수입신고의 수리일부터 2년의 범위에서 대통령령으로 정하는 기간 이내에 다시 수출하기 위하여 일시적으로 수입하는 물품으로서 협정에서 정하는 바에 따라 기획재정부령으로 정하는 물품
2. 수리 또는 개조 등을 할 목적으로 체약상대국으로 수출하였다가 다시 수입하는 물품으로서 기획재정부령으로 정하는 물품
3. 일정 금액 이하의 상용견품(商用見品)・광고용품 등 기획재정부령으로 정하는 물품

② 제1항제2호에도 불구하고 다음 각 호의 어느 하나에 해당하는 경우에는 관세를 면제하지 아니한다.

1. 「관세법」 또는 「수출용 원재료에 대한 관세 등 환급에 관한 특례법」에 따른 환급을 받은 경우
2. 보세가공물품 또는 장치기간(藏置期間) 경과물품을 재수출 조건으로 매각함에 따라 관세가 부과되지 아니한 경우

③ 제1항제1호에 따라 관세를 면제받은 물품에 대한 용도 외 사용의 제한 등에 관하여는 「관세법」 제97조제2항부터 제4항까지의 규정을 준용한다.

④ 제1항에 따른 관세의 면제 절차와 그 밖에 필요한 사항은 대통령령으로 정한다.

제31조(원산지 등에 대한 사전심사) ① 협정관세의 적용에 대한 기초가 되는 사항으로서 제7조에 따른 원산지결정기준의 충족 여부 등 대통령령으로 정하는 사항에 대하여 의문이 있는 자(체약상대국의 수출자 및 생산자와 그 대리인을 포함)는 해당 물품의 수입신고를 하기 전에 관세청장에게 대통령령으로 정하는 서류를 갖추어 그 의문사항을 미리 심사("사전심사")하여 줄 것을 신청할 수 있다. 다만, 협정에서 사전심사에 관한 사항을 정하지 아니한 경우에는 그러하지 아니하다.

② 관세청장은 제1항 본문에 따른 사전심사의 신청을 받으면 대통령령으로 정하는 기간 이내에 이를 심사하여 그 결과를 기재한 서류("사전심사서")를 신청인에게 통지하여야 한다. 다만, 제출 자료의 미비 등으로 사전심사가 곤란한 경우에는 그 사유를 신청인에게 통지하여야 한다.

③ 세관장은 수입자가 사전심사서에 따라 협정관세의 적용 등을 신청하는 경우 수입신고된 물품의 내용이 사전심사서의 내용과 같다고 인정하는 경우에는 대통령령으로 정하는 특별한 사유가 없으면 사전심사서의 내용에 따라 협정관세를 적용하여야 한다.

④ 사전심사를 신청하는 자는 기획재정부령으로 정하는 수수료를 내야 한다.

⑤ 제2항에 따른 사전심사의 결과에 이의가 있는 자(제32조제2항에 따른 사전심사서의 내용변경 통지를 받은 자를 포함)는 그 결과를 통지받은 날부터 30일 이내에 대통령령으로 정하는 바에 따라 관세청장에게 이의를 제기할 수 있다.

⑥ 사전심사의 절차・방법과 그 밖에 필요한 사항은 기획재정부령으로 정한다.

제32조(사전심사서 내용의 변경) ① 관세청장은 협정에서 정하는 바에 따라 사전심사서의 근거가 되는 사실관계 또는 상황의 변경 등 대통령령으로 정하는 사유가 있는 경우에는 사전심사서의 내용을 변경할 수 있다.

② 관세청장은 제1항에 따라 사전심사서의 내용을 변경할 때에는 제31조제2항에 따른 신청인에게 그 변경 내용을 통지하여야 한다.

③ 제1항에 따라 사전심사서의 내용을 변경한 경우에는 그 변경일 후에 수입신고되는 물품에 대하여 변경된 내용을 적용한다. 다만, 협정에서 다르게 정하는 경우에는 협정에서 정하는 범위에서 대통령령으로 정하는 바에 따른다.

④ 제3항에도 불구하고 사전심사서의 내용 변경이 자료제출 누락 또는 거짓자료 제출 등 신청인에게 책임이 있는 사유로 인한 것인 경우에는 해당 사전심사와 관련하여 그 변경일 전에 수입신고된 물품에 대해서도 소급하여 변경된 내용을 적용한다.

제33조(상호협력) ① 기획재정부장관은 협정(관세 분야만 해당)의 운용에 관한 사항을 협의하기 위하여 협정에서 정하는 바에 따라 체약상대국 정부와 공동으로 협의기구를 구성하여 운영할 수 있다. 이 경우 기획재정부장관은 미리 산업통상자원부장관과 협의하여야 한다.

② 관세청장은 협정을 통일적이고 효율적으로 시행하기 위하여 필요한 통관 절차의 간소화, 다른 법률에 저촉되지 아니하는 범위에서의 정보 교환, 세관기술의 지원, 그 밖에 대통령령으로 정하는 사항에 관하여 협정에서 정하는 바에 따라 체

약상대국의 관세당국과 협력할 수 있다.

③ 관세청장은 체약상대국에서 수입된 물품에 대한 원산지 또는 협정관세 적용의 적정 여부를 확인하기 위하여 필요한 경우에는 협정에서 정하는 범위에서 다음 각 호의 행위를 할 수 있다.

1. 체약상대국의 관세당국에 필요한 자료의 제공을 요청하는 행위
2. 체약상대국과 동시에 원산지 조사를 하는 행위
3. 체약상대국에 세관공무원을 파견하여 직접 원산지 조사를 하게 하거나 체약상대국의 원산지 조사에 참여하게 하는 행위
4. 체약상대국의 관세당국이 협정에 따라 원산지 조사에 협력하여 줄 것을 요청하는 경우 이를 수락하는 행위

④ 관세청장은 제2항 및 제3항에 따라 체약상대국의 관세당국과 협력활동을 하거나 필요한 조치를 한 경우에는 30일 이내에 기획재정부장관에게 그 결과를 보고하여야 한다.

제34조(관세상호협의의 신청 등) ① 수출자 또는 생산자는 체약상대국의 관세당국으로부터 수출물품에 대하여 협정에 부합하지 아니하는 원산지결정 또는 과세처분을 받았거나 받을 우려가 있는 경우에는 기획재정부장관에게 대통령령으로 정하는 바에 따라 체약상대국의 관세당국과의 관세상호협의를 신청할 수 있다.

② 기획재정부장관은 제1항에 따른 관세상호협의의 신청을 받았을 때에는 다음 각 호의 어느 하나에 해당하는 경우를 제외하고는 체약상대국의 관세당국에 관세상호협의를 요청하여야 한다. 이 경우 기획재정부장관은 미리 산업통상자원부장관과 협의하여야 한다.

1. 원산지결정 또는 과세처분과 관련하여 국내 또는 국외에서 법원의 확정판결이 있은 경우
2. 신청인이 관세회피를 목적으로 관세상호협의 절차를 이용하려고 하는 사실이 인정되는 경우
3. 원산지결정 또는 과세처분이 있은 날부터 3년이 지난 후 신청한 경우

③ 기획재정부장관은 신속한 관세상호협의를 위하여 필요하다고 판단하는 경우에는 협정에서 정하는 바에 따라 제33조제1항 전단에 따른 협의기구의 개최를 요청할 수 있다. 이 경우 기획재정부장관은 미리 산업통상자원부장관과 협의하여야 한다.

④ 관세상호협의에 관하여 필요한 그 밖의 사항은 대통령령으로 정한다.

제7장 협정관세의 적용제한

제35조(협정관세의 적용제한) ① 협정에서 다르게 규정한 경우를 제외하고 세관장은 다음 각 호의 어느 하나에 해당하는 경우에는 해당 수입물품에 대하여 협정관세를 적용하지 아니할 수 있다. 이 경우 세관장은 「관세법」 제38조의3제4항 및 제39조제2항에 따라 납부하여야 할 세액 또는 납부하여야 할 세액과 납부한 세액의 차액을 부과·징수하여야 한다.

1. 정당한 사유 없이 수입자, 체약상대국의 수출자 또는 생산자(이 조 및 제37조에서 "체약상대국수출자등"이라 한다)가 관세청장 또는 세관장이 요구한 자료를 제16조제2항에 따른 기간 이내에 제출하지 아니하거나 거짓으로 또는 사실과 다르게 제출한 경우. 다만, 원산지증빙서류의 기재사항을 단순한 착오로 잘못 기재한 것으로서 원산지결정에 실질적인 영향을 미치지 아니하는 경우는 제외한다.
2. 체약상대국수출자등이 제17조제1항에 따른 관세청장 또는 세관장의 서면조사에 대하여 기획재정부령으로 정하는 기간 이내에 회신하지 아니한 경우 또는 제17조제2항에 따른 관세청장 또는 세관장의 현지조사에 대한 동의 요청에 대하여 제17조제4항에 따른 기간 이내에 동의 여부에 대한 통보를 하지 아니하거나 특별한 사유 없이 동의하지 아니하는 경우
3. 제17조제1항에 따라 현지조사를 할 때 체약상대국수출자등이 정당한 사유 없이 원산지증빙서류의 확인에 필요한 장부 또는 관련 자료에 대한 세관공무원의 접근을 거부하거나 협정에서 정한 원산지증빙서류를 보관하지 아니한 경우
4. 제17조에 따른 서면조사 또는 현지조사 결과 세관장에게 신고한 원산지가 실제 원산지와 다른 것으로 확인되거나 수입자 또는 체약상대국수출자등이 제출한 자료에 제7조에 따른 원산지의 정확성을 확인하는 데 필요한 정보가 포함되지 아니한 경우
5. 제19조제1항에 따라 관세청장 또는 세관장이 체약상대국의 관세당국에 원산지의 확인을 요청한 사항에 대하여 체약상대국의 관세당국이 기획재정부령으로 정하는 기간 이내에 그 결과를 회신하지 아니한 경우 또는 세관장에게 신고한 원산지가 실제 원산지와 다른 것으로 확인되거나 회신 내용에 제7조에 따른 원산지의 정확성을 확인하는 데 필요한 정보가 포함되지 아니한 경우
6. 제31조제1항에 따른 사전심사를 신청한 수입자가 사전심사의 결과에 영향을 미칠 수 있는 자료를 고의로 제출하지 아니하였거나 거짓으로 제출한 경우 또는 사전심사서에 기재된 조건을 이행하지 아니한 경우
7. 협정에 따른 협정관세 적용의 거부·제한 사유에 해당하는 경우
8. 그 밖에 관세청장 또는 세관장이 원산지의 정확성 여부를 확인할 수 없는 경우로서 대통령령으로 정하는 사유에 해당되는 경우

② 제1항 각 호 외의 부분 후단에 따른 납부하여야 할 세액 또는 납부하여야 할 세액과 납부한 세액과의 차액은 대통령령으로 정하는 날부터 5년이 지나면 부과할 수 없다. 이 경우 「관세법」 제21조제2항 각 호에 해당하는 경우 그 해당하는 각각의 기간 내에는 경정 등 필요한 처분을 할 수 있다.

③ 제1항 및 제2항에 따른 협정관세 적용제한의 절차·방법과 그 밖에 필요한 사항은 대통령령으로 정한다.

제36조(가산세) ① 세관장은 협정관세를 적용받은 물품에 대하여 「관세법」 제38조의3제1항 또는 제4항에 따라 부족한 관세액("부족세액")을 징수할 때에는 다음 각 호의 금액을 합한 금액을 가산세로 징수한다.

1. 부족세액의 100분의 10에 상당하는 금액. 다만, 수입자가 원산지증명서를 위조 또는 변조하는 등 대통령령으로 정하는 부당한 방법으로 협정관세의 적용을 신청하여 부족세액이 발생한 경우에는 해당 부족세액의 100분의 40에

상당하는 금액으로 한다.

2. 부족세액에 가목에 따른 일수와 나목에 따른 이자율을 곱하여 계산한 금액

가. 「관세법」에 따른 당초 납부기한(제9조제1항에 따라 협정관세 사후적용을 신청한 수입자에 대하여 가산세를 징수하는 경우에는 제9조제4항에 따라 관세를 환급한 날)의 다음 날부터 다음의 어느 하나에 해당하는 날까지의 일수

1) 「관세법」 제38조의3제1항에 따른 수정신고일

2) 「관세법」 제38조의3제4항에 따른 납세고지일

나. 금융회사 등이 연체대출금에 대하여 적용하는 이자율 등을 고려하여 대통령령으로 정하는 이자율

② 제1항에도 불구하고 수입자가 제14조제2항에 따라 수정신고를 하는 경우로서 제17조제1항에 따른 원산지 조사의 통지를 받기 전에 수정신고를 하는 경우 등 대통령령으로 정하는 경우(제1항제1호 단서에 해당하는 경우는 제외)에는 가산세의 전부 또는 일부를 징수하지 아니한다.

③ 제2항에 따라 가산세의 전부 또는 일부를 징수하지 아니하는 경우 그 징수하지 아니하는 비율 및 방법 등은 대통령령으로 정한다.

제37조(협정관세 적용제한자의 지정 및 지정해제) ① 세관장은 협정에서 정하는 바에 따라 최근 5년간 2회 이상 반복적으로 원산지증빙서류의 주요 내용을 거짓으로 작성하거나 잘못 작성한 체약상대국수출자등을 대통령령으로 정하는 바에 따라 협정관세 적용제한자(“적용제한자”)로 지정할 수 있다.

② 세관장은 제1항에 따라 적용제한자로 지정된 자가 수출 또는 생산하는 동종동질의 물품 전체에 대하여 대통령령으로 정하는 바에 따라 5년(협정에서 정한 기간이 5년을 초과하는 경우에는 그 기간)의 범위에서 협정관세를 적용하지 아니할 수 있다.

③ 제2항에도 불구하고 세관장은 수입신고되는 물품별로 원산지 등 협정관세의 적용요건을 심사하여 그 요건을 충족하는 경우에는 협정관세를 적용할 수 있다.

④ 세관장은 제1항에 따라 적용제한자로 지정된 자가 대통령령으로 정하는 바에 따라 원산지증빙서류를 성실하게 작성하였음을 입증하는 경우에는 그 지정을 해제할 수 있다.

⑤ 제1항부터 제4항까지의 규정에 따른 적용제한자의 지정 및 그 해제의 절차·방법과 그 밖에 필요한 사항은 대통령령으로 정한다.

제8장 보 칙

제38조(비밀유지 의무) ① 세관공무원과 대통령령으로 정하는 원산지증빙서류 발급자는 수입자·수출자·생산자(체약상대국에 거주하는 수출자·생산자와 그 밖의 이해관계인을 포함한다) 또는 체약상대국의 권한 있는 기관이 협정 및 이 법에서 정하는 바에 따라 원산지의 결정, 관세의 부과·징수 또는 통관을 목적으로 제출한 자료로서 대통령령으로 정하는 바에 따라 비밀취급자료로 지정된 자료(“비밀취급자료”)를 자료제출자의 동의 없이 타인(체약상대국의 관세당국을 포함)에게 제공 또는 누설하거나 사용 목적 외의 용도로 사용해서는 아니 된다. 다만, 다음 각 호의 어느 하나에 해당하는 경우에는 그 사용 목적에 맞는 범위에서 비밀취급자료를 제공할 수 있다.

1. 국가기관이 관세에 관한 쟁송 또는 관세범의 소추(訴追)를 목적으로 비밀취급자료를 요구하는 경우
2. 법원의 제출명령 또는 법관이 발부한 영장에 따라 비밀취급자료를 요구하는 경우
3. 세관공무원 상호 간에 관세의 부과·징수, 통관 또는 질문·검사상의 필요에 따라 제공하는 경우
4. 다른 법률에 따라 비밀취급자료를 요구하는 경우

② 비밀취급자료의 보관기간, 보관 방법 및 제공·사용 절차는 대통령령으로 정한다.

제39조(불복의 신청) 대통령령으로 정하는 체약상대국의 수출자 또는 생산자는 다음 각 호의 어느 하나에 관련되는 처분에 대하여 위법 또는 부당한 처분을 받거나 필요한 처분을 받지 못함으로써 권리 또는 이익의 침해를 당한 경우에는 「관세법」 제119조에 따라 심사청구 또는 심판청구를 할 수 있다.

1. 제17조에 따른 원산지에 관한 조사
2. 제31조에 따른 원산지 등에 대한 사전심사

제40조(불복 증거서류 및 증거물의 제출 등) ① 「관세법」 제119조에 따른 심사청구 또는 심판청구의 재결청(“재결청”)은 청구인이 제기한 심사청구 또는 심판청구를 심의하는 데 필요하다고 인정하면 체약상대국의 수출자 또는 생산자에게 증거서류나 증거물을 재결청에 직접 제출하게 할 수 있다.

② 재결청은 청구인이나 제1항에 따른 체약상대국의 수출자 또는 생산자가 제출한 자료 중 비밀로 취급하여 줄 것을 요청받은 자료에 대해서는 자료제출자의 동의 없이 타인(체약상대국의 관세당국을 포함)에게 제공 또는 누설하거나 사용 목적 외의 용도로 사용해서는 아니 된다. 이 경우 해당 자료의 보관·제공·사용 등에 관하여는 제38조를 준용한다.

제41조(관계 자료의 제출요청) ① 기획재정부장관은 이 법의 운영 및 협정의 후속조치를 위하여 필요하다고 인정하면 국가기관, 지방자치단체, 주요 경제단체 및 업종별 협회·조합 등 이해관계인에게 관세의 부과·징수 및 통관에 관련된 자료, 무역통계, 관련 산업의 현황자료나 그 밖에 필요한 자료의 제출을 요청할 수 있다.

② 제1항에 따른 요청을 받은 기관·단체·협회 및 조합의 장은 다른 법령에 특별한 규정이 있는 경우 외에는 정당한 사유가 없으면 요청에 협조하여야 한다.

제42조(권한의 위임) 이 법에 따른 기획재정부장관, 관세청장 또는 세관장의 권한은 그 일부를 대통령령으로 정하는 바에 따라 관세청장, 세관장, 그 밖의 소속 기관의 장에게 위임할 수 있다.

제43조(협정의 시행) 협정의 시행을 위하여 필요한 사항에 관하여는 대통령령으로 정한다.

제9장 벌 칙

제44조(벌칙) ① 제38조(제40조제2항에서 준용하는 경우를 포함)를 위반하여 비밀취급자료를 타인에게 제공 또는 누설하거나 목적 외의 용도로 사용한 자는 3년 이하의 징역 또는 3

천만원 이하의 벌금에 처한다.

② 다음 각 호의 어느 하나에 해당하는 자는 2천만원 이하의 벌금에 처한다. 다만, 과실(過失)로 제2호 및 제5호에 해당하게 된 경우에는 300만원 이하의 벌금에 처한다.

1. 협정 및 이 법에 따른 원산지증빙서류를 속임수 또는 그 밖의 부정한 방법으로 신청하여 발급받았거나 작성·발급한 자
2. 제4조제2항에서 준용하는 「관세법」 제83조제2항을 위반하여 용도세율 적용 물품을 해당 용도 외의 다른 용도에 사용하거나 양도한 자(제46조제2항제2호에 해당하는 자는 제외한다)
3. 정당한 사유 없이 제15조를 위반하여 관련 서류를 보관하지 아니한 자
4. 제16조제1항에 따라 관세청장 또는 세관장이 요청한 서류를 거짓으로 제출한 자
5. 제30조제3항에서 준용하는 「관세법」 제97조제2항을 위반하여 관세 면제 물품을 해당 용도 외의 다른 용도에 사용하거나 양도한 자(제46조제2항제4호에 해당하는 자는 제외)
6. 제31조에 따른 사전심사에 필요한 자료를 거짓으로 제출하거나 고의로 제출하지 아니한 자
7. 협정 및 이 법에 따른 원산지증빙서류를 속임수나 그 밖의 부정한 방법으로 발급한 세관공무원과 대통령령으로 정하는 원산지증빙서류 발급자

③ 협정 및 이 법에 따른 원산지증빙서류를 사실과 다르게 신청하여 발급받았거나 작성·발급한 자는 300만원 이하의 벌금에 처한다. 다만, 제14조제1항에 따라 원산지증빙서류의 수정 통보를 한 자는 그러하지 아니하다.

④ 제2항 및 제3항에 규정한 벌칙에 위반되는 행위를 한 자에 관하여는 「관세법」 제278조 및 제283조부터 제319조까지의 규정을 준용한다.

제45조(양벌규정) 법인의 대표자나 법인 또는 개인의 대리인, 임직원, 사용인, 그 밖의 종업원이 그 법인 또는 개인의 업무에 관하여 제44조제2항 및 제3항의 위반행위를 하면 그 행위자를 벌하는 외에 그 법인 또는 개인에게도 해당 조문의 벌금형을 과(科)한다. 다만, 법인 또는 개인이 그 위반행위를 방지하기 위하여 해당 업무에 관하여 상당한 주의와 감독을 게을리하지 아니한 경우에는 그러하지 아니하다.

제46조(과태료) ① 다음 각 호의 어느 하나에 해당하는 자(체약상대국의 수출자 및 생산자는 제외)에게는 1천만원 이하의 과태료를 부과한다.

1. 정당한 사유 없이 제16조제2항에 따른 기간 이내에 서류를 제출하지 아니한 자
2. 제17조제1항 및 제18조제1항에 따른 관세청장 또는 세관장의 서면조사 또는 현지조사를 거부·방해 또는 기피한 자

② 다음 각 호의 어느 하나에 해당하는 자에게는 500만원 이하의 과태료를 부과한다.

1. 제4조제2항에서 준용하는 「관세법」 제83조제1항을 위반하여 승인을 받지 아니하고 용도에 따라 세율을 다르게 정하는 물품을 세율이 낮은 용도에 사용한 자
2. 제4조제2항에서 준용하는 「관세법」 제83조제2항을 위반한 자 중 세율이 낮은 용도와 동일한 용도에 사용하려는 자에게 양도한 자
3. 제14조제2항에 따라 원산지증빙서류의 오류 내용을 통보받고도 이를 세관장에게 세액정정·세액보정 신청, 수정신고 또는 경정청구를 하지 아니한 자
4. 제30조제3항에서 준용하는 「관세법」 제97조제2항을 위반한 자 중 해당 물품을 직접 수입한 경우에는 관세의 감면을 받을 수 있는 자에게 양도한 자

③ 제1항 및 제2항에 따른 과태료는 대통령령으로 정하는 바에 따라 세관장이 부과·징수한다.

부 칙 <제13625호, 2015.12.29.>

제1조(시행일) 이 법은 2016년 7월 1일부터 시행한다.

제2조(원산지증빙서류의 수정 통보에 관한 적용례) 제14조제1항의 개정규정은 이 법 시행 후 수정 통보하는 경우부터 적용한다.

제3조(원산지조사대상자의 조력을 받을 권리에 관한 적용례) 제17조제8항(제18조제2항에서 준용하는 경우를 포함) 및 제20조제2항의 개정규정은 이 법 시행 당시 종전의 제13조제2항 및 제13조의2제1항에 따라 진행 중인 조사에 대해서도 적용한다.

제4조(협정관세의 적용 보류 해제에 관한 적용례) 제21조제3항의 개정규정은 이 법 시행 당시 종전의 제17조제1항에 따라 협정관세의 적용이 보류된 물품에 대해서도 적용한다.

제5조(가산세에 관한 적용례) 제36조의 개정규정은 이 법 시행 후 수입신고하는 경우부터 적용한다.

제6조(비밀취급자료 제공에 관한 적용례) 제38조제1항제4호의 개정규정은 이 법 시행 후 최초로 비밀취급자료 제공을 요구하는 경우부터 적용한다.

제7조(일반적 경과조치) 이 법 시행 당시 종전의 규정에 따른 처분·절차, 그 밖의 행위는 이 법의 해당 개정규정에 따라 한 처분·절차, 그 밖의 행위로 본다.

제8조(원산지인증수출자 인증에 관한 경과조치) 이 법 시행 당시 원산지인증수출자로 지정되거나 지정이 취소된 자는 제12조의 개정규정에 따라 원산지인증수출자로 인증받거나 인증이 취소된 것으로 본다.

제9조(협정관세 적용제한자 지정에 관한 경과조치) 이 법 시행 당시 종전의 제16조제3항에 따라 협정관세의 적용이 제한되고 있는 자는 제37조의 개정규정에 따라 협정관세 적용제한자로 지정된 것으로 본다.

제10조(벌칙에 관한 경과조치) 법률 제9271호 자유무역협정의 이행을 위한 관세법의 특례에 관한 법률 일부개정법률 시행 전의 행위에 대한 벌칙의 적용에 있어서는 종전의 규정(법률 제9271호 자유무역협정의 이행을 위한 관세법의 특례에 관한 법률 일부개정법률로 개정되기 전의 것을 말한다)에 따른다.

제11조(다른 법령과의 관계) 이 법 시행 당시 다른 법령에서 종전의 「자유무역협정의 이행을 위한 관세법의 특례에 관한 법률」의 규정을 인용한 경우에 이 법 가운데 그에 해당하는 규정이 있는 때에는 종전의 규정을 갈음하여 이 법의 해당 조항을 인용한 것으로 본다.

참고문헌

[국내문헌]

김재식, 최신무역상품학 제3판, 무역경영사, 2014
김희길, 무역관계법규, 탑북스, 2011
박종수, 관세론, 법문사, 1998.
박형래·라공우, 관세론, 도서출판 두남, 2005.
송선욱, 관세법, 도서출판 두남, 2011
여택동 외 2, 국제통상과 WTO, 율곡출판사, 2004.
외교통상부, WTO 바로알기, 2000.
우리나라의 금융시장, 한국은행, 2009.
윤광운 외 2, 최신무역실무, 삼영사, 2007.
이명호, 2010 객관식 관세법 문제집, 청아, 2009.
ADDISON WESLEY, 이병락 옮김, 제4판 국제경제학, 시스마프러스, 1998.
임목삼·허상현 공저, 관세법의 이해와 활용, 두남, 2010.
임석민, 제5판 국제운송론, 삼영사, 2011.
장병철, 관세법-관세의 이론과 실무, 무역경영사, 1998.
전순환, 관세법, 한올출판사, 2013.
전순환, 대외무역업, 환올출판사, 2013.
정재완, 2014관세법, 무역경영사, 2014.
통상산업부, "WTO 협정 해설", 통상산업부, 1995.
페터 슈레히트림 저(김민중 역), 유엔통일매매법, 두성사, 1995.
황은상, 관세사 내국소비세법, 박문각, 2009.
______, 한 권으로 해결하는 관세행정 -부산경남본부세관, 2008.
______, FTA활용 실무매뉴얼, 기획재정부, 2011.
______, 2011 무엇이든 물어보세요, 부산경남본부세관수출과, 2011.
관세법률 용어사전
관세청, 2015 달라지는 관세행정, 2015. 1. 1.
관세청, 관세행정 상담사례집 1권·2권, 2015.
관세청, 보세화물장치기간 및 체화관리에 관한 고시, 시행 2017.7.25., [관세청고시 제 2017-34호, 2017.7.25., 일부개정]

관세청, 수입통관 사무처리에 관한 고시, 시행 2017.7.25.[관세청고시 제2017-35호, 2017.7.25, 일부개정]
관세청, 수출통관 사무처리에 관한 고시, 시행 2017.11.13. [관세청고시 제2017-70호, 2017.11.13, 일부개정]
관세청, 월별납부제도 운영에 관한 고시, 시행 2017.6.15., [관세청고시 제2017-22호, 2017.6.12., 일부개정]
관세청, 수출원자재에 대한 관세환급특례법, 시행 2017.1.1.
관세청, 자유무역협정 이행에 관한 특례법률, 시행 2016.7.1.,[법률 제13625호, 2015.12.29., 전부개정]
법제처, 개별소비세법
_____, 관세법, 관세법 시행령, 관세법 시행규칙
_____, 교육세법
_____, 교통·에너지·환경세법
_____, 농어촌특별세법
_____, 대외무역법
_____, 부가가치세법
_____, 주세법
2013년~2017년도 국제무역사 기출문제
2014년~2017년도 관세사 1차 관세법 개론 기출문제

찾아보기

【 ㄴ 】

【 ㄷ 】

【 ㅁ 】

【 ㅂ 】

【 ㅅ 】

【 ㅇ 】

【 ㅈ 】

【 ㅊ 】

【 ㅎ 】

저자소개

강우진

동명대학교 경영대학 국제통상학과 교수

추선애

동명대학교 경영대학 국제통상학과 초빙교수

관세법 개론

2018년 3월 2일 제1판 1쇄 인쇄
2018년 3월 10일 제1판 1쇄 발행

저 자 강 우 진 · 추 선 애
발행인 김 광 식
조 판 아 람 기 획

07285
발행처 서울특별시 영등포구 선유로3길 10, 617호
도서출판 **탑 북 스**
등 록 2009.12.21 제 2016-000101 호
전 화 02)365-2223 팩스 02)365-2224

정가 24,000원
ISBN 979-11-87343-71-4-93320